国家人文社会科学基金青年项目优秀成果
扬州大学人文社会科学出版基金资助项目

《庄子》名物研究

贾学鸿◎著

人民出版社

序

徐志啸

　　贾学鸿的博士后报告在经过全面修改、补充、润色后,即将交付正式出版,她希望我为她的这本行将问世的研究专著写一篇序。作为她在复旦大学从事博士后研究期间的联系导师,这篇序,我自然是义不容辞的。

　　我与贾学鸿的相识,是在参加华东师范大学的博士论文答辩会上。那时,贾学鸿是方勇教授的博士生,答辩会上,她提交的博士论文《〈庄子〉结构艺术研究》很顺利地通过了答辩,与会专家们一致给予了肯定的评语。记得当时我对她这篇论文的评价是可入优秀论文之列。大约这个缘故吧,此后不久,她突然主动找上门来,说想到复旦来从事博士后研究,希望我做她的联系导师。由于有前面答辩时相识相知的铺垫,我自然很爽快地答应了她的请求。这就有了这本博后报告基础上研究《庄子》的专著。

　　贾学鸿这部专著——《〈庄子〉名物研究》,是富有开拓性意义的《庄子》研究力作。全书最大的特色,是以考证、辨析名物为突破口,努力将传统的文字训诂方法与文学创作理论和哲学思辨模式相结合,打破学科界限,作跨学科研究的大胆尝试,从而使得全书的阐述与论析,给人耳目一新感觉,之前的《庄子》研究界似未见类似成果。书中将《庄子》一书中的所有名物,作了系统的梳理、归纳,并结合音韵学、文字学、历史学、神话学、哲学、历史地理学等学科,对每一相关名物,从不同学科角度,予以在作者个人理解认识基础上的阐释与辨析,且以此为据,力求为读者揭示通向《庄子》"言外之旨"的门路。全书内容包括绪论和八章,重点针对《庄子》中的诸多名物,结合各学科领域,作较为深入的辨析与阐释——神灵称谓与上古神话、族群名称与史前传说、巫师称谓与上古巫俗、人物称谓与地域文化、山水地名与人文地理、人物角色称谓与言道方式、自然物象称谓与言道方式、抽象术语与庄子理想境界。应该承认,这些辨析与阐释,虽然不能说已臻完美,但基本上达到了考辨名物、总结艺术手法、揭示原创之旨、辨误析义的目的,其结论是令人感到欣喜的。

贾学鸿在学术研究上有一股闯劲和韧劲,她不畏艰难,敢于大胆创新,勇于走前人没有走过的路,这使得她在学术研究的道路上能一步一个脚印,脚踏实地地迈向前进。她会不时地向我这位过去的联系导师,汇报她的研究近况和研究成果,这让我感到欣慰。她也确实可以自豪:她的博士论文《〈庄子〉结构艺术研究》早已正式出版,并获得了江苏省社科优秀成果三等奖;她的博士后报告,同时申请了国家社科基金项目,2014 年顺利通过结项,且被列为优秀等级,这是非常不容易的。

当然,这篇以博士后报告为基础的研究专著,并非完美无缺,它还有可以提升的空间和余地,作为已在学术研究道路上满张风帆的贾学鸿,我期望她在未来的学术研究道路上,扬帆直航,乘风破浪,争取问世更多出色的成果!

是为序。

写于 2015 年 9 月 28 日

目　　录

绪　　论

　　《庄子》是中国古代的一部奇书,清人刘熙载在《艺概·文概》中称它"意出尘外,怪生笔端"。说它奇异,是因为它用一群怪诞的人和物,演绎出一连串荒诞的故事。在这些"谬悠之说,荒唐之言"中,却潜藏着不可言说的、亘古不变的哲理。因为哲理,《庄子》被称为哲学经典;因为故事,《庄子》又成为文学著作。哲理,是它的主旨思想;故事,是它表达哲学思想的手段。如何在这些荒诞不经的故事中,实现与古人的心有灵犀,体悟出玄妙却具有普适性的道理来,是今天人们阅读这部奇书的主要目标。

　　《庄子》把书中阐述的哲理归结为"道"。《老子》说:"道可道,非常道。""道"是不可言说的,《庄子》却洋洋洒洒撰出三十三篇,岂不是荒谬吗?对此,《庄子》自解为:"言者有言,其所言者特未定也"(《齐物论》)、"言无言"(《寓言》),就是说,文章所表述的仍然是不确定的,说了也等于不说,于是提出"得意忘言"(《外物》)的理念。要悟"道"首先要"忘言",要"忘言"必须先"得意",所求之"意"恰恰又在《庄子》的"谬悠"之言中。这一怪圈,《庄子》称为"卮言",而表达"卮言"的方式是"藉外论之",即借助荒诞的故事来阐述。故事是文学的内容,其中的人与物,则是故事的元素。因此,从《庄子》书中的名物切入,是窥探玄道之门的起点。

一、名物与名物研究

　　名物,就是事物的名号称谓。传统名物学属于"务实"范畴,它

1

的产生与上古时代的礼乐制度密切相关。《周礼·天官·庖人》有："掌共六畜、六兽、六禽，辨其名物。"这是较早出现名物一词的文献，贾公彦将名物疏解为"名号物色"，即事物的名称、特点。就是说，事物的名称可由它的特点而来。《周礼·地官·大司徒》又曰："辨其山林、川泽、丘陵、坟衍、原隰之名物。"郑玄注："十等之名与所生之物。"在这里，名物被郑玄解释为名目与物产，可见郑玄强调的是事物的种类与区别。对《周礼》中的名物，主要是关注有形实体，辨别名物类别，这是实行礼制的前提。而秦汉间唐蒙所撰《博物记》和晋人张华所撰《博物志》中，名物的种类开始增多，包括了异物、妙境、奇人、灵怪、殊俗、琐闻等事项，即"天下奇秘，世所稀有"皆在其中，名物学也关涉到无形客体及抽象概念，名物实际成为博物。华夫先生在《中华古代名物大典·序》中强调：今天研究古代名物，"当指与中华民族繁衍生息相关联的万物"①。也就是说，名物研究除了包括社会生活中具体实在的事物和现象外，还有历史传说中的客体名称、图腾崇拜、鬼神信仰等观念中的事物。

　　名物是人们思维成果的载体，其中蕴藏着深刻的人文背景，对于阅读古代文献显得尤为重要。当前学界对古代名物的研究，基本沿袭了传统名物学的训诂理路。有的学者侧重对《尔雅》等训诂专书中名物词的深层理据分析，如赵红梅、程志兵的《〈尔雅·释木〉名物词理据研究》。更多的学者则是围绕古代文献中出现的名物进行考辨和阐释，如洪莉的《殷周金文名物词研究》、吕胜难的《今文〈尚书〉珍宝名物初探》、华学诚的《毛诗草木鸟兽虫鱼疏》、刘兴均的《〈周礼〉双音节名物词词源义探求举隅》、王薇的《〈仪礼〉名物词研究》、林卓萍的《〈考工记〉名物词研究》等，主要从古代汉语角度对名物的音、义、源进行训释。黄新光《〈豳风·七月〉的名物训释与历史文化

---

① 华夫：《中国古代名物大典》，济南出版社1997年版。

底蕴的发掘》、李润桃的《〈周礼〉玉器类名物词与周代玉文化》和《〈史记〉车舆类名物词与秦汉车制》，将名物训解与历史文化的挖掘相联系，将人们的注意力引向了名物背后的人文因素。前人著作中，宋代吴仁杰的《离骚草木疏》是对楚辞与自然关系的探讨①，今人周秉高先生的《楚辞原物》，是专门研究楚辞中的天文、地理、动物、器物等内容的系统性著作，将考据与人文结合起来。②

　　清人王先谦在《正续古文辞类纂·序》中说道："义理为干，而后文有所附，考据有所归。"③王先谦从义理、考据、辞章三者的关系出发，提出评价文章的标准，也为古代文学研究和名物考据指明了方向。名物研究要与文章思想相联系，分析前人的典籍，领会思想是根本，也要以文本材料的考证为基础。黄金贵先生在《谈谈名物训诂》一文中写道：名物训诂不等于训释名物词。训诂名物词，方法用"纯语言"的方法，不是名物训诂。名物训诂要综合事物训释，包括两种，一种是直接名物，另一种是间接名物，即与名物词有关的词，包括文化。④　因此，名物研究，不仅要注重其实务特征，还要注重结合与之相关的人文背景，以此为指导来研读《庄子》，或许可以触及道家文学的内里。

二、《庄子》名物的研究现状

　　《庄子》文本极具开放性，两千年来开垦这片学术园地的学者络绎不绝，《庄》学研究成果也蔚为大观。自魏晋至清代，传统的治

---

　　①　吴仁杰：《离骚草木疏》，北京图书馆出版社 2004 年版。
　　②　周秉高：《楚辞原物》，内蒙古大学出版社 2008 年版。
　　③　姚鼐、王先谦选编：《正续古文辞类纂》，浙江古籍出版社 1998 年 6 月版，第276 页。
　　④　黎千驹：《当代语言学者论治学》，华中师范大学出版社 2011 年版，第 166—173 页。

《庄》学者基本是沿着传统训诂学的路子对《庄子》中的名物进行随文训解。如晋代郭象的《庄子注》，尽管古人称这部著作"庄子注郭象①"的成分更大，但也不乏词语的训释。其实早在郭象之前，崔譔、司马彪等人就以字词训诂为主注解过《庄子》，遗憾的是原作已经轶失，部分注文散见于唐代陆德明的《经典释文·庄子音义》以及其他相关注解、类书中。宋代以后，林希逸《庄子鬳斋口义》、褚伯秀《南华真经义海纂微》、焦竑《庄子翼》、陆西星《南华真经副墨》、罗勉道《南华真经循本》、林云铭《庄子因》、宣颖《南华经解》、郭庆藩的《庄子集释》等著作，尽管著述中存在不同程度的以儒解庄、以易解庄、以禅解庄等思想发挥现象，但总体思路基本还是沿着考据、义理、辞章三个方面推进，只是不同时期不同注本各有侧重。然而，明确把《庄子》名物作为研究对象的著述却很少，这或与名物学注重实务，而《庄子》崇尚荒诞有关。西学东渐后，一些学者开始借用西方理论阐发《庄子》思想，由于过度偏重主观发挥，加上文献基础和考证功力不足，往往缺少坚实的根基，有的与《庄子》原貌疏离甚远。二十世纪九十年代后期，注重文献梳理的庄子学术史悄然兴起，如熊铁基的《中国庄学史》、方勇的巨著《庄子学史》等相继问世，为学者们提供了丰富的资源，但是《庄子》思想的精华似乎又被淹没在浩繁的文献中，让人有些望而却步。

与此同时，深入《庄子》文本，围绕书中的名词术语和哲学理念进行辨析考论的零星成果已经悄然进入学者的视野。黄琼的《研究〈庄子〉中名物词"翣"所得》一文，对《庄》书中的单音名物词，从语言学角度进行了源义梳理。张恒寿先生的《庄子新探》把文体风格与思想内容、名物制度三方面结合起来进行考察，确定内、外、杂篇的

---

① 这一观点见于宋代蕴闻《大慧普觉禅师语录》卷二十二、朱熹《朱子读书法四卷》，明代冯梦桢《序归有光南华经评注》和文震孟《序南华真评注》。

思想归属和写作时代的先后,涉及名物研究。笔者对 1995 年以来核心期刊上的 300 多篇《庄子》研究论文进行初步统计后发现,被论及的名词术语达 60 多个,比较典型的有卮言、吊诡、物化、"曼衍"、天倪、环中、两行、两陷、成心、无待、逍遥、游、知等;分析到的理念性短语约有 30 个,如"小大之辨"、"新发于铏"、"道进乎技"、"道通为一"、"旁礴万物以为一"、"合喙鸣,喙鸣合"、"外物不可必"、"以形相禅"、"无以故灭命"、"人相忘于道术"等;考释的人物形象接近 30个,其中以人物类别出现的有丑人、畸人、真人、神人、巫人、师友、佞人、渔父等,还有的是具体的人物,如黄帝、老子、孔子、彭祖诸人;自然名物涉及马、鹏、鸟、蝶、鹤、鱼、山、大木、玄珠等。上述研究,虽然没有明确标明是名物研究,但已经触及书中的名物,是进一步系统研究《庄子》名物的基础。2007 年 10 月在四川师范大学召开的"先秦两汉文学与文献学术研讨会"上,将先秦文学置于社会文化的大背景下加以考察和利用出土文献重新挖掘先秦文学新意的尝试,已经透视出学术研究的新趋势,王钟陵先生的《〈庄子〉齐物论羼杂文字辨》、汤君先生的《吕惠卿〈庄子义〉版本源流考》、刘生良先生的《〈庄子〉文化背景考论》等成果,已经向着这一方向前进。由名物切入,将传统考证与现代阐释相结合,深入挖掘《庄子》思想的意蕴和文化价值,使之有益于当代,将成为新世纪《庄子》研究的重要方向。

三、《庄子》名物概貌

《庄子》中的名物,种类繁多。经初步统计,大约涉及 700 多个名称事象,包括人、神、山、水、动物、植物、地点、国名、音乐、自然现象、人文事象、抽象术语等等。这些形形色色的事象名称,虚虚实实、亦真亦幻,是无形之"道"的载体,是《庄子》"寓真于诞,寓实于玄"风格的体现。作为文章主旨的表达材料,它们是创作者根据当时有形的原始材料或无形的思想观念,进行改造、加工、整理、创造的产物,客观上也映射出战国士人阶层在"百家争鸣"的社会环境中,自觉的言说意识和不自觉的文学创作意识。因此,立足文学形象分析的视角,对《庄子》中的名物进行考辨,非常适合《庄子》文本的特征。

如此多的名物,首先要进行逻辑分类。按照与"道"、天、地、人的关联,大致将这些名物分为以下四类:

第一类,直接表述"道"的抽象术语,如"旁礴"、逍遥、物化、天均、两行、吊诡等。严格说来,这类术语不宜归入名物词,但它们在《庄子》中具有特殊的地位,有的甚至只出现在《庄子》书中,是《庄子》作者表述大道理念的创造,也成为其怪诞风格的重要标志。因此,本书把它们归为专名类。

第二类,与天相关的自然现象之名,如天、气、风、云、光、声等。全书三十三篇都提到"天",它出现的频率居所有名物之最,除了代表自然和自然之天外,就是"道"的象征,即天道。直接谈到风、云、气的篇目,各有十五篇左右,但有些事象所包含的意蕴,比较隐晦,需要加以辨析。谈到声音,尤其是音乐的作品有七篇,涉及上古各朝代的代表乐曲,但主要是借音乐论"道",因为音乐诉诸人听觉的感受与人对"道"的体悟有相通之处。

第三类,与地关联的自然存在物之名,按现代科学标准,这一类又分为两个子类:第一子类是有生命的动植物名,如飞鸟、大树、大瓠以及虎豹猿狙、柤梨橘柚等。其中的飞鸟备受青睐,包括大鹏、鹓雏、鹝鹕鸟、意怠鸟以及虚拟的莽眇之鸟,它们往往是"道"的象征;地位上升到道境的植物名出现不多,只见于《逍遥游》、《人间世》、《山木》等篇,以大木为代表。其余多数动植物名称只是自然属性的一个类别而已,意涵比较简单。第二子类是无生命的自然存在物之名,包括山、丘、水、泽以及国名、地名、器物名等。其中的山和水,出现频率很高,有 28 篇提到山,20 篇提到丘,26 篇提到水。而且,有些山名或水名,与地名联系在一起,要么山名、水名属于乌有,地名却客观实在;要么山名、水名实际存在,而地名是出于虚拟,胶胶扰扰,需要加以辨析。

第四类,与人关联的名物,包括人名、神名、氏族名号等。这类名称最为复杂,人与神、人名与族号往往纠缠在一处,有的人名很难断定他是神还是人,并且又时常与虚虚实实的地名、山名一起出现,更显得扑朔迷离。

四、《庄子》名物研究的思路与方法

本书的基本思路是,由点到线,由线到面,最终实现微观切入与宏观把握的统一。具体来说,就是从名物案例入手,通过对名物称谓的文字学、语义学、文化学等视角的考辨,找出它在《庄子》文本中的特殊意蕴,总结出带有规律性的结论。通过多个案例系列的梳理,实现对《庄子》的溯源性解读。

由于本书不是对《庄子》中的全部名物进行扫荡式的词汇学研究,因此,必须对书中浩繁的名物加以选择。而且,要对名物作既深入又宏观的探究,就要立足跨学科的视野,综合运用多种方法,对全书的整体构架和行文脉络,进行合理的安排。

名物选择　本书意在开掘《庄子》之“道”的各种属性以及表述方法,因此在名物选择上,遵循可行性原则和问题原则,选取具有怪诞离俗、重而不同、歧义难解、形象生动等特征的人、神、物和术语,重点考察与所释之“道”关系密切的名物,如问道者、传道者、得道者、悟道者以及作为“道”的化身出现的名物。另外,能揭示《庄子》思想的产生背景、反映其创作特性的名物,也是本书的追索重点。“百家争鸣”的战国时代,是人类思想史上最活跃、最灿烂的时期,各种价值多元并存,原始神话、巫术方技、宗教信仰、历史传说、礼仪习俗等诸多因素,都会在具体的名物称谓上有所反映,探究名物与这些文化事象的渊源,是深刻理解《庄子》思想的重要环节。不过,对依据现存材料还不足以厘清的名物,本书暂且存疑。对于古今学者已有定论并且经得起推敲的案例,本书亦不再重复论证。

在这些异彩纷呈的名物称谓中,有些名物的含义比较明确单一,例如《齐物论》中的"天均",就是以上古"治陶"用的陶均作比喻,形容天道运化,犹如泥坯因陶均运转成器;"两行",就是不辨是非,随天均运转,无可无不可的行为。这些专名是《庄子》的独创,没有更多歧义。在自然物名中,有些名物只作为自然物种的一个类别出现,如《秋水》篇"骐骥骅骝,一日而驰千里,捕鼠不如狸狌",强调马和鼠是不同种类的动物,特性不同,也不能改变,只能顺应。还有些名物是以物与物之间的相互关系比喻世人的处境,如《庚桑楚》中"吞舟之鱼,砀而失水,则蚁能苦之",比喻强者陷入困境会被弱小者欺侮。对这些含义相当明确的名物,本书不作为考察对象。

行文构架 对名物个案的表述脉络,大体包括三个层面:第一层是名物辨析。参阅相关文献,对具体名物进行考源,这是全书立论的基础;第二层是追索名物生成的历史文化因素。不自觉的背后,隐含着自觉的因子。《庄子》对名物的运用,并非全是"予尝为女妄言之,女以妄听之"的主观臆说,而是有坚实的现实基础,来源于作者对生活环境和人性的深刻体察。将名物中隐藏的上古时代风貌揭示出来,是深入体悟《庄子》的门径。第三层是总结作者创造名物的艺术手法。现实生活中的各类事象,观照角度不同,所得也便有差异。《庄子》为服务于说理,往往有所取弃,或是片面截取,或是移花接木,于是如后代文学创作惯用的典型化手法便孕化其间。《庄子》的有些篇章,似乎故意隐去了具体的语言环境,使得当时不言而喻的话语背景,变成后世读者解读《庄子》的屏障。名物是文本的细胞,由辨析名物起步,运用比较、归纳、综合等逻辑方法,对《庄子》处理名物的方式进行总结、归类,又是从文学和美学视角对《庄子》文本的提升。

　　以上三个层面是对本书表述逻辑的设计,然而在具体操作过程中,这几个层面又不能完全恬钉分割,如对"物化"的考辨,脱离不了哲学分析,对"空同"山名的溯源,又必然牵涉到文化,所以为方便行文,全书的整体结构则依照名物与文化现象的关系划分单元。在章节安排上,名物类型由神到人、到物、到抽象术语;文化现象由神话传说、到巫祭仪俗、到地域文化、再到言"道"方式和道家的理想境界。名物和文化现象基本是由虚拟想象渐趋具体实在,最后上升到抽象理念的顺序,即由虚象到实象再到抽象,使全书各章形成有逻辑、有层次的立体交叉结构。但是,由于《庄子》各篇运用名物的侧重点不尽相同,名物之间的关联就显得较为复杂,以至同一名物可能会出现在不同章节中,但表述角度却各有侧重。

　　研究方法　名物考证以文字考证、文献梳理、历史地理溯源等方法为主,思想理念阐释则以文献辨析、逻辑推理、哲学阐释等方法为主,同时综合运用比较、归纳、量化统计等方法进行合理表述。

　　本书中的《庄子》引文,依据清人郭庆藩的《庄子集释》本,个别词语如"曼衍"、"旁礴"等,均采用书中用字。为方便读者阅读,全书一律用简体排版,个别字没有简体,以繁体替代,繁体、简体都没有的字,采用造字。

第一章　神灵称谓与上古神话

唐代陆德明《经典释文·叙录》对《庄子》一书这样评价:"言多诡诞,或似《山海经》,或类《占梦书》,故注者以意去取。①"《山海经》是一部记录上古神话极其丰富的典籍,陆氏把《庄子》与《山海经》相类比,说明《庄子》与上古神话渊源深厚。上古时代丰富多彩的神话以及各种神灵信仰,是远古历史的回音,记录了中华民族童年时代瑰丽的幻想、顽强的抗争和步履蹒跚的足迹,是民族文化的源头之一。

"百家争鸣"的战国时代,是人本思潮广泛兴起而神本观念逐渐式微的时期。诸子百家的代表人物,纷纷站在不同的立场,提出自己的建国方略和人生理念,用实证的、理性的、世俗的方法解释世界越来越受到推崇,这是对西周以来"事敬鬼神而远之"思想的承继。然而,古老的神灵信仰并不能瞬间退出历史舞台,在人们生活的某些方面,特别是精神领域,有时还发挥着相当重要的作用。

《庄子》文章诞生于这一时代,其寓言故事中,整合了大量的神话元素,彰显出怪诞奇谲的独特文风。反过来,通过对书中神话名物的追索,也是窥探《庄子》思想秘笈的一种有效方式。对《庄子》书中神灵称谓的梳证分析,揭示它与上古神话的渊源,是本章的内容。

---

① 郭庆藩:《庄子集释》,中华书局 2004 年版,第 4 页。

第一节 《庄子》中的河神与海神

　　河伯和海神是中国古代早期神话的重要角色,与此相关的神话是《庄子》一书重要的取材对象。《庄子》书中河伯、海神所处的地理背景,河伯、海神的称谓及其形象特征,都是需要深入探索的问题。从《山海经》到《庄子》,河伯、海神形象经历了由神话到寓言的演变,在此过程中,《庄子》一书对早期相关神话有继承,也有舍弃和增益,由此可以看出《庄子》一书的理念和追求。《庄子》书中对河伯、海神所作的艺术处理,对后来的文学产生明显的影响。

一、河伯

　　庄子是蒙地人,蒙地在今天河南商丘附近。《庄子》一书经常提到商丘及宋国,因为宋国建都商丘。汉代以前,商丘北距黄河不过二百公里,由此而来,黄河、河伯也往往作为重要背景出现在《庄子》书中。

　　《庄子·外物》篇写道:"庄子家贫,故往贷粟于监河侯。"成玄英疏曰:"监河侯,魏文侯也。①"《说苑·善说》确实作:"庄周贫者,往贷粟于魏文侯。"对此,向宗鲁写道:"《庄子释文》亦云:'《说苑》作魏文侯。'然庄子与惠王同时,则云'文侯',盖寓言也。②"这个辨析是有道理的,庄子和魏文侯不是同一时代的人,魏文侯生活的历史阶段早于庄子,庄子不可能向他去借贷。不过,《外物》篇的监河侯变成魏文侯,是因为二者之间存在一定关联。监河侯,顾名思义,是监管黄河之侯,其封地必定在黄河附近。魏文侯时期,魏国都城在安

---

① 郭庆藩:《庄子集释》,中华书局 2004 年版,第 924 页。

② 向宗鲁:《说苑校证》,中华书局 2000 年版,第 286 页。

邑,即今山西夏县,南距黄河只有几十公里。春秋时期,晋国主祭黄河。《礼记·礼器》写道:"鲁人将有事于上帝,必先有事于頖宫;晋人将有事于河,必先有事于恶池;齐人将有事于泰山,必先有事于配林。①"鲁、晋、齐分别主祭上帝、黄河、泰山,形成自然的分工。进入战国,三家分晋,原来晋国临近黄河的地域,基本都在魏国版图之内。正因为如此,人们很容易把《庄子·外物》篇的监河侯附会成魏文侯。其实,监河侯未必一定是大诸侯国的君主,在庄子生活的战国中期,朝臣封侯的情况已经出现。《史记·范雎蔡泽列传》记载,秦昭王母宣太后之弟封为穰侯,秦昭王封范雎为应侯,赵惠文王封虞卿为万户侯,这些事件都发生在庄子所生活的战国中期。监河侯,可能实有其人,也可能是出自虚拟,不论如何,《外物》篇庄子借贷的寓言都是以黄河为背景。

黄河之神称为河伯,《庄子》书中也反复提及。《外物》篇写道:"宋元君夜半而梦人被发窥阿门,曰:'予自宰路之渊,予为清江使河伯之所,渔者余且得予。'"向宋元君托梦的神龟是从清江前往河伯之处,中途被宋国名叫余且的渔夫捕获。清江位于中土南方,黄河在宋国北部,从清江前往河伯所在的黄河,中途要穿越宋国。神龟是即将到达黄河之际被捕获,这则寓言也是以黄河为背景,并且提到河伯。

《庄子·大宗师》在论述"道"的功能时称:"冯夷得之,以游大川。"《经典释文》引司马彪注:

> 《清泠传》曰:冯夷,华阴潼乡堤首人也。服八石,得水仙,是为河伯。一云以八月庚子浴于河而溺死,一云渡河溺死。②

冯夷是神话中的河伯,是主管黄河的神灵。《大宗师》称冯夷因为得道"以游大川",把河伯说成是流动游走之神,而不是定居一个固定

<hr/>

① 王文锦:《礼记释解》,中华书局2001年版,第322页。
② 郭庆藩:《庄子集释》,中华书局2004年版,第249页。

水域。《庄子·秋水》篇有河伯"望洋而叹"的寓言,文中的河伯"顺流而东行,至于北海",河伯同样是游走之神,他顺流而下,一直行进到黄河入海处。

河伯冯夷,又称冰夷,见于《山海经·海内北经》:"昆仑虚南所,有泛林三百里。从极之渊,深三百仞,维冰夷恒都焉。冰夷人面,乘两龙。"[①]传说河伯冰夷所在水域位于昆仑神境南部,居住在三百仞的深水中,那里是他的永久栖息地。冰夷"乘两龙"是以龙作为交通工具。《海内北经》对冰夷的叙述没有直接提到他的游走,而是以暗示的方式点出他驾龙出行。《庄子·大宗师》则直接道出河伯是游走之神,可以说是对河伯属性的明确界定,《秋水》篇又用寓言展示河伯的游走特性。和《山海经》相比,《庄子》对河伯的游走属性表现得更为充分,是作者的重要关注点。

河伯作为游走之神出现,成为楚文学的一个重要传统。《九歌·河伯》以女巫的口吻叙述她与河伯的遨游历程,先是"与女游兮九河",从黄河下游的九条支流开始起行。然后逆流而上,"登昆仑兮四望",来到作为黄河源头的昆仑山,那里也就是河伯水下宫殿所在之处。最后,"与女游兮河之渚,流澌纷兮将来下",他们顺流而下,"子交手兮东行",河伯继续东行。这次遨游淋漓酣畅,踪迹覆盖黄河源头到下游的广阔水域,河伯作为游走之神的属性极其鲜明。《天问》写道:"帝降夷羿,革孽下民。胡射夫河伯,而妻彼洛嫔?"对此,王逸注写道:

> 传曰:河伯化为白龙,游于水旁,羿见射之,眇其左目。河伯上诉天帝,曰:"为我杀羿。"帝曰:"尔何故得见射?"河伯曰:"我时化为白龙出游。"天帝曰:"使汝深守神灵,羿何从得犯? 汝今

---

①　袁珂:《山海经校注》,巴蜀书社 1996 年版,第 369 页。

为虫兽,当为人所射,固其宜也,羿何罪欤?"①

王逸注引《传》,是有所本,河伯化为白龙出游而为羿所射,当是先秦时期就已经出现的传说。

把河伯写成游走之神,《庄子》有开创之功,屈原又在此基础上进一步发扬光大,使之成为楚文学的重要特色。把河伯写成游走之神,是因为河水是流动的,而不是静止的。既然如此,河伯作为黄河的统辖神,自然也就具有游走之性。

《庄子·大宗师》篇的河伯冯夷是得道者,集道性于自身,因此成为游走之神,他的游走属性是"道"所赋予,冯夷是庄子肯定的正面形象。可是,到了《庄子·秋水》篇,河伯又作为问道者的角色出现。作品开头写道:

> 秋水时至,百川灌河,径流之大,两涘渚崖之间,不辨牛马。
> 于是焉河伯欣然自喜,以为天下之美尽在己。

此时河伯因所管辖的黄河水势浩大而沾沾自喜,是一位在认识上存在局限的角色,带有孤陋寡闻的性质。及至顺流东行见到漫无际涯的大海,才爽然自失,开始虚心向北海若请教,以弟子的身份虚心聆听。《秋水》中的河伯尽管不是体悟道性的形象,但是,这个角色仍然显得很可爱,他对于道术心向往之,并且学而不厌,摄齐受教,扮演的是道门弟子的角色。

春秋战国时期,河伯往往作为负面角色出现,是一位风流浪荡之神。他贪财好色,甚至索要过河钱,劣迹较多。《左传·僖公二十八年》记载:"初,楚子玉自为琼弁、玉缨,未之服也。先战,梦河神谓己曰:'畀余,余赐女孟诸之麋。'"这是发生在晋楚城濮之战前夕的事,楚军统帅子玉梦见河神向他索要马身上的饰品,河神的贪婪之性由此可见一斑。《史记·滑稽列传》记载,魏文侯时期,西门豹为邺令。

---

① 洪兴祖:《楚辞补注》,中华书局2006年版,第99页。

当地百姓"昔为河伯娶妇"。这固然是当地官吏和巫师相勾结,借机敛取民财所致,同时也可以推断,人们心目中的河伯是个好色之徒。上述事件都出现在庄子生活时代之前,按理庄子应当熟知。可是,《庄子》一书并没有把河伯作为负面形象加以处理,而是避开这些事象,或是把河伯写成体悟道性者,或是把他刻画成虚心向道的角色。《庄子·人间世》也提到以人为牺牲祭河的习俗:

牛之白颡者与豚之亢鼻者,与人有痔病者不可以适河。此皆巫祝以知之矣,所以为不祥矣,此乃神人之所以为大祥也。

文中的"神人",指识破天机的得道者,他把患有痔病而不能用于祭祀河神的人视为幸运之人,是从生命本位出发,表现出对生命的珍视,充满人文关怀。但是,文中并没有直接涉及河神,没有把河伯说成是戕害生命的凶神,而是从巫师祭祀角度进行讨论。总而言之,《庄子》书中的河伯,基本是作为正面角色,与同时期其他典籍对河伯劣根性的展现,形成反差。

河伯称为冯夷,着眼于他的水神属性。冯,有时指渡水。《周易·泰》九二:"包荒,用冯河。"意谓把大葫芦掏空,用它来渡河。冯,指渡水。《诗经·小雅·小旻》写道:"不敢暴虎,不敢冯河。"意思是不敢空手打虎,不敢徒步渡河。《论语·述而》:"暴虎冯河,死而无悔者,吾不与也。"这句话出自孔子之口,用的是《小雅·小旻》的典故,这两处的冯,指徒步涉河,即不用舟楫涉水。再看"夷",《诗经·召南·草虫》共三章,各章尾句分别是"我心则降","我心则说","我心则夷",指见到君子之后的心情变化。降,谓放松。说,谓休憩。夷,谓平静。《诗经·小雅·出车》:"赫赫南仲,玁狁于夷。"意谓赫赫有名的南仲,率兵把玁狁平定。夷,谓平定。冯,指不用舟船渡河,夷,则有平定、平安之义。河伯称为"冯夷",意谓不用舟楫渡水而平安无事。河伯是水神,古人赋予他这种特异功能,故以"冯夷"称之。至于《山海经·海内北经》称河伯为冰夷,或因冯、冰读音相近的缘故。

二、海神

《庄子》书中多次出现海神,有的是沿袭神话传说,有的是《庄子》作者的虚拟,海神所处的空间方位及其属性也不尽相同。

《庄子》中的海神首见于《大宗师》,海神作为体悟道性的角色出现:"禺强得之,立乎北极。"得之,谓得道。禺强指北海之神,见于《山海经·大荒北经》:"北海之渚中,有神,人面鸟身,珥两青蛇,践两赤蛇,名曰禺强。"①禺强居住在北海的岛中,应是北海之神。《大荒北经》列在禺强后面的是如下条目:"有山名曰北极天柜,海水北注焉。"②和禺强所在岛屿相邻的是北极天柜,指最北方海水汇集之处。《庄子·大宗师》称禺强"立乎北极",和《大荒北经》的记载一致。所谓"北极",是北方的边缘,北方大海的尽头。《大宗师》所说的"北极",相当于《逍遥游》所说的"北冥",即最北方的大海。《史记·孟子荀卿列传》在叙述驺衍的"大九州"说时写道:

> 中国外如赤县神州者九,乃所谓九州也。于是有裨海环之,人民禽兽莫能相通者,如一区中者,乃为一州。如此者九,乃有大瀛海环其外,天地之际焉。

《大宗师》所说的北极,相当于驺衍所说的大瀛海,是天地的边际,处于最北方。《列子·汤问篇》写道:"终北之北有溟海者,天池也。有鱼焉,其广数千里,其长称焉,其名为鲲。"这段话可以和《逍遥游》开头一段相互印证,《庄子》所说的"北极"、"北冥",都指最北方的大海,在古人的想象中,那里是北海之神的栖居地。

《庄子·秋水》篇也出现北海之神。河伯顺流东行,"至于北海,

---

① 袁珂:《山海经校注》,巴蜀书社1996年版,第485页。
② 袁珂:《山海经校注》,巴蜀书社1996年版,第486页。

东面而视,不见水端。于是焉河伯始旋其面目,望洋向若而叹。"成玄英疏曰:"北海,今莱州是。望洋,不分明也。水日相映,故望洋也。若,海神也。"①这里有两个问题值得注意:一是北海的方位,二是北海之神的称谓。《秋水》篇出现的"北海"是在黄河入海处,相当于现在的渤海、黄海。这里的"北海"不是中土的最北方,而是位于中土的东部。这个"北海"与《逍遥游》所说的"北冥"、《大宗师》所说的"北极",不是处于同一方位。北冥、北极,当在整个大地的北部边缘,是大瀛海。而《秋水》篇的"北海",则是处于中土东部。环绕中土的大海按其方向有北、东、南之分,黄河入海处属于整个海域的北部,故可称为北海。和最北部的大瀛海相比,可称为小北海。

北海之神在这里不叫"禺强",而被称为"若",应该是《秋水》作者所定的名称。把"若"字作为称谓,也见于《山海经》。《大荒北经》写道:"大荒之中,有衡石山、九阴山、洞野之山。上有赤树、青叶、赤华,名曰若木。"对此,袁珂先生有如下解释:

> 郭璞云:"生昆仑西附西极,其华光照下地也。"……《离骚》云:"折若木以拂日。"王逸注云:"若木在昆仑西极,其华照下地。"《淮南子·地形训》:"若木在建木西,末有十日,其华照下地。"皆郭注所本也。②

这里的"若木",指的是太阳树,即太阳栖息的神树,若,有神奇之义。《山海经·海内经》写道:"南海之外,黑水青水之间,有木名曰若木,若水出焉。"若水,因那里有"若木"而得名。《吕氏春秋·古乐》篇称:"帝颛顼生自若水,实处空桑。"颛顼是楚族祖先,相传他生自若水,若水也是神奇之河。若,有神奇之义,因此,楚辞中对于美好的事物往往以"若"字相称。《九歌·湘君》云:"采芳洲兮杜若,将以遗兮

---

① 郭庆藩:《庄子集释》,中华书局 2004 年版,第 562 页。

② 袁珂:《山海经校注》,巴蜀书社 1996 年版,第 498—499 页。

下女。"《湘夫人》云:"搴汀州兮杜若,将以遗兮远者。"男女神灵皆以杜若相赠遗,杜若是香花芳草中的佼佼者。对于"杜若",洪兴祖有如下辨析:

> 《本草》,杜若,一名杜衡,叶似薑而有文理,味辛香……按,杜衡,《尔雅》所谓"杜土卤"者也。杜若,《广雅》所谓"楚蘅"者也。其类自别,古人多杂引用。①

杜衡、楚蘅而又称为杜若,若,取其美好之义。树木之神奇者称为若木,水之神奇者称为若水,花之美好者称为杜若。由此可以推断,称北海之神为北海若,取其神异之义,若,指的是神异。

《大宗师》中的北海之神禺强,作为体悟道性的角色出现,《秋水》篇的北海若,则是传教布道的形象,河伯七问,北海若七答。对于《庄子》的"道"论,《齐物论》作了极其精辟的阐释。北海之神作为"道"的体悟者、传播者出现在《庄子》书中,其中渗透出人们对大海的崇拜。《庄子·齐物论》写道:"孰知不言之辩,不道之道?若有能知,此之谓天府。注焉而不满,酌焉而不竭,而不知其所由来,此之谓葆光。"成玄英疏曰:"夫巨海深弘,莫测涯际,百川注之而不满,尾间泄之而不竭,体道大圣,其义亦然。"②《庄子》把"齐同万物"的心灵境界称为"天府"、"葆光",成玄英以大海的深弘广大加以阐释,认为《庄子》是采用暗喻的方式,用大海来比喻齐物之后的心境。成玄英的解释应当不错,可以在《庄子》书中找到内证。《天地》篇有如下寓言:

> 谆芒将东之大壑,适遇苑风于东海之滨。苑风曰:"子将奚之?"曰:"将之大壑。"曰:"奚为焉?"曰:"夫大壑之为物也,注焉而不满,酌焉而不竭,吾将游焉。"

---

① 洪兴祖:《楚辞补注》,中华书局 2006 年版,第 58 页。
② 郭庆藩:《庄子集释》,中华书局 2004 年版,第 88 页。

文中的"谆芒"是体悟道性者,又是向求教者"苑风"传授道术的施道者。他要前往"大壑"之地,也就是要遨游大海,把大海比作道境。大海而称为"大壑",《列子·汤问篇》就是如此:

> 渤海之东不知几亿万里,有大壑焉,实惟无底之谷,其下无底,名曰归墟。八纮九野之水,天汉之流,莫不注之,而无增无减焉。

"大壑"亦称"归墟",是海中的无底洞,它始终保持海水总量的恒定,看不出增减。《庄子》在《齐物论》、《天地》两篇反复提到"注焉而不满,酌焉而不竭",同样是着眼于海水数量上的恒定性。大海是令人崇拜的对象,《庄子》以大海譬喻道境,使大海成为"道"的载体。由此而来,神话传说中的海神在《庄子》书中也被赋予崇高而博大的属性,或是体悟道性者,或是作为"道"的阐释者和传播者出现。

《庄子》书中还有作者虚拟的海神,见于《应帝王》:

> 南海之帝为儵,北海之帝为忽,中央之帝为混沌。儵与忽时相遇于混沌之地,混沌待之甚善。儵与忽谋报混沌之德,曰:"人皆有七窍以视听食息,此独无有,尝试凿之。"日凿一窍,七日而混沌死。

这里的南海之帝、北海之帝,不见于其他典籍,或许是出自《庄子》作者的假想。在中国早期哲学的"五行说"体系中,有五方之神,也提到五方之帝,如:南方,其帝为炎帝,其神为祝融;北方:其帝为颛顼,其神为玄冥,但没有南海之帝、北海之帝之名,更没有儵与忽的称谓。《庄子》作者按照"五行说"的模式,分别虚拟出南海之帝和北海之帝,以此与神话传说中的海神相区别。南海、北海之帝分别名为儵、忽,或是把"儵忽"一词拆解开来使用,变成两位海帝的名字。儵忽一词,是往来迅疾之义。《楚辞·九歌·少司命》有:"荷衣兮蕙带,儵而来兮忽而逝。"儵、忽对举,都表示速度迅疾。《楚辞·天问》写道:"雄虺九首,儵忽焉在?"儵、忽连言,还是指疾速之象。《吕氏春秋·决胜》曰:"怯勇无常,倏忽往来。"倏忽,仍指变化迅速,倏与忽无论是对举,还是连言,都是表示动态的词语,意谓迅疾。南海之帝和北海之帝分别以倏、忽为名,暗示它们遇到中央之帝"混沌",只是瞬息间的事,不具有恒常性。换句话说,倏和忽两位海神与"混沌"之神相遇,只是"道"运转的偶然结果。而按照《应帝王》篇的说法:"至人之用心若镜,不将不迎,应而不藏,故能胜物而不伤。"至人,当是作者推崇的悟道者,其心如平静的镜面,无视无听,处于无意识状态,无心应物而物来斯照。而南海之帝、北海之帝就像他们的名字一样,变化无常、动荡无形,乃是静漠之"道"运转的结果。他们为心智所使,用开凿洞窍的方法,想使"混沌"拥有心智,结果酿成大祸,导致"混沌"被凿而死。"混沌"宁静无为,不师成心,本是"道"的化身,因窍而生出视听心智,便离"道"而亡。在这则寓言中,南海和北海之帝是负面角色,其动荡之性与海水的洪波泛起有相似之处,这也是《庄子》作者称其为倏和忽的根据之一。

三、《庄子》对河伯、海神形象的整合

《庄子》书中的河伯和海神,脱胎于神话。河伯与海神,也出现在先秦其他典籍中,将它们与《庄子》中的形象加以对比,会发现不同典籍对两位神灵的描写存在明显的差异。

河伯神话见于《山海经·海内北经》:"冰夷人面,乘两龙。"河伯又名冰夷,拥有人的面目,乘龙而行。至于河伯的形体是何种样态,文中没有明言,需要到其他典籍中去寻找答案。《尸子》称:"禹理洪水,观于河。见白面长人鱼出,曰:'吾河精也。'授禹河图而还于渊中。"[1]尸子和庄子是同时代人,都生活在战国中期,那个阶段传说的河伯是人面鱼身,兼有人和鱼的形貌特征。《韩非子·内储说上》

① 朱海雷:《尸子译注》,上海古籍出版社2007年版,第120页。

写道：

> 齐人有谓齐王曰："河伯，大神也。王何不试与之遇乎？臣
> 请使王遇之。"乃为坛场大水之上，而与王立之焉。有间，大鱼
> 动，因曰："此河伯。"①

这是把大鱼视为河伯，传说的河伯是鱼形，未言及其面目的形态。

神话中的河伯是人面鱼身，《山海经·海内北经》记载的陵鱼就是这样的形貌："陵鱼人面，手足，鱼身，在海中。"《楚辞·天问》有"鲮鱼何处"之语，洪兴祖称："《山海经》，西海中近列姑射山，有陵鱼，人面人手鱼身，见则风涛起。"②洪兴祖是用《山海经·海内北经》的相关记载对《天问》中的"鲮鱼"加以解释。《海内北经》的"陵鱼"条目与后面的"列姑射山"相距不远，故洪兴祖认为"鲮鱼"在"列姑射山"附近。《海内北经》的"陵鱼"在西海中，而不是在黄河，对河伯"人面鱼身"的形貌描写，与海中精灵的样态相一致。

其实，《山海经》对陆地水域精灵的记载，也多次提到人鱼，对此，袁珂先生写道：

> 《山海经》记有产人鱼之处多所：《西山经》之竹山、《北次三
> 经》之龙侯山、《中次六经》之傅山、华阳山、《中次十一经》之朝
> 歌山、葴山，均云"多人鱼"。即《南山经》青丘山之赤鱬，《中次
> 七经》少室山之䲞鱼，亦均人鱼之属也。③

所谓"人鱼"，顾名思义，就是兼有人和鱼的形貌特征。先民把"人鱼"视为水中精灵，所以，对于河伯这位水神，也就把他想象为人面鱼身，用以显示他的奇异。

神话中的北海之神"禺强"兼有人和鸟的形貌特征，具体记载见于《山海经》的相关篇目。《海外北经》有："北方禺强，人面鸟身，珥

---

① 梁海明：《韩非子译注》，山西古籍出版社2001年版，第60页。
② 洪兴祖：《楚辞补注》，中华书局2006年版，第96页。
③ 袁珂：《山海经校注》，巴蜀书社1996年版，第376页。

两青蛇,践两青蛇。"《海内北经》有:"北海之渚中,有神,人面鸟身,珥两青蛇,践两赤蛇,名曰禺强。"尽管对"禺强"所践之蛇的色彩描写有所不同,但"禺强"的形貌都是人面鸟身,是人和鸟形貌的组合。

可是,综观《庄子》中的河伯、海神,根本见不到兼有人和鱼、鸟形貌的影子,也见不到河伯所乘之龙、海神携带的蛇。除《大宗师》基本是沿袭神话的记载,其余各篇出现的河伯、海神都是寓言故事中的角色,是以人的样态出现。无论在哪种情况下,《庄子》都剔除了神话传说中河伯、海神形象奇异、神秘的因素,回避形貌描写,没有让这两个形象带上"怪力乱神"的属性。从《山海经》到《庄子》,河伯、海神经历的是由神话到寓言的演变,《庄子》作者对这两个形象重新加以塑造,理性精神渗入其间,使它们以新的风貌显现出来。

把河伯、海神整合在一起,这个进程始于《庄子·秋水》。在后来的《楚辞》作品中,仍然可以见到这种现象。《远游》的主角在描写赏乐场面时有"令海若舞冯夷"之语,王逸注:"河海之神,咸相和也。"洪兴祖补注:"海若,《庄子》所称北海若也。冯夷,河伯也。"①在《庄子·秋水》中,是河伯与北海若一问一答,往复七次。到了《远游》,是河伯与北海若共舞,北海若令河伯与他一道起舞。《远游》借鉴、发扬《庄子·秋水》的传统,继续把河伯、海神整合在一起,并且沿用《庄子》对他们的称谓。

第二节 《达生》篇的精灵群体

中国早期先民信奉原始拜物教,秉持的是万物有灵的观念。由此而来,他们想象出一系列与具体事物相关的精灵。这些精灵在神界的地位较低,或称为鬼,或称为精,不担当具体事物的主宰,而是以

---

① 洪兴祖:《楚辞补注》,中华书局 2006 年版,第 173 页。

具体事物为依托,或是因具体事物之所而生成。这类精灵数量众多,几乎无处不在。《庄子·达生》篇写道:

> 沈有履,灶有髻。户之内烦壤,雷霆处之。东北方之下者,倍阿鲑蠪跃之。西北方之下者,则泆阳处之。水有罔象,丘有峷,山有夔,野有彷徨,泽有委蛇。

这里所出示的精灵分属两个系列,一个是屋内系列,另一个是草野系列,一内一外,构成一个洋洋大观的精灵世界。这些精灵,有的见于先秦其他文献,能够找到它们的原型,有的则仅存于《庄子·达生》篇,成为难以破解的谜团。

一、屋内精灵

古代先民信奉的是原始拜物教,认为各种事物都有神灵相伴随。人的起居环境中也不例外,虽然视听感官无法察觉,但在人们的想象中,这些地方也有鬼神存在其间。《周礼·夏官·方相氏》写道:

> 方相氏,掌蒙熊皮,黄金四目,玄衣朱裳,执戈扬盾,帅百隶而时难,以索室驱疫。①

方相氏是驱鬼的巫师,在驱鬼的过程中,他要进行化妆,身披熊皮,头戴面具,作出狰狞之相,执戈扬盾,作驱赶之态。他率领部下驱逐的是室内之鬼,是给人带来瘟疫的魔鬼。在古人看来,人生病是因房中有鬼作怪,这些鬼隐藏在房屋之内,需要方相氏率人进行搜索,把它们逐出室外。难,通傩,指驱鬼仪式。

《庄子·达生》篇提到的室内之鬼不止一种,而是五种,包括"沈履"、"灶髻"、"烦壤雷霆"、"倍阿鲑蠪"、"泆阳"。房屋之内这五种鬼,名称怪异,多数不见于其他先秦文献,需要逐一加以辨析。

---

① 陈戍国点校:《周礼·仪礼·礼记》,岳麓书社 2006 年版,第 70 页。

(一)沈履

对《达生》篇的"沈有履",唐代陆德明的《经典释文》引司马彪本作"沈有漏",注云:"沈,水污泥也。漏,神名。"成玄英疏曰:"沈者,水下污泥之中,有鬼曰履。"这是多数注家所认可的解释,把"履"说成是污泥之鬼。对此,清人俞樾作了如下辩驳:

> 司马云:"沈,水污泥也。"则当与"水有罔象"等句相次,不当与"灶有髻"相次也。沈当为煁,煁从甚声,沈从冘声,两音相近。《诗·荡》篇:"其命匪谌",《说文·心部》引作"天命匪忱"。《常棣》篇"和乐且湛",《礼记·中庸》篇引作"和乐且耽",并其证也。煁之通作沈,犹谌之通作忱、湛之通作耽矣。《白华》篇"卬烘于煁",毛传:"煁,灶也。"是煁、灶同类,故以"煁有履"、"灶有髻"并言之耳。郑神谌字灶,谌即煁之叚字。《汉书·古今人表》作神湛,湛亦煁之叚字。李善注《文选·邹阳上吴王书》曰:"湛,今沈字。"又注《答宾戏》曰:"湛,古沈字。"然则以沈为煁,即以湛为煁也。[①]

俞樾的辩驳证据充分,得出的结论确凿可信,沈,确实与湛、煁相通。《达生》篇的"沈有履",其中的沈,指的是煁。俞樾是采用音训的方法,得出沈与煁相通的结论。从两字的构形加以考察,也可得出相同的结论。沈,字形从冘。《说文》:"冘,淫淫,行貌,从人出门。"淫,沉浸之义。字形从冘者,往往有沉浸、沉溺之义。《说文》:"甚,尤安乐也。""尤安乐",谓沉浸于安乐之中,字形从冘、从甚,都有沉浸之义。因此,沈,可与煁相通。

煁,指的是灶,但不是指普通的灶,而是一种特殊的专用灶。《说文》曰:"炷,行灶也。从火,圭声,读若同。煁,炷也。"段玉裁注释曰:

---

① 郭庆藩:《庄子集释》,中华书局 2004 年版,第 652 页。

《小雅·白华》:"樵彼桑薪,卬烘于煁。"《释言》曰:"煁,烓
也。"毛传曰:"煁,烓灶也。"郭璞云:"今之三隅灶。"①
"煁"指行灶,是一种可移动的炉灶,有的是临时搭建。《小雅·白
华》的"樵彼桑薪,卬烘于煁",是把砍下的桑木柴薪放在临时搭建的
炉灶上烘烤。《庄子·达生》篇所说的"沈有履",即是"煁有履",可
移动的炉灶称为"煁",隐藏其中的鬼称"履"。行灶之鬼称为"履",
明显是得名于炉灶的可移动性。行、履,它们的意义有相通之处。
行,指行走,引申为移动。履,有时也指行走,《周易·履》卦多次用
这种意义。九二爻辞的"履道坦坦",六三爻辞的"跛能履",九五爻
辞的"夬履",履,都是指行走。行灶之鬼称为"履",鬼的名称与行灶
的属性一致,鬼得名于灶的可移动性。

(二)灶髻

关于灶鬼,《说文》曰:"灶,炊灶也。《周礼》:'以灶祠祝融。'从
穴,黽省声。""灶"的繁体字形为"竈",故有"从穴,黽省声"之说。
对于"以灶祠祝融",段玉裁注写道:

> 贾逵注《左传》云:"句芒祀于户,祝融祀于灶,蓐收祀于门,
> 玄冥祀于井,(《吕氏春秋》注曰:行或作井。《淮南·时则训》注
> 曰:井或作行。)后土祀于中霤。"《淮南·时则训》:"孟夏之月,
> 其祀灶。"高诱注云:"祝融,吴回。为高辛氏火正,死为火神,托
> 祀于灶。是月火旺,故祀灶。"此皆用古《周礼》说也。《五经异
> 义》:"灶神,今礼戴说引《礼器》燔柴盆瓶之事。古《周礼》说,
> 颛顼氏有子曰黎,为祝融,祀以为灶神。"许君谨案同《周礼》说。
> 郑驳之云:"祝融乃古火官之长,犹后稷为尧司马。其尊如是,
> 王者祭之,但就灶陉,一何陋也? 祝融乃是五帝之神,祀于四郊。
> 而祭火神于灶陉,于礼乖也。"按:许君《说文》有此七字,是与

---

① 许慎撰、段玉裁注:《说文解字注》,浙江古籍出版社1999年版,第482页。

《五经异义》不殊。《风俗通》亦从《异议》，用古《周礼》说。①
通过段玉裁的梳理可以看出，汉代对于祭祀灶神有两种说法。一派
以《五经异义》作者刘向、《说文》作者许慎为代表，认为祭祀火神祝
融于灶。言外之意，祝融就是灶神，是火神兼灶神。东汉高诱注《吕
氏春秋》《淮南子》，东汉末年应劭所撰《风俗通义》，都认定祀祝融
于灶。汉末经学大师郑玄却持有不同看法，他认为祝融生前为火官
之长，死后是从属于炎帝的神灵，对他的祭祀不应该在室内之灶，而
是在四郊，礼仪很隆重。

先秦时期确实祭祀火神祝融，有定期祭祀和临时祭祀两种情况。
定期祭祀每年几次，临时祭祀往往是为了消灾。《左传·昭公十八
年》记载，郑国发生火灾，"郊人助祝史，除于国北，禳火于玄冥、回
禄，祈于四鄘。"杨伯峻先生引诸家之说作如下注解：

> 杨宽云："郊人即是郊内乡的长官。"杜注："为祭处于国北
> 者，就大阴禳火。"除，除地为祭祀之坛。……杜注："玄冥，水
> 神。回禄，火神。……鄘，城也。城积土，阴气所聚，故祈祭之，
> 以禳火之馀灾"。②

文中的"回禄"，指的就是火神祝融。《史记·楚世家》记曰："帝喾诛
重黎而以其弟吴回为重黎，后复居火正，为祝融。""回禄"即是吴回。
郑国祭祀火神祝融，先是在城北，然后又在城墙四周祈祷。由此看
来，先秦时期祭祀火神祝融，正常情况下应该是在城的四郊，而不是
在灶内，祝融不是灶神。

灶鬼在神界的地位较低，是附着于灶的精灵，对它的祭祀比较普
遍。《礼记·祭法》记载，天子为群姓所立七祀中，最后一位是灶，

---

① 许慎撰、段玉裁注：《说文解字注》，浙江古籍出版社1999年版，第343—344
页。

② 杨伯峻：《春秋左传注》，中华书局2000年版，第1396页。

"庶士、庶人立一祀,或立户,或立灶。"灶神的祭祀更多地见于下层。《论语·八佾》记载:"王孙贾问曰:'与其媚于奥,宁媚于灶,何谓也?'"奥,指屋内西南角的神。灶,指灶鬼。二者都是在房屋内进行祭祀。

关于灶鬼的具体形象,《史记·孝武本纪》司马贞《索隐》引司马彪的说法:髻,作浩,"浩,灶神也,如美女,衣赤。"这是早期传说的灶神,或称为髻,或称为浩。把灶鬼说成是女性,因为古代炊事多由女子承担,向灶内添柴司火的主要是女性,于是,在炉灶从事操作者的性别,就被视为灶鬼的性别。灶鬼著赤衣,在古人观念中,火与赤属于同一系列。《礼记·月令》记载,夏季,"其帝炎帝,其神祝融,……其祀灶。"天子"乘朱路,驾赤骝,载赤旂,衣赤衣。"这是把赤色与火神祝融、灶鬼划入了同一系列。灶鬼被说成身著赤衣,就是由五行观念衍生出来的。灶鬼是身著赤衣的美女形象,是一位可爱的神灵。至于《庄子》成书时期的灶鬼是否如此,《庄》书没有明确记载,已经无法考索清楚。

(三)烦壤雷霆

《庄子·达生》称:"户内之烦壤,雷霆处之。"户内,指门内。烦,指繁多、杂乱。壤,谓土。烦壤,谓杂乱堆积的尘土之类,相当于后来所说的垃圾,成玄英疏曰:"门户内粪壤之中,其间有鬼,名曰雷霆。"[1]林云铭称:"烦壤,粪扫之馀积也。"[2]林氏所言极是,烦壤指垃圾,古人认为那里是雷霆鬼所居之处。为什么会出现这样的说法呢?这要从先民对"雷霆"的理解说起。

在古代先民看来,雷霆虽然在空中发出响声,但是它却栖息在地下。《周易·豫》卦《象》传称:"雷出地,奋。"就是说,雷从地下升

---

① 郭庆藩:《庄子集释》,中华书局 2004 年版,第 652 页。

② 林云铭:《庄子因》卷四,清光绪庚辰(1880)白云精舍重刊本。

空,发出响声,地下是雷的栖息场所。《周易·复》卦《象》传称:"雷在地中,《复》。"雷声响过之后,从天空返回地下,是回归它的栖息地。《楚辞·招魂》写道:"魂兮归来! 西方之害,流沙千里些。旋入雷渊,靡散而不可止些。"传说西方流沙之地有雷渊,是雷神的藏身之处。路经那里的行人会被旋转吸进雷渊,从而粉身碎骨。古代先民认为雷的栖息场所是地下,这恐怕是《达生》篇把"烦壤"说成是"雷霆"之鬼居住地的原因之一。

古人还认为,雷不是正常的自然现象,而是阴阳失调出现的反常气候。《大戴礼记·曾子天圆》写道:"阴阳之气各静其所则静矣,偏则风,俱则雷。"王聘珍注:"各静其所,谓各安其处也。……俱,皆也。阳为阴伏,相薄而有声,为雷。"[1]这是把雷的生成归结为阴阳错位,违背正常秩序。《庄子·外物》篇也有这方面的论述:"木与木相摩则然,金与火相守则流。阴阳错行,则天地大絯,于是乎有雷有霆,水中有火,乃焚大槐。"这是把雷霆生成的原因说成是阴阳错行,即阴阳二气的运行违背了正常秩序。《庄子·达生》篇把"烦壤"说成"雷霆"之鬼所居之处,因为"烦壤"指垃圾堆,清扫出来的各种废物杂乱地堆放在一起,正与阴阳失序之象相合。把垃圾堆说成是雷霆之鬼的栖息地,符合当时人们对于雷的生成所作的解释,是在阴阳观念统辖下想象出来的。

(四)倍阿鲑蠪

《庄子·达生》篇还写道:"东北方之下者,倍阿鲑蠪跃之。"对于"倍阿鲑蠪"之称,《经典释文》引司马彪的解释如下:

> 倍阿,神名也。鲑蠪,状如小儿,长一尺四寸,黑衣赤帻大冠,带剑持戟。[2]

---

① 王聘珍:《大戴礼记解诂》,中华书局 2008 年版,第 99 页。
② 郭庆藩:《庄子集释》,中华书局 2004 年版,第 652 页。

司马彪认为"阿倍"、"鲑蠪"是两种鬼,并分别作了解释。从《达生》篇的叙述来看,列在"倍阿鲑蠪"前后的条目,都是每个方位只提到一种鬼,没有两种鬼并列的情况。依此类推,"倍阿鲑蠪"应指一种鬼,而不是两种。后代注家成玄英、林希逸,都把"倍阿鲑蠪"作为一种鬼看待。鬼名"倍阿鲑蠪",倍,谓背离,阿,本指土山、山坡。倍阿,谓背离高处,选择低洼的地方。"鲑蠪"处于房屋"东北方之下者",意谓它处于房屋内的低处,"倍阿"用于修饰"鲑蠪",标示其避高趋下的栖息指向。"鲑蠪",指的当是蛙类动物。《广雅·释鱼》有:"苦蠪,虾蟆也。"《名医别录》曰:"虾蟆,一名蟾蜍,……一名苦蠪。"鲑蠪、苦蠪,读音相近,当时同指蟾蜍。鲑蠪指的是蟾蜍,故《达生》篇称其在房屋的"东北方之下"栖息,并且"跃之",蟾蜍确实是跳跃前行,并且生活在低洼之处。

　　"鲑蠪"指蟾蜍,《达生》篇认定它是居于房屋东北部地下之鬼,这与古人对蟾蜍的崇拜不无关系。《文子·上德》篇称:"蟾蜍辟兵,寿在五月之望。"唐代徐灵府注:"《万毕术》:'蟾蜍五月中杀之,涂五兵,入军阵而不伤。'"[1]徐灵府所引的《万毕术》,相传出自西汉淮南王刘安之手。先民认为蟾蜍是一种灵异之物,用它的血涂抹兵器,就能够刀枪不入,保佑参战者不受伤害。对于蟾蜍这种神异功能的渲染,《抱朴子·内篇·仙药篇》继承了前代的说法,其文写道:

　　　　肉芝者,谓万岁蟾蜍。头上有角,颔下有丹书八字再重。以五月五日日中时取之,阴干百日,以其左足画地,即为流水。带其左手于身,辟五兵。若敌人射己者,弓弩矢皆反还自向也。[2]
葛洪把"万岁蟾蜍"说成是可以使人长生不老的仙药,又对它的辟兵功能进一步夸张,说得神乎其神。溯其渊源,盖肇自先秦时期的蟾蜍

① 王利器:《文子疏义》,中华书局2000年版,第264页。
② 王明:《抱朴子内篇校释》,中华书局2007年版,第201页。

崇拜。《庄子·达生》篇认定房屋东北角下的鬼是蟾蜍,并且展示了它的具体行进方式,可是,司马彪却把"鲑蠪"说成是"小儿状"的精灵,与《达生》篇所作的描述不尽一致。司马彪是晋代人,他对"鲑蠪"所作的注释,反映的是晋代的鬼神观念。晋代小说《搜神记》卷十六有如下记载:

> 昔颛顼氏有三子,死而为疫鬼。一居江水,为疟鬼;一居弱
> 水,为魍魉鬼。一居人宫室,善惊人小儿,为小儿鬼。①

《搜神记》的作者干宝,也是晋代人,生活的时段稍后于司马彪。晋代人认为,宫室之内有"小儿鬼",是颛顼之子死后所变。司马彪对"鲑蠪"所作的描绘,正是"小儿鬼"的形态。"状如小儿,长一尺四寸。"身高如同小儿,形貌也如同小儿,"黑衣赤帻大冠,带剑持戟",这种装束具有令人恐怖的性质,当然可以惊吓小儿。因此,对《达生》篇"鲑蠪"的注解,不能以司马彪的说法为依据,而应把他的注解看作是晋代人神灵观念的反映。

对于司马彪释"鲑蠪"之论,古代注家已有人表示怀疑。清人刘凤苞称:"鲑蠪,赤驳蚍蜉也。"②刘凤苞是根据《尔雅》及郭璞的注文立论。《尔雅·释虫》:"蠪虹,蚁。"郭璞注:"赤驳蚍蜉也。"这是把"蠪虹"释为带有斑驳赤色的大蚂蚁。这种解释有一定的道理,因为蚂蚁穴居,也常居于房屋墙角下。可是,蚂蚁是爬行,不是跳跃前行。《达生》篇所说的"鲑蠪跃之",是跳跃前行且栖息于房屋东北角的下面。依此判断,"鲑蠪"应指蟾蜍,而不是蚂蚁。

(五)泆阳

《庄子·达生》篇又称:"西北方之下者,则泆阳处之。"这是排在最后一位的屋内之鬼。泆阳,是栖在房屋西北角的精灵,藏于地下。

---

① 干宝:《搜神记》,中华书局1979年版,第189页。
② 刘凤苞:《南华雪心编》卷五,清光绪二十三年(1897)晚香堂版。

洑阳,应指"夷羊",二者读音相近,故"夷羊"又作"洑阳"。《国语·
周语上》写道:"商之兴也,梼杌次于丕山;其亡也,夷羊在牧。"韦昭
注:"夷羊,神兽。牧,商郊牧野也。"①韦昭指出"夷羊"是神兽,但没
有对它的具体形态作进一步的解释。夷羊,顾名思义,应是羊类精
灵。古代传说中的精灵确有羊形,《国语·鲁语下》有这方面的
记载:

> 季桓子穿井,获如土缶,其中有羊焉。使问之仲尼曰:"吾
> 穿井而或狗,何也?"对曰:"以丘之所闻,羊也。丘闻之:木石之
> 怪曰夔、蝄蜽,水之怪曰龙、罔象,土之怪曰羵羊。"②

韦昭注:"唐云:羵羊,雌雄不成者也。"③何谓雌雄不成者? 这从《周
易·大畜》六五爻辞可以得到答案:"豮豕之牙,吉。"这里出现"豮"
字,与"羵"构形相似。《说文》曰:"豮,羠豕也。"段玉裁注写道:

> 羠,騬羊也。騬,犗马也。犗,騬牛也。皆去势之谓也。或
> 谓之劇,亦谓之犍,许书无此二字。《周易·大畜》六五:"豮豕
> 之牙",虞翻曰:"劇豕称豮。"今俗本劇讹作剧。④

这里对于"豮"字解释得很清楚,去势的猪称为"豮"。羵,字形从羊、
从贲。依此类推,"羵"指去势的羊,即所谓的"阴阳不成者"。羠,也
见于《说文》:"羠,騬羊也。从羊,夷声。"去势之羊又称为"羠"。

由此看来,《国语·周语上》所说的"夷羊",即《国语·鲁语下》
所说的"羵羊",指的是"土之怪",就是土中之鬼。夷羊,本作羠羊,
即去势之羊,它是土中的精怪。到了《庄子·达生》篇又作"洑阳",
取其读音相同。《达生》篇所说的"洑阳",就是《国语·周语上》提
到的"夷羊"。《国语·鲁语下》提到的"羵羊",是由去势之羊充当

---

① 《国语》,上海古籍出版社1998年版,第31页。
② 《国语》,上海古籍出版社1998年版,第201页。
③ 《国语》,上海古籍出版社1998年版,第202页。
④ 许慎撰、段玉裁注:《说文解字注》,浙江古籍出版社1999年版,第455页。

的精怪,古人认为它栖息在地下,《达生》篇则称其在房屋西北角的地下驻留。《释文》引司马彪注:"洪阳,豹头马尾,一作狗头。一云,神名也。"①显然,司马彪对"洪阳"所作的解说,不符合原文本义,恐是出于自己的想象或是沿用了晋代的传说。

古人认为"土之怪"是羊状精灵,《山海经·西山经》所载"昆仑之丘"就出现羊形精怪:"有兽焉,其状如羊而四角,名曰土蝼,是食人。②"羊状怪兽而称之曰土蝼,暗示它与土的密切关联。蝼,指蝼蛄,是一种害虫,潜伏在土中,土蝼,指这种羊状精怪像蝼蛄一样栖身于土中。

综上所述,《庄子·达生》篇提到的位于房屋东北部和西北部地下的鬼,分别是蟾蜍和夷羊,都是动物精灵,它们潜伏于地下。而礼书经常提到的"中霤"和"奥"两位房屋之鬼,《达生》篇却没有提及。

二、草野精灵

《庄子·达生》篇称:"水有罔象,丘有峷,山有夔,野有彷徨,泽有委蛇。"水、丘、山、野、泽,是五种自然地貌,处于野外,其间所隐的五种精怪,即罔象、峷、夔、彷徨和委蛇,属于草野之精。这五种野外精灵,有的可以在先秦文献中直接找到根据,有的则需要进行辨析。

(一)罔象

关于水之精怪为"罔象"的说法,《国语·鲁语下》亦有类似的表述:"水之怪曰龙、罔象"。先秦时期确实称水中精灵为"罔象",针对水中精灵的具体形态、功能,《管子·水地》篇有如下记载:

> 故涸泽数百岁,谷之不徙,水之不绝者,生庆忌。庆忌者,其状若人,其长四寸。衣黄衣,冠黄冠,戴黄盖,乘小马,好疾驰。

---

① 郭庆藩:《庄子集释》,中华书局 2004 年版,第 652 页。
② 袁珂:《山海经校注》,巴蜀书社 1996 年版,第 56 页。

　　以其名呼之,可使千里外一日反报,此涸泽之精也。①
《管子·水地》篇是一篇独具特色的哲理散文,文中把水视为世界万物的本原,而水常常体现出"道"的属性特征。上面提到的"涸泽",实际就是《水地》篇所说的"伏暗能存而能亡者"。涸泽,指陆表干涸的湖泊,所谓"谷之不徙,水之不绝",是说其地下的地质构造数百年没有变化,地下水位接近地表,因此,湖底看起来没水,实际地面是含水的,也就是今天所说的沼泽,或曰湿地。这种历时长久的"涸泽"内,是水中精灵"庆忌"的栖息之所。"庆忌"形体似人,却只有四寸高,是一位微小的精灵。然而本领却很大,可以在一日之内往返千里,仿佛后世所说的神行太保。

　　水中精灵既称"罔象",又称为"庆忌",怎样看待二者的关联呢?《说文》曰:"罔,网,或从亡。"罔、网相通,网的功能在于捕捉外物,引申为覆盖之义。从亡得声,因此,"罔"又可训为"无"。"罔"有"覆盖"和"无"两种含义。再看"象"字,《周易·系辞上》曰:"见乃谓之象。"这里的"象",指可显现出来诉诸视觉的东西,即眼睛可见者。罔象,顾名思义,就是强调时而被掩蔽起来无法见到,时而又显现出来入人眼目的对象,不正是"涸泽"之象吗? 因此。罔象,象征着其栖息之地的地貌特征。

　　《管子·水地》篇称水之精灵为"庆忌",同样是一个含有寓意的名称。庆,指善良,吉祥。《周易·坤·文言》曰:"积善之家,必有馀庆。"这里的庆,指吉祥之象。再看"忌",《说文》释为"憎恶",与"庆"字之义相悖。《左传·昭公元年》引史佚之言曰:"非羁,何忌?"这里的"忌",指敬畏,当是因憎而生畏的宗教情感。由此看来,"庆忌"之名,兼有喜爱与畏惧两种情感,体现出矛盾特性。而"庆忌"的形象,《管子·水地》篇称"或世见,或世不见",同样表现出矛

---

① 姜涛:《管子新注》,齐鲁书社 2006 年版,第 314 页。

盾性,与"罔象"的属性相同。

水中精灵或称"罔象",或称"庆忌",二者都具有可见与不可见两种属性,与"涸泽"地下之水的特性相符,都彰显出"伏暗能存而能亡者"的道性特征。

(二)丘莘

《庄子·达生》篇称"丘有莘","莘"为何种精灵,古今注家没有给出确切的解释。从先秦时期有关的文献记载考察,丘的精灵当时以狐类动物为原型。《山海经·南山经》写道:

> 青丘之山,……有兽焉,其状如狐而九尾,其音如婴儿,能食人,食者不蛊。①

青丘之山,有时又简称"青丘",见于《海外东经》,此篇还提到"青丘国":"青丘国在其北,其狐四足九尾。"②青丘狐不同于普通的狐狸,它有九条尾巴,称为九尾狐。狐狸生活在山丘,那里是它的家园。《楚辞·九章·哀郢》称:"鸟飞反故乡兮,狐死必首丘。"《礼记·檀弓上》也写道:"古之人有言曰:'狐死正丘首,仁也。'"这两条材料都把丘地作为狐狸的最后归宿,那里是狐狸永久的故乡。古代还有以狐丘为地名者。《韩诗外传》卷七、《列子·说符篇》、《淮南子·道应训》都有楚国孙叔敖遇狐丘大人的传说。狐丘连言而成为地名。再次表明先民把狐与丘相联系的思维定势。以此推断,《庄子·达生》篇所说的"丘有莘",当指狐狸类的精灵。

(三)山夔

《庄子·达生》篇又称"山有夔",即山地精灵称"夔"。《国语·鲁语下》写道:"木石之怪曰夔、蝄蜽。"韦昭注:

> 木石,谓山也。或云:夔一足,越人谓之山缲,音骚,或作

---

① 袁珂:《山海经校注》,巴蜀书社1996年版,第7页。
② 袁珂:《山海经校注》,巴蜀书社1996年版,第304页。

"猱"。富阳有之,人面猴身,或云独足。①

韦昭释"木石"为山,《庄子·则阳》篇也称:"观于大山,木石同坛。"山主要由木和石构成,故以木石指代山。山之精灵为夔,韦昭注列举当时的说法,认为夔指的是山缲,但又不敢确认。夔,见于《山海经》的记载有两处,《中山经》"岷山"条目提到"夔牛",但没有涉及它的神异性。《大荒东经》写道:

> 东海中有流波山,入海七千里。其上有兽,状如牛,苍身而无角,一足,出入水则必风雨。其光如日月,其声如雷,其名曰夔。黄帝得之,以其皮为鼓,橛以雷兽之骨,声闻五百里,以威天下。②

流波山神兽,其名为夔,和《庄子·达生》、《国语·鲁语下》所说的木石之怪名称相同。流波山的神兽一足,《庄子·秋水》篇出现的夔亦一足:

> 夔谓蚿曰:"吾以一足趻踔而行,予无如矣。今子之使万足,独奈何?"

夔自述其状,称自己只有一足。《大荒东经》和《庄子·秋水》都称夔一足,有异于正常的动物,这是它被视为山中精灵的重要原因。《经典释文》释《秋水》篇引李颐注,就是根据《大荒东经》有关夔的记载,用以解释夔与蚿对话的寓言。《庄子·达生》篇所说的山中精灵,指的就是形状如牛却只有一只脚的夔。

(四)彷徨

《庄子·达生》篇提到的精灵还有"彷徨","野有彷徨",它是草野中的精灵。"彷徨"作为精怪之名,不见于先秦其他典籍。东汉张衡的《东京赋》描写岁末大傩,逐驱各种精灵,其中有"斩蜲蛇,脑方

---

① 《国语》,上海古籍出版社1998年版,第201页。

② 袁珂:《山海经校注》,巴蜀书社1996年版,第416页。

良"之语。李善注:"方良,草泽之神也。脑,陷其脑也。"①《达生》篇所说的"彷徨",指的当是"方良"。对于其具体形态,《释文》又引司马彪注曰:"方皇,状如蛇,两头,五采文。"②当初传说的草野精灵是否这种形态,已经无法考证。

(五)委蛇

《达生》篇提到的最后一位精灵是"委蛇","泽有委蛇",它是泽中精灵,对于它的具体形态,篇中有如下叙述:

> 委蛇,其大如毂,其长如辕,紫衣而朱冠。其为物也恶,闻雷车之声,则捧首而立。见之者殆乎霸。

"委蛇"是一种巨蛇,它身粗如车毂,体长如车辕。它又是面目丑陋的精灵,恶,指面目丑陋。它还是一种奇异之蛇,与车雷之声产生感应。它又是一种高贵、吉祥的精怪。紫衣朱冠是高贵之象,见之者而霸表明它是吉祥的象征。《山海经·海内经》提到的"延维",大概和"委蛇"是同物而异名:

> 有神焉,人首蛇身,长如辕,左右有首。衣紫衣,冠旃冠,名曰延维。人主飨而食之,伯天下。③

和《达生》篇对"委蛇"的描写相比较,可以确认"延维"和"委蛇"本是同一种精灵,两篇文献都提到它"长如辕"、穿紫衣、戴朱冠,"旃冠"就是朱冠。两篇文献还提到它的神奇功能,会使君主成为霸主,称雄天下。或称委蛇,或称延维,对它的称呼声音也相近。不过,《海内经》所作的描写较之《达生》篇更加具体。《海内经》言其"人首蛇身",并且"左右有首",而《达生》篇只是简略地说"其为物也恶"。《海内经》把延维的丑陋、怪异充分地展示出来,而《达生》篇只

---

① 萧统编、李善注:《文选》,岳麓书社2002年版,第99页。
② 郭庆藩:《庄子集释》,中华书局2004年版,第653页。
③ 袁珂:《山海经校注》,巴蜀书社1996年版,第518页。

作了简要的处理,淡化了其怪异和恐怖的属性。至于《达生》篇提到它会与车雷之声发生感应,《海内经》则没有提及。

委蛇,又称为蝈,《管子·水地》篇也提到这一精灵称谓:

> 涸川之精者,生蝈。蝈者,一头而两身,其形若蛇,其长八尺。以其名呼之,可使取鱼鳖。此涸川之精也。①

涸川,指干涸的河流,河流虽然地表干涸,但地下水位依然接近地表,因此这里所说的"涸川",往往指沼泽地带。涸川之精就是泽中精怪。蝈,与委蛇、延维指的同是泽中精灵。蝈"一头而两身",按照《海内经》的说法,当是"一身而两头"。委蛇、延维身长如辕,蝈身长八尺,宛如巨蛇。

《达生》提到的泽中精灵,先秦时期或称委蛇、延维,或称蝈,指的都是蛇形精灵。它形貌丑陋怪异却与人相友善,是象征吉祥的精灵。《达生》篇对它所作的叙述,可以与先秦的相关文献相印证,能够找到它的原型。

《庄子·达生》篇提到的野外精灵,可考者有罔象、夔、委蛇,它们都是形态怪异的精灵,但又都是吉祥之物,不对人造成伤害,这与该篇提到的房屋之内的履、灶、鲑蠪、泆阳等精灵的属性基本一致,雷霆属于例外。从总体上看,《达生》篇没有把人和各种精怪对立起来,而是承认各种精怪存在的合理性,人们不必因为遇到这类精灵而恐惧。《周礼·夏官·方相氏》所提到的驱鬼仪式,并不是针对《达生》篇列举的精灵。至于后代文学作品把《达生》篇提到的精灵写成大傩之礼所驱逐的对象,有的是后世出现的演变,有的则出自文人的想象。概括而言,《达生》篇列举的一系列精灵,它们不是恶鬼,而是可以与人共处的对象,有的甚至给人带来吉祥、禳除灾难。

《庄子·达生》篇谈到的这些精灵鬼怪,基本是以当时人们的鬼

---

① 姜涛:《管子新注》,齐鲁书社 2006 年版,第 314 页。

神观念为依托。这些鬼怪大多是人们想象的产物,但能够反映出人们对现实世界各种现象的理解。从这些称谓名称看,它们有的体现出其所代表事象的某些属性特征,有的则彰显出当时人们解释世界的哲学理念,是原始宗教观念与阴阳五行思想的结合。然而,《达生》篇展示这些精怪的章节,是在"桓公田于泽"而被鬼吓病的寓言故事中,其目的在于让桓公明白,鬼怪不会吓人,受惊乃是自身神气飞散所致,从而彰显出凝神敛气功夫的重要,与全篇主旨同归一处。

第三节 《外物》篇的任公子与巨鱼

唐代陆德明评价《庄子》"言多诡诞,或似《山海经》"。《山海经》是一部以记载远古山川地理为线索,兼及大量超现实的物产、部族、信仰、传说等多方面文化内容的古代典籍。陆氏将《庄子》与《山海经》相比,是说《庄子》包含了大量的神话元素,和上古神话有密切关联。《庄子·寓言》篇以"寓言十九"概括了全书文本的形态特征,即通过寓言故事阐述道理。神话与寓言都渊源于上古先民的口头传说,二者不可能断然分开,神话是关于神灵的故事,重在超现实的奇异性;寓言故事有时也涉及神话,但是侧重故事背后的哲理性。

《庄子》一书确实对许多神话有所借鉴,并使它们以寓言的形态呈现出来。那么,从神话演变成寓言,是通过哪些途径,采取何种方式完成的? 这是研究《庄子》,把它与《山海经》区分开来必须思考的问题。《列子·汤问篇》和《庄子·外物》篇都记载了"巨人垂钓"的故事,故事内容相去不远,但其中垂钓主体、受钓客体以及垂钓地点等元素都发生了变化。本节试通过对比两则故事中的主客体称谓,揭示出这则故事由神话演变为寓言的某些规律。

一、垂钓故事:源头与流变

"任公子垂钓"的故事见于《庄子·外物》,全文如下:

> 任公子为大钩巨缁,五十犗以为饵,蹲乎会稽,投竿东海,旦旦而钓,期年不得鱼。已而大鱼食之,牵巨钩,錎没而下,骛扬而奋鬐,白波若山,海水震荡,声侔鬼神,惮赫千里。任公子得若鱼,离而腊之,自制河以东,苍梧以北,莫不厌若鱼者。

这是一篇以垂钓为题材的寓言,但它所讲述的不是一般性的垂钓,而是超乎人们想象的垂钓。所出现的场景是虚拟的,在现实世界并不存在。

无独有偶,《列子·汤问篇》也有类似的垂钓场面:东海有五座神山,每座神山周围三万里,山顶平坦处九千里,每座山之间相去七万里。天帝令海神禺强派出十五只巨鳌,三班轮换负载神山,每座神山由三只巨鳌依次负载。后来出现如下事件:

> 而龙伯之国有大人,举足不盈数步而暨五山之所,一钓而连六鳌,合负而趣归其国,灼其国以数焉。于是岱舆、员峤二山流于北极,沉于大海。①

龙伯国大人的垂钓造成一场灾难,使原来的五座神山中的两座沉入海中,最后只剩下三座神山,即方壶、瀛洲、蓬莱。

把"任公子垂钓"和"龙伯国大人垂钓"的故事加以对比,可以明显看出它们的相似之处:

第一,这两个故事都是以东海为背景。任公子是"投竿东海",龙伯国大人垂钓的五山是在"渤海之东",二者的地域背景是一致的。第二,垂钓者都是巨人。"任公子为大钩巨缁,五十犗以为饵",他用于钓鱼的诱饵是五十条犍牛,钓具之大可想而知,任公子如果不

---

① 严北溟、严捷:《列子译注》,上海古籍出版社 2006 年版,第 120 页。

是巨人,不可能撑持如此巨大的钓具。东海神山位于归墟,那里在"渤海之东不知几亿里",距离陆地极其遥远。可是,龙伯国大人"举足不盈数步而暨五山之所",他几步就跨越数十万里,可以想象他是一位巨人。由此可以推断,"任公子垂钓"和"龙伯国大人垂钓"当出自同一系统,它们之间存在渊源关系,但是谁是源,谁是流,需要加以辨别。

"龙伯国大人垂钓"故事提到东海五座神山,属于蓬莱神话系统。关于蓬莱神话的由来,《史记·封禅书》写道:"自威、宣、燕昭使人入海求蓬莱、方丈、瀛洲。此三神山者,其传在渤海中,去人不远;患且至,则船风引去。"齐国临海,齐威王、齐宣王所处的战国中期,正是庄子生活的历史阶段,蓬莱神话在那个时段已经兴盛起来,但它最初产生的时间会更早。《汉书·艺文志》有《列子》书目,班固注:"圄寇,先庄子,庄子称之。"圄寇,即列子御寇,他生活的时代早于庄子,《庄子》书中多次提到列子。《列子·汤问篇》所载的"龙伯国大人垂钓"的故事,当是战国时期记录的蓬莱神话,是《列子》原书的构成部分。关于《列子》一书,有人认为是后人伪作,但没有可靠的证据。就其龙伯国大人垂钓的蓬莱神话而论,与魏晋南北朝时期成书的《神异经》、《拾遗记》、《洞冥记》相比,有关蓬莱神话的记载相去甚远。由此可以推测,《列子·汤问篇》"龙伯国大人垂钓"神话,不当为后人伪造,而是《列子》一书所固有的。《山海经·海内北经》也写道:"蓬莱山在海中,大人之市在海中。"[1]《山海经》记载的基本都是先秦时期的神话传说,有关蓬莱山、大人之市的条目可以与《列子·汤问篇》的有关记载相互印证,可以说明《汤问篇》的"龙伯国大人"神话是《列子》原书所固有。

庄子生活的年代晚于列子,"任公子垂钓"寓言出自《庄子·外

---

① 袁珂:《山海经校注》,巴蜀书社 1996 年版,第 378 页。

物》,属于杂篇,蓋为《庄子》后学所作,那么写成年代上距列子所处的时段更远,完全有可能借鉴已经流传开来的蓬莱神话。因此可以说,《列子·汤问篇》的"龙伯国大人"神话是源,《庄子·外物》篇的"任公子垂钓"寓言是流,后者是在对前者进行借鉴、改造基础上生成的。从"龙伯国大人垂钓"到"任公子垂钓",是由神话向寓言的演变。

二、垂钓主体:龙伯国大人与任公子

从神话演变成寓言,使得二者的关系具有相同与变异双重属性,相通之处是,"龙伯国大人"神话和"任公子垂钓"寓言都以东海为背景,垂钓者都是巨人;不同的是,垂钓主体的称谓、垂钓对象、垂钓场面的描写和对最终结局的交待,二者又存在明显的变化。

先看垂钓主体的称谓。《列子·汤问篇》垂钓主体是龙伯国大人,《庄子·外物》的垂钓主体是任公子,二者的称谓明显有别。

所谓大人,指的是巨人,即形体高大魁梧。《山海经·海外东经》写道:"大人国……为人大,坐而削船。"①这里说得很明确,大人指的是身体高大,即巨人。先秦时期流传的巨人传说主要有三个系统,一是《国语》系统,二是《左传》系统,三是《山海经》系统。

《国语·鲁语下》写道:

> 仲尼曰:"丘闻之:昔禹致群神于会稽之山,防风氏后至,禹杀而戮之,其骨节专车。此为大矣。"……客曰:"防风何守也?"仲尼曰:"汪芒氏之君也,守封、嵎之山者也,为漆姓。在虞、夏、商为汪芒氏,于周为长狄,今为大人。"②

按照孔子的说法,夏代的巨人族称为防风氏,其形体的一节骨头就能

---

① 袁珂:《山海经校注》,巴蜀书社 1996 年版,第 298 页。
② 《国语》,上海古籍出版社 1998 年版,第 213 页。

装满车厢。防风氏,实际是以风为姓。《左传·僖公二十一年》称:"任、宿、须句、颛臾,风姓也,实司大皞与有济之祀。"①这四个小国的君主都是风姓,是太皞氏后裔,主持对太皞氏的祭祀。这样看来,防风氏出自太皞,是古代传说的巨人族。

《左传·文公十一年》写道:

> 鄋瞒侵齐,遂伐我。公卜使叔孙得臣追之,吉。……冬十月甲午,败狄于鹹,获长狄侨如。②

《国语·鲁语下》称,巨人族"于周为长狄",《左传·文公十一年》提到的长狄侨如,就是巨人族的首领。关于长狄侨如的具体情况,《穀梁传·文公十一年》写道:

> 长狄也弟兄三人,佚宕中国,瓦石不能害。叔孙得臣最善射者也,射其目。身横九亩,断其首而载之,眉见于轼。③

这则传说把长狄侨如的形体渲染得硕大无比,无论是其身段,还是其首级、体积之大都超乎人的想象,确实是一位巨人。

长狄侨如所在国称为鄋瞒,《说文》写道:"鄋,北方长狄国也,在夏为防风氏,在殷为汪芒氏。"④许慎把长狄氏的祖先追溯到防风氏,和《国语·鲁语下》的记载相合。长狄氏作为巨人族成员,也是太皞氏后裔。

《山海经》多次提到大人之国,《大荒北经》写道:"有人名曰大人,有大人之国,釐姓。"⑤大人之国釐姓,《史记·孔子世家》载孔子之言:"汪罔氏之君守封、禺之山,为釐姓。"这里所说的"釐姓",就是《国语·鲁语下》的"漆姓",漆、釐读音相近,故通用。这样看来,《山海经》所记载的巨人族,也是出自太皞氏。

---

① 杨伯峻:《春秋左传注》,中华书局 2000 年版,第 391 页。
② 杨伯峻:《春秋左传注》,中华书局 2000 年版,第 581 页。
③ 承载:《春秋穀梁传译注》,上海古籍出版社 2006 年版,第 351 页。
④ 许慎撰、段玉裁注:《说文解字注》,浙江古籍出版社 1999 年版,第 290 页。
⑤ 袁珂:《山海经校注》,巴蜀书社 1996 年版,第 481 页。

　　先秦时期流传的巨人族成员都是出自太皞氏,《列子·汤问篇》称为龙伯国大人,这与太皞氏的龙图腾直接相关。太皞氏又称伏羲,风姓。"'风'字从'虫','虫'与'巳'在卜辞里是一字。原来古人说'风姓'或'巳姓',译成今语,都是'蛇生的'('生'、'姓'古今字)。"①风姓的隐含意义是由蛇所生,就是以龙蛇为图腾对象。太皞氏以龙为图腾对象,并且用蛇虫的启蛰以定季节,用龙蛇之名作为官职之称。《左传·昭公十七年》写道:"太皞氏以龙纪,故为龙师而龙名。我高祖少皞挚之立也,凤鸟适至,故纪于鸟,为鸟师而鸟名。"②少皞氏鸟图腾,以飞鸟的活动划分季节,以鸟名官。与此相应,太皞氏龙图腾,也就以龙纪时,以龙名官。太皞氏以龙为图腾,传说的巨人族出自太皞氏,称巨人为龙伯国大人,保留的是龙图腾痕迹,带有原始宗教的神秘色彩。

　　《庄子·外物》篇垂钓的巨人称为任公子,即出自任姓或任国的公子。《左传·僖公二十一年》写道:"任、宿、须句、颛顼,风姓也,实司太皞与有济之祀。"春秋时期的任国君主是太皞氏后裔,出自风姓。传说中巨人族出自太皞氏,既然如此,《庄子·外物》中垂钓的巨人称为任公子,实际上确认了他是太皞氏的后裔。

　　《列子·汤问篇》的垂钓巨人是龙伯国大人,《庄子·外物》篇的垂钓巨人是任公子,两者称谓不同,但都暗示他们的族属是太皞氏,出自同一血缘系统,二者可谓殊途同归。《列子·汤问篇》记载的垂钓神话,龙伯国大人的称谓带有明显的神话属性;而《庄子·外物》篇垂钓者称为任公子,则带有较强的现实性,世间这类称谓是比较常见的。巨人垂钓故事由神话演变成寓言,垂钓主角的称谓有虚幻和现实的差异,而所属的族群则是一致的。

————————

① 闻一多:《伏羲考》,上海古籍出版社 2006 年版,第 35 页。

② 杨伯峻:《春秋左传注》,中华书局 2000 年版,第 1386—1387 页。

　　《列子·汤问篇》和《庄子·外物》的垂钓故事都以东海为背景，这与太皞氏的活动地域直接相关。《左传·昭公十七年》称："陈，太皞之虚也。"①陈地位于今河南淮阳，那里是太皞氏故地。《左传·僖公二十二年》提到太皞氏后裔所建立的任、宿、须句、颛臾诸国，任国故城在今山东济宁市，宿国在今山东东平东南，须句在今山东东平西北，颛臾在今山东费县西北②。《左传·文公十一年》提到的长狄，段玉裁《说文解字注》引顾祖禹《方舆纪要》称："鄋瞒，在今山东济南府北境，或云今青州府高苑县有废临济城，古狄邑，即长狄所居。"③上述太皞氏后裔的活动地域在今山东中部和东部，和东部大海距离较近。《国语·鲁语下》提到的防风氏守封、嵎之山，韦昭注："封，封山。嵎，嵎山。今在吴郡永安县也。"④段玉裁称："吴之永安县，在今浙江湖州府武康县。"⑤防风氏故地在今浙江武康，那里临近杭州湾，位于东海之滨。由于太皞氏后裔的活动地域东临大海，因此，《列子·汤问篇》和《庄子·外物》的巨人垂钓故事，都以东海为背景。不过，如果仔细加以分辨，还可以发现二者之间的差异。《列子·汤问篇》提到的龙伯国大人，是在渤海之东的归墟垂钓，讲述的是蓬莱神话，其地域是在今山东的东部沿海。《庄子·外物》篇的任公子是"蹲乎会稽，投竿东海"，他是在今浙江沿海垂钓。《列子·汤问篇》和《庄子·外物》巨人垂钓空间的差异，和两书生成的地域有关。列子是郑人，《列子》书中提到郑国的事件较多，其作者当以郑人为主。因此，《汤问篇》的巨人垂钓神话以山东沿海为背景。庄子是宋地蒙人，在今天河南商丘市东北。战国后期，这一带成为楚国的属地，此

---

①　杨伯峻：《春秋左传注》，中华书局 2000 年版，第 1391 页。
②　杨伯峻：《春秋左传注》，中华书局 2000 年版，第 391 页。
③　许慎撰、段玉裁注：《说文解字注》，浙江古籍出版社 1999 年版，第 290 页。
④　《国语》，上海古籍出版社 1998 年版，第 214 页。
⑤　许慎撰、段玉裁注：《说文解字注》，浙江古籍出版社 1999 年版，第 290 页。

时正是《庄子》的初创时代,于是《庄子》一书成为楚文化的组成部分。由此而来,《外物》篇任公子垂钓的寓言是以浙江沿海为背景。两个巨人垂钓故事的空间差异,反映出南北文化的区别。

三、垂钓客体:巨鳌与巨鱼

《列子·汤问篇》龙伯国大人垂钓的对象是巨鳌,而《庄子·外物》篇任公子垂钓的则是大鱼。从钓巨鳌到钓大鱼,是由神话向寓言演变所出现的重要事象。

《列子·汤问篇》龙伯国大人垂钓故事属于神话,是对传说中的东海神山进行解释。传说中的神山原本有五座,后来剩下三座,为什么两座神山会沉入海底,而剩下的三座神山为什么能够牢固地浮在海面上? 这是该神话所要回答的问题。为解开上述谜团,有关巨鳌的神话也就应运而生。先民基于对鳌的认识和体验,在创造神话的过程中,让鳌作为支撑、负载重物的角色出现。《列子·汤问篇》有两则神话提到鳌,一则是女娲"断鳌之足以立四极",用鳌足来支撑上天,鳌足充当天柱。另一则是巨鳌负载东海神山:

> 帝恐流于西极,失群仙圣之居,乃命禺强使巨鳌十五举首而戴之。迭为三番,六万岁一交焉。五山始峙而不动。

巨鳌承担起负载神山的重任,分三班轮换,每班以六万年为期。这是着眼鳌有坚硬的甲壳,有很强的承载能力。鳌属于龟类动物,寿命很长,古人把它视为长生不死的精灵,加之经常处于静止状态,因此,把它说成是东海神山的承载者。《楚辞·天问》也写道:"鳌戴山抃,何以安之?"王逸注:

> 鳌,大龟也。击手曰抃。《列仙传》曰:"有巨灵之鳌,背负蓬莱之山而抃舞,戏沧海之中,独何以安之乎?"[1]

---

[1] 洪兴祖:《楚辞补注》,中华书局 2006 年版,第 102 页。

巨鳌负载东海神山,是流传很广的神话。传说中的东海神山有五座,后来只剩下三座,有两座神山沉入海中。先民用巨鳌负载来解释神山的稳固,对于两座神山的沉没,则用巨鳌被钓取来加以说明,龙伯国大人垂钓的神话就是由此而来。

《庄子·外物》篇任公子垂钓的对象不是巨鳌,而是大鱼。垂钓对象的这种置换,与战国时期的言说风气密切相关。战国时期,人们提到大海时,经常联想到的动物是大鱼,而不是巨龟,海水和大鱼往往同时被提及。《战国策·齐策一》有如下记载:

> 靖郭君将城薛,客多以谏。靖郭君谓谒者:"无为客通。"
>
> 齐人有请者曰:"臣请三言而已矣,益一言,臣请烹。"靖郭君因见之。客趋而进曰:"海大鱼。"因反走。①

这位齐人是用隐语劝谏靖郭君。他用大鱼对海水的依靠关系,比喻薛地与齐国的关系,意谓薛地及靖郭君本人如同大鱼,齐国则似大鱼赖以生存的海水。靖郭君封于薛是在齐威王时期,应早于《庄子》成书的时段。由海水联想到大鱼,齐人已开战国风气之先。

《庄子·逍遥游》开篇写道:"北冥有鱼,其名为鲲。鲲之大,不知其几千里也。"这是由溟海引出大鱼,海和鱼自然而然地联系在一起。宋玉《对楚王问》写道:"鲲鱼朝发昆仑之墟,暴鬐于碣石,暮宿于孟渚。夫尺泽之鲵,岂能与之量江海之大哉!"②这段话明显是对《逍遥游》开篇一段文字的借鉴和改造,溟海还是和大鱼相伴出现。言海而及鱼,成为楚文学的一种惯性,从庄子到宋玉都是如此。

由大海而联想到巨鱼,似是战国时期形成的一种思维定势,这种思维定势到秦始皇时期仍在延续。《史记·秦始皇本纪》有如下记载:

---

① 范祥雍:《战国策笺证》,上海古籍出版社 2006 年版,第 491 页。

② 萧统编、李善注:《文选》,岳麓书社 2002 年版,第 1375 页。

方士徐市等人入海求神药,数岁不得,费多,恐谴,乃诈曰:
"蓬莱药可得,然常为大鲛鱼所苦,故不得至。愿请善射与俱,
见则以连弩射之。"

始皇梦与海神战,如人状。问占梦,博士曰:"水神不可见,
以大鱼蛟龙为候。今上祷祠备谨,而有此恶神,当除去,而善神
可致。"乃令入海者赍捕巨鱼具,而自以连弩候大鱼出射之。自
琅邪北至荣成山,弗见。至之罘,见巨鱼,射杀一鱼,遂并海西。
无论是为秦始皇寻找仙药的方士,还是为他占梦的博士,都把大鱼作
为实际上的海中之王看待,认为是大鱼在海上兴风作浪。秦始皇也
信以为真,亲自到海上去射鱼。他们的说法和做法都是荒唐的,但从
中可以看出战国时期的思维定势仍在延续,即由大海联想到巨鱼。

海中除了有鱼,还有许多甲壳动物。战国时期的人们往往把大
海和巨鱼联系在一起,偶尔也关注其他海中动物。《山海经·海内
北经》写道:"大蟹在海中。陵鱼人面,手足,鱼身,在海中。大鯾居
海中。"①这里提到的陵鱼、大鯾属于鱼类,蟹则是甲壳动物,兼顾海
中鱼和甲壳类动物。《庄子》的《逍遥游》、《外物》提到海中的鲲、大
鱼,还有本为东海波臣而困于车辙中的鲋鱼,都是把鱼和海联系在一
起。《庄子》一书往往是鱼和海同时出现,同时也提到海中的甲壳动
物,《秋水》篇就有东海之鳖入埳井而退的寓言,并有鳖向大海的倾
诉,海中甲壳类动物在《庄子》书中仍有一席之地。

《庄子·外物》篇任公子垂钓的对象是大鱼,而不是甲壳类动
物,还与先民捕捞海产品的方式有关。通常情况,垂钓的对象是鱼,
而不是甲壳类动物。对于甲壳类动物,往往采用以网捕捞的方式,
《外物》篇的大龟就是渔夫用网捕获。任公子垂钓的对象是大鱼,更
切近生活实际,具有客观现实根据。《列子·汤问篇》的龙伯国大人

---

①　袁珂:《山海经校注》,巴蜀书社1996年版,第375—377页。

以钓钩获取巨鳌,这种捕捞方式极为罕见,缺少生活的基础。就此而论,巨人族垂钓故事由神话演变成寓言,应是《外物》作者的改造。

四、垂钓故事的表现手法:概括叙述与细节渲染

《列子·汤问篇》对于龙伯国大人垂钓采用的是概括叙述的方式,而《庄子·外物》篇任公子垂钓的寓言,则是对相关细节大肆渲染。二者之间的这种差异,主要通过以下几个方面体现出来:

第一,《列子·汤问篇》对于龙伯国大人的钓具没有任何交待,而《庄子·外物》则大肆渲染任公子的钓具:"任公子为大钩巨缁,五十犗以为饵。"成玄英疏曰:"巨,大也。缁,黑绳也。犗,犍牛也。饵,钩头肉。既为巨钩,故用大绳,悬五十头牛以为饵。"[1]对于任公子钓具的叙述有色彩方面的交待,有数量的说明,有鱼饵种类的展示。仅仅鱼饵就多达五十头牛,钓竿之大,巨绳之长,钓钩之巨,都是超乎想象之外,采用的是以局部烘托全局的表现手法。

第二,《列子·汤问篇》对于龙伯国大人垂钓地点只有概括性的说明:"而龙伯之国有大人,举足不盈步而暨五山之所。"他在五座神山那里进行垂钓,至于更具体的空间位置则没有出示,垂钓的详细地点是模糊不清的。《庄子·外物》篇对任公子垂钓的地点则交待得很清楚,他"蹲乎会稽,投竿东海",是在东南沿海的陆地上向东海投竿,而不是靠海边垂钓,与所用钓具的巨大相呼应。

第三,《列子·汤问篇》对于龙伯国大人垂钓所经历的时间一笔带过,只是说"一钓而连六鳌",一次钓取六只巨鳌,而没有说明用了多长时间。《庄子·外物》则把任公子垂钓所经历的时间具体出示:"旦旦而钓,期年不得鱼。已而大鱼食之。"任公子是经历一年多的时间才有大鱼上钩,相比日常生活中的闲情垂钓,所用时间要漫长

---

① 郭庆藩:《庄子集释》,中华书局 2004 年版,第 925 页。

得多。

第四,《列子·汤问篇》对龙伯国大人钓取巨鳌的场面没有具体描写,没有涉及被钓巨鳌的任何反应。《庄子·外物》则不同,它对大鱼吞钩之后的强烈反应作了充分渲染:"已而大鱼食之,牵巨钩,錎没而下,鹜扬而奋鬐,白波若山,海水震荡,声侔鬼神,惮赫千里。"这里展示的惊心动魄的场面,有对大鱼吞钩之后剧烈动作的描写,有声音描写,还有大鱼挣扎反抗所产生震荡效应的铺陈,所作的渲染可谓淋漓酣畅。

第五,《列子·汤问篇》对龙伯大人所钓巨鳌的处理结果作了如下交待:"合负而归其国,灼以骨以数焉。"鳌甲用于占卜,至于是否灵验,没有具体明示。《庄子·外物》篇把任公子所钓大鱼的处理方式及效果叙述得极其详细:"任公子得若鱼,离而腊之,自制河以东,苍梧以北莫不厌若鱼者。"大鱼被分割、风干,然后被广大地域的居民作为佳肴食用,满足了众多人员的口腹之欲。

通过以上对比可以看出,"巨人垂钓"故事在由神话演变为寓言的过程中,增加了许多细节。这些细节描写,使寓言故事显得比神话更有现实性,同时也增强了作品的艺术魅力。细节描写是构成文学作品艺术性的重要因素,从这个意义上说,"巨人垂钓"故事由神话到寓言的演变,是文学性得到强化的过程,是艺术价值的进一步提升。

同时,《列子·汤问篇》与《庄子·外物》对"垂钓故事"的不同展现,与该故事在文章中的作用有关。《汤问篇》中,商汤与夏革在讨论世间万物的"巨细"、"长短"、"异同"问题。龙伯国本是巨人国,但由于龙伯国大人钓上了六只巨鳌,致使两座仙山消失,因此受到天帝的惩罚,身材逐渐变小,以此说明事物大小没有定准。其中的"垂钓故事",只是作为诱因出现,垂钓过程的细节不很重要。在《外物》篇中,"任公子垂钓"寓言与"辁才讽说之徒垂钓"对比出现,要突出两种"垂钓"在本质上的差异,必须详细刻画"任公子垂钓"的与众不同、超乎寻常,以此论证"外物不可必"的理念。由此可见,《庄子》文章在借鉴这则故事时,运用了渲染、夸张、讽刺的手法,具有更强的文学意识。这则故事在由神话演变成寓言的过程中,现实色彩增强,从而也提升了论说文章的说服力。

第四节 《外物》篇的神龟

《庄子》中具有神话色彩的角色,往往被赋予更多的人文意蕴。龟是《庄子》经常提到的动物名,《庄子·外物》篇有神龟被杀寓言,全文如下:

> 宋元君夜半而梦人被发窥阿门,曰:"予自宰路之渊,予为清江使河伯之所,渔者余且得予。"元君觉,使人占之,曰:"此神龟也。"君曰:"渔者有余且乎?"左右曰:"有。"君曰:"令余且会朝。"明日,余且朝。君曰:"渔何得?"对曰:"且之网得白龟焉,其圆五尺。"君曰:"献若之龟。"龟至,君再欲杀之,再欲活之,心疑,卜之,曰:"杀龟以卜,吉。"乃刳龟,七十二钻而无遗笑。

这是一则悲剧寓言,神龟能托梦于宋元君,却不能免除杀身之祸,《外物》篇以此暗示智慧功能的有限。神龟是作为清江之神的使者前往河伯之处,行至宋国水域被人捕杀。清江,古今注家对此语焉不详,需要进一步加以辨析。为什么由龟充当水神的使者?对于龟的描写为什么取白色披发之象,以及渔夫的称谓,都是需要厘清的对象。

一、神龟的居所:清江

清江,古代实有其水,《水经·江水》写道:"又东过鱼復县南,夷水出焉。……又东南过夷道县北,夷水从佷山县南,东北注之。"关于其中的夷水,郦道元《水经注》写道:"县有夷溪,即佷山清江也,《经》所谓夷水出焉。"①根据《水经注》记载,清江又称夷水、夷溪,发源于鱼復,在长江之南,流至佷水注入长江。关于鱼復,《水经注》写道:"江水又东迳鱼復故城南,故鱼国也。《春秋左传·文公十六年》,庸与群蛮叛,楚庄王伐之,七遇皆北,惟裨、儵、鱼人逐之是也。"②《左传·文公十六年》确实有楚庄王伐鱼国的记载,杨伯峻注:"裨,庸所在之地,今已不得知。鱼则当在今四川省奉节县东五里。"③奉节今属重庆,位于长江瞿塘峡北,清江就发源于此处的长江南岸。清江汇入长江是在夷道县,即今湖北宜都。《水经注》所记载的清江源头和汇入长江处,与清江的实际情况相符,是比较可信的,与当代地图对清江流域所作的描绘大体一致。

《庄子·外物》中的神龟称:"予自宰路之渊,予为清江使河伯之所。"神龟是从清江的宰路之渊出发,前往北方的河伯所居之处。那么,清江是否有传说的深渊存在呢?古代传说的水神,往往居于深渊之中,而且通常是在江河的源头处。黄河水神是冰夷,又称冯夷。《山海经·海内北经》写道:

> 昆仑虚南所,有氾林方三百里。从极之渊,深三百仞,维冰夷恒都焉。④

相传黄河发源于昆仑山,因此,冰夷作为黄河之神,也就把地处河源的"从极之渊"作为自己永久的居住地,那里在昆仑山之南。清江发源于古鱼復,相传那里也有神渊:

> 县有夷溪,即佷山之清江也。《经》所谓夷水出焉,江水又东迳广溪峡,斯乃三峡之首也。其间三十里,颓岩倚木,厥势殆

---

① 郦道元著,陈桥驿校证:《水经注校证》,中华书局 2007 年版,第 777 页。
② 郦道元著,陈桥驿校证:《水经注校证》,中华书局 2007 年版,第 777 页。
③ 杨伯峻:《春秋左传注》,中华书局 2000 年版,第 617 页。
④ 袁珂:《山海经校注》,巴蜀书社 1996 年版,第 369 页。

交。北岸山上有深渊,渊北有白盐崖,高可千余丈,俯临神渊。士人见其高白,故因名之。天旱,燃木岸上,推其灰烬,下秽渊中,寻即降雨。常璩曰:"县有山泽水神,旱时鸣鼓请雨,则必应嘉泽。"《蜀都赋》所谓"应鸣鼓而兴雨"也。①

这里所说的神渊位于今重庆奉节附近的长江北岸,也就是清江的源头一带。相传渊中有水神,可以兴云致雨,消除旱灾。文中所引常璩之语出自《华阳国志》,《蜀都赋》则是出自西晋左思之手。对于"应鸣鼓而应雨"之句,《文选》李善注:"巴东有泽水,人谓有神龙。不可鸣鼓,鸣鼓其旁,即便雨也。"②这是关于神渊传说的又一版本,与《水经注》的记载稍有不同。

《庄子·外物》篇的神龟自称从清江出发,原本居于宰路之渊。清江,从古到今实有其水,并且在它的源头处确实有传说中的深渊。由此看来,《庄子·外物》篇的神龟传说,很有可能是以发源于今重庆奉节附近长江南岸的清江为背景,把神龟说成是从清江源头前往河伯处的使者。

清江远在巴地,但是,它与楚地的关联却是非常密切。如前所述,《左传·文公十六年》所记载楚与群蛮的战争,有来自清江源头的鱼国军队参与。《史记·秦本纪》记载,秦昭襄王二十七年,"又使司马错发陇西,因蜀攻黔中,拔之。"三十年,"蜀守若伐楚,取巫郡及江南为黔中郡。"《史记·楚世家》亦有相关记载,楚顷襄王二十二年,"秦复拔我巫、黔中郡。"二十三年,"襄王乃收东地兵,得十余万,复西取秦所拔我江旁十五邑以为郡,距秦。"上述历史事实表明,从春秋中期到战国后期,清江流域的黔中郡是楚国的版图,在那里曾经发生过多次战争。这种为争夺土地而展开的战争,是一种特殊的文

---

① 郦道元著,陈桥驿校证:《水经注校证》,中华书局 2007 年版,第 777—778 页。

② 萧统编、李善注《文选》,岳麓书社 2002 年版,第 137 页。

化交流形式。有关清江源头的神渊传说,流播到楚地和中土的可能性很大。

《史记·龟策列传》所载宋元王杀神龟的传说本于《庄子·外物》,在此基础上敷衍成为长篇故事,文中写道:

> 宋元王二年,江使神龟使于河,至于泉阳,渔者豫且举网得而囚之,置之笼中。夜半,龟来见梦于宋元王曰:"我为江使于河,而幕网当吾路。泉阳豫且得我,我不能去。身在患中,莫可告语。王有德义,故来告诉。"

在这个传说中,神龟是受长江之神的派遣前往河伯处,把《庄子·外物》中的清江置换为长江,神龟是来自长江。晋代郭璞《江赋》有"愍神使之婴罗"之语,李善注引《庄子·外物》篇的记载为之作解,神龟称:"予自罕露之泉,为清江使河伯之所。"①罕露之泉,《外物》作宰路之渊,当是不同的流传版本。《史记·龟策列传》的作者褚少孙,《江赋》作者郭璞,都认定《庄子·外物》篇的神龟是从长江前往黄河,是江神的使者。清江是长江的支流之一,他们对神龟出发地所作的认定不无根据和道理。

二、神龟的角色:南方水神

神龟是作为清江使者前往河伯之处,来自长江流域,可以说是南方水神的使者。为什么南方水神的使者由龟来担任? 这与当时人们对于南方之龟的特别珍视密切相关。

《尚书·禹贡》叙述荆州物产及贡品时写道:"九江纳锡大龟。"九江是长江中游一带,那里向朝廷所进贡品是用于占卜的大龟。《禹贡》相传作于夏代,由此可见,产于长江的大龟很早就闻名于世。

《诗经·鲁颂·泮水》作于鲁僖公时期,用以歌颂他征服淮夷之

---

① 萧统编、李善注《文选》,岳麓书社 2002 年版,第 415 页。

功。诗的结尾叙述淮夷前来鲁国进贡的情况:"憬彼淮夷,来献其
琛。元龟象齿,大赂南金。"淮夷向鲁国进贡的礼品有元龟、象齿、南
金,都是南方特产。南方的龟特别著名,《史记·龟策列传》反复提
到的都是南方之龟:

> 神龟出于江水中,庐江郡常岁时生龟尺二寸者二十枚输太
> 卜官,太卜官因以吉日剔取其腹甲。龟千岁乃满尺二寸。……
>
> 南方老人用龟支床足,行二十余岁。老人死,移床,龟尚生
> 不死。……
>
> 近世江上人有得名龟,畜置之,家因大富。与人议,欲遣去。
> 人教杀之勿遣,遣之破人家。龟见梦曰:"送我水中,无杀我
> 也。"其家终杀之。杀之后,身死,家不利。

《龟策列传》反复渲染南龟的神异。朝廷占卜所用的龟多取自长江;
南方老人用龟支床足,历二十余年而不死;江上人因畜龟而富,又因
杀龟而身死家破。从这些记载可以看出,在当时人的观念中,最灵异
的神龟出自南方长江流域,南龟是龟中之宝。这种观念从先秦时期
就已经存在,一直延续到西汉。既然如此,《庄子·外物》把神龟写
成清江神派往河伯处所的使者,有其历史必然性,是对南龟格外重视
的结果。左思《蜀都赋》有"元龟水处"之语,李善注引谯周《异物
志》称:"涪陵多大龟,其甲可以卜,其缘又似瑇瑁,俗名曰灵又。"[1]
谯周是三国时期蜀人,直到那个历史阶段,巴地仍有灵龟传说。涪
陵,在今重庆附近。

《史记·龟策列传》称"龟千岁乃满尺二寸",而《庄子·外物》
篇的神龟"其圆五尺",可见已是数千年的精灵,因此,"七十二钻而
无遗筴",用于占卜极其灵验,没有错误的预测。《史记·龟策列传》
中的名龟得知自己面临被杀危险,托梦于主人以求活命,这与《庄

---

① 萧统编、李善注《文选》,岳麓书社 2002 年版,第 137 页。

子·外物》篇神龟托梦于宋元君的情节一脉相承。

《庄子·外物》篇的神龟作为清江使者出现,清江流域战国时期属于楚地,称为黔中。所以,这只神龟可以说是出自楚地,是楚龟。《庄子·秋水》篇也提到楚龟:"吾闻楚有神龟,死已三千岁矣。王巾笥而藏之庙堂之上。"这是在不经意之间提到楚地神龟,可见它在当时的知名度极高,因此反复写入《庄子》书中。清江使者而由神龟承担,就在于那个时代南龟、楚龟的重要地位和价值。

三、神龟的形象:白色与披发

龟通常是青黑色,可是,《庄子·外物》篇出现的龟却是白色。固然,物以稀为贵,把神龟设定为白色,为的是凸现它的灵异性,同时,也与五行学说的渗入密切相关。神龟来自清江,地处西南,属于西部地区。按照五行说的划分,西方与白色相配,在这种理念统辖下,往往把西方之物描写成白色,这种倾向在《山海经》中已经比较明显。《西山经》大时之山多白玉,皋深之山有兽,"其状如鹿而白尾。"泰冒之山多白蛇,数历之山多白珠,钟山之鸟皆白首,三危之山的怪兽白身,泾水多白金白玉。对于《西山经》的神灵,祭祀用白席。祭祀《西次四经》的神灵,"皆用一白鸡祈,糈以稻米,白菅为席。"①《西山经》介绍的事物都在西方,其中许多物产被说成是白色,或者以白色为标识,祭祀所用的器物也往往选用白色者,显然,这受到五行学说的影响,是把西方与白色相配。再如,《海外西经》有白民之国,其人"白身披发",《大荒西经》的昆仑守护神人面虎身,其尾有白色斑点。这还是以五行观念统辖色彩描写,用白色描写西方之物。

《国语·晋语二》有如下记载:

> 虢公梦在庙,有神,人面白毛虎爪,执钺立于西阿。公惧而

---

① 袁珂:《山海经校注》,巴蜀书社 1996 年版,第 79 页。

> 走。神曰:"无走! 帝命曰:'使晋袭于尔门。'"公拜稽首,觉,召
> 史嚚占之,对曰:"如君之言,则蓐收也,天之刑神也。"①

蓐收是刑神,即执行天帝惩罚世人之命的神,因此,人们也就按照五行说的配置对它加以描绘。五行说的刑杀与西方、虎、斧钺、白色相配,于是根据这些因素组合成蓐收的形象,把它描写成白毛之神。以五行说统辖色彩描写在先秦时期是经常可以见到的现象,《庄子·外物》把神龟写成白色,同样是受五行说统辖的结果。

《庄子·外物》篇的神龟在向宋元君托梦时是"披发窥阿门"。披发,即披散头发,这种样态在《左传》中多次出现过,但表达的文化意蕴不尽相同。

《左传·僖公二十二年》有如下记载:

> 初,平王之东迁也,辛有适伊川,见被发而祭于野者。曰:
> "不及百年,此其戎乎! 其礼先亡矣。"

杨伯峻注:"被同披。《论语·宪问》篇云:'微管仲,吾其被发左衽矣。'足证披发为当时所谓夷、狄之俗。"②周代创造的礼乐文明,男士通常要束发加冠。而中土周边的夷狄,则往往披头散发,不加修饰。这里出现的披发,指不按礼仪的规定行事,其形象和中土周边的蛮族相似,是对礼乐文明的疏离。

《左传·成公十年》有如下记载:

> 晋侯梦大厉,被发及地,搏膺而踊,曰:"杀余孙,不义,余得
> 请于帝矣。"坏大门及寝门而入。公惧,入于室,又坏户。③

鲁成公八年,晋景公杀赵同、赵括。这次他所梦见的大厉,就是被杀者的祖先,作为恶鬼前来复仇。"被发及地",显示出恶鬼的狰狞可怕,具有强大的威慑力。向仇敌讨还血债的恶鬼"被发及地",披发

① 《国语》,上海古籍出版社 1998 年版,第 295 页。
② 杨伯峻:《春秋左传注》,中华书局 2000 年版,第 393—394 页。
③ 杨伯峻:《春秋左传注》,中华书局 2000 年版,第 849 页。

成为复仇者的样态。

《左传·哀公十七年》还写道：

> 卫侯梦于北宫，见人登昆吾之观，被发北面而譟曰："登此昆吾之墟，绵绵生之瓜。余为浑良夫，叫天无辜。"①

卫侯指卫庄公蒯聩，他得力于浑良夫的协助夺取国君之位，事成之后又罗织罪名将浑良夫杀害，他梦见浑良夫披发叫嚷，是在向他喊冤叫屈，也是向他示威复仇。

《左传》中出现的披发者，或是不按礼仪规定行事而显得野蛮的人，或是喊冤叫屈的复仇之鬼，是一批特殊的社会成员形象。《庄子·外物》篇托梦于宋元君的神龟，化为人形而披发，是在生命处于紧急状态下向宋元君求救。它所展示的不是生命的正常状态，而是生命的特殊状态。就此而论，《庄子·外物》中神龟的披发，与《左传》上述记载出现的披发之象有相通之处。

四、捕龟者余且：称谓的暗示

《庄子·外物》篇的神龟起初被渔夫余且捕获，最后导致杀身之祸。捕获神龟的渔夫叫余且，这个称谓本身寓含着象征意义。

> 余，甲骨文作🔯，……是在中之上增一△，这是以夸张的方法预示草叶之形。或下从木，从木与中同意。凡草木之叶，其端多呈尖锐形。《广雅·释诂四》："捒，锐也。"余正是捒的初文。用为名词，余就是钻子锥子一类的器具，俞字从余可为明证。《玉篇》："捒，刺木也。"正是其义。凡刺木必为穿孔引物，《广雅·释诂一》："捒，引也。"正是余的引申义。……凡刺木穿孔就是掏出无用的部分，故引申余的把义。②

---

① 杨伯峻：《春秋左传注》，中华书局2000年版，第1709页。
② 尹黎云：《汉字源系统研究》，中国人民大学出版社1998年版，第317页。

"余"有"引取"之义,渔夫以捕获水族动物为业,其称谓冠以"余"字,正暗示其所从事的职业有"引取"之义。

再看"且"字,许慎解为"荐"。荐,是野兽吃的一种草,清代陈昌治刻本《说文解字》有"古者神人以荐遗黄帝"[1],说明"且"是一种有神性的草。古代还有一种粗麻,叫"且苴",《墨子·兼爱下》有:"晋国之士,……且苴之屦,入见文公。"[2]意思是晋国的士人穿着麻葛编的草鞋去见晋文公。"且"既然可制成粗麻,"余"又有"引取"之义,说明"余且"即指拉网捕鱼。

许慎的《说文解字》是以小篆字体为依据,研究甲骨文的学者却有不同的看法。赵诚在《甲骨文简明词典》中指出,"且,象神主之形"。[3] 关于这一解释,尹黎云作了进一步分析:

> 且,甲骨文作 𝐀,……是象神主之形。且和示同为神主,但作用不同,且是安置在始庙中的神主,故始庙可称且。《说文·一上·示部》:"祖,始庙也。"且就是祖的初文。且之训"荐",犹尸、示之训陈置。古人重视神庙,汉制偷神庙的东西要杀头。神庙就是一个"闲人免进"的禁区,故引申且的止义禁义,孳乳为阻。[4]

"荐"确有献祭之义。尹黎云认为训"且"为"荐",是由祭祀的陈列方式而来。"且"本指神主,是神灵的象征,"且"字构形本身所表示的就是祖先神灵。这样看来,捕获大龟的渔夫以"余且"为名,不仅有捕获神灵之义,还有掏空内脏,使之成为龟壳之义。"余"即引取、挹取,"且"即神灵,指神龟。

《庄子·外物》篇捕获大龟的渔夫名为余且,是一个具有双重含

---

① 汉典网:http://www.zdic.net/z/22/sw/8350.htm.

② 孙诒让:《墨子閒诂》,中华书局 2004 年版,第 127 页。

③ 赵诚编著:《甲骨文简明词典》,中华书局 2009 年版,第 41 页。

④ 尹黎云:《汉字源系统研究》,中国人民大学出版社 1998 年版,第 246 页。

义的称谓,有渔夫拉网之义,又有捕获神龟、使其致死之义。这是一个寓含象征意义的称谓,从中透视出,神龟即使无所不知,但其因余且捕获而被杀的命运早已在定数之中,文章藉此阐述"外物不可必"的道理。其实,这种暗示性理念在《庄子》书中不只一处,《则阳》篇仲尼向大史大弢、伯常骞、狶韦询问卫灵公谥号为"灵"的原因,三位史官从不同角度给出理由,最后狶韦曰:"夫灵公也死,卜葬于故墓不吉,卜葬于沙丘而吉。掘之数仞,得石椁焉,洗而视之,有铭焉,曰:'不凭其子,灵公夺而里之。'夫灵公之为灵也久矣,之二人何足以识之!"这段话表明,狶韦认为卫灵公的谥号早已预定在冥冥之中。《外物》篇神龟的结局,也是《庄子》对人们迷信占卜的一种讽刺,相似的观念还见于《应帝王》篇"季咸相壶子"的寓言。到了后来,人们对于"余且"称谓的暗示意义已经忽略,于是世上出现不同的流传版本。《史记·龟策列传》中的渔夫称为"豫且",只是从读音上继承《庄子·外物》的渔夫称谓,不再具有暗示意义。

小　　结

通过对《达生》、《秋水》、《外物》等篇中的十四位神灵称谓进行追本溯源,可以发现《庄子》寓言故事材料的来源并非全是空穴来风,而是有着现实基础。《达生》篇室内神灵和草野神灵的出现,与上古时期的灵物崇拜观念密切关联。精灵的名称直接来源于它们所代表的事物属性,这些神灵与人和平共处,甚至能辟邪消灾,为人类带来吉祥。《外物》篇出现的白色神龟,直接催生于长江流域的神话背景。《庄子》以阐述道家玄妙的哲理为宗旨,文章对材料的取弃,都是以服务于说理为目的。《秋水》中的河神河伯,在神话记载中除了具有河流的游走属性外,还很好色,《秋水》篇只截取了其游走特性,与求道者形象相符合。海神原名禺强,外貌兼有人形和鱼、鸟之形,表现出怪异性。《秋水》篇则略去其外貌,只以"若"字之名突显他的灵异属性,目的是让他接近常人,以便增强他传道的说服力。《外物》篇"任公子垂钓"故事是对"龙伯国大人垂钓"神话的改造,保留了原神话的影子,但在细节描写上,淡化了神异性、灾难性,突出了现实价值和地域上的接近性,以此张显大道理念的功用价值。《庄子》对神话材料的增减改造,突显出自觉的说理意识,而独特的表达风格却体现了不自觉的文学意识。

第二章　族群名号与史前传说

对于人类发展的童年时代,道家有着无限的遐想。《老子》第八十章写道:

> 小国寡民,使有什伯之器而不用,使民重死而不远徙。虽有舟舆,无所乘之;虽有甲兵,无所陈之;使民复结绳而用之。甘其食,美其服,乐其俗,安其居。邻国相望,鸡犬之声相闻,民至老死不相往来。

这是《老子》对远古时代的社会图景所作的理想化勾勒,充溢着孩童般的天真和想象。在《庄子》中,这一理想的社会形态被称为"至德之世",是彰显自然之道的典型阶段。同时,《庄子》书中还具体列举出一系列史前传说的氏族名号(见 P104—105 表1),或者论及有关"至德之世"的传说人物。对这些族群名号和人物称谓进行考察辨析,追索它们在《庄子》一书中的来龙去脉,是本章的内容。

第一节　"至德之世"的族群名号

"至德之世"是道家的理想社会,是《庄子》一书重点加以展示的对象。《庄子》一书不但描述出"至德之世"的总体风貌、基本属性,还列举了一系列冠以"至德之世"名号的对象。《庄子》"至德之世"的社会理想带有明显的复古性质,是从已经过去的原始社会中汲取营养,用以构建自己的思想体系。《庄子》所提到的冠以"至德之世"

名号的对象是成系列的,为什么这些对象被纳入"至德之世"的范围? 是否有历史依据? 这是解读《庄子》无法回避的问题。通过对相关名号的考辨,一方面可以加深对道家"至德之世"的理解,同时可以找到一些《庄子》建构"至德之世"体系所使用的材料,揭示从历史传说到《庄子》所用名号的演变。"至德之世"相关名号的由来,有的能够从《庄子》书中找到内证,但更多的背景材料散见于先秦其他典籍,因此,对这些名号的考辨,往往要跨越不同的领域,有的还要经历迂回的过程。

一、"至德之世"

《庄子·胠箧》篇既反对礼治,又反对法治,而推崇道家的无为而治。但是,无为而治只是一种理想,在当时的社会中无法实现。于是,《胠箧》的作者就把月光投向古代,列举出一系列古代"至德之世"的美好景象:

> 子独不知"至德之世"乎? 昔者容成氏、大庭氏、伯皇氏、中央氏、栗陆氏、骊畜氏、轩辕氏、赫胥氏、尊卢氏、祝融氏、伏牺氏、神农氏,当是时也,民结绳而用之,甘其食,美其服,乐其俗,安其居。邻国相望,鸡狗之音相闻,民至老死而不相往来。若此之时,则至治已。

文中对于"至德之世"景象所作的叙述,基本是照录《老子》第八十章的后半部分。而其中罗列的冠以"至德之世"名称的对象,有许多是前所未闻,不见于传世的上古文献。对此,《经典释文》转引司马彪的注曰:"此十二世皆古帝王。"成玄英认可司马彪的说法,他写道:"已上十二世,并上古帝王也。当时既未有史籍,亦不知其次第前后。"[1]成玄英承认文中提到的十二个冠以"至德之世"名称的都是

---

① 郭庆藩:《庄子集释》,中华书局 2004 年版,第 358 页。

古代帝王,使他感到困惑的是无法确定他们在历史上的前后顺序。宋代林希逸写道:

> 十二个氏,只轩辕、伏羲、神农见于经。自此以上,吾书中无之。或得于上古之传,或出于《庄子》自撰,亦未可知。亦犹佛言我于过去某劫也。虽若大言,然以天地间观之,自伏羲以来,载籍可考者,三千余年,岂有许大天地方有三千余年! 伏羲以前,必有六籍所不传者。但言之则近于怪妄,然亦不可不知。①

林希逸对于《胠箧》篇提到的十二个"至德之世"的真实性抱着半信半疑的态度,他一方面推测这些名称可能是古代流传下来的,另一方面,又不排除可能是《胠箧》作者的自撰。最后他以自己家乡闽地所发现的历史文物为例,指出:"然则容成、大庭之类,不可谓无之。"②林希逸的看法是比较客观的,他不盲目相信这段记载,同时又不否认其具有真实性的可能。

先秦文献对以往历史的追溯通常以伏羲氏为上限,此前的世系很少涉及。较为特殊的是《管子·封禅》在伏羲氏之前提到无怀氏,《吕氏春秋·古乐篇》论乐时提到最早制乐的朱襄氏和葛天氏。除此之外,就是《庄子·胠箧》的上面一段叙述。怎样看待《胠箧》篇提到的十二个"至德之世"的名号,成为学术界的一桩悬案。

"至德之世"是道家的理想社会,《庄子》一书除了《胠箧》篇,还有多篇作品对"至德之世"的景象加以展示,如:《应帝王》篇写道:"泰氏,其卧徐徐,其觉于于;一以己为马,一以己为牛;其知情信,其德甚真,而未始入于非人。"这里所说的泰氏,指的是太古之世,是作者想象的原始社会。原始先民无拘无束,自由自在的情状、物我不分的境界,和《胠箧》篇所说的"至德之世"并无二致。

---

① 林希逸撰、周启成校注:《庄子鬳斋口义校注》,中华书局1997年版,第158页。
② 林希逸撰、周启成校注:《庄子鬳斋口义校注》,中华书局1997年版,第158页。

《庄子》一书明确提出"至德之世"的概念是在外篇《马蹄》：

> 夫至德之世,同与禽兽居,族与万物并,恶乎知君子小人哉!

同乎无知,其德不离;同乎无欲,是谓素朴;素朴而民性得矣。这里把"至德之世"的本质属性概括为朴素,是把保持人的原始天性视为社会的基本特征,呈现的是人与人、人与物和谐相处的景象。除此之外,对于《胠箧》篇冠以"至德"名号的某些对象,《庄子》有的篇目也对其事迹作了叙述,所有这些,都为考辨《胠箧》篇记载的相关名号提供了内证,有重要的参考价值。

二、容成氏

《胠箧》篇提及"至德之世",列在首位的是容成氏,成玄英认为是古之圣王。《庄子·则阳》篇又写道:"容成氏曰:除日无岁,无内无外。"成玄英疏曰:"岁日者,时叙之名耳。"[1]"时叙"即历法,这里,容成氏结合历法谈的是内外关系问题。《淮南子·修务训》又曰:"昔者,苍颉作书,容成造历。"[2]看来,容成氏与历法的创立有关。对此,清人俞樾作了深入的辨析:

> 《汉书·艺文志》阴阳家有《容成子》十四篇,房中家又有《容成阴道》二十六卷,即老子之师也。《列子·汤问》篇黄帝与容成子居空峒之上,同斋三月,当是别一人。《淮南·本经篇》:"昔容成氏之时,道路雁行列处,托婴儿于巢上,置馀粮于亩首。虎豹可尾,虺蛇可蹍,而不知其所由然。"此则当为上古之君,即《庄子·胠箧》之容成氏,与大庭、伯皇、中央、栗陆诸氏并称者也。而高诱注乃云,容成氏,黄帝时造历日者,则以为黄帝之臣矣。[3]

俞樾分析,文献中称"容成",分别为上古之君、老子之师、黄帝之臣,

---

① 郭庆藩:《庄子集释》,中华书局 2004 年版,第 888 页。
② 刘文典:《淮南鸿烈集解》,中华书局 1997 年版,第 646 页。
③ 俞樾:《庄子人名考》,《俞楼杂纂》卷二十九,清光绪二十五年《春在堂全书》本。

而老子与黄帝并非同时代人,因此三处的"容成"不能是同一人。俞
樾的辨析不无道理。其实,"容成氏"是远古氏族名。《淮南子·修
务训》在"容成造历"后面还有:"故人作一事而遗后世,非能一人而
独兼有之。"①由此可以推断,容成氏负责历法的观测、编制工作,并
为后代子孙世袭,上述三位"容成",应同属于容成族,但不一定是同
一个人。不过,《淮南子·本经训》所叙述的容成氏之世的状况,可
与《庄子·马蹄》篇的下面一段话相互印证:

> 故至德之世,其行填填,其视颠颠。……是故禽兽可系羁而
> 游,鸟鹊之巢可攀援而窥。

《淮南子·本经训》所展示的容成氏之世的景象,与《马蹄》篇所说的
"至德之世"相符合。由此可见,容成氏当是传说中的原始部族,其
生活方式自然素朴,因此被认为是道性的象征。

见于《列子·汤问》篇的这位容成子,应是容成氏的一位男性代
表,文章更突显出他的神异性。文章写道:

> 江浦之间生么虫,其名曰焦螟,群飞而集中蚊睫,弗相触也。
> 栖宿去来,蚊弗觉也。离朱、子羽方昼拭眦扬眉而望之,弗见其
> 形;蚿俞、师旷方夜擿耳俯首如同听之,弗闻其声。唯黄帝与容
> 成子居空峒之上,同斋三月,心死形废。徐以神视,块然见之,若
> 嵩山之阿;徐以听之,砰然闻之,若雷霆之声。②

这是一则传说,讲述了容成子与黄帝的特异功能。对于焦螟这种极
其微小的昆虫,世上即便是耳聪目明的人也无法觉察它的存在,容成
子和黄帝却能清晰地见到它,听到它的叫声,故事充满神话色彩。

关于黄帝在空峒山的事情,《庄子·在宥》篇写道:"黄帝立为天
子十九年,令行天下,闻广成子在于空同之山,故往见之。"这则传说

---

① 刘文典:《淮南鸿烈集解》,中华书局1997年版,第646页。

② 严北溟、严捷:《列子译注》,上海古籍出版社2006年版,第121页。

的主人公是广成子和黄帝。从故事内容看,《在宥》篇的广成子,似乎就是《列子·汤问》篇的容成子。两则传说中都有黄帝出现,充当广成子或容成子的伙伴,角色构成一致。两则传说的地点都锁定在空同山,地域背景相同。《列子·汤问》篇有"同斋三月,心死形废"之语,《庄子·在宥》篇也有类似情节,黄帝第一次见到广成子之后,"黄帝退,捐天下,筑特室,席白茅,闲居三月。"这是说黄帝斋戒三月,便"心死形废",捐弃天下。两则传说情节类似。由此可知,广成子、容成子可能指同一个对象。

两个称号相通,还可以从文字学上找到依据,"容"和"广"两字的古义相近。

关于"广",繁体为"廣",《说文》曰:"殿之大屋也。从广黄声。"段玉裁注写道:

土部曰:"堂,殿也。"《仓颉》篇曰:"殿,大堂也。"《广雅》曰:"堂堭。合殿也。殿谓堂,无四壁。"《汉书·胡建传》注:"无四壁曰堂皇是也。"覆乎上者曰屋,无四壁而上有大覆盖,其所通者宏远矣,是曰广,引申之为凡大之称。[1]

"广"的本义是指殿堂上的屋顶,殿堂所占空间较大,因此,它的屋顶面积较大,"广"有广泛覆盖之义。至于"广"指大、远,则是引申出来的意义,也成为它的常用意义。"广"的本义指覆盖、遮盖,它的这种含义在先秦典籍中经常可以见到。《左传·宣公十二年》叙述楚国军队的编制:"其君之戎分为二广。"杨伯峻先生注曰:"其君之戎谓楚王之亲兵戎车也。……句谓楚王亲兵分为左右两部,每部皆名曰广。"[2]楚王亲兵的编制称为广,取其遮蔽、保护之义,它是作为楚王的屏障而设立。《左传·襄公十一年》叙述郑国贿赂晋国,其中包括

---

① 许慎撰、段玉裁注:《说文解字注》,浙江古籍出版社 1999 年版,第 444 页。
② 杨伯峻:《春秋左传注》,中华书局 2000 年版,第 731 页。

"广车、軘车淳十五乘。"杨伯峻先生注曰："广车，郑玄谓为横陈之车，与宣十二年之'右广'之'广'同为攻敌之车。軘，音屯，軘车，服虔谓为屯守之车。"①称战车为广车，就在于它对于参战将士具有屏蔽、遮蔽作用。

"广"的本义指覆盖，它的这种含义在《庄子》书中也可以见到。《逍遥游》篇末写道："今子有大树，患其无用，何不树之于无何有之乡，广莫之野。"成玄英疏曰："莫，无也。谓宽旷无人之处。"②成玄英释"广莫"为宽旷无人，后代注家通常沿袭这种说法，释"广莫"为旷远，罕有例外。如前所述，广，本义为覆盖，而且所涉及的面积较大。

再看"莫"字，《说文》："莫，日且冥也。从日在茻中。"段玉裁注曰："且冥者，将冥也。木部曰：'杳者，冥也。'夕部曰：'夕，莫也。'引申之义为有无之'无'。"③"莫"，本义是太阳将要落入草丛之象，即将被草丛所覆盖，与"广"字的本义相同。"广莫"作为双音词，其本义指的是覆盖，这在《淮南子·天文训》中还可以见到："广莫风至则闭关梁。"高诱注："象冬闭藏，不通关梁也。"④《天文训》把一年分为八段，每个时段的风各有自己的名称，衣次是条风、明庶风、清明风、景风、凉风、阊阖风、不周风、广莫风。广莫风指冬季之风，冬季是闭藏的季节，因此，"广莫"暗指闭藏，用的还是它的本义，意谓覆盖。这样看来，《逍遥游》所说的"广莫之野"，指的是幽隐之处，是指未被人们发现而处于隐蔽状态，"广"指遮隐。

《庄子》最后一篇是《天下》，其中谈到《庄子》文章的特征："以卮言为曼衍，以重言为真，以寓言为广。"成玄英疏曰："寓，寄

---

① 杨伯峻：《春秋左传注》，中华书局 2000 年版，991 页。

② 郭庆藩：《庄子集释》，中华书局 2004 年版，第 41 页。

③ 许慎撰、段玉裁注：《说文解字注》，浙江古籍出版社 1999 年版，第 48 页。

④ 刘文典：《淮南鸿烈集解》，中华书局 1997 年版，第 93 页。

也。……寄之他人，其理深广。"①林希逸称："为广，寄寓为言，广大不拘也。"②古今注家都释"广"为广大。那什么是"寓言"？《庄子·寓言》篇有自己的界定："寓言十九，藉外论之。亲父不为其子媒。亲父誉之，不若非其父者也。""寓言"的基本特征是借外论之，即依托其他事物进行间接表达，而不是作者直接言之。寓，意谓寄托，"寓言"是采用象征性表达方式，把作品的主旨隐藏起来。"以寓言为广"，就是把"寓言"作为进行隐藏"言道之言"的方式，"广"指隐蔽，由它的本义覆盖而来。

通过上面的梳理可以看出，《庄子》的首篇和末篇所出现的"广"字，用的是它的本义，指隐蔽、覆盖。由此看来，《在宥》篇出现的"广成子"，乃是隐士的称号，是"因隐而成"之人，广成子隐居于空同山，确实是一位隐士。

再看"容"字。《说文》："容，盛也。从宀、谷声。"段玉裁注曰："屋，与谷，皆所以承受也。"③"容"的本义指有所承受。作为承受主体而言，承受外物自身就要将对方遮蔽、包裹，因此，"容"字往往有包裹、遮蔽的含义。《诗经·大雅·公刘》："何以舟之？维玉及瑶，鞸琫容刀。"这里的"容刀"，指用玉缠绕修饰的刀，"容"指缠绕修饰，由遮蔽、覆盖之义而来。《荀子·正论》："［天子］居则设张容，负依而坐。""张"谓帐。"容"指屏风，起遮蔽作用。另外，车盖四周施以帷幕的车称为容车，见于《史记·秦本纪》、《汉书·邹阳传》。"容"，取其蔽隐之义，这与战车称为广车可谓异曲同工。

"容"与"广"本义相通，都有遮蔽、覆盖之义。因此，"容成子"又称"广成子"，是同名异称，其基本含义没有变，都是"因隐而成"之

---

① 郭庆藩：《庄子集释》，中华书局 2004 年版，第 1100 页。

② 林希逸撰、周启成校注：《庄子鬳斋口义校注》，中华书局 1997 年版，第 505 页。

③ 许慎撰、段玉裁注：《说文解字注》，浙江古籍出版社 1999 年版，第 340 页。

义。另外，从"容"与"广"的常见意义来看，"容"有包容之义，"广"有广大之义，包容、广大，都代表了得道之人的品格。《列子·汤问》篇的"容成子"是空同山的隐士，与《庄子·在宥》篇的"广成子"，应是同一传说人物。

《庄子·胠箧》篇把"容成氏"说成是"至德之世"的圣君，而他无为而治的事迹，则见于《淮南子·本经训》。《庄子·在宥》篇的"广成子"，称谓含义与"容成子"相同，把他作为该篇的主要角色之一，作者本意仍在于凸现道家的"无为而治"。《在宥》开篇写道："闻在宥天下，不闻治天下也。在之也者，恐天下之淫其性也；宥之也者，恐天下之迁其德也。"这篇作品是从保全自然天性的角度论述"无为而治"，因此黄帝向广成子求教，广成子向黄帝传授的是治身长生之术。这样看来，容成子、广成子，同是传说中善于摄生的隐士，《庄子·在宥》、《列子·汤问》篇，他都是作为这样的角色出现。《淮南子·本经训》则把容成氏说成是"至德之世"的圣君，是"无为而治"的典范。三篇作品对于"容成子"的叙述各有侧重，是从不同角度切入的结果。"容成氏"是传说人物，虚拟的因素较多，是《庄子》一书构建"至德之世"理想社会所运用的精神构件。《庄子》中"广成"、"容成"，同义而异形，是《庄子》"言道之言"的基本特性，正如《知北游》所说的"至道若是，大言亦然。……异名同实，其指一也"，也就是《齐物论》篇"休之以天均"的"两行"、《胠箧》篇的"师而不囿……得其两见"。

三、轩辕氏

今天说到轩辕氏，人们往往认为是指黄帝部族。《庄子·胠箧》提到的"至德之世"包括轩辕氏，排在第七位。对此，清人刘凤苞《南华雪心编》称"宣注：'此轩辕氏另是一君，非黄帝也。'"[1]宣颖断定

---

① 刘凤苞：《南华雪心编》卷三，清光绪二十三年（1987）晚香堂版。

《胠箧》篇的轩辕氏指的不是黄帝,当是根据文中排列顺序而得出的结论。其中的轩辕氏不但排在祝融氏之前,而且还排在伏羲氏、神农氏之前,而传统的世系都是黄帝排在伏羲氏、神农氏之后。《周易·系辞下》追溯《易》的由来,首先提到的是包牺氏,即伏羲氏。后面又写道:"包牺氏没,神农氏作。""神农氏没,黄帝、尧、舜作。"由此看来,宣颖的结论是有所据的。

《左传》提到黄帝,见于昭公十七年;"昔者黄帝以云纪,故为云师而云名。"这里没有把黄帝和轩辕氏挂钩。《国语·晋语四》也提到黄帝,"凡黄帝之子二十五宗,其得姓者十四人,为十二姓。""昔少典娶于有蟜氏,生黄帝、炎帝。"①这里同样没有把黄帝称为轩辕氏。也就是说,春秋时期,黄帝还没有和轩辕氏相勾连。

称黄帝为轩辕氏,始见于《大戴礼记·五帝德》:"孔子曰:'黄帝,少典之子也,曰轩辕。'"②这段话假托孔子回答其弟子宰我的询问。《大戴礼记·帝系》:"少典产轩辕,是为黄帝。""黄帝居轩辕之丘。"③《史记·五帝本纪》写道:"黄帝者,少典之子,姓公孙,名曰轩辕。"文中还写道:"予观《春秋》、《国语》,其发明《五帝德》、《帝系》,姓章矣。"司马迁博览群书,应当读过《五帝德》和《帝系》,他承认黄帝为轩辕,承袭的是《五帝德》和《帝系》的说法。《五帝德》假托孔子立言,出自孔门后学之手,成书于战国时期。称黄帝为轩辕,应是从战国时期才开始的。

《山海经》是一部内容驳杂的典籍,记载大量神话传说,它对于五帝的记载,可以解开黄帝与轩辕的关系之谜。按照《大戴礼记·五帝德》、《帝系》的说法,黄帝曰轩辕,帝颛顼曰高阳。除此之外,后来又有太皞伏羲氏,少昊金天氏、炎帝神农氏的说法。可是,《山海

---

① 《国语》,上海古籍出版社1998年版,第356页。
② 王聘珍:《大戴礼记解诂》,中华书局2008年版,第117页。
③ 王聘珍:《大戴礼记解诂》,中华书局2008年版,第126—127页。

经》中的这些传说人物，只有其名，不见其号。《山海经》出现炎帝，没有神农；出现太皞，没有伏羲；出现少昊，没有金天氏，出现颛顼，没有高阳氏。唯一例外的是既出现黄帝，又出现轩辕。从上面列举的案例判断，《山海经》中的黄帝、轩辕指的不是同一对象，而是两个传说中的历史人物。再从《山海经》的具体记载来看，可以进一步证实上述结论。《山海经·西次三经》"峚山"条目提到黄帝，他食用那里的玉膏，"黄帝乃取峚山之玉荣，而投之钟山之阳。"①文中两次提到黄帝，他曾活动在靠近昆仑的峚山。《西次三经》还提到轩辕之丘，在它后面的是位于西方三百里的积石之山，已是西部边缘。从《西次三经》的记载可以看出，黄帝和轩辕不应是同一个人物，否则，同是在《西次三经》中出现，没有必要采用不同的称谓。《北次三经》有轩辕之山，列在这个条目后面的有精卫填海传说，并称精卫是"炎帝之少女"。如果轩辕指的是黄帝，这座山正应该称为黄帝之山，那样会更加醒目。这也可以证明，轩辕和黄帝在《山海经》里指的不是同一对象。

　　《山海经》有关黄帝的记载甚多。《西山经》出现的黄帝，服食峚山的玉膏，把那里的玉荣投于钟山之阳。《大荒东经》中的黄帝，生出东海神禺猇，他取夔皮以为鼓，声闻天下。《大荒西经》中的黄帝，是北狄的祖先。《大荒北经》中的黄帝，他战胜蚩尤，是犬戎的祖先。《海内经》中的黄帝，是颛顼、鲧的祖先。《山海经》中的黄帝，以三种角色出现，一是祖先神，许多先民乃至神灵都是黄帝的后裔；二是战神，打败强敌蚩尤；三是服食玉膏播洒玉荣的方士。

　　《山海经》中出现的"轩辕之国"，呈现的是另一番景象，《海外西经》有如下记载：

　　　　轩辕之国，在此穷山之际，其不寿者八百岁。在女子国北，

①　袁珂：《山海经校注》，巴蜀书社 1996 年版，第 48 页。

人面蛇身,尾交首上。

穷山在其北,不敢西射,畏轩辕之丘。在轩辕国北,其丘方,四蛇相绕。

此诸夭之野,鸾鸟自歌,凤鸟自舞,凤皇卵,民食之;甘露,民饮之,所欲自从也。百兽相与羣居,在四蛇北。其人两手操卵食之,两鸟居前导之。

对于文中的“诸夭之野”,郝懿行笺疏:“夭野,《大荒西经》作沃野,是此经之夭,乃沃字省文……沃野盖其地沃饶耳。”①郝懿行的辨析是正确的,《山海经》本身提供了内证。

《海外西经》出现的“轩辕之国”,是传说中以轩辕为号的方国,那里有以下属性:第一,“轩辕之国”是长寿之乡,最短寿的人都可以活到八百岁,长寿者的享年至少在千岁以上。第二,轩辕在这个方国有很高的权威,人们不敢面对他的遗址射箭。传说四条蛇相环绕守护着这块圣地。第三,“轩辕之国”是人间乐园,那里自然生态优越,当地居民尽情享用大自然的赐予,食鸟卵,饮甘露,自得其乐。第四,“轩辕之国”的居民与大自然保持着亲密协调的关系,“百兽相与羣居”,不受人的干扰,也不伤害人。那里的居民出行,鸾凤二鸟在前方引路。鸟是人的伙伴,为人提供服务。“轩辕之国”又称“诸夭(沃)之野”,凸现那里的富饶肥沃。

《大荒西经》也有关于这块沃土的记载:

有沃之国,沃民是处。沃之野,凤鸟之卵是食,甘露是饮,凡其所欲,其味尽存。爰有甘华、甘柤、白柳、视肉、三骓、璇瑰、瑶碧、白木、琅玕、白丹、青丹,多银、铁。鸾鸟自歌,凤鸟自舞,爰有百兽,相羣是处,是谓沃之野。

这里所说的有沃之国,即《海外西经》的“轩辕之国”,所列举的物类

---

① 袁珂:《山海经校注》,巴蜀书社 1996 年版,第 267—268 页。

事象大体一致,只是多出了玉、丹、视肉之类珍奇之物,璇瑰、瑶碧、琅玕都属于玉类,其中琅玕是玉树,果实如珠,这种记载还见于《西山经》、《海内西经》。视肉,《山海经》多次提及。首见于《海外南经》,郭璞注:"聚肉,形如牛肝,有两目也,食之无尽,寻复更生如故。"①既然"视肉"具有极强的再生功能,人们把它作为食物自然也会长生。《大荒西经》对"轩辕之国"的记载,带有浓郁的神话色彩,那里仿佛是一个聚宝盆,天下的珍奇之物萃集于此,是典型的人间天堂。

《大荒西经》还写道:

> 有轩辕之国,江山之南栖为吉,不寿者乃八百岁。

这条记载与《海外西经》对"轩辕之国"的叙述有相似之处,都把那里说成的长寿之乡。同时,《大荒西经》还透露出"轩辕之国"所处具体空间方位的信息,那里是"江山之南"。《海外西经》称"轩辕之国"在穷山之际,郭璞注:"其国在山南边也。《大荒经》曰'岷山之南'。"郝懿行云:"《大荒西经》说'轩辕之国'江山之南,此云岷山者,以大江出岷山故也。"②"轩辕之国"都被锁定在长江流域,是在南方流播的神话传说。

综上所述,《山海经》记载的有关"轩辕之国"的传说,与它所记载的黄帝传说,二者属于不同的系统,在具体内容上罕有相同之处。由此可以证明,《山海经》中的黄帝、轩辕,所指的不是同一对象,而是两个传说人物。但《山海经》记载"轩辕之国"和"黄帝"的条目,基本在《西山经》、《北山经》、《大荒西经》、《海外北经》,在方位上基本处于中土的西部地区。到了《大戴礼记》的《五帝德》和《帝系》篇,便把二者整合在一起,轩辕成为黄帝的名号,并且固定下来,为后代所继承。

---

① 袁珂:《山海经校注》,巴蜀书社1996年版,第247页。
② 袁珂:《山海经校注》,巴蜀书社1996年版,第266页。

《山海经》中的"轩辕之国"是人间天堂,是宜居的乐土,是保持了原始生态的人类家园。正因为如此,《庄子·胠箧》篇把轩辕氏说成是"至德之世"的一个成员,所展示的"至德之世"的景象,与《山海经》的"轩辕之国"多有相似之处。《山海经》中的"轩辕之国",位于长江上游流域,是古代中土西南方流播的传说。《庄子·胠箧》的"至德之世"很大程度上以《山海经》的"轩辕之国"为蓝本,折射出它与楚文化的渊源关系。《山海经》对轩辕国的叙述带有理想和想象成分,《胠箧》篇对"至德之世"的描写同样如此。《大荒西经》的"轩辕之国"富有传奇性,《海内西经》的"轩辕之国"居民"人面蛇身,尾交首上",是半人半兽形貌,显得怪异恐怖。而《庄子·胠箧》篇对"至德之世"所作的描写,则是因袭《老子》之文,已经见不到怪异和恐怖的因素,从这个意义上说,《庄子·胠箧》篇的"至德之世",又是对《山海经》所载"轩辕之国"景象的改造。

四、赫胥氏

《胠箧》篇提到的"至德之世"还有赫胥氏,关于赫胥氏时代的具体情况,《马蹄》篇作了具体叙述:

> 夫赫胥氏之时,民居不知所为,行不知所之,含哺而熙,鼓腹而游,民能以此矣。

这里集中渲染赫胥氏之世的纯朴民风。人们的行为没有预期目的,不受欲望的驱使和理性的统辖,而是纯任自然。在具体行为方式上,不事雕琢,率意而行,无拘无束。《胠箧》和《马蹄》篇都把赫胥氏的生存模式作为"至德之世"。

关于赫胥氏,清人俞樾作了如下辨析:

> 赫胥,即《列子》书所谓华胥氏,华与赫,一声之转耳。《广雅·释器》:"赫,赤也。"而古人名赤者多字华。羊舌赤字伯华,公西赤字子华,是也。是华亦赤也。赤谓之赫,亦为之华,可证

赫胥之即华胥矣。①

俞樾的辨析是有道理的,其结论可以成立。他所提到的羊舌赤,是春秋时期晋国名臣叔向之弟,字伯华,相关记载见于《左传》。公西赤,是孔子的弟子,《论语·先进》篇的公西华即为此人。

赫胥氏,又称华胥氏,一方面由于赫、华读音相近,两音是一声之转;另一方面,赫和华在意义上有相通之处。赫,有时指光芒耀眼、强烈。《诗经·大雅·云汉》:"旱既太甚,则不可沮。赫赫炎炎,云我无所。"赫赫,指阳光强烈;炎炎,指温度高。《庄子·田子方》:"至阴肃肃,至阳赫赫。"其中"赫赫"还是阳光强烈之象。《说文》:"赫,火赤见,从二赤。"②"赫"的本义是指鲜明的火红色。人的视觉对于色彩的感受与亮度密切相关,因此"赫"字由赤色鲜明引申出阳光强烈之义。华,本义指草木的花朵。美丽的花朵色彩鲜明,由此引申出光辉、光芒之义。《淮南子·地形训》叙述扶桑树:"末有十日,其华照下地。"华,指光芒。光华二字连用,所包含的意义也相同,皆指光芒,赫、华,读音相近,意义相通。因此,赫胥氏亦称华胥氏,这和容成氏又称为广成子是相同的道理。

有关华胥氏之国的传说,见于《列子·黄帝篇》:

> 华胥氏之国在弇州之西、台州之北,不知斯齐国几千万里,盖非舟车足力之所及,神游而已。其国无师长,自然而已。其民无嗜欲,自然而已。不知乐生,不知恶死,故无夭殇。不知亲己,不知疏物,故无爱憎。不知背逆,不知向顺,故无利害。都无所爱惜,都无所畏忌,入水不溺,入火不热。斫挞无伤痛,指擿无痟痒。乘空如履实,寝虚若处床,云雾不硋其视,雷霆不乱其听,美恶不滑其心,山谷不踬其步,神行而已。③

---

①　郭庆藩:《庄子集释》,中华书局 2004 年版,第 341 页。

②　许慎撰、徐铉校定:《说文解字》,中华书局 1963 年版,第 213 页。

③　严北溟、严捷:《列子译注》,上海古籍出版社 2006 年版,第 29 页。

这段文字采用铺张扬厉的笔法,对华胥氏之国进行大肆渲染。华胥氏之国是纯任自然的地方,人际关系、人的性情,生与死,物与我,都是恬淡无为,没有人的自觉意识的干预。那里又是绝对自由之乡,当地居民超越了现实的有限存在,在精神和物质层面没有任何行动障碍,可在神行的境界中逍遥。

《列子·黄帝篇》对华胥氏之国采用夸张的笔法进行描写,把它当作"无为而治"的典范加以充分肯定,并以黄帝作为反衬。文中叙述黄帝治理天下三十年之后,感到心力交瘁,于是"斋心服形,三月不亲政事。昼寝而梦,游于华胥氏之国。"梦醒之后,他恍然大悟,"又二十有八年,天下大治,几若华胥氏之国。"黄帝仿效华胥氏之国的样态,对天下"无为而治",取得理想效果。

《庄子·马蹄》篇有关赫胥氏之时的描述,与《列子·黄帝篇》对华胥氏之国所作的渲染,二者可以相互印证,只是在表述上有繁简之分。因此可以认定,《庄子》的《马蹄》及《胠箧》有关赫胥氏的叙述,是对当时流播的华胥氏传说的借鉴,把华胥氏之国作为"至德之世"的样板,只是在这一过程中,把华胥氏改成赫胥氏。《列子·汤问篇》置于华胥氏之国条目之后的是"列姑射神人"传说,《庄子·逍遥游》的"藐姑射神人"即脱胎于此,这与从华胥氏到赫胥氏的演变可谓异曲同工。

"华胥氏之国在弇州之西、台州之北",这是《列子·汤问篇》出示的地域背景。《淮南子·地形训》曰:"正西弇州曰并土"、"西北台州曰肥土"。照此看来,传说的华胥氏之国,即赫胥氏之国,位于中土之西北,《庄子·胠箧》及《马蹄》有关赫胥氏的表述,所借鉴的是有关中土西北边缘地区的传说,和轩辕之国所处的西南方位属于不同的地域。

五、祝融氏

《庄子·胠箧》篇所列举的"至德之世"还包括祝融氏。史前传说时代，祝融是职务名称，主管与火相关的事务。《左传·昭公二十九年》称"火正曰祝融。""颛顼氏有子曰犁，为祝融。"①颛顼氏时，犁担任祝融之职，他是最早的祝融，系楚族成员。

先秦时期流传的祝融故事，有些与"至德之世"没有直接关联。如《海内南经》称："南方祝融，兽身人面，乘两龙。"②按照五行说的划分，南方之神为祝融，象征火。这里的祝融是五行说中的南方之神，和"至德之世"无直接关联。《海内经》写道："祝融降处于江水，生共工，共工生术器，术器首方颠，是复土壤，以处江水。"③术器作为祝融的后裔，在长江流域治水。至于祝融有何功德，这里没有交待。《海内经》还写道："洪水滔天，鲧窃帝之息壤以堙洪水，不待帝命。帝令祝融杀鲧于羽郊。"④这里的祝融奉天帝之命击杀了窃息壤治水的鲧，祝融作为天帝的臣属出现，当时地上洪水滔天，绝不是传说中的"至德之世"。另据《墨子·非攻下》记载，夏德大乱，"天命融隆火于夏之城间西北之隅"⑤，祝融作为火神、战神，听从天帝指令，协助商汤灭夏，当时正处于乱世。

《庄子·胠箧》篇把祝融氏列为"至德之世"的成员，所依据的显然不是上述材料，而是另有所本，否则，无法把祝融和"至德之世"对接。

《左传·昭公二十九年》记载，颛顼氏之子犁是首任火正，称为祝融。关于犁，《国语·楚语下》还有如下记载："及少皞之衰也，九黎乱德，民神杂糅，不可方物……颛顼受之，乃命南正重司天以属神，

① 杨伯峻:《春秋左传注》,中华书局 2000 年版,第 1502—1503 页。
② 袁珂:《山海经校注》,巴蜀书社 1996 年版,第 249 页。
③ 袁珂:《山海经校注》,巴蜀书社 1996 年版,第 534 页。
④ 袁珂:《山海经校注》,巴蜀书社 1996 年版,第 536 页。
⑤ 孙诒让:《墨子閒诂》,中华书局 2004 年版,第 150 页。

命火正黎司地以属民。使復旧常,无相侵渎,是谓绝地天通。"①这里所说的火正黎,即《左传·昭公二十九年》提到的颛顼氏之子犁。祝融专指火正黎,在《国语·郑语》也可以见到:"夫黎为高辛氏火正,以淳燿敦大天明地德,光昭四海,故命之曰祝融,其功大矣。"黎任火正建立了功勋,被任命为祝融。

关于重、黎的社会分工,《山海经·大荒西经》有如下记载:

> 颛顼生老童,老童生重及黎。帝令重献上天,令黎邛下地。
> 下地是生噎,处于西极,以行日月星辰之行次。②

这则传说与《国语·楚语下》的记载相似,而又有所改造。《楚语下》称,对重、黎进行分工的是颛顼,这里则变成了天帝。《左传·昭公二十九年》记载,黎是颛顼之子,这里则变成颛顼之孙。尽管有上述改变,但是,黎作为社会治理者的角色并没有更改,而是依然如故。"令黎邛下地",关于"邛"字的含义,郭璞注曰:"献、邛,义未详。"袁珂先生则释"邛"为"抑"之义③。《说文》:"邛,……从邑,工声。"工,甲骨文是矩尺的象形,为工匠所用。邛,字形从工,有治理之义。《诗经·小雅·巧言》:"匪其止共,维王之邛。"意谓造谣生事的人不能止息而变得恭敬,只有周王出面才能治理他们。邛,谓治理。"黎邛下地",即由黎治理下地。黎治理下地的结果是生出噎,噎的职责是使日月星辰正常运行。

噎,又称噎鸣,《山海经·海内经》写道:"祝融降处于江水,生共工。……共工生后土,后土生噎鸣,噎鸣生岁十有二。"这是从祝融到噎鸣的另一个谱系,对于"噎鸣生岁十有二",袁珂先生写道:

> 古神话当谓噎鸣生十二岁或噎鸣生一岁之十二月。《大荒

---

① 《国语》,上海古籍出版社 1998 年版,第 562 页。
② 袁珂:《山海经校注》,巴蜀书社 1996 年版,第 460 页。
③ 袁珂:《山海经校注》,巴蜀书社 1996 年版,第 461 页。

西经》云：'黎（后土）下地是生噎，处于西极，以行日月星辰之行
次。'即此噎鸣，盖时间之神也。①

袁珂先生的解释很有道理。噎或作壹鸣，是楚族传说中的时间神，他
处于西极，通过对日月星辰运行的观察，确定一年划分为十二个月，
或是以十二年为一个周期，也就是制定出历法。从黎到噎的传说，展
示的是这样的历史事实：黎在治理下地的过程中，通过观察日月星辰
的运行，造出历法，以适应社会生产和生活的需要。壹，专一之义，暗
指历法所体现的自然规律和岁月划分的恒定性。把《大荒西经》和
《海内经》的两则传说加以整合，可以看出作为首任祝融的黎在治理
下地方面所取得的巨大成就。《庄子·胠箧》篇把祝融氏列为"至德
之世"的成员，当是本于"黎"的相关传说。《胠箧》篇的祝融氏不是
泛指担任火正职务的先民，而是专指首任火正，即负责治理下地的
"黎"。祝融专指"黎"，这在《山海经》中也可以找到例证。《大荒西
经》先是说"老童生祝融"，后面又称"老童生重及黎"，显然这里的祝
融指的就是黎。他所处的历史阶段比较明确，是在颛顼氏时期，颛顼
系楚族的祖先和首领，所以黎所属的部族也很清楚。把黎所治理的
下地称为"至德之世"，和楚文化的关联至为密切。

《吕氏春秋·古乐》篇称"帝颛顼生自若水"，《山海经·海内
经》写道："南海之外，黑水青水之间，有木名曰若木，若水出焉。"颛
顼的发祥地位于黑水、青水之间。《海内经》在这个条目前面还记载
了如下传说：

> 西南黑水之间，有都广之野，后稷葬焉。爰有膏菽、膏稻、膏
> 黍、膏稷。百谷自生，冬夏播琴。鸾鸟自歌，凤鸟自舞，灵寿实
> 华，草木所聚。爰有百兽，相羣爰处，此草也，冬夏不死。

对于其中的播琴、灵寿，古今注家作了详细的考察：

---

① 袁珂：《山海经校注》，巴蜀书社 1996 年版，第 535 页。

郭璞注："播琴犹播殖,方俗言耳。"毕沅云"播琴,播种也。《水经注》(《汝水》)云:'楚人谓冢为琴。'冢、种声相近也。"郝懿行云:"毕说是也。刘昭注《郡国志》'鮦阳'引《皇览》曰'县有葛陂乡,城东北有楚武王冢,民谓之楚武王岑,形声讹转为琴耳。"

吴承志云:"《吕氏春秋·本味篇》:'菜之美者,寿木之华'高诱注:'寿木,昆仑山木也。华,实也。食其实者不死,故曰'寿木'。寿木盖即灵寿,都广之野在黑水间,于昆仑相近也。"

珂案:吴从神话观点解释灵寿,其说得之。①

《海内经》有关"都广之野"的记载,有能鲜明的楚文化特征,那里是楚族的发祥地,叙述过程中又运用楚语。"都广之野"的各种谷物名称前面都冠以"膏"字,郭璞注:"言味好皆滑如膏",膏,本指油脂,用以形容谷物,言其味道甘美、营养丰富。那里气候温暖,冬夏都能播种,那里的鸟兽自由自在地生存,或翩翩起舞,或群居安处,自然生态保持着原始风貌。那里还生长着冬夏不死之草,以及可以使人长生的寿木的果实。"都广之野"是楚族先民的宜居之地、人间乐园。《海内经》对"都广之野"所作的叙述,与《海外西经》、《大荒西经》所展示的"轩辕之国"极其相似,是按照基本相同的思维模式创造出来的。《山海经》中的"轩辕之国",是《庄子·胠箧》篇把轩辕氏说成"至德之世"的依据;同样,《海内经》的"都广之野",是《胠箧》篇把祝融氏说成"至德之世"的凭证。它们都是把《山海经》所展示的人间乐园作为参照,分别对轩辕氏、祝融氏冠以"至德之世"的美称,并且都是脱胎于楚文化。

《庄子·胠箧》所说的祝融氏,指的是任祝融之职的黎,他治理有方,于是出现"至德之世"。楚族有关音乐的传说,从另一个侧面

---

① 袁珂:《山海经校注》,巴蜀书社1996年版,第507页。

反映出这个"至德之世"的欢乐气象。《山海经·西山经》写道:"騩山,其上多玉而无石。神耆童居之,其音常如钟磬。"郭璞注:"耆童,老童,颛顼之子。"郭璞释"耆童"为"老童",耆,指的是老。《礼记·曲礼上》曰:"六十曰耆。"老童,传说是颛顼之子。《山海经·海内经》曰:"颛顼生老童,老童生重及黎。"老童又是传说中祝融之父,他发出的声音犹如叩击钟磬,非常动听。《大荒西经》又写道:"老童生祝融,祝融生太子长琴,是处榣山,始作乐风。"祝融之父声如钟磬,祝融之子太子长琴又创作乐曲。从老童到太子长琴,都具有音乐天赋。祝融作为老童之子、太子长琴之父,他治理下土的时期,也是乐曲初创的阶段,这也是《庄子·胠箧》篇把祝融氏作为"至德之世"成员的重要原因。

六、伏羲氏

《庄子·胠箧》篇冠以"至德之世"名号的还有伏羲氏,紧随祝融氏后面。

伏羲,后世称为太皞伏羲氏。《山海经·海内经》两次提到太皞,作大皞。对此,袁珂先生写道:

> 大皞,吴任臣、郝懿行注均以为即伏羲是也。然大皞(太皞、太昊)与伏羲在先秦古籍中,本各不相谋,至秦末汉初人撰《世本》,始以太昊与伏羲连文,而为太昊伏羲氏。①

袁先生的观点很有道理。先秦文献中,太皞、伏羲不相关联,因此,不能把两者的传说混淆在一起。

《庄子》内篇两次提到伏羲,都是作为正面角色出现。《人间世》篇写道:"夫徇耳目内通而外于心知,鬼神将来舍,而况人乎! 是万物之化也,禹、舜之所纽也,伏羲、几蘧之所行终,而况散焉者乎!"这

---

① 袁珂:《山海经校注》,巴蜀书社 1996 年版,第 514 页。

段话论述"虚而待物"的重要性,强调"唯道集虚"的道理,伏羲被说成是内心虚静的得道者。《大宗师》篇论述道的功能时写道:"伏羲氏得之,以袭气母。"气母,指具有创生功能的自然元气,这是运用比喻的手法说明伏羲能体悟道性,与自然元气相交合。《庄子》内篇的伏羲,是体悟道性、纯任自然的角色,但是,没有涉及到他与"至德之世"的关联。

先秦时期有关伏羲氏的传说,最重要是内容是他创制《易》,对于他的这个贡献,《系辞下》写道:

> 古者包牺氏之王天下也,仰则观象于天,俯则观法于地,观鸟兽之文与地之宜,近取诸身,远取诸物,于是始作八卦,以通神明之德,以类万物之情。作结绳而为罔罟,以佃以渔,盖取诸《离》。

《系辞》认为《易》之八卦是伏羲氏所创,除此之外,他还结绳作网,用来捕获鸟、兽、鱼等肉食动物。伏羲,又称伏牺,伏牺的名称盖由教民狩猎而来,昭示出他所处的渔猎生活阶段。这里列举伏羲氏两大贡献,没有具体涉及他治理社会的措施,和道家所说的"至德之世"还是没有直接关联。那么《庄子·胠箧》根据什么给伏羲氏冠以"至德之世"的美称呢?这从《系辞下》的如下叙述中可以找到线索:

> 上古穴居而野处,后世圣人易之以宫室,上栋下宇,以待风雨,盖取诸《大壮》。古之葬者,厚衣之以薪,葬之中野,不封不树,丧期无数。后世圣人易之以棺椁,盖取诸《大过》。上古结绳而治,后世圣人易之以书契,百官以治,万民以察,盖取诸《夬》。

这段文字从三个方面把上古与后世加以对比,涉及先民的居住、丧葬和记事方式,通过对比得出的结论是上古社会朴野而后世讲究修辞,上古社会简约而后世繁复,上古社会听任自然而后世重视人为。《系辞下》所说的上古和后世,并非泛泛之论,而是具体有所指。先秦时期追溯古代,通常以伏羲氏为上限,《系辞上》也是如此,首先提到的是"古者包牺氏之王天下",然后依次提到的有神农氏,黄帝和尧、舜。伏羲氏、神农氏被作为上古时期的人物看待,黄帝和尧、舜则被定位为"后世圣人"。在《系辞》作者看来,伏羲氏所处的上古之世,人们纯任自然,没有礼法约束,社会风气朴野,记事方式原始。其中提到"结绳而治",《庄子·胠箧》篇袭用《老子》第八十章"结绳而用之"的话语,把它作为"至德之世"的重要标志之一。《系辞下》称伏羲氏"作结绳而为罔罟",伏羲是将绳索打结用来记事的发明者,由此推断,古人必然将伏羲视为结绳记事、结绳而治的实践者。《庄子·胠箧》篇把伏羲氏纳入"至德之世",很大程度上是由于先民把那个时代想象得朴野、原始、尚处于纯任自然的状态,这种想象可以从《系辞下》的相关叙述中得到印证。

对伏羲氏的无为而治,《文子·精诚》篇有如下描述:

> 虑牺氏之王天下也,枕石寝绳,杀秋约冬,负方舟,抱圆天。阴阳所拥,沉滞不通者窍理之,逆气戾物伤民厚者绝止之。其民童蒙,不知西东。视眠眠,行蹎蹎,侗然自得,莫知其所由,浮游汎然不知所本,周养不知所如往。当此之时,禽兽虫蛇无不怀其爪牙,藏其螫毒,功揆天地。[1]

这段话和《庄子》中描述的"至德之世"大体一致,突出展示伏羲氏之治的自然无为,简易朴素以及百姓所出的童蒙状态,大朴未散,人与其他生灵和谐共处。

《庄子》不是出自一人之手,由此而来,它对伏羲氏所持的态度未能一以贯之,而是自相矛盾。在《庄子》内篇,伏羲是体悟道性的正面角色,在《胠箧》篇,伏羲也被纳入"至德之世"而予以充分肯定。可是《缮性》篇却对伏羲氏作出截然相反的评价:

---

① 王利器:《文子义疏》,中华书局2000年版,第73—74页。

> 古之人，在混芒之中，与一世而得澹漠焉。当是时也，阴阳
> 和静，鬼神不扰，四时得节，万物不伤，群生不夭，人虽有知，无所
> 用之，此之谓至一。当是时也，莫之为而常自然。
>
> 逮德下衰，及燧人、伏羲始为天下，是故顺而不一。德又下
> 衰，及神农、黄帝始为天下，是故安而不顺。德又下衰，及唐、虞
> 始为天下，兴治化之流，浇淳散朴，……然后民始惑乱，无以反其
> 性情而复其初。

这里把社会历史进程描述成道德递衰的过程。"古之人，在混芒之中"这段叙述所展示的事象，与《胠箧》篇所说的"至德之世"相契，是"德"的圆满鼎盛期。从此以后，就进入"德"的衰落阶段，并且江河日下，不可挽回。伏羲氏，处于德的初衰阶段，他对天下的治理使得人心不一，只是表面保持顺从状态。伏羲氏和黄帝、尧、舜一样，都被《缮性》的作者说成人类混芒状态的破坏者，是历史的罪人。对于伏羲的这种定性，和当时流传的伏羲氏传说直接相关。先秦时期，伏羲主要作为《易》的创制者和社会新风的开创者而受到赞扬，而对于他的这些功绩，道家持否定态度。《缮性》作者关注的是有关伏羲的这些传说，因此把他与黄帝、尧、舜归于同一类的人物，都是因为推行人治而导致德衰的负面角色。

七、神农氏

神农氏在《庄子·胠箧》篇被列在"至德之世"的末位，被作为"无为而治"的圣君看待。《庄子·让王》篇也提到神农氏：

> 昔者神农之有天下也，时祀尽敬而不祈喜。其于人也，忠信
> 尽治而无求焉。乐与政为政，乐与治为治，不以人之坏自成也，
> 不以人之卑自高也，不以遭时自利也。

这段话假托高士伯夷、叔齐之口说出，主要凸显神农氏的不自利，即做事无功利目的，无论祭祀神灵还是对待社会成员，都不受欲望驱

动,不谋取私利。即使遇到好的时机,也不考虑自身的利益,神农氏超脱于利益之外的处世方式,成为作者集中赞扬的美德。

《庄子·盗跖》篇还有如下记载:

> 神农之世,卧则居居,起则于于,民知其母,不知其父,与麋鹿共处。耕而食,织而衣,无有相害之心,此至德之隆也。

这段话假托盗跖之口说出,对神农氏予以充分的肯定,从多方面赞扬神农之世:一是人的生存状态纯任自然,无拘无束,"卧则居居",居居,谓安稳。"起则于于",于于,指悠然自得。二是自给自足,自食其力,即所说的"耕而食,织而衣"。三是人与人、人与物都保持和谐融洽的关系,人与人没有相害之心,人可以与麋鹿共处。至于说"民知其母,不知其父",则是想象中的母系社会情况。《盗跖》篇所展示的神农之世,和《胠箧》、《马蹄》篇所说的"至德之世"属于同一类型,甚至所用的词语也多有相似。《马蹄》篇的同德天放之民"织而衣,耕而食"、"一而不党",神农氏之民同样如此。《马蹄》篇的"至德之世","其行填填,其视颠颠"、"同与禽兽居,族与万物并",神农氏之民同样如此。

神农之世在《庄子》中被冠以"至德之世"的美称,这与先秦时期流行的有关神农氏的传说密切相关。

《周易·系辞下》对神农氏有如下描述:

> 包牺氏没,神农氏作。斫木为耜,揉木为耒,耒耨之利,以教天下,盖取诸《益》。日中为市,致天下之民,聚天下之货,交易而退,各得其所,盖取诸《噬嗑》。

神农氏被说成是为民谋利益的发明创造神,农具的制造、市场的设立,都是神农氏的首创。他在使先民获得利益和方便的同时,又使他们享有充分的自由。"交易而退,各得其所",远没有出现稽查、征税等方面的事象,参加交易的人员都得到满足。

神农氏的称号得之于农业文明。传说中的神农氏对农业生产作出了巨大贡献。《管子·轻重戊》称:"神农作,树五谷淇山之阳,九州之民乃知谷食,而天下化之。"这是把神农氏说成是谷物栽培的先行者,是他教百姓以谷物为食粮,学会种植作物,因此得到天下的拥戴。《吕氏春秋·爱类》篇写道:

> 《神农之教》曰:"士有当年而不耕者,则天下或受其饥矣;女有当年而不绩者,则天下或受其寒矣。"故身亲耕,妻亲绩,所以见致民利也。[①]

神农氏不但号召男耕女织,使百姓避免遭遇饥寒。同时,他和妻子还亲身实践,以夫耕妻绩的方式为天下作表率。《尸子》卷下也有这方面的记载:"神农氏夫负妻戴以治天下。"他以夫妻亲身参加劳动的方式治理天下,和普通百姓平等相处。

上述有关神农氏的传说,展示他在发明创造、为民谋利方面的功绩,同时赞扬他亲自躬耕陇亩的举措。神农氏具有奉献精神,关心百姓疾苦,而不谋私利。《庄子·让王》篇反复强调神农氏的不自利、不谋私、不损害他人利益,当是以上述传说为背景依据,而不是空穴来风的想象。当然,《让王》篇把神农氏说成是完全超脱功利的人,是作者的美饰和夸张,和上述传说不完全一致。至于《盗跖》篇所说的神农氏之时的"耕而食,织而衣"所用的词语都与神农氏传说相一致。

在先秦的历史传说中,神农氏有时还是"无为而治"的圣王形象,这类传说集中见于《尸子》卷下:

> 神农氏夫负妻戴以治天下。尧曰:"朕之比神农,犹旦与昏也。"

> 神农氏七十世有天下,岂每世贤哉? 牧民易也。[②]

---

① 吕不韦著,陈奇猷校注:《吕氏春秋新校释》,上海古籍出版社 2002 年版,第 1472—1473 页。

② 朱海雷:《尸子译注》,上海古籍出版社 2007 年版,第 55 页。

这两段文字突出强调神农氏的"无为而治"。他不是向天下发号施令，而是如同普通百姓那样夫负妻戴，亲身劳作。据说神农氏治天下，传承七十代，以简易的方式施政，这是其家族能够长期统辖天下的关键。所谓的"牧民易"，与无为而治相类。尧作为推行人治的君主，他自惭形秽，没有办法和神农氏的"无为而治"相比，其差别之大犹如早晨与黄昏。

《尸子》卷下还写道："神农氏治天下，欲雨则雨。五日为行雨，旬为穀雨，旬五日为时雨。正四时之制，万物咸利，故谓之神。"①神农氏治天下已经达到通神入化的程度，实现了天人合一，自然气候的变化和人的主观愿望相默契。神农氏根据气候变化而划分季节，万物皆得其利。

先秦时期有关神农氏无为而治、出神入化的传说，很大程度上出自人们的想象，夸张和渲染的成分很大。《庄子》的《胠箧》、《盗跖》篇对神农氏之时所作的描述，和神农氏无为而治、穷神入化的传说一脉相承，都带有理想色彩、幻想因素。

至此，《庄子·胠箧》篇列出的十二个属于"至德之世"的名号，有的可以根据相关材料加以具体考辨，例如，容成氏、轩辕氏、赫胥氏、祝融氏、伏牺氏、神农氏。有的名号还找不到相关的线索，无法进行梳理，伯皇氏、中央氏、栗陆氏属于此类。还有的名号介于两者之间，虽然无法考辨得很清楚，但大体可以推测其具体所指，骊畜氏、尊庐氏属于此类。

古代许多族类名号是由该群体在历史上所作的贡献而来，如首创构木为巢的部族称为有巢氏，发明钻燧取火的部族称为燧人氏，具体记载见于《管子·轻重戊》、《尸子》卷下、《韩非子·五蠹》等先秦文献。依次类推，《庄子·胠箧》中所说的骊畜氏，当与驯养牲畜有

---

① 朱海雷:《尸子译注》,上海古籍出版社 2007 年版,第 54 页。

关。骊,字形从马,从丽,有两相并列之义。骊畜氏,当是把牲畜集中驯养。尊庐氏,当与房屋建造相关。

《庄子·胠箧》篇所列的十二个"至德之世"名号,并不是严格按照时间顺序进行排列,因此不能把它作为史前传说时代的世系看待。排在末尾的伏羲氏、神农氏,是按照传统的顺序相次,伏羲氏所处的时代早于神农氏。排在伏羲氏前面的祝融氏,具体指颛顼时期的火正黎,已处于五帝时代的中期,明显晚于伏羲氏、神农氏,但却排在他们的前面。至于容成氏,轩辕氏,赫胥氏,所处的时代已经无法考证,只能暂付阙如。其中的容成氏、赫胥氏,在传说中都与黄帝有关联。是否真的如此,依然是桩悬案。所以,不能把这十二个名号看做按照时间顺序排列的历史阶段,不能作为考察史前时代世系的依据。

《庄子》中冠以"至德之世"名号的对象,其中可以进行考辨者,其所依据的材料,有多寡之别、直接间接之分、现实与想象之异。有的冠以"至德之世"名号的对象,可以根据较多的文献加以辨析,如神农氏、轩辕氏,有很多传说可资利用,能够考索得较为具体。而考察伏羲氏可资的材料就很有限,总计不过寥寥数条,因此,这个名号的历史原型就很难仔细地加以描述。再如大庭氏,《左传·昭公十八年》:"宋、卫、陈、郑皆火,梓慎登大庭氏之库以望之。"这是仅有的一条资料。所谓的直接与间接之分,指冠以"至德之世"名号的对象与其历史原型名号的对应而言。有的名号直接对应,完全一致,如轩辕氏、伏羲氏、神农氏,《庄子·胠箧》篇的称谓与历史传说中的名号完全相同,直接对应,可以根据历史传说中与这个名号相关的材料,去论证《胠箧》篇的同一指称对象。《胠箧》篇有的名号和历史传说不完全相同,而是存在差异,需要经过考证或界定方能证明二者的对应关系。如,对于容成氏,首先要证明它与传说中的广成子在称谓内涵上的一致性;赫胥氏就是传说中的华胥氏;祝融氏指的是颛顼氏的火正黎。考证二者相互对应、指称同一对象,有的在历史上实际存在,具有客观依据,如祝融氏、伏羲氏、神农氏;有的则只是存在于传说之中,在历史上找不到它们实际存在的依据,如容成氏、轩辕氏、赫胥氏,它们在很大程度上是先民想象出来的。通过考察这些名号的排列次第不难发现,排在前面的名号多数出自想象,而排在后三位的名号则有客观性,曾经在历史上出现过。

《庄子》书中冠以"至德之世"名号的对象,反映出《庄子》一书与多种地域、部族文化的关联。容成氏、赫胥氏的原型分别是广成子和华胥氏,它们以中土以外的西北地区为背景,与黄帝传说有关联。轩辕氏、祝融氏则是以南方为背景,与楚文化存在渊源关系。至于伏羲氏、神农氏,却没有明显的地域或部落文化背景。《庄子》所罗列的"至德之世"名号是成系列的,它体现的是对多种地域文化、部落文化的整合,具有较大的包容性。

第二节　豨韦与彭祖

远古传说中,如伏羲、炎帝、黄帝等半人半神式人物,最初常常是作为族群的象征而存在的,是相关族群的名号,而不是指单独的个人。随着时间的推移,他们往往被转换成具体的历史人物。这种情况在《庄子》中也可以见到,书中提到的豨韦和彭祖,就属于这种类型的角色称谓。豨韦和彭祖是《庄子》书中的两个神秘角色,豨韦出现四次,称谓的属性不尽一致。彭祖出现三次,都是作为长寿角色登场,但不同篇目的作者对他的态度存在差异。通过追溯这两个角色的历史原型及其演变过程,可以从一个侧面透视出《庄子》与地域文化的渊源关系。

一、豨韦

《庄子》书中四次提到豨韦,分别见于《大宗师》、《知北游》、《则阳》、《外物》诸篇,或称为豕韦,或称为狶韦氏。唐代陆德明《经典释文》引李颐注曰,狶音豕①,由此可知,这两个称谓指的是同一对象。

(一)传说时代的豕韦国

豕韦,在历史上实有其族,实有其地,对此,先秦文献多有记载。《诗经·商颂·长发》是殷商族祭祀祖先的歌诗,其中写道:

> 武王载旆,有虔秉钺。如火烈烈,则莫我敢曷。苞有三蘖,莫遂莫达,九有有截。韦顾既伐,昆吾夏桀。

武王,指商汤王,这章歌诗是在颂扬商汤王的赫赫武功。其中的"苞有三蘖"是以丛生的草木为喻,暗指出自同一系统的韦、顾、昆吾三氏,他们是夏桀的盟国。对此,郑玄笺写道:

> 韦,豕韦,彭姓也。顾,昆吾,皆己姓也。三国党于桀恶,汤先伐韦、顾,克之,昆吾、夏桀则同时诛也。②

郑玄注道出了夏商之际的重要历史事件:商汤伐夏桀,首先讨伐作为夏桀盟国的豕韦、顾,获胜之后又灭了昆吾,并一举推翻了夏王朝。豕韦在夏代是一个诸侯国,因为依附夏桀而受到商汤王的讨伐。

豕韦在夏、商之际遭到商汤王的讨伐,但并没有亡国。《国语·郑语》称:"大彭、豕韦为商伯矣。"对此,韦昭注:"豕韦,彭姓之别封于豕韦者也。殷衰,二国相继为商伯。"③根据这些文献考察,豕韦在商代曾经是一方诸侯,当是商汤王在征服豕韦之后,没有将其灭掉,而是继续保留它的诸侯国地位和名号,使这个诸侯国在商朝一度兴盛。《左传·襄公二十四年》记载,晋国的执政卿范宣子追述自己的家族史,有如下话语:

> 昔匄之祖,自虞以上为陶唐氏,在夏为御龙氏,在商为豕韦

---

① 郭庆藩:《庄子集释》,中华书局 2004 版,第 248 页。
② 孔颖达:《毛诗正义》,中华书局 2008 年影印《十三经注疏》本,第 627 页。
③ 《国语》,上海古籍出版社 1998 年版,第 513 页。

氏,在周为唐杜氏,晋主夏盟为范氏。①

范宣子名匄,他的家族有显赫的历史。范氏出自陶唐氏,是唐尧的后裔。这个家族在夏代成为御龙氏,在商代称为豕韦氏。对于这段历史,《国语·晋语八》亦有相同的记载。范氏在商代称为豕韦氏,这与古代姓氏的来源有直接相关。《左传·隐公八年》记载:"天子建德,因生以赐姓,胙之土而命之氏。"古代早期贵族的姓氏,都是君主所赐予。"胙之土而命之氏",即根据所分封的地域而决定该家族的氏。范氏在商代称为豕韦氏,当然是因为其封地在豕韦故址,所以称为豕韦氏。这样看来,豕韦在商代一度为诸侯,后来被灭国,其地分封给唐尧的后裔。

通过以上梳理可以看出,豕韦氏是一个远古时代的诸侯国和族群,至迟夏代就已经立国,中间历经夏、商之际的鼎革,到商代又一度昌盛,俞樾《庄子人名考》说他是殷商五霸之一②。但豕韦国最终还是在商代灭亡,其故地被唐尧后裔唐杜氏所据有。豕韦是绵延于夏、商两代的古国、古族,先秦文献保存了许多相关的信息,勾勒出这个族群兴衰的轨迹。

(二)《庄子》中的狶韦氏

《庄子》首次提到狶韦氏是在《大宗师》篇,作者在论述道的功能时有这样一番表述:

> 狶韦氏得之,以挈天地。伏羲氏得之,以袭气母。维斗得之,终古不忒。日月得之,终古不息。堪坏得之,以袭昆仑。冯夷得之,以游大川。肩吾得之,以处大山。黄帝得之,以登云天。颛顼得之,以处玄宫。禺强得之,立乎北极。西王母得之,坐乎

① 杨伯峻:《春秋左传注》,中华书局2000年版,第1087页。
② 俞樾:《庄子人名考》,《俞楼杂纂》卷二十九,清光绪二十五年《春在堂全书》本。

少广,莫知其始,莫知其终。彭祖得之,上及有虞,下及五伯。傅
　说得之,以相武丁,奄有天下,乘东维,骑箕尾,而比于列星。

在上面的大段铺排中,列出了十四位得道者,分别是狶韦氏、伏羲氏、
维斗、日、月、堪坏、冯夷、肩吾、黄帝、颛顼、禺强、西王母、彭祖、傅说。
有两点值得特别注意,并且与庄子对狶韦氏的认定密切相关。

　　第一,这十四位得道者分属三个不同系列,一个是传说时代的历
史人物系列,是从狶韦氏、伏羲氏再到黄帝、颛顼。一个是神人系列,
其中有日月星辰,是古代神话中的天神。堪坏、肩吾分别是昆仑山神
和泰山神,冯夷是黄河神,禺强是北海和北方之神,西王母是司命神、
刑神。还有一个是仙人系列,即凡人死后得道升仙,有彭祖和傅说。
彭祖后面还会谈到,成玄英疏说他活了八百岁,崔譔说他"寿七百
岁,或以为仙,不死。"[1]傅说是殷高宗的相,崔譔云:"傅说死,其精神
乘东维,托龙尾,乃列宿。"[2]也就是说,傅说死后化为了星神。其中,
传说中的历史人物系列,基本是按时间顺序排列,狶韦氏居首。成玄
英疏曰:"狶韦氏,文字以前远古帝王号也。得灵通之道,故能驱驭
群品,提挈二仪。"[3]狶韦氏是史前古帝王的号,他不但早于传说中的
黄帝,而且比伏羲还要早。

　　第二,上述三个系列是人神混杂,十四位得道者均带有人性和神
性。其中的历史人物,伏羲、黄帝、颛顼,在传说中都是半人半神的形
象。由此看来,排在首位的狶韦氏,也是兼有人神两种属性的角色。
成玄英的疏讲出了《庄子》对狶韦氏所赋予的双重属性:他所处的历
史阶段已经遥远不可考,他"得通灵之道",以至于能够提挈天地,驾
驭万物,是半人半神的角色。

　　《大宗师》篇从两个方面对狶韦氏作了定位和定性,《庄子》其他

---

①　郭庆藩:《庄子集释》,中华书局 2004 版,第 251 页。

②　郭庆藩:《庄子集释》,中华书局 2004 版,第 251 页。

③　郭庆藩:《庄子集释》,中华书局 2004 年版,第 248 页。

篇且出现的豕韦氏,其基本属性都没有超出以上两个方面,只是在个别细节上有所补充。

《知北游》篇有如下论述:

> 古之人,外化而内不化;今之人,内化而外不化。与物化者,一不化者。安化安不化,安与之相靡,必与之莫多。狶韦氏之囿,黄帝之圃,有虞氏之宫,汤武之室。君子之人,若儒墨者师,故以是非相齑也,而况今之人乎!

这段话假托孔子之口说出,把"古之人"和"今之人"加以区分。"古之人"能体悟道性,顺应外界推移而内心恒定。"今之人"悖于道,内心没有定数,面对外物固执一端,不能与世透迤。所列举的"古之人"有狶韦氏、黄帝、有虞氏、商汤王,其中狶韦氏居首,依然把他作为最久远的人物看待,他比黄帝、虞舜、商汤王所处的时代还要早。文中所出现的"之"字作动词,指的是前往,引申为徜徉之义。狶韦氏活动在畜养禽兽的苑林,黄帝活动在种植瓜果的园圃,有虞氏活动在宫殿,商汤王活动在室内,从活动场所的变化看,与自然的关系越来越疏离。而狶韦氏的活动场所最贴近自然,道性最为纯厚。此处狶韦氏的角色属性,与《大宗师》篇基本一致。

《外物》篇再次提到狶韦氏:

> 夫尊古而卑今,学者之流也。且以狶韦氏之流观今之世,夫孰能不波。唯至人乃能游于世而不僻,顺人而不失己。

《外物》篇末借庄子之口,表达出"外物不可必"的观点,尊古卑今的学者,也是为外物所拘羁。古今异时,《外物》作者主张与时俱进。此处的狶韦氏虽然不是作为被尊崇的对象出现,但代表了被学者所推崇的远古时代。在《大宗师》、《知北游》中,狶韦氏都是作为所处时段最早的古代圣君出现,突出他的古老久远,《外物》篇的上段论述,把狶韦氏的流变作为批判"尊古卑今"的论证材料,体现的也是这种观念。

(三)《则阳》中的太史狶韦

《则阳》篇有狶韦作为主要角色的寓言故事,原文如下:

> 仲尼问于大史大弢、伯常骞、狶韦曰:"夫卫灵公饮酒湛乐,不听国家之政;田猎毕弋,不应诸侯之际。其所以为灵公者何也?"
>
> 大弢曰:"是因是也。"
>
> 伯常骞曰:"夫灵公有妻三人,同滥而浴。史鳅奉御而进所,搏币而扶翼。其慢若彼之甚也,见贤人若此其肃也,是其所以为灵公也。"
>
> 狶韦曰:"夫灵公也死,卜葬于故墓不吉,卜葬于沙丘而吉。掘之数仞,得石椁焉。洗而视之,有铭焉,曰:'不冯其子,灵公夺而里之。'夫灵公之为灵久矣,之二人何足以识之!"

卫灵公是春秋后期的荒亡之君,在位长达四十二年之久,《论语》、《韩非子》等许多先秦文献都提到他。这篇寓言以孔子与卫国三位太史对话的形式展开。大弢和伯常骞,《经典释文》注为人名,是否实有其人,无从考证。狶韦,在《大宗师》、《知北游》和《外物》篇中,都是传说时代的远古圣王,而在这篇寓言中,他变成了与孔子对话的卫国太史。从现实角度来说,这是不可能的。那么,此处的狶韦之名出于两种可能,一种可能是《则阳》篇作者虚拟的,以寓言形式表达自己的观点。还有一种情况就是与孔子对话的这位太史名字就叫狶韦。之所以赋予这位太史狶韦之名,从他的谈话内容中可以找到答案。

在上面这段谈话中,孔子与卫国三位太史探讨的是卫灵公谥号的由来。孔子列举了卫灵公生前的种种恶行:沉湎于饮酒享乐,不问国政,驰骋田猎不知节制,不礼对诸侯之间的交往。三位太史分别给出了自己的答案。大弢所谓"是因是也",即因为灵公的这些恶行,故谥之为"灵"。成玄英疏曰:"依周公《谥法》,乱而不损曰灵,灵即无道之谥也。"①大弢是从礼制层面做出的回答。伯常骞则从"灵"的又一层含义提出自己的看法。他举出一桩事例,灵公曾与三位夫人同池而浴,违礼悖俗;但是,当直臣史鳝前来进见时,他又能礼贤下士,表现得非常尊重。于是认为这位君主虽有荒淫之行,但关键时刻还能做到不伤大雅,谥之为"灵"是符合实际的。成玄英疏又曰:"又《谥法》:德之精明曰灵。男女同浴,使贤人进御。公见史鱼良臣,深怀愧悚,假遣人搏捉币帛,令扶将羽翼,慰而送之,使不终其礼。敬贤如此,便是明君,故谥为灵,灵则有道之谥。"②伯常骞是由灵公生前行为善的一面加以解释。狶韦则讲述了这位君主死后卜葬的神异事件,揭示出灵公谥号的真正原因。经过占卜,灵公葬于沙丘吉利,下葬时挖出一尊石椁,上有铭文:"不冯其子,灵公夺而里之。"意思是说,灵公夺占此处安葬,是早已命中注定的。这是一桩带有传奇色彩的故事,石椁上的铭文,是作为神灵的旨意而出现的。狶韦是从神秘性角度给出的回答。

其实,《则阳》作者想借助这则寓言阐述对立概念的悖谬性、"道"的神秘性以及"道"驱驭万物的绝对性。太史大弢和伯常骞,都是从现实层面寻求解答,看到的都是表面现象,而狶韦看到的更深刻、更隐晦,这才是道的特性之一。神异的占卜事件由狶韦道出,与狶韦称谓本身的传奇色彩有关,他能够把神灵的旨意加以昭示,这与《大宗师》篇豨韦半人半神的属性一脉相承。其实,在上古时代,巫、史是难以区分的。据《汉书·艺文志》记载,道家学派出自史官。而史官本源于巫师,考古学者陈梦家先生曾在20世纪30年代提出:"由巫而史,而为王者的行政官吏。"③思想史研究学者杨向奎也赞同

---

①　郭庆藩:《庄子集释》,中华书局 2004 版,第 907 页。
②　郭庆藩:《庄子集释》,中华书局 2004 版,第 907 页。
③　陈梦家:《商代的神话与巫术》,燕京学报,1936 年,第 12 期。

这一看法，认为史之源流是神、巫、史相传①。《大宗师》称狶韦能"挈天地"，成玄英疏说他"得灵通之道"，即表明狶韦氏是远古时能通人神之道的巫王，这也是《则阳》篇的大史名为狶韦的真正原因。

这则寓言故事的表现手法，与《外物》篇捕获神龟的渔夫"余且"之名有些相似。"余且"之名具有拉网捕鱼和挖龟占卜双层含义。太史大弢和伯常骞的分析，具有现实性。狶韦从神秘角度所作的解答，彰显出"道"的玄妙属性。二者形成双轨并行。而大弢和伯常骞从正反两面所作的解释，又是双轨中的双轨，较《外物》中"余且"的词语歧义性更为复杂。这种行文手法，也就是《齐物论》"两行"理念的文本体现。狶韦角色的转换，说明《庄子》在塑造人物、选取材料时，也像大弢和伯常骞分析灵公谥号一样，选取了固有材料的一个侧面，使人物在似是而非之间，既体现了道性，又增加了文章的神秘感。

综上所述，《庄子》书中的豕韦，或作狶韦，主要体现出两种基本属性，一是久远古老，二是灵异通神。这两种属性有时兼备，有时只表现其中一种。尽管在不同的作品中豕韦的角色有所变化，但始终没有脱离角色的基本属性，是一位形象内涵相对稳定的角色。豕韦本是上古时期的诸侯国和族群，到了《庄子》中变成历史人物。历史上实际存在的豕韦国、豕韦族群，是《庄子》中豕韦角色的原型。由于豕韦作为诸侯国和族群早在夏商其间已经兴盛，成为当时重要的方伯，因此，《庄子》一书把豕韦作为"历史老人"加以展示，他所处的时段被设置在遥远的古代。古人追溯历史，愈往前便愈加神秘，既然豕韦被定位在最古老的时段，由此而来，这个角色也就带有神秘的色彩。至于把他设置为卫国太史，也是兼顾其古老和神秘两种属性。

---

① 杨向奎：《再论老子》，《史学史研究》，1990 年，第 3 期。

二、彭祖

《庄子》书中三次提到彭祖,都是长寿的代表,分别见于《逍遥游》、《大宗师》和《刻意》,各篇对他的具体描述又各有侧重。

(一)《庄子》对彭祖的三次表述

《逍遥游》篇提到彭祖,只谈到他的悠久,成为众人称道的对象。文中写道:

> 楚之南有冥灵者,以五百岁为春,五百岁为秋。上古有大椿者,以八千岁为春,八千岁为秋。而彭祖乃今以久特闻,众人匹之,不亦悲乎!

文中提到的冥灵、大椿,都是长生的树木,它们分别以人间的两千年和三万二千年为一年,可见生命周期的漫长。其中提到的彭祖,则是传说中的长寿之人。陆德明《经典释文》引李颐注对彭祖是这样解释的:"名铿,尧臣,封于彭城。历虞夏至商,年七百岁,故以久寿见闻。"[1]彭祖是传说中的寿星,享年长达七百岁之久,远远超过正常人生命周期的极限。

《刻意》篇写道:"吹呴呼吸,吐故纳新,熊经鸟申,为寿而已矣。此道引之士、养形之人、彭祖寿考者之所好也。"所谓"寿考",指的是长寿,文中把彭祖归入善于养生而又长生的类别,他是这类长寿之人的代表。

上面两篇都突出了彭祖的长寿特征,但并没有把他视为得道者加以称颂。《逍遥游》把他与更长久的生命对比,批评世人拘泥于大小概念之辩的可笑。《刻意》篇是对有意寻求长寿行为的批判。然而,《大宗师》中,彭祖被看成了得道之人,他的长寿是"道"之功能的体现。文章写道:"彭祖得之,上及有虞,下及五伯。"陆德明《经典释

---

① 郭庆藩:《庄子集释》,中华书局 2004 年版,第 14 页。

文》引述崔譔对彭祖所作的注是:"寿七百岁,或以为仙,不死。"①这里还是把彭祖说成长寿之人,进而说出了他生存的时间跨度,从虞舜到五伯的漫长时段。

《庄子》书中三次提到彭祖,虽然作者对他的态度不尽一致,但都把他说成是长寿之人,在意义上一以贯之。那么,彭祖的历史原型是什么状况呢?彭祖长寿之说从何而来呢?

(二)传说时代的彭祖国

彭祖,古史上实有其名,不过,并非是人名,而是族群和诸侯国的名称。《国语·郑语》记载,周王朝史伯在谈到祝融八姓时说道:"彭姓彭祖、豕韦、诸稽,则商灭之矣。"彭祖,又称大彭,史伯称:"大彭、豕韦为商伯矣。"韦昭注:"大彭,陆终第三子,曰篯,为彭姓,封于大彭,谓之彭祖,彭城是也。"②从史伯的叙述可知,彭祖和豕韦同为彭姓,是祝融八姓之一,在商代曾经为一方霸主,最后又为商朝所灭。这里所说的彭祖即大彭,应是《庄子》书中彭祖的历史原型。问题在于,彭祖长寿之说的历史根据究竟是什么?

《庄子》书中唯一透露出彭祖所处时段信息的就是《大宗师》篇,他"上及有虞,下及五伯",如果能够把这个时段的大体年限确定下来,那么,彭祖何以成为传说中的寿星也就有了着落。

有虞,指传说的虞舜时期。《国语·郑语》称"昆吾为夏伯矣",昆吾也是祝融八姓之一,与彭祖出自同一血统,都是祝融氏的后裔。既然昆吾在夏代曾经成为一方霸主,那么,他初兴于虞舜时期是完全可能的。另据《史记·楚世家》记载,颛顼氏后裔重黎、吴回任火正祝融在帝喾高辛氏时期。"吴回生陆终,陆终产子六人",其中第三子为彭祖。在古史传说系统中,帝喾时代之后就是尧、舜阶段,具体

---

① 郭庆藩:《庄子集释》,中华书局 2004 年版,第 251 页。
② 《国语》,上海古籍出版社 1998 年版,第 513 页。

记载见于《大戴礼记》的《五帝德》、《帝系》及《史记·五帝本纪》。祝融吴回和帝喾高辛氏处于同一历史阶段,彭祖是陆终之子,吴回之孙,以世系推断,彭祖始兴于虞舜之世是完全可能的。《大宗师》所说的彭祖"上及有虞"是可信的,有历史依据,这是彭祖所处时段的上限。

　　《国语·郑语》称:"彭姓彭祖、豕韦、诸稽,则商灭之矣。"彭祖灭于商,对于它灭亡的具体时段,《史记·楚世家》云:"彭祖氏,殷之时尝为侯伯,殷之末世灭彭祖氏。"彭祖氏灭于殷末,他经历了从有虞氏到殷末的漫长历史阶段。那么,这个历史阶段具体的年数如何呢?当时的人们有着基本的认定。《左传·宣公三年》记载,周王朝大夫王孙满对楚使谈到商、周两朝年限,称商朝"载祀六百",周代"卜世三十,卜年七百。"按照王孙满的说法,商朝历时六百年,与现代所作的认定(公元前1600年—前1041年)大体一致。商朝前后三十一位君主,每位君主在位平均二十年。周代"卜世三十,卜年七百",周朝将有三十位君主,共七百年,每位君主在位平均约三十五年。商代实行"兄终弟及"的继承制,周代则是"子承父位",因此,每位周代君主平均在位年数多于商代。夏代共十七位君主,绝大多数都是父子相承。照此推算,夏代历时应在四百年以上,和现代所作的认定(公元前2070年—前1600年)相近。古人对夏、商、周三代君主的更替有比较清楚的记忆。《史记》作了具体记载,按照古人的推算,夏、商两朝历时千年,彭祖初兴于舜虞时期,直到商代后期才灭亡,是一个历时千年的古国、古族。

　　《庄子·大宗师》称彭祖"上及有虞,下及五伯",关于"五伯",陆德明《经典释文》引崔譔、李颐说:"夏伯昆吾,殷大彭、豕韦,周齐桓、晋文"。① 所谓"夏伯昆吾,殷伯大彭、豕韦",具体记载见于《国

------

① 郭庆藩:《庄子集释》,中华书局2004年版,第250页。

语·郑语》,当是崔譔、李颐注《庄子》时所本。至于为了凑足"五伯"
之数,把春秋时期的两位霸主齐桓公、晋文公列入其中,则有违历史
事实。到了春秋时期,既没有作为诸侯国的彭祖,也没有作为寿星的
彭祖实际存在。因此,对于《大宗师》篇所说的"五伯",还要重新进
行考量。《国语·郑语》所说的"夏伯昆吾,殷伯大彭、豕韦",所处时
段较早。况且大彭就是彭祖,把大彭为伯的商代说成是彭祖所处时
段的下限,等于是同义反复,在逻辑上无法讲通。《国语·周语下》
记载,周灵王太子晋在历数朝代更迭时提到佐助大禹治水的四岳,
"祚四岳国,命以侯伯,赐姓曰姜,氏曰有吕。"而后又称禹和四岳为
"一王四伯。"四岳生活在尧舜时期,其后裔分封为诸侯,当是在虞舜
时期或是夏朝初期。四岳后裔所建立的诸侯国一度称为四伯,虞、夏
时在世。殷商末期,周文王姬昌称为西伯,见于《史记》的《殷本纪》
和《周本纪》。这样看来,《大宗师》所说的"五伯",指的应是从虞夏
时期受分封的四岳及殷末的周文王,统称"五伯",而这"五伯"所处
的历史时段,正与诸侯国彭祖的兴灭相吻合。

彭祖本是诸侯国、族群的名称,这个古国部族延续长达千年之
久。到了《庄子》中,彭祖被说成是寿星、仙人,享年同样长达千载,
后世传为七百或八百年,都是把国祚的长久转换成了人的高寿。
《国语·郑语》提到的彭祖之国、彭祖族群,是《庄子》中寿星彭祖的
历史原型。在历史推移的过程中,远古的诸侯国、族群,逐渐被说成
是单个的历史人物,经历了由诸侯国、族群到单独个体人物的演变。
豕韦是这样,彭祖同样如此。对此,孙作云先生称:

> 而彭铿、彭祖、老彭、大彭、豕韦是一个族名,后来又发展成
> 为国家,从氏族到国家,至少有几千年,因此说他活了八百岁,
> "犹自悔不寿"(王逸注)。①

---

① 孙作云:《〈天问〉研究》,河南大学出版社 2008 年版,第 68 页。

孙先生同样断定,彭祖长寿的传说源于大彭氏族、国家的长久绵延,是把氏族、国家悠久的历史,转换成单独个人的长寿。

三、豨韦、彭祖的文化渊源

《庄子》书中反复提到豕韦、彭祖,从一个侧面折射出《庄子》与楚地文化的密切关联。

楚族出自颛顼氏,祝融是楚族显赫的祖先。《左传·昭公二十九年》记载,晋国蔡墨在谈到五行之官的缘起时说道:“颛顼氏有子曰犁,为祝融。”最初的火正成为祝融,由颛顼氏后裔犁担当。《国语·郑语》写道:

> 祝融亦能昭显天地之光明,以生柔嘉材者也。其后八姓于周未有侯伯。佐制物于前代者,昆吾为夏伯矣,大彭、豕韦商伯矣。

在祝融后裔八姓中,昆吾、大彭、豕韦在夏、商相继为伯,名声显赫、其中大彭即彭祖,和豕韦同是祝融的后裔,和楚族出自同一祖先。《庄子》书中出现的豨韦、彭祖,都是取材于楚族的祖先传说,把它们由诸侯国、族群转换成单独的个人,并且基本都是作为长寿角色出现。尽管《逍遥游》中认为高寿的彭祖无法与冥灵、大椿相比,《刻意》篇对彭祖的养生长生略有贬义,但是,彭祖依然作为引人注目的得道者角色出现。至于豨韦,在《庄子》中始终被看作通晓大道的高人角色。

春秋战国时期,人们还对很多史前时代的传说保留着比较清晰的记忆。《左传·昭公十二年》记载了楚灵王的如下话语:

> 惜我皇族伯父昆吾,旧许是宅。今郑人贪赖其田,而不我与。我若求之,其与我乎?

“昆吾”是楚族的旁支先祖,夏代曾为诸侯之长。据《史记·楚世家》记载,“昆吾氏,夏之时尝为侯伯,桀之时汤灭之。”昆吾兴盛于夏代,灭亡于夏末。昆吾氏灭亡距离楚灵王所处的春秋后期已经超过千年,可是,楚灵王不但清楚知道"昆吾"是自己的远祖,而且能说出昆吾旧地所在之处。由此推断,博学多闻的庄子及其后学,对于豕韦、彭祖的兴衰历史应当很熟悉,作者有意识地利用先楚文化的资源,把他们写入书中,并且使他们反复出现。

豨韦,本是祝融后裔的国名、族群名,到了《庄子》中变成带有神秘色彩的人物,尽管如此,这个角色有时仍然反映出楚文化的属性。《知北游》篇的豨韦作为卫国太史的角色出现,体现的是楚文化与卫地的关联。《左传·昭公十七年》写道:"卫,颛顼之虚也,故为帝丘。"杨伯峻先生注解道:"卫此时早已徙居帝丘,即今河南濮阳县西南之颛顼城,相传为颛顼所居。"①卫国曾是颛顼氏故地,是楚族北上所居之处。《诗经·鄘风·定之方中》出自卫地,叙述卫文公迁都到帝丘,亦即楚丘重建宫殿的作品,诗中相继出现"作于楚室"、"以望楚矣"、"望楚与堂"的诗句,反复提到楚,因为那里是楚族始祖颛顼氏的故地,留下了楚文化的历史积淀。豕韦是颛顼、祝融的后裔,《左传·襄公二十四年》提到豕韦氏,对此,杨伯峻先生写道:"相传河南旧滑县治(今移治道口镇,在旧治稍西)东南五十里有韦乡,即古豕韦国。"②韦乡在河南滑县境内,距离濮阳西南的颛顼城极近,紧密相邻,处于卫国中心地带。豕韦旧址在卫国首都附近,《庄子·知北游》篇把豨韦说成是卫国的太史,可以从地域文化上找到根据,反映的是楚文化对卫地的渗透。因此,把豨韦说成卫国太史并非空穴来风,而是渊源有自。

《庄子·逍遥游》依次提到的长生树木有楚之南的冥灵,有上古的大椿。冥灵是传说中楚地之南的树木。关于大椿,陆德明《经典

---

① 杨伯峻:《春秋左传注》,中华书局 2000 年版,第 1391 页。
② 杨伯峻:《春秋左传注》,中华书局 2000 年版,第 1088 页。

释文》引李颐注："生江南,一云生北户南,此木三万二千岁为一年。"①北户,是传说的南方之地,见于《尔雅·释地》。传说中的冥灵、大椿都生于南方,属于楚文化区。继冥灵、大椿之后提到的是彭祖,关于彭祖,《国语·郑语》曾提及,韦昭注称彭城是彭祖故地。彭祖的故地在彭城,即今江苏徐州。《史记·货殖列传》称:"彭城以东,东海、吴、广陵,此东楚也。"彭城是彭祖故地,属于东楚文化区。庄子是宋地蒙人,其地在河南商丘附近,东距彭城不过三百里。他把彭祖传说写入《逍遥游》《大宗师》,是利用了地缘优势。同时,把彭祖与冥灵、大椿安排在同一系列,体现出楚文化的地域属性。

小　　结

综上所述,《庄子》书中出现的古老族群名号,大致分为五类:

第一类是《庄子》对历史传说的改造,如轩辕氏、祝融氏、伏牺氏、神农氏,文章作者对相关传说加以取舍,保留其纯任自然的内容,为阐述道的理念服务。

第二类是《庄子》按照"道"的属性,结合汉字的音义特征虚拟出来的名称,如容成氏、赫胥氏等,这种称谓往往富有歧义性,彰显的是道的包容性、无限性等特征,并体现出文章的绚丽色彩。

第三类如骊畜氏、尊庐氏,隐约能推测出其氏族特征,骊畜氏当与驯养牲畜有关,尊庐氏当与房屋建造有关,但仅有称谓而已。

第四类如伯皇氏、中央氏、栗陆氏等,只出现在《庄子》中,文章作者或有所据,或完全出于想象,已不可考。

第五类如豨韦和彭祖,有时作为氏族号,有时作为人名出现,作为人名时也与族群特征相关联。

---

① 郭庆藩:《庄子集释》,中华书局 2004 年版,第 13 页。

　　《庄子》中这些族群名号的来源,反映出作者对传说材料的改造和整合,有的是对抽象理念的形象概括,体现了鲜明的说理意识和浪漫气质。

《庄子》诸侯国和氏族统计表(表1)

篇目	诸侯国名	氏族名
逍遥游	宋、越、魏	
齐物论	宗脍、胥、敖、晋	容成氏、昭氏
养生主	魏、宋	
人间世	卫、齐、楚、鲁、宋	宋荆氏
德充符	鲁、郑、卫	
大宗师	鲁	狶韦氏、伏戏氏、孟孙氏
应帝王	郑	有虞氏、泰氏、混沌
骈拇		虞氏、臧氏、榖氏
胠箧	田齐	容成氏、大庭氏、伯皇氏、中央氏、栗陆氏、骊畜氏、轩辕氏、赫胥氏、尊卢氏、祝融氏、伏牺氏、神农氏
马蹄		赫胥氏
在宥		
天地	楚、晋	混沌氏、有虞氏
天道	周、齐	
天运	商宋、卫、陈蔡	有焱氏
刻意		
缮性		燧人氏、伏羲、神农、黄帝
秋水	宋	
至乐	楚、齐	
达生	楚、齐、鲁	
山木	鲁、卫、南越、陈蔡、魏、宋	焱氏
田子方	魏、齐、鲁、秦、宋、楚	有虞氏

续表

篇目	诸侯国名	氏族名
知北游		狶韦氏、有虞氏
庚桑楚		昭景、甲氏
徐无鬼	魏、楚、齐、宋、吴越	
则　阳	楚、魏、卫、蜗角之国	冉相氏、容成氏、触氏、蛮氏
外　物	任、宋、吴越	任氏、狶韦氏
寓　言	魏	
让　王	越、魏、鲁、郑、楚、中山、陈蔡	
说　剑	赵、燕、齐、晋、卫、周宋、韩、魏	
盗　跖	陈蔡、吴越、齐、鲁、宋、卫、晋、楚	有巢氏
渔　父	陈蔡、鲁、卫、宋	孔氏
列御寇	齐、郑、宋、鲁	裘氏
天　下	邹鲁、燕、越	
备　注	诸侯国是文章提到的,或是寓言故事的背景地。	

第三章　巫师称谓与上古巫祭仪俗

唐代陆德明在《经典释文·序录》中评价《庄子》"言多诡诞"，"或类《占梦书》"。占卜与原始巫术密切关联，是巫术活动的内容之一。《左传·成公十三年》记载："国之大事，在祀与戎。"上古时期，占卜、祭祀是社会生活的重要组成部分。《庄子》诞生的战国时代，巫祭活动与政治大环境一样，呈现混乱衰微的局面，但巫卜观念依然支配着人们的意识和行为。

《庄子》书中提到了众多与巫祭活动相关联的名物事象，《逍遥游》、《人间世》、《天运》、《达生》、《庚桑楚》都谈到尸祝或巫祝，《齐物论》、《外物》、《田子方》、《则阳》说到占梦和卜葬，《徐无鬼》出现相者，《列御寇》等篇讲到牺牛，《外物》与《秋水》都有关于神龟的故事。由此可见，《庄子》一书与巫祭的风俗仪式有着千丝万缕的联系。本章将以其中的巫咸、季咸、苏者为研究对象，对《庄子》中的巫师角色进行辨析。

第一节　巫咸与季咸

据《汉书·艺文志》记载，道家学派出自史官。而史官本源于巫师，考古学者陈梦家先生曾在二十世纪三十年代提出："由巫而史，而为王者的行政官吏。"①思想史研究学者杨向奎先生也持这一看

---

① 陈梦家:《商代的神话与巫术》,《燕京学报》,1936 年,第 12 期。

法,认为"史"之源流是神、巫、史相传①。《庄子》作为道家的重要典籍,与巫师有着许多牵连,其中巫咸和季咸,就是比较典型的两位神巫。本节将由巫咸和季咸的称谓切入,考察《庄》书对巫师的态度,进而更深入地领悟《庄子》文章的思想内涵和艺术魅力。

一、《天运》篇的巫咸

《天运》见于《庄子》外篇,旨在强调"道"作为主宰万物的上皇,运化无方,有神无形,人类必须顺应它。文章开头一段,如疏雨点蕉,参差错落,将人类普遍关心的"天其运乎"、"地其处乎"、"日月其争于所乎"、"云者为雨乎"等自然问题依次列出,接下来便是巫咸对这些问题的回答。文中写道:

> 巫咸祒曰:"来,吾语女。天有六极五常,帝王顺之则治,逆之则凶。九洛之事,治成德备,监照下土,天下戴之,此谓上皇。"

对于"巫咸祒"三字,陆德明《经典释文》引李颐注曰:"巫咸,殷相也。祒,寄名也。"李颐认为巫咸是殷商王朝的朝臣。成玄英疏对李颐的注作了补充:"巫咸,神巫也,为殷中宗相。祒,名也。"②成玄英强调了巫咸的朝臣兼巫师的双重身份,并指出他任职的时间是在殷中宗太戊时期。二人都把"祒"字解释为人名,这种说法在后代被长期沿袭。直到清代,宣颖提出了不同看法:

> 祒,即招字之讹。巫咸明于天,此盖托言巫咸相招致答耳。旧乃音超。以为人名,可笑。古来止有巫咸,那得又有巫咸祒邪?③

①　杨向奎:《再论老子》,《史学史研究》,1990 年,第 3 期.
②　郭庆藩:《庄子集释》,中华书局 2004 年版,第 496 页。
③　宣颖:《南华经解》卷十四,上海古籍出版社 1995—2004 年影印本,《续修四库全书》,第九五七册。

在宣颖看来,文章假托巫咸来回答人们关于自然规律的叩问,诏,是他呼唤发问者的动作,不是名字。宣颖的辨析是有道理的。

关于巫咸,历史上实有其人。《尚书·周书·君奭》提到:"在太戊,……巫咸乂王家。"巫咸是殷商太戊时期的巫官,通过解释和禳除灾异参与国政。《尚书·商书》有《咸乂》等四篇的存目,正文已亡佚。据《书序》注解,《咸乂》是有关巫咸在太戊时破除"祥桑榖共生于朝"之事的记载。关于殷商时期的这件怪事,司马迁的《史记·殷本纪》记得比较详细,书中写道:

> 帝太戊立伊陟为相。亳有祥桑榖共生于朝,一暮大拱。帝太戊惧,问伊陟。伊陟曰:"臣闻妖不胜德,帝之政其有阙与?帝其修德。"太戊从之,而祥桑枯死而去。伊陟赞言于巫咸。巫咸治王家有成,作《咸艾》、作《太戊》。……殷复兴,诸侯归之,故称中宗。

《咸艾》又作《咸乂》。由这段话可以推断,对于殷商亳都的这桩怪事,当时的执政大臣伊陟先向巫咸请教,巫咸作出解释,并提出了驱除办法。伊陟对太戊说的话,应出自巫咸。太戊听从建议,修德立身,不仅消除了不祥之征,还赢得了诸侯的信赖,从而使殷商王朝出现了复兴局面。巫咸也因此成为殷商复兴的有功之臣,这件事便不断被传颂。

随着历史的推移,有关巫咸的传说日益增多。巫咸之名又见于《山海经》的《海外西经》、《大荒西经》,是灵保山神巫集团的首领。《世本》提到"巫咸作筮"、"巫咸作医"、"巫咸作铜鼓"[①],表明巫咸已经被后代神化,由巫官演变为筮法、医术和铜鼓的始创者,于是这位大巫也成为文学作品取材的对象之一。《楚辞·离骚》有"巫咸将夕降"的情节,其角色是神巫。《周礼·春官·筮人》所列九筮之名,其

---

① 张澍:《世本粹集补注》,中华书局2008年《世本八种》本,第14—15页。

二为巫咸。此处巫咸是卜筮之官。尽管不同作品选取的侧重点不同,但都与他的巫师身份密切关联。

《天运》篇首所提出的一系列问题都关涉到自然天象,而巫师是沟通天与人的媒介,精通天道阴阳之术,把回答问题的得道者设计为巫咸,合情合理,可增强说服力。巫咸招乎提问者前来,向他进行解答。下文的"来,吾语女",正是相招对方前来之语,说明"诏"字应是表示招呼动作的动词,而不是巫师之名。不过,文中不用"招"而用"诏",有其特殊用意。召,《说文》曰:"詔也,从口刀聲。"是以口呼人之义。"示,神事也,凡示之属皆从示。"巫咸是传说中的神巫,用"诏"字表示他的召唤,强调的是他的神异性。这一说法得到钟泰先生的响应,他说:"窃疑'诏'与诏通。诏之为诏,犹禝之为稷,媒之为禖,从示,以表其神也。"①钟泰以"诏"释"诏","言"字符强调的是言语表达,但认为"诏"字突显出巫师的神异特征,与宣颖达成共识。

此外,根据文献记载,先秦时期对巫师的称谓都是两个字,而没有以三字相称的。《尚书·君奭》篇出现的巫官还有巫咸之子巫贤。《山海经·海内西经》提到巫彭、巫抵、巫阳、巫履、巫凡、巫相;《山海经·大荒西经》有巫咸、巫即、巫朌、巫彭、巫姑、巫真、巫礼、巫抵、巫谢、巫罗。他们都是群巫集团的成员,都以两字命名。因此,《天运》中这位通晓天道规律的巫师应称为"巫咸",而不能称为"巫咸诏"。

二、《应帝王》中的季咸

季咸是出现于《应帝王》篇的一位神巫,是《庄子》中极为生动鲜明的角色之一。《应帝王》篇写道:

> 郑有神巫曰季咸,知人之生死存亡、祸福寿夭,期以岁月旬日,若神。郑人见之,皆弃而走。

---

① 钟泰:《庄子发微》,上海古籍出版社 2002 年版,第 310 页。

关于季咸其人,陆德明《经典释文》引李颐注曰:"女曰巫,男曰觋。季咸,名。"唐代成玄英疏曰:"郑国有神异之巫,甚有灵验,从齐而至,姓季名咸也。"①李颐生活在晋代,是较早的注《庄》学者,他认为季咸是这位巫师之名。成玄英比李颐的注解略为详细,确定季为姓,咸为名。同时,成疏参照了《列子》的记载。

关于季咸的这则故事,还出现在《列子·黄帝篇》,具体内容与《庄子》基本相同,只是首句交待:"有神巫自齐来处于郑,命曰季咸。"照此说法,季咸是春秋时期一位有名的云游巫师,从齐地到达郑国,以替人占卜、预测为业。近人钟泰先生《庄子发微》依据《尚书》的资料解说道:"'巫',托于神以为术者。《尚书·君奭》之篇曰:'在太戊时,……巫咸乂王家。'是殷时有巫名咸,故此名季咸也。"②巫师名叫季咸,使人很自然地联想到当时传诵很广的名巫巫咸。

《世本》张澍注对巫咸之名是这样解释的:"其人善星历审矣,且神农、黄帝、唐尧、殷商时,皆有巫咸也。"③由此看来,有关神巫巫咸的传说,可以上溯到更为久远的远古时代,后来巫咸之名已由原来的特指演变为泛称,成为巫师的尊号。春秋时期郑地的巫师季咸,以"咸"字为名,让人联想到大名鼎鼎的巫咸,从而突显他的神异特征。至于其称谓中的"季"字,则与当时的言说习惯有关联。

季,本义是小禾。周代以后,人名排行常以伯、仲、叔、季为序,季在最末。先秦典籍对人的称谓经常出现季字,其中不仅有标示排行次第的意义,而且寄托了言说者的情感,有审美和道德判断渗透其间。

《诗经·曹风·候人》是一首以女性口气进行倾诉的诗,抱怨男

---

① 郭庆藩:《庄子集释》,中华书局 2004 年版,第 297 页。

② 钟泰:《庄子发微》,上海古籍出版社 2002 年版,第 175 页。

③ 张澍:《世本粹集补注》,中华书局 2008 年《世本八种》本,第 14 页。

方对婚姻的三心二意。结尾两句是："婉兮娈兮,季女斯饥。"意思是青春姣好的少女,是如此的饥饿难耐。季女,指少女,意谓正值豆蔻年华,含有自我怜惜之情。其中的"季"字,不但表示年少,而且带有美好之义。

《诗经·小雅·车辖》是一首新婚迎娶诗,以男士的语气进行叙述。开头两句是："间关之车辖兮,思娈季女逝兮。"意思是:固定好车轴吧,美丽的少女要远行。这里的"季"指年龄小,季女即少女,前面又以"娈"字加以修饰,和《曹风·候人》的用法相似。诗中出现的季女,是对新娘的赞美之词,表达男主角的喜爱之情。"季"有美好、可爱之义。

先秦典籍中,男性称谓也经常出现"季"字。随晋公子重耳一道流浪的赵衰后来成为朝廷重臣,死后谥为成季。晋文公舅父狐偃之子名为狐射姑,因食邑于贾,又称为贾季。晋文公时期的胥臣食邑于臼,又称臼季。① 在这些称谓当中,不排除"季"字有表示排行次序的意义,同时也明显是一种尊称,带有崇敬之义。尤其是赵衰谥号称为成季,庄严崇敬之义一目了然。这样看来,"季"字用于人的称谓,又有表示崇敬之义。

"季"字用于人的称谓表达的是崇敬或亲密之情,因此,称呼当时社会地位很高的巫师,也往往冠以"季"字。《诗经·召南·采蘋》叙述了为祭祀作准备的情景,末章写道："于以奠之? 宗室牖下。谁其尸之? 有齐季女。"尸,即神主。"古代祭祀,以神不可见,因立人之年少而习于礼者以为之主。"②这几句诗的大意如下:祭品放置在哪里? 放在祠堂的窗前。谁是代为受祭的神主? 是那恭敬的少女。以季女为神主,即蕴涵着对她的崇敬和喜爱。《左传·襄公二十八

---

① 杨伯峻:《春秋左传注》,中华书局 2000 年版,第 545,543,405 页。

② 钟泰:《庄子发微》,上海古籍出版社 2002 年版,第 16 页。

年》写道:"济泽之阿,行潦之蘋藻,置诸宗室,季兰尸之,敬也。"这段记载可以和《诗经·召南·采蘋》相互印证,叙述的都是进行祭祀的场景,都以少女为祭祀之尸,或称为季女,或称为季兰。季女是泛称,季兰则具体指以"兰"为名的少女。祭祀是对神的恭敬,作为神主的季女自然也备受尊敬。

从上面的叙述可以看到,先秦时期对于人的称谓,无论是针对男性还是女性,无论是贵族成员还是作为神主的少女,名中所用的"季"字,或表示崇敬,或表示爱慕。由此可见,《庄子·应帝王》中的季咸,是对巫师的尊称,"季"字包含着崇敬之意,"咸"字则是沿用巫咸之名,以突出其神异。当然,《应帝王》篇的作者通过季咸这一名称彰显巫师的神秘色彩,只是借用世俗之人对巫师的习惯看法,为表达自己的观点进行铺垫。

三、巫咸、季咸的神巫角色特征

《天运》篇的巫咸和《应帝王》中的季咸,都是以传说中的神巫巫咸为原型,然而,他们在文章中的角色属性却表现出很大差异。

《天运》篇对为人解疑的巫咸,并没有交待其身份和背景,只是沿用了神巫巫咸的称谓。面对人们关于天地日月云雨风飚等宇宙运化原因的苦苦追问,他以传教布道者的姿态给出了回答:"天有六极五常,帝王顺之则治,逆之则凶。"他所说的天之"六极五常",即指自然之道,是人们必须顺从的对象。文章虽然没有正面表达对巫咸的态度,但通过巫咸之口,说出了"道"的崇高性、超越性,作者将对巫师的肯定与对"道"的推崇融为一体。在这里,巫咸作为正面角色出现,是得道真人的形象。只不过这种看法比较隐晦,然而,这恰恰又是"道"的属性之一。此外,从社会发展史的角度看,《天运》篇把巫咸视为得道者有其合理性。人类发展的蒙昧时期,人们依照自然时变来安排社会生活。远古时代的巫师,除了沟通神灵、祭祀祈福,还要观天象、察时变,审定历法,是"原始文化科学知识的保存和传播者"①,巫师确实深谙自然天道。

与《天运》篇的含蓄手法不同,《应帝王》的作者对季咸的刻画,采用的是跌宕法。"可怜"的季咸,仿佛被投入波涛汹涌的大海,起伏升降,不能自已。

首先,季咸一出场,就被冠以神巫头衔,进而强调他的预测灵验如神,对他的神异性大肆渲染。接下来"郑人见之,皆弃而走"向下一跌,虽不免令读者有点儿诧异,但紧跟着列子如醉如痴的言行表现,足以使读者油然而生强烈的尊敬之情。文章至此,对季咸的态度虽然小有波动,但总体上还是向上扬的。

随后,体悟道性的壶子登场。子,是古代对男性的尊称;壶,《说文·壶部》称:"壹,专壹也,从壶,吉。"壹字构形从壶,"古文壹和壶其实是一个字。壶的作用就是盛热水,盖上盖子以保温,故从壶指事,可得'专壹'义。所谓'专壹',就是保持不变。"②壶,由盛水容器的保温功能引申出专壹不变之义,这正是"道"的属性之一。也就是说,壶子是"道"的化身。

季咸先后四次为壶子相面,四次惨败。季咸为壶子相面的离奇过程,实际是得道之士与巫师斗法。壶子所表现出的恒定属性,体现的是道家"外化内不化"的理念,即以不变应万变,从而使得季咸对他无法测度,最后只好落荒而逃。在这里,季咸作为陪衬角色,服务于对壶子的恒定性,也即"道"的超越性的展示。在壶子面前,这位原本名声在外的神巫却像个无计可施的滑稽小丑,愚蠢、尴尬之相显现得活灵活现。故事结束,读者幡然醒悟,作者对季咸并不是真的崇敬,而是通过壶子对他的戏弄,把他的崇高感、神秘性彻底掀翻。季

---

① 宋兆麟:《中国原始社会史》,文物出版社1983年版,第498页。
② 尹黎云:《汉字字源系统研究》,中国人民大学出版,1998年版,第179页。

113

咸这个带有崇敬之义的神秘称谓,只是不谙大道的俗人对他的迷狂,作者顺着世人的思路,最终却把他推上了被否定和批判的祭台。

其实,"季"字本来就有双重含义,凭借它表示尊敬的含义,表达出世人对巫师的追捧;而它排行老末的意义,又暗示出季咸与传说中的巫咸相比,只是冠以神巫之名的小巫,是巫师的末流,与"道"相去甚远。词语语义的模糊性,虽然造成理解上的阻隔,但观点的朦胧表达,增加了文章的韵味,这也正是《庄子》文章的独特魅力所在。

由此看来,对于由传说中的神巫巫咸演变而来的两个角色,《庄》书的态度显得矛盾。《天运》中的巫咸,是得道的真巫形象,受到作者的推崇;《应帝王》中被无情戏弄的季咸则是起陪衬作用的小巫,成为作者批判的对象。这种相悖现象,与《庄子》一书非一人所作不无关系。先秦子书一般没有具体作者,常常是多人加工而成。《庄子》不同篇目可能作者不同,从而导致出于同一原型的两个角色,在书中前后态度不一。然而,抛开作者创作的因素,《庄子》对巫咸、季咸两个角色的相反定位,是否有更深层的原因呢?

四、巫咸、季咸角色生成的社会因素

巫咸、季咸都是以神巫巫咸为原型,他们的产生,应与巫术的发展分不开。

上古时代,占卜、祭祀是社会生活的重要内容,《左传·成公十三年》周王朝卿士刘康公曾经强调:"国之大事,在祀与戎。"巫术的发展大体经历了由混乱到专业化再到式微的过程。据《国语·楚语下》记载,传说颛顼以前,"民神杂糅,不可方物,夫人作享,家为巫史,无有要质,民匮于祀,而不知其福,烝然无度,民神同位"。① 于是颛顼设置了专职祭祀人员,命重、黎分管天地,即所谓"绝地天通"。

---

① 《国语》,上海古籍出版社 1998 年版,第 562 页。

从此,巫术开始走向专业化道路。三代之时,对待巫术活动极为严肃。商人尚鬼信巫,每日必卜,每事必卜。西周虽开始强调礼法,但把占卜称为"穆卜",不诚敬者将被诛罚。春秋以降,巫术的神圣性和专业化渐被破坏,为君主决疑的甲骨占卜和筮法,又日益普及于社会各个阶层,"家为巫史"的局面再次上演。更有甚者,卜人假托神意干预国政时有发生。

《左传·哀公十六年》,卫国嬖臣求酒于卫国大臣叔僖子遭到拒绝,正逢卫庄公有梦让卜官占卜,嬖臣遂与卜官勾结,说占卜的结果是"君有大臣在西南隅,弗去,惧害"。卫庄公听信卜官之言,驱逐了大叔僖子。

与此同时,当时的有识之士开始质疑巫术的作用。《论语·先进》篇曰:"子路问事鬼神。子曰:'未能事人,焉能事鬼?'"《左传·庄公三十二年》巫师史嚚曾说"国将兴,听于民;将亡,听于神",闪耀出民本思想的光辉。因此,巫师的社会地位明显下降,逐渐失去了灵光。《左传·昭公二十年》记载,齐景公的皮肤病久治不愈,他的宠臣梁丘据、裔款认为这是祝、史之罪,建议杀死当时的巫师祝固、史嚚。对此,晏婴坚决予以制止,他认为齐景公的疾病是其荒政所导致的恶果,不能把罪过推到祝、史身上。晏婴否认巫师与人的疾病存在关联,也不承认巫师具有医师的本领,当然也不会把巫师看得神秘莫测。

早期的巫师往往作为祈福禳灾的角色出现,先民把他视为和神灵沟通的使者。可是,到了春秋时期,巫师这种能力开始受到质疑,由此引发的是对巫术的疏远和理性精神的增强。在先秦诸子中,除墨子学派仍然迷信鬼神外,其余各学派都对鬼神、巫术表示疏远和怀疑。庄子学派出现在战国中后期,《庄子》书中对巫师所作的调侃、揭露、批判,是对历史潮流的顺应,是理性精神高扬时代的产物。《庄子》书中出现的巫师,除了"相者"外,还有尸祝、祝宗人、占人、卜人等,没有与治病、禳灾相关的举措,反映出那个时代巫师职能的变化。

巫术的发展还表现出不平衡的趋势,与中原地区巫术呈现式微趋势不同,南方的楚地却是巫风蔓延。《楚辞·九歌》王逸序写道:"昔楚国南郢之邑,沅湘之间,其俗信鬼而好祠。"《九歌》中多次出现载歌载舞的巫师,即所谓的"灵保"。楚地巫风盛行,楚地的巫师也颇有名气。《晏子春秋·内篇·谏上》记载:"楚巫微导裔款以见景公,侍坐三日,景公说之。"楚地的一位巫师,暗中通过裔款引导见到齐景公,并且得到景公的赏识。这位楚巫主动要求祭祀五帝为景公祈福,后被晏子阻止,并把他放逐到东海之滨。齐景公生活在春秋后期,《晏子春秋》最初成书于战国时期,这则故事从一个侧面折射出楚地巫师在当时的地位和影响。

西汉王朝的开国皇帝刘邦是楚人,他所处的时代距战国未远,从刘邦的早年经历也可以验证战国时期楚地确实是巫术盛行。《史记·高祖本纪》有如下记载:"吕公者,好相人,见高祖状貌,因敬重之,引入坐。"吕公指吕后的父亲,他虽然不是专职巫师,却通晓相人的巫术。他通过观看面相断定刘邦日后必成大器,因此将女儿许配给他,这就是协助刘邦称帝的吕后。《高祖本纪》还记载,吕后与女儿在田地锄草,有一老父为她们相面,预言吕后将成为"天下贵人",是因为后来成为惠帝的儿子而贵,断定其女亦将大贵,此女就是后来的鲁元公主。刘邦年轻时期楚地盛行相术,上距《庄子》成书的战国时期不过几十年,由此可以证明,战国时期的楚地确实有许多以相术为职业的巫师。

楚地巫风兴盛,这是《庄子》往往取材于巫师的重要原因。《庄子》一书明显带有楚文化的投影,由书中的具体案例可见一斑。《秋水》篇所载庄子拒绝楚国朝廷招聘的故事,其中提到楚国朝廷珍藏三千年的龟甲,是以楚地为背景。《徐无鬼》篇提到以相人为业的巫师九方歊："子綦有八子,陈诸前,召九方歊曰:'为我相吾子,孰为祥?'"成玄英疏曰:"子綦,楚司马子綦也。"①成玄英断定子綦指楚国的司马子綦。然而单凭这条记载还无法落到实处,《徐无鬼》篇接下来的正文叙事及成玄英的疏解,可以印证前面的结论。子綦之子"梱"出使燕国,中途遇盗,被砍掉双脚后卖到齐国。从地理交通看,燕国在北,楚国在南,齐国处于燕、楚之间。楚国使者前往燕国,通常都要经过齐地。由此看来,有关九方歊的故事,也是以楚地为背景。《天运》篇开头借人们对天地动静、日月运行、风雨兴起等一系列自然现象的追问,引出巫咸的回答,至于追问者是何人,文中没有交待。《庄子·天下》篇末写道:"南方有倚人焉,曰黄缭,问天地所以不坠不陷,风雨雷霆之故。"黄缭是南方倚人,是楚人。他所追问的内容,和《天运》篇开头的问题基本一致。这样看来,《天运》篇巫咸的回答,还是以楚地为背景,只是《天运》篇隐去了这个背景,需要到《天下》篇去寻找。

五、神巫角色的"卮言"特质

《庄子》中神巫角色的矛盾属性,除了有巫术发展的历史因素、地域因素,还和庄子学派的思想特点密不可分。

庄子学派的最高范畴是"道",它有两个鲜明特点,一是超越性,二是神秘性。书中所纳入的巫师角色,都服务于表现"道"的超越性和神秘性。《天运》篇借巫咸之口传道,从人要顺"道"的角度,说明"道"超越万物又主宰万物。《应帝王》篇通过对季咸的愚弄,反衬得道者壶子的神秘与超越。作者对季咸的否定,同样是以"道"为依据。按照《大宗师》篇的说法,道"自本自根,未有天地,自古以固存",并且"神鬼神帝,生天生地",说明"道"主宰万物,当然也包括鬼

① 郭庆藩:《庄子集释》,中华书局 2004 年版,第 856 页。

神。因此,作为沟通人神的巫师,当然无法与"道"相提并论。巫师也是有限的,同样是"道"超越的对象。

《庄子》中的两位神巫,巫咸因领悟道性被肯定,季咸作为壶子的陪客,显出自身的有限性,从而被否定。两个角色一正一反,正反合一。还有,季咸称谓本身所包含的对立意蕴,也是正反合一,这种独特的表述方式正是《庄子》语言的个性特征。《秋水》篇假借魏牟之口对庄子之言进行了渲染:

> 且彼方跐黄泉而登大皇,无南无北,奭然四解,沦于不测;无南无北,始于玄冥,反于大通。

魏牟的话虽然怪诞,却很符合庄子语言的实际,不拘一格,变化多端,玄深莫测。《寓言》篇把这种语言称为"卮言",即"卮言日出,和以天倪,因以曼衍,所以穷年"。由此可见,《庄子》中的神巫角色、作者对巫师的态度,以及巫师的称谓,都是"卮言"的体现。这种表述风格,《天下》篇赞为:"其书虽瑰玮而连犿无伤也,其辞虽参差而諔诡可观。"而唐代陆德明《经典释文·序录》从经学的角度则认为:"言多诡诞,或似《山海经》,或类《占梦书》。"① 文学家所肯定的瑰玮、諔诡,经学家所否定的诡诞,从巫咸和季咸这两位神巫角色身上,充分体现出来。

第二节 《天运》篇的"苏者"

清代注庄学者宣颖在《南华经解·自序》中称,《庄子》文章有"駘荡之姿,浩瀚之势,空灵幻化殊诡清越之趣"②。宣颖所说的这种"空灵幻化"的趣味,不仅体现在《庄》文亦真亦幻的寓言故事、起伏

---

① 郭庆藩:《庄子集释》,中华书局 2004 年版,第 4 页。
② 宣颖:《南华经解》,上海古籍出版社 1995—2004 年影印本,《续修四库全书》,第九五七册。

跌宕的行文结构和断续无常的意脉流动中,也表现在《庄》书中部分名物的称谓意蕴上。《庄子·天运》篇出现一位焚烧刍狗的"苏者",由于这一称谓的双重意蕴,《庄子》文章扑朔迷离的朦胧风格便突显出来。

一、作为樵夫的"苏者"

针对孔子游历各国却不被重用的事,《庄子·天运》篇有一段孔子弟子颜渊与师金的对话。颜渊问师金如何看待孔子的行为,师金慨然叹道:

> 夫刍狗之未陈也,盛以箧衍,巾以文绣,尸祝斋戒以将之。及其已陈也,行者践其首脊,苏者取而爨之而已。

师金以祭祀之事来比喻孔子的做法。刍狗,《经典释文》引李颐注曰:"结刍为狗,巫祝用之。"成玄英在此基础上进一步疏解道:"刍,草也。谓结草为狗以解除也。"①可知"刍狗"是祭祀除灾用的草狗,是献给神灵的祭品。祭祀之前,司祭者依照严格的程序对各种祭品进行处理,如挑选陈放祭品的器物、对祭品进行装饰、操作的尸祝还要进行斋戒等,显得格外精心,通过这种方式表达对神的虔敬。而祭祀之后,各种祭品也就完成了神圣使命。

关于"苏者",学者多以为是樵夫。《经典释文》引李颐注曰:"苏,草也。取草者得以炊也。"并且引扬雄《方言》中关于"苏"的条目和《史记·淮阴侯列传》中"樵苏後爨"的注解为证。成玄英继承了这一看法,并进一步说明:"取草曰苏。爨,炊也。……言刍狗既陈,致斯肃敬。既祭之后,弃之路中,故行人履践其头脊,苏者取其供炊爨。"②后代注《庄》诸家基本认同这一解释,他们认为,刍狗在祭

---

① 郭庆藩:《庄子集释》,中华书局2004年版,第512页。
② 郭庆藩:《庄子集释》,中华书局2004年版,第512页。

祀之后，被弃置路中，行人随意踩踏，最后被取草的樵夫收集起来，成为炊事用的柴薪而被烧掉。

这一解释有一定的道理，《说文·草部》称："苏，桂荏也。""桂荏，苏也。"对此段玉裁注写道：

> 《方言》曰："苏亦荏也。关之东西或谓之苏，或谓之荏。"郭璞曰："苏，荏类。"是则析言之则苏荏二物，统言之则不别也。苏之假借为樵苏。①

苏，本指草，又称为荏，引申为取草，取草者就称为"苏者"。取草的人把草狗当作烧饭用的柴薪，与樵夫的行为相同。不过，这种说法也使人产生怀疑：古人对祭祀格外重视，程序也相当繁琐严格，对于祭祀用过的祭品，是否随意丢弃？

翻察史料可以发现，上古时处理祭品的方式多种多样。《周礼·夏官·祭仆》郑玄注曰："臣有祭祀，必致祭肉于君，所谓归胙也。"②也就是说，将祭祀完毕的祭肉献给国君，是一种表达恭敬的礼仪，叫"归胙"。《左传·僖公四年》晋国太子申生遭到继母骊姬陷害，就是骊姬派人在其献给国君的胙肉中下了毒。班固《典引》称："燔瘗具沈，肃祇群神之礼。"说明对于祭品的处理有焚烧，有掩埋，有的沉入水中，还有的悬挂起来。将祭品烧掉叫"燎祭"，殷墟出土的甲骨卜辞就有"于九山燎"、"燎于山"、"燎于十山"等记载，《礼记·祭法》称："燔柴于泰坛，祭天也。"在祭祀过程中或结束后烧掉祭品，这一习俗还保留在今天的丧葬仪式中。用草扎的刍狗当属焚烧之列，是否在事后被轻易弃之，任人践踏，乃至被充当薪柴？要澄清这一疑惑，还需要对"苏者"的含义作进一步探讨。

---

① 许慎撰、段玉裁注：《说文解字注》，浙江古籍出版社 1999 年版，第 23 页。
② 贾公彦：《周礼注疏》，中华书局 1980 年影印十三经注疏本，第 808 页。

二、作为巫师的"苏者"

考古学者陈梦家先生在二十世纪三十年代提出:"由巫而史,而为王者的行政官吏。"①早期的史官由巫师发展而来,先秦巫师的称谓通常都冠以史字,如《左传》昭公三十一年:"赵简子梦童子赢而轩歌,且占诸史墨。"哀公九年:"晋赵鞅卜伐郑,遇水适火,占诸史赵、史墨、史龟。"史赵、史墨、史龟为赵简子进行占卜,他们从事的是巫师的工作,这种称谓,与巫术的具体操作密切相关。

要弄清史赵这个称谓的由来,关键在于辨明"赵"字的含义。《诗经·周颂·良耜》写道:"其镈斯赵,以薅荼蓼。"毛传:"赵,刺也。"郑玄笺:"以田器刺地,薅去荼蓼之事。"②毛传、郑笺均训"赵"为刺,合乎诗的本义。镈,指锄头一类的农具。用它锄草,必须把锄头伸到土中,故"赵"有刺义。晋国的巫官称为史赵,那么,担当什么职责的巫师需要有钻刺的工作呢?《周礼·春官》写道:

> 菙氏,掌共燋契,以待卜事。凡卜,以明火爇燋,遂吹其焌契,以授卜师,遂役之。③

燋,指用于烧灼龟甲的薪柴。契,指占卜时用以钻凿龟甲的工具。焌,指用火加热。菙氏负责准备占卜用的薪柴、钻甲工具。进行占卜的时候,用火加热钻凿龟甲的工具,把它交给卜师,由卜师进行操作。钻凿工具的功能是刺穿龟甲,使之出现裂纹,史赵的称谓当是由菙氏之职而来,取其钻刺之义。

巫师称为史墨、史龟,也与他们的具体职责有关。《周礼·春官·卜师》称:"卜师,掌开龟之六兆。……扬火以作龟,致其墨。"扬火以作龟,指用火钻灼龟甲。墨,指占卜时烧灼龟甲而呈现出的较粗

---

① 陈梦家:《商代的神话与巫术》,《燕京学报》,1936年(总第20期)。

② 王先谦:《诗三家义集疏》,中华书局1987年版,第1050页。

③ 贾公彦:《周礼注疏》,中华书局1980年影印十三经注疏本,第805页。

的裂纹。《礼记·玉藻》称:"卜人定龟,史定墨。"这里对卜人和"史"的分工作了说明,卜人负责烧灼龟甲,"史"对龟甲裂纹进行辨别解说。晋国的巫师称为史龟,负责龟甲的提供和烧灼,史墨则辨别解说龟甲的裂纹。

《左传》庄公三十二年,虢国有巫师史嚚,昭公二十年,齐国的巫师亦称史嚚。这两处前后相距一百四十年,显然,史嚚不是一个巫师,但称谓一致。服虔《左传》注认为,嚚为嚚闇,嚚不是人名。① 这一点没有得到孔颖达的认同。嚚为人名确信无疑,但服虔把嚚与闇相联系是有道理的。《周礼·春官·视祲》提到观祅祥、辨吉凶的"十辉之法",其五曰闇。郑玄《周礼》注闇为日月。贾公彦疏曰:"闇,日月食也者,以其日月如光消,故闇蒙也。"②由此可见,史嚚之名与辨别日月食的吉凶有关,他应是负责"十辉"法之一的巫师。

晋献公时期,晋国有位巫师叫史苏。《左传·僖公十五年》"晋献公筮嫁伯姬于秦",《国语·晋语一》记载的"献公卜伐骊戎",都是史苏负责占卜。巫师称史苏,也应与他在祭祀中的具体职责有关。

据《周礼·春官·司巫》记述:"司巫,掌群巫之政令。……祭祀,则共匰主及道布及蒩馆。凡祭事,守瘗。"③这里对司巫在祭祀中的职责交待得很清楚,他统领巫师负责相关物品的供应,包括木主及盛木主的器具、草席等。祭祀时"守瘗",指将所用祭物进行掩埋,也就是负责相关祭品的最后处理。既然"苏"是草名,那么史苏的职责应与用草做的祭品有关,涉及草类祭品的准备、供放以及祭后处理等工作。其中所说的"蒩馆",蒩,谓草席。《周礼·地官·乡师》:"大祭祀,羞牛牲,共茅蒩。"蒩,指用茅草纺织的席子。馆,郑玄注:"馆

---

① 孔颖达:《春秋左传正义》,中华书局1980年影印十三经注疏本,第2092页。
② 贾公彦:《周礼注疏》,中华书局1980年影印十三经注疏本,第808页。
③ 贾公彦:《周礼注疏》,中华书局1980年影印十三经注疏本,第816页。

所以承菹,谓若今筐也。"①司巫在祭祀中所担负的责任之一,就是准备草席。不过。司巫是巫师的总管,他不会亲自做这件事,而是由具体巫师承担。晋国巫师史苏的名号,当是源于巫师最初的这种分工。

春秋时期巫师的称谓,可以从巫师的职责方面找到它的生成根据,不同的称谓来自巫师所担当的职责。不过,这种名实相副的状况只存在于巫师命名的开始阶段,到了后来,巫师之间分工逐渐被打破,各自的职责不再像初始阶段划分得那样明确。所以,《左传》中的巫师往往几个人同时参与相同的占问,看不出彼此的分工。即以史苏为例,这个称谓最初是指负责草类祭品的巫官,到了春秋时期,晋国的史苏也参与观兆预测,通过龟甲的兆象预言晋国的吉凶。史赵、史龟、史墨、史嚚等巫师,他们的实际担当也走出了这个称谓最初所表示的职责。

尽管如此,《庄子·天运》篇的"苏者取刍狗"的故事,毕竟还保留了巫师称谓得以生成的痕迹,可以推断,《庄子·天运》篇所说的"苏者取而爨之",应该是负责供应和处理刍狗的司祭人员,把刍狗放在火中焚烧。因此,《庄子·天运》中所说的"苏者",并不是樵夫,而是巫祭之官的专称。从古代祭祀的实际情况考察,祭祀完毕之后不可能把祭品捐弃道中,任人收取,那样做会被视为亵渎神灵,有可能被杀掉。《周礼·夏官·祭仆》曰:"掌受命于王,以视祭祀,……既祭,帅群有司以反命;以王命劳之,诛其不敬者。"②但是,到了春秋战国时期,祭祀的神圣性较西周已经大大削弱,形式化色彩相对突出。文中所道"及其已陈也,行者践其首脊",当是祭祀结束之时的场景,由于参加祭祀人员众多,祭祀场地空间有限,司祭人员还没来得及收拾待烧的祭品,以致使用于祭神的草狗被人踩踏。况且《天

---

①　贾公彦:《周礼注疏》,中华书局 1980 年影印十三经注疏本,第 814 页。
②　贾公彦:《周礼注疏》,中华书局 1980 年影印十三经注疏本,第 852 页。

运》篇作者的这种叙述带有夸张性,不能视为普遍存在的事实。不过,其中"苏者"的巫师角色,却是可以得到证明。

三、"苏者"称谓的多重意蕴

《庄子·天运》篇出现的"苏者"称谓具有双重含义:从字面意义上讲,"苏者"的确有樵夫之义;从祭祀的场景和行为来看,"苏者"又是参与祭祀的巫师。樵夫之义处于称谓的表层,巫师身份显得比较隐晦,必须根据称谓所在的语境加以辨别。"苏者"语义的两面性,就仿佛给这一角色罩上了一层朦胧的面纱。

对祭祀中处理刍狗的巫师,作者没有用"史苏",或冠以巫师字样,却用了一个具有樵夫意义的词语"苏者",似乎有意突显这一角色的卑微身份,弱化其巫师角色的特征。本该受人尊敬的巫师,瞬间便与处于社会底层的樵夫无异;原来备受重视的洁净的刍狗,很快即成为被人践踏的柴薪。《天运》作者的这种安排,是否意谓着对巫祭活动的批判呢?与《庄子》所秉持的"道"有什么关系?要理清这一问题,就要回到《天运》篇的表述语境来分析。

"苏者取刍狗"一事出现在师金与颜渊关于孔子西行问题的讨论中。历史上,孔子为推行"先王法度"周游列国,史书多有记载,这是成就孔子人格和传授儒学的重要经历。对世人不断称道的这一历程,师金概括为"再逐于鲁,伐树于宋,削迹于卫,穷于商周,围于陈蔡之间",认为是人生的坎坷,非生命的常态。类似的表述还见于《山木》、《让王》、《渔父》诸篇。可见,孔子这段真实的历史,并不被当时世人所理解,师金就是一个代表。他认为孔子思想僵化,不知审时图变,没有用变化的眼光来看待先王法度,不算得道。师金在表达这种看法之前,用寓言的方式,先讲了祭祀前后刍狗地位发生改变这一社会现象。刍狗,是对"先生法度"的比喻;"苏者",则象征着孔子;祭祀过程,就如同社会变革。师金认为孔子的梦想不能实现,就像迷惑于"苏者"的两重含义一样。因此,《天运》篇这则故事,批评的对象是孔子,而不是"苏者"。"苏者"是一个意义"两行"的称谓,只是作者论述思想的载体,并不是思想本身。然而,"孔子西行"这一事件,又服务于阐释《天运》篇的主旨,即文章开头巫咸所说:"天有六极五常,帝王顺之则治,逆之则凶。九洛之事,治成德备,监照下土,天下戴之,此谓上皇。"大道运化无穷,人要安时处顺,与之逶迤,孔子则是不能委运乘化的反面例证。

颜渊问师金故事,批判孔子是二人对话的中心内容,"苏者"的两层含义,是这则寓言的内在意蕴,而阐释顺道随化思想,是这则故事的言外之意。由此可见,《庄子》文章的蕴涵是何其丰富,真可谓"横看成岭侧成峰"。对于《庄子》的这种表述风格,清代学者林云铭有充分的体会,他在《庄子因·庄子杂说》中有这样一段评论:"《庄子》篇中有一语而包数义者,有反复千馀言而止发一意者,有正意少而旁意多者,有因一言而连类他及者,此俱可置勿论。惟先求其本旨,次观其段落,又次寻其眼目照应之所在,亦不难晓。"[1]在林云铭看来,把握《庄》书朦胧面纱背后的本旨,从个别名物术语入手,可谓读《庄》的捷径。

四、《庄子》对巫祭的态度

在《天运》篇"颜渊问师金"寓言中,作者几番跌宕,最终并未否定巫祭之事。关于巫祭的材料,在《庄》书中还有多处出现。有时,作者只把它作为一种生活现象或社会背景,不体现价值判断。例如,《逍遥游》"尧让天下于许由"寓言中,"庖人虽不治庖,尸祝不越樽俎而代之"的话语,就是借尸祝的职责分工表达许由不受天下的态度。其中,"尸",是祭祀时代表死者受祭的人;"祝",是指男巫。还有《徐

---

① 林云铭:《庄子因》,光绪庚辰(1880)白云精舍重刊本。

无鬼》篇的"相狗"、"相马",《达生》和《至乐》中作为鸟膳的"太牢",《胠箧》、《天道》篇提到的"宗庙",都与巫卜、祭祀有关,但它们只是作者论证的材料,对事件本身没有判断。

在有的篇目中,巫祝成为作者否定的对象。《庄子》中被愚弄得最悲惨的巫师要数《应帝王》中那位郑国的神巫季咸。他一出场,作者便将他高高抬起,除了称谓前冠以"神巫"字样,称谓词的选取也是匠心独运。季咸,让人们联想起上古传说中的神巫巫咸,以突出他的神性。随后一句"郑人见之,皆弃而走"向下一跌,再将这位神巫轻轻拉下。紧跟着列子对他的崇拜,又将他抛到雾里。随后,季咸先后四次为道行极深的壶子相面,最后仓皇而逃,彻底颠覆了他的神巫形象。其中的"季"字,与"苏者"一样,也暗藏玄机,将尊敬与轻视的双重意义凝为一语。作者高超的表现手法,让备受世人推崇的神巫跌下神坛,并把他愚蠢无能和尴尬情态,展现得活灵活现。作者掀翻季咸,树立壶子,意在说明"道"的威力。对季咸的否定与批判,一方面通过故事情节来展现,另一方面就是借助季咸这个称谓进行渲染,显得朦胧而含蓄。

再看《达生》篇祝宗人劝慰"牢蔯"的一段谈话:

> 祝宗人玄端以临牢筴,说彘曰:"汝奚恶死?吾将三月豢汝,十日戒,三日斋,藉白茅,加汝肩尻乎雕俎之上,则汝为之乎?"

祝宗人就是负责祭祀的神职人员,《周礼》中有大祝、小祝、都宗人、家宗人,负责执版祷辞等一系列工作,相当于巫师。《达生》作者以幽默的笔法,描述祝宗人耐心劝慰即将成为祭品的牲猪的情景。接下来的一段评述耐人寻味:

> 为彘谋,曰不如食以糠糟而错之牢筴之中。自为谋,则苟生有轩冕之尊,死得于腞楯之上、聚偻之中则为之。为彘谋则去之,自为谋则取之,所异彘者何也?

对上面这段文字,成玄英疏解道:

> 为彘谋者,为如置之圈内,食之糟糠,不用白茅,无劳彫俎;
> 自为谋,则苟且生时有乘轩戴冕之尊,死则置于棺中,载于椁车
> 之上,则欲得为之。为彘谋则去白茅彫俎,自为谋则取于轩冕椁
> 车,而异彘可也?[①]

成玄英从《达生》篇关爱生命的主旨思想来把握这段话,无疑是正确
的,但这种解释已是这段文字的引申义。如从字面语义来分析,这样
理解与原文中祝宗人的话会发生冲突。祝宗人并没有劝彘远离彫
俎,而是要它享受斋戒的尊贵,然后牺牲生命充当祭品。其实,理解
这段文字的关键是对"为彘谋"和"自为谋"的解读。"为彘谋"和
"自为谋"都有两种解读方式,一是"为猪考虑"和"为自己考虑",
"为"是介词。二是"作为猪的考虑"和"作为人的考虑","为"是动
词。此处若取后者,意思就是,从猪自身的角度考虑,它宁愿食糠嚼
糟活在猪圈之中,也不愿作为祭品被杀死,而巫祝却让它以生命为代
价,追求短暂的、并不属于自身的享乐与荣耀。人与猪究竟有什么不
同呢? 其中的潜话语是:人竟然不如猪呀! 从关爱生命的角度看,祝
宗人对彘的劝慰,实际是以暂时的荣华为诱饵,引导彘走向死地。进
而也是对那些为谋求荣华富贵而不知珍爱生命的人的嘲讽。把猪和
人都想象成有思维能力者,这是《庄子》的思维定势,从而形成强烈
对比,对巫师的批判,朦胧中带着犀利。

　　此外,《秋水》和《外物》篇能预知的"神龟"、《天地》所说的被
"破为牺尊"的"百年之木",《让王》篇为伯夷、叔齐所鄙夷的"血
牲",都是《庄子》反对的对象。

　　不过,《庄子》对巫卜事象的态度,也不是完全排斥。《田子方》
篇"文王梦见臧丈人"的故事,就借助了占卜的力量。文章写道:

[①]　郭庆藩:《庄子集释》,中华书局 2004 年版,第 649 页。

> 文王观于臧，见一丈夫钓，而其钓莫钓；非持其钓，有钓者也，常钓也。
>
> 文王欲举而授之政，而恐大臣父兄之弗安也；欲终而释之，而不忍百姓之无天也。于是旦而属之大夫曰："昔者寡人梦见良人，黑色而颀，乘驳马而偏朱蹄，号曰：'寓而政于臧丈人，庶几乎民有瘳乎！'"
>
> 诸大夫蹴然曰："先君王也。"
>
> 文王曰："然则卜之。"
>
> 诸大夫曰："先君之命，王其无它，又何卜焉！"

这则故事有其文化背景，上古时代，人们认为梦是神人对世人的一种昭示，其具体意义，常常通过占梦方式加以解释。对于梦境的理解，带有强烈的巫术和原始宗教色彩。故事中的文王，就是利用人们对占梦的信赖心理，实施自己的施政方案。文章对占梦不是完全否定，而是使其成为施政手段。

还有《则阳》篇关于"卫灵公何以谥为灵"的寓言，狶韦回答道：

> 夫灵公也死，卜葬于故墓不吉，卜葬于沙丘而吉。掘之数仞，得石椁焉，洗而视之，有铭焉，曰："不凭其子，灵公夺而里之。夫灵公之为灵也久矣，之二人何足以识之！"

故事中，狶韦作为太史，顺着占卜的结论，给出了神秘性的解答，认为卫灵公被谥以"灵"号，早就在天定之数内。可见，这则寓言也没有把占卜作为否定对象。

细读上面两则对占卜未作批驳的寓言，会朦朦胧胧感觉，在占卜的背后，还有一种支配力量在起作用，如文王欲授政于臧丈人的意图、卫灵公墓穴中的铭文。结合文章语境考察，《田子方》中的"文王"、《外物》中的"狶韦"，都是以得道者形象出现的，他们的语言表述思路，乃是顺道的结果。因此，文章意在昭示人们，比巫祭事象更高的是"道"。

综上所述可知,《庄子》对巫祭的观点,各篇不尽相同。在阐述具体理念时,作者会把有关巫祭的材料作为论证资源加以利用,当巫祭的观点与"道"发生冲突时,作者便会站在"道"的立场否定巫祭思想,不过,有时又会表达得很暧昧,就如同《则阳》篇在表达对"美"和"爱"的态度时所说:

> 生而美者,人与之鉴,不告则不知其美于人也。若知之,若不知之,若闻之,若不闻之,其可喜也终无已,人之好之亦无已,性也。圣人之爱人也,人与之名,不告则不知其爱人也。若知之,若不知之,若闻之,若不闻之,其爱人也终无已,人之安之亦无已,性也。

在《庄子》看来,要想做到像天地一样绝对不朽,就必须"若知之,若不知之,若闻之,若不闻之",处在虚实之间,进入朦朦胧胧的境界。因此,《庄子》对《应帝王》季咸的先扬后抑,对《天运》篇"苏者"的朦胧刻画,诸如此类,都是《庄子》道论在文本形态上的具体体现。

小　　结

《庄子》中的巫师角色,或是前后对立,各篇不能一以贯之,或在称谓上出现歧义,显得模糊不清。《天运》篇焚烧刍狗的"苏者",包含显隐两重涵义,显性意义是取柴草做饭的樵夫,隐性意义是参与祭祀的巫师。"苏者"称谓的隐性含义,源于他在祭祀中扮演的角色。神巫季咸和巫咸,都是以上古传说中的巫咸为原型。《天运》中的巫咸借用了神巫的原名,作为传道者得到肯定;季咸的称谓是对巫咸之名的改造,《应帝王》篇把他视为得道者壶子的陪衬对象而给予否定。《庄子》对同一人物,或是出于同一原型的两个人物态度迥异,都是论道的需要。描写巫师的词语,或突出其神异性,或借助歧义词语实现隐晦的表达效果,还有的通过语境给出暗示。由于《庄子》出自多人之手,对巫师所持的态度时有矛盾,但先秦巫术的发展状况和庄子学派的哲学理念,则是这一现象深层的社会原因。《庄子》对巫师角色的艺术塑造,体现出先秦哲人超越巫术的理性精神。这种表述上的歧义性,使《庄子》文章呈现出特有的朦胧韵味,这正是道家理念在文章风格上的表现。此外,这种表述方式,可以联想到西方哲学中的现象学。在德语中,"现象"(Phänomen)首先是个神学词汇,是上帝的"显迹",是理解信仰的基础。怀疑论者休谟认为,人的理性不能解释任何现象。康德又在他的"三大批判"论著中提出,人的理性可以接受、整理、总结、塑造现象世界,但对事物本身(Das Ding an sich)是不能探及的。针对这些争论,《庄子》的表述方式,或许可以给出启示。

第四章　人物角色称谓与地域文化

　　《庄子》一书,寓言十九,其中绝大多数是人物寓言。《庄子》寓言中的人物角色取材面相当广泛(见 P203—205 表2—4),不同文化区域内所取人物有多寡之别,呈现出不均衡特征。而且,对各类人物所持的态度也有褒有贬,评价不一。就单篇寓言而论,选择哪些人物写入作品,往往带有一定的随意性。可是,如果对《庄子》寓言进行全面审视,考量它的取材对象,那么,把哪些人物纳入寓言,怎样处理这些角色,还是有规律可寻的,其中人物的地域归属便是追索这一规律的门径。

第一节　楚地的高士贤人群体

　　《庄子》与楚文化的关联,是学术界探讨已久的话题。二者的联系表现在多方面,也相当复杂,其中所取人物的地域归属,就是一个重要的标志。《庄子》书中取自楚地的人物较多,并且多数是高士贤人,充当正面角色,这是《庄子》寓言的特色之一,也从一个侧面反映出《庄子》对楚文化的态度。

一、传道狂人:接舆

　　《庄子》书中出现的首位楚国高士是狂人接舆,《庄子》首篇《逍遥游》就提到他,随后又见于《人间世》和《应帝王》,是《庄子》内篇的一个重要角色。成玄英疏曰:"接舆者,姓陆,名通,字接舆,楚之贤人隐者也,与孔子同时。"①

狂接舆,历史上实有其人,儒家文献提到他的是《论语·微子》:

> 楚狂接舆歌而过孔子曰:"凤兮凤兮,何德之衰,往者不可谏,来者犹可追。已而已而,今之从政者殆而!"

狂接舆是楚人,关于其称谓的由来,杨伯峻先生引曹之升《四书摭馀说》的如下文字作了解释:

> 《论语》所记隐士皆以其事名之。门者谓之"晨门",杖者谓之"丈人",津者谓之"沮"、"溺"。接孔子之舆者谓之"接舆",非名亦非字也。②

这种说法是有道理的,接舆之名的由来,在于这位狂人从孔子所乘的车旁经过,并且以歌相讽。接,指的是接近。关于孔子遇狂人接舆这件事,《史记·孔子世家》也有记载,并且指出当时是鲁哀公六年(公元前489年),孔子时年六十三岁。

《庄子·人间世》所载孔子与狂人接舆相遇的情况如下:

> 孔子适楚,楚狂接舆游其门曰:"凤兮凤兮,何如德之衰也,来世不可待,往世不可追也。天下有道,圣人成焉;天下无道,圣人生焉;方今之时,仅免刑焉。福轻乎羽,莫之知载;祸重于地,莫之知避。已乎已乎,临人以德;殆乎殆乎,画地而趋。迷阳迷阳,无伤吾行。吾行郤曲,无伤吾足。"

这段文字是对《论语·微子》篇相关记载的演绎,进一步强化了接舆的狂放之性。《微子》篇的接舆和孔子是路途中相遇,接舆是从孔子身边歌吟而过。《人间世》篇的接舆则是主动到孔子的住处,向他长歌劝诫,显得更加狂放。《微子》篇的接舆讽谏之辞委婉温和,《人间

---

① 郭庆藩:《庄子集释》,中华书局 2004 年版,第 27 页。
② 杨伯峻:《论语译注》,中华书局 2006 年版,第 193 页。

世》篇的接舆之歌则把自己的看法和盘托出,一览无馀。《微子》篇的接舆之歌对孔子的过去深表惋惜,同时对未来寄予希望;《人间世》篇的接舆之歌则对过去、当下和未来都充满绝望情绪。《微子》篇的接舆主要是劝谏孔子,对于自己的人生选择没有明言;《人间世》篇的接舆则明确地表达自己的志向,他要做一名远离乱世的隐士。其中的"迷阳",指被表象、假象所迷惑。《战国策·赵策一》:"夫知伯之为人,阳亲而阴疏。"阳,指明,阴,指暗。由于暗中疏离,明处的表象便是假象、伪装。接舆表示自己不会像孔子那样为假象所迷惑,而要走自己选定的道路。

接舆在《庄子》的寓言故事中,充当的是传道布教的角色,他与孔子的交往已经显示出这种角色属性。在其他寓言故事中,这种特征更加鲜明。《逍遥游》篇写道:

肩吾问于连叔曰:"吾闻言于接舆,大而无当,往而不返。吾惊怖其言,犹河汉而无极也。大有径庭,不近人情焉。"

肩吾对于接舆所说的话语感到惊诧、恐惧,根本无法理解,向连叔倾诉自己的困惑。然后,肩吾向连叔转述了接舆之言,那就是有关于藐姑射神人的传说。接舆把藐姑射神人的传说向肩吾讲述,实际是向他传授体悟道性的秘诀、渲染人生逍遥境界的自由和美好,是在传教布道。

接舆与肩吾交往的寓言故事还见于《应帝王》篇:

肩吾见狂接舆,狂接舆曰:"日中始何以语女?"肩吾曰:"告我君人者以己出经式义度,人孰敢不听化诸?"

狂接舆曰:"是欺德也,其于治天下也,犹涉海凿河而使蚊负山也。夫圣人之治也,治外乎、正而后行,确乎能其事而已矣。且鸟高飞以避矰弋之害,鼷鼠深穴乎神丘之下以避烟熏之患,而曾二虫之无知。"

狂接舆作为传教布道的角色出现,向肩吾陈述自己的治国理念。他否定礼治和法治,认为这样做只能造成恶性循环,根本无法达到预期目的。他的治国理念集中体现为"确乎能其事而已矣"。对于其中的"能"字,古今注家基本是按照它的常见意义加以解释,理解为能力、才能。其实,这里的"能"字,用的是它的本义,"能"的小篆字形为"",《说文》曰:"熊属,足似鹿,从肉㠯声。能兽坚中,故称贤能。"徐铉等注曰:"㠯非声,疑皆象形。"①㠯是柔顺之貌,固"能"有外柔内刚之义。"确乎其能而已矣",就是确定能否做到内心守道,外表顺应罢了。"能"有顺应之义,这种情况在先秦文献中不时可见。如:《国语·晋语四》:"夫教者,因体能质而利之者也。"《左传·昭公元年》:"昔高辛氏有二子,伯曰阏伯,季曰实沈。居于旷林,不相能也。日寻干戈,以相征讨。"这两处的"能"字,指的都是顺应。因体能质,即顺应人的体性。不相能,即不相顺,不和睦。狂接舆把治天下归结为"确乎其能",即遵循顺应之道,秉持的是无为而治的理念。

接舆作为楚地的高士,在《庄子》书中主要体现出两方面的特征,一是他的狂放性格,二是他的愤世嫉俗,不与现实合作的态度。和《论语》中的叙述相比,《庄子》中的接舆形象显得更加丰满。

屈原的《九章·涉江》也提到这位楚地高士,其中有"接舆髡首"之语。王逸注:"接舆,楚狂接舆也。髡,剔也。首,头也。自刑身体,避世不仕也。"②按照王逸的说法,接舆是自己剔掉头发,装扮成遭受过刑罚的罪犯模样,以此表示对现实的疏离。这种描写进一步强化了接舆狂放的性格特征。

《韩诗外传》卷二有如下记载:

楚狂接舆躬耕以食。其妻之市未返,楚王使使者赍金百镒造门,曰:"大王使臣奉金百镒,愿请先生治河南。"接舆笑而不

---

① 许慎撰、徐铉校定:《说文解字》,中华书局1963年版,第207页。

② 洪兴祖:《楚辞补注》,中华书局2006年版,第131页。

应,使者遂不得辞而去。妻从市而来,曰:"先生少而为义,岂将老而遗之哉?门外车轶何其深也?"接舆曰:"今者王使使者赍金百镒,欲使我治河南。"其妻曰:"岂许之乎?"曰:"未也。"妻曰:"君使不从,非忠也;从之,是遗义也。不如去之。"乃夫负釜甑,妻戴纴器,变易姓字,莫知所之。①

这是汉代流传的故事,又见于刘向所编《列女传·贤明》篇。在这个传说故事中,接舆是楚地隐士,符合先秦文献的相关记载。但是,接舆的狂放之性,在这个故事中已经几乎看不到,显示出的是几分机智,同时,作品的主角不是接舆,而是他的妻子,接舆作为陪衬角色出现。这是接舆传说发生的重要演变。

二、勤政好问的求道者:叶公子高

《庄子·人间世》篇提到的叶公子高是楚国著名的贤人高士:

> 叶公子高将使于齐,问于仲尼曰:"王使诸梁也甚重,齐之待使者,盖将甚敬而不急。匹夫犹未可动,而况诸侯乎? 吾甚慄之。"

对于叶公子高其人,成玄英疏:"楚庄王之玄孙尹成子,名诸梁,字子高,食采于叶,僭号称公。"②成玄英的疏是以《左传》的相关记载为依据,基本合乎历史事实。叶公子高,历史上实有其人,是楚国的一位著名人物,有关他的具体事迹见于《左传》的定公五年、哀公四年和哀公十六年。

《人间世》中的叶公子高作为向孔子求教的角色出现。据《史记·孔子世家》记载,鲁哀公四年,"孔子自蔡如叶,叶公问政。"照此看来,《庄子·人间世》篇叶公子高和孔子的对话,是以鲁哀公四年

① 许维遹:《韩诗外传集解》,中华书局 2005 年版,第 56—57 页。
② 郭庆藩:《庄子集释》,中华书局 2004 年版,第 152 页。

孔子赴叶为背景。对此,清人崔述提出异议:

> 《左传·哀公二年》蔡迁于州来(今安徽奉州)。四年,叶公诸梁致蔡于负函(今河南信阳)。……则是孔子在陈之时,叶公在蔡,不在叶也。……叶公本楚卿贰,与闻国政,不当居外。以新得蔡地,故使镇之。而孔子适在陈蔡之间,因得相与周旋。①

这是认为鲁哀公四年叶公子高并不在他的采邑,而是居于蔡地,孔子是在蔡地与叶公子高相见,从而否定《史记·孔子世家》有关"孔子自蔡如叶"的记载。从实际情况考察,这种怀疑所持的证据不足,难以推翻《史记》的说法。

《左传·哀公四年》记载:"夏,楚人既克夷虎,乃谋北方。左司马眅、申公寿余、叶公诸梁致蔡于负函,致方城之外于缯关。"楚国为了向北方开拓疆土,将蔡地百姓聚集于负函(今河南信阳),将方城之外的百姓聚集于缯关(今河南方城),叶公诸梁是参与这个行动的楚国大臣之一。聚集百姓的行动是在这年夏天付诸实施,这样看来叶公在这年春季有充分可能在他的采邑叶地,孔子在那里与他交往有足够的时间可供利用。《左传·哀公四年》记载,晋国迫于楚国的压力,设计俘虏蛮子及其五大夫,把他们送给楚国,楚国如愿以偿,携带着俘虏班师回国,此次军事行动在当年夏天就结束。这年的秋、冬两季,叶公在他采邑叶地从事正常行政管理的可能性极大,不能排除孔子是在这个时间段前往叶地。至于崔述称"叶公本楚卿贰,与闻国政,不当居外",这个结论当无法成立。《左传·哀公十六年》记载,楚国发生白公之乱,叶公就在蔡地率兵平叛,他最后是在叶地去世。

《人间世》篇的叶公子高向孔子求教,并且援引孔子昔日对他的教诲:

---

① 钱穆:《先秦诸子系年》,商务印书馆2005年版,第55页

> 子常语诸梁也曰:"凡事若小若大,寡不道以欢成。事若不
> 成,则必有人道之患;事若成,则必有阴阳之患。若成若不成而
> 后无患者,唯有德者能之。"

这段引语向人们显示,叶公子高此前曾经聆听过孔子的教诲,并且牢记于心,他仿佛是遵从师教的孔门弟子。叶公子高所引的孔子话语,可能出于《庄子》作者的虚拟,但是叶公子高向孔子讨教,在历史上却是实际发生过的事情。《史记·孔子世家》有如下记载:

> 叶公问政,孔子曰:"政在来远附迩。"他日,叶公问孔子于
> 子路,子路不对。孔子闻之,曰:"由,尔何不对曰'其为人也,学
> 道不倦,诲人不厌,发愤忘食,乐以忘忧,不知老之将至'云尔。"

文中所载叶公问政,孔子所作的回答,见于《论语·子路》。叶公向子路了解孔子,见于《论语·述而》。除此之外,《论语·述而》还记有孔子与叶公关于"直"的讨论。由此可见,《人间世》篇叶公子高向孔子讨教的寓言并不是空穴来风,而是以两个人的实际交往为背景。

《人间世》篇的叶公子高是勤学好问的形象,其他文献也有类似传说。《新序·杂事四》写道:

> 叶公沈诸梁问乐王鲋曰:"晋大夫赵文子,为人若何?"对
> 曰:"好学而受规谏。"叶公曰:"疑未尽之矣。"对曰:"好学,智
> 也;受规谏,仁也。江出岷山,其源若瓮口。至楚国,其广十里。
> 无他故,其下流多也。人而好学,受规谏,宜哉其立也。"

这里记载的是叶公子高与晋国大臣乐王鲋的对话,他向乐王鲋询问晋国执政卿赵文子的为人处世,与他向子路询问孔子的情节颇为相似。不过,《新序》所记载的这个故事并不是历史上客观存在的,而是后人的虚拟。对此,石光瑛先生写道:

> 赵文子,晋卿赵武也。……乐王鲋与文子同朝,固谙知其为
> 人。然二子皆在鲁襄、昭之世,叶公子高在定、哀时,恐不相接,

此传者之误也。①

赵文子、乐王鲋所处的时代早于叶公子高，他们不是同一历史阶段的人物，叶公子高无缘与乐王鲋交谈。这则故事的情节或出自虚拟，但体现了叶公子高传说的一个重要倾向，即歌颂这个人物的勤学好问。从《论语》到《庄子·人间世》，再到《新序》，都存在这种倾向。

《庄子·人间世》还记载叶公子高的如下话语：

> 吾食也执粗而不臧，爨无欲清之人。今吾朝受命而夕饮冰，我其内热与？吾未至乎事之情，而既有阴阳之患矣；事若不成，必有人道之患。

这段话从两个方面展示出叶公子高的心灵世界。首先，他是一位恪尽职守、心系国家的忠臣。他深感自己所承担的责任极其重大，因此，接受出使的指令之后精神负担很重，以至于阴阳失调，出现内热的症状。其次，他又珍爱自己的生命，唯恐因为未能完成使命而受到惩罚，也担心这种内热症会伤害自己的身体。《人间世》对叶公子高所作的刻画，基本合乎这个历史人物的立身处世原则，有其真实性的一面。

《左传·哀公十六年》记载，楚国令尹子西想把流落在吴国的白公胜召回，叶公子高坚决反对，他说道："吾闻胜也诈而乱，无乃害乎？"子西不听他的劝告，把白公胜召回楚国，最终酿成大乱。白公之乱发生后，叶公子高率兵平息叛乱，立下汗马功劳，具体记载见于《左传·哀公十六年》。叶公子高是心系国家的忠臣，是挽狂澜于既倒的功臣。《庄子·人间世》的叶公子高作为朝廷忠臣的角色出现，符合他在楚国风云变幻中的卓越表现。

历史上的叶公子高又是一位明于去就、明哲保身的智者。《左传·哀公十六年》在叙述叶公平叛功绩之后作了如下交待："沈诸梁

---

① 石光瑛：《新序校释》，中华书局 2009 年版，第 608 页。

兼二事,国宁,乃使宁为令尹,使宽为司马,而老于叶。"白公之乱,楚国的令尹子西、司马子期都惨遭杀害。叶公子高平叛有功,深受国人爱戴,暂时兼任令尹、司马二职。国家安定之后,他安排子西、子期之子分别担任令尹、司马二职,自己则返回采邑叶地以终老。叶公子高可谓高风亮节,也颇有道家风范,处世有超脱的一面。《庄子》之所以把这位楚地贤人作为正面角色纳入作品,与叶公子高光明磊落、摆脱物累的立身处世方式有密切关联。

《庄子·人间世》篇叶公子高与孔子交往的寓言有一定的历史背景,带有客观真实性。但是,叶公子高将要出使齐国的情节,应是《庄子》的虚构。综观《左传》及其他先秦文献有关叶公子高的记载,见不到他出使齐国的信息。春秋时期,与楚国频繁往来的是晋、郑、陈、宋诸国,楚齐之间往来数量有限。进入战国时期,齐楚两国疆域相邻,利益攸关,两国之间的外交活动变得频繁起来。《人间世》篇叶公子高将要出使齐国的情节,折射出战国时期楚齐之间的外交风云。

三、陆沉之士:市南宜僚

市南宜僚是楚国的又一位世外高人,姓熊。《释文》引司马彪云:"熊宜僚也,居市南,因以为号。"[1]《庄子》有关市南宜僚的传说,分别见于《山木》、《徐无鬼》、《则阳》,从多个侧面对他加以刻画。

市南宜僚,楚国实有其人。《左传·哀公十六年》记载,楚国白公胜发动内乱前夕,与其部属石乞有如下举措:

> 胜谓石乞曰:"王与二卿士,皆五百人当之,则可矣。"乞曰:"不可得也。"曰:"市南有熊宜僚者,若得之,可以当五百人矣。"乃从白公而见之。与之言,说。告之故,辞。承之以剑,不动。

---

① 郭庆藩:《庄子集释》,中华书局 2004 年版,第 671 页。

胜曰:"不为利谄,不为威惕,不泄人言以求媚者,去之。"
白公胜发难之前,感到武装力量不足,想请隐居的市南宜僚入伙。面
对白公胜、石乞的威胁利用,市南宜僚不为所动,不肯屈服。白公胜
也没有加害于他。《左传》的上述记载过于简略,其中的"不泄人言"
文中没有交待,无法落到实处。《淮南子·主术训》称:"市南宜僚弄
丸,而两家之难无所关其辞。"高诱注对于白公胜、石乞与市南宜僚
相见的场面有如下叙述:

> 其臣石乞曰:"市南熊宜僚,得之可以当五百人。"乃往视
> 之。告其故,不从,举之以剑而不动,而弄丸不辍,心志不惧。
> 曰:"不能从子为乱,亦不泄子之事。"白公遂杀子西。故两家虽
> 有难,不怨宜僚。①

这段叙述较之《左传·哀公十六年》的记载更为详细,增加了市南宜
僚弄丸和保证不泄露白公发难之事的细节。《释文》引司马彪注《庄
子·徐无鬼》,所述情节与高诱说的基本相同。

市南宜僚是楚国的隐士高人,他在楚国发生的内乱时超然处之,
不参与其间。因此之故,他成为《庄子》书中反复出现的角色,并且
光彩照人。《徐无鬼》写道:

> 仲尼之楚,楚王觞之,孙叔敖执爵而立,市南宜僚受酒而祭
> 曰:"古之人乎! 于此言已。"曰:"丘也闻不言之言矣,未之尝
> 言,于此乎言之。市南宜僚弄丸而两家之难解,孙叔敖甘寝秉羽
> 而郢人投兵。丘愿有喙三尺。"

这则寓言的宗旨是强调"不言之言"。市南宜僚充当孔子的接待人
员,他要孔子像"古之人"那样,在招待宴会上发表言论。孔子则以
市南宜僚弄丸而释两家之难为例,说明自己无须多言。清人宣颖评
论道:"二子导孔子言,孔子就二子当身指点。谓子大夫皆有不言之

---

① 刘文典:《淮南鸿烈集解》,中华书局 1997 年版,第 273—274 页。

教,何独丘而在于言乎!"①文中的市南宜僚是配角,作为接待孔子的楚臣出现。这个故事可能出于虚拟,《释文》写道:

> 案《左传》,孙叔敖是楚庄王相,孔子未生。哀公十六年,仲尼卒后,白公为乱,宜僚未尝仕楚。又宣十二年《传》,楚有熊相宜僚,则与孙叔敖同时,去孔子甚远。盖寄言也。②

孔子、孙叔敖、市南宜僚确实不可能同时出现在楚国朝廷,因为从孙叔敖逝世到孔子出生相差约三十年,而市南宜僚是位隐士,不可能在楚国朝廷参加欢迎孔子到来的宴会。不过,市南宜僚和孔子基本属于同一时代的人,孔子所处时段略早于市南宜僚,把他们二人编排在一起还是有基础的。

《庄子·则阳》篇有如下寓言:

> 孔子之楚,舍于蚁丘之浆。其邻有夫妻臣妾登极者,子路曰:"是稷稷何为者邪?"仲尼曰:"是圣人仆也。是自埋于民、自藏于畔。其声销,其志无穷,其口虽言,其心未尝言。方且与世违而心不屑与之俱,是陆沈者也,是其市南宜僚邪?"
>
> 子路请往召之。孔子曰:"已矣!彼知丘之著于己也,知丘之适楚也,以丘为必使楚王之召己也,彼且以丘为佞人也。夫若然者,其于佞人也,羞闻其言,而况亲见其身乎!而何以为存?"
> 子路往视之,其室虚矣。

这则寓言采用虚写和旁衬的笔法,用以凸现市南宜僚的超脱和睿智。孔子前往楚地,中途驻留时,许多人登屋观看。孔子凭直觉判断,这是世外高人的臣妾,一定有隐士居于此,他就是市南宜僚。文中能见到市南宜僚的臣仆,而他本人并没有直接出现。对于这位高人的立身行事,通过孔子之口道出,把他的隐士品格作了充分的展示,"自

---

① 宣颖撰、曹础基校点:《南华经解》,广东人民出版社2008年版,第171页。
② 郭庆藩:《庄子集释》,中华书局2004年版,第850页。

埋于民,自隐于畔",是说他隐身于民间和边缘,疏离于政治中心。畔,指的是边缘。市南宜僚销声匿迹,他的志向却高远无穷。他发出的是无心之言,与世道相和而不肯随波逐流。孔子对市南宜僚的定性是"陆沈者"。林希逸称:"沉不在水而在陆,喻隐者之隐于市廛也。"①宣颖云:"不消避人避世,而已成隐遁,如无水而自沉也。"②沈,同沉。这里出现的陆沉,后来成为隐于朝市的代用语。孔子称市南宜僚是陆沉者,篇首的地名设置已经作了铺垫。地名为蚁丘,意谓蚂蚁栖息的山丘。蚂蚁穴居,藏身于地下,暗含隐蔽之义。浆,指销售浆水之家,属于旅馆饭店之类,所在地为市场,暗含市南之称。市南宜僚住在"蚁丘销售浆水之家"的旁边,正是隐于市之家。

市南宜僚又是睿智之人,他预感到孔子将会在楚王面前推荐自己,因此,不肯与孔子见面,并且迅速离开所居住的地方,使得前去探视的子路扑空。寓言中的市南宜僚没有直接出现,他是一位隐于民间市井的高人,又是逃避朝廷征用的特立独行之士,他的立身行事随着故事的展开而逐渐推出,显得余韵悠长。

《则阳》篇假托孔子之口,称市南宜僚是陆沉者。从此之后,隐士往往以陆沉自命,陆沉成为表示大隐的专用语。《史记·滑稽列传》对于东方朔有如下叙述:

> 朔曰:"如朔等,所谓避世于朝廷间者也。古之人,乃避世于深山中。"时坐席中,酒酣,据地歌曰:"陆沉于俗,避世金马门。宫殿中可以避世全身,何必深山之中,蒿庐之下。"金马门者,宦者署门也,门旁有铜马,故谓之曰金马门。

东方朔以"陆沉者"自居,所谓陆沉,指隐于世俗,是在现实社会中隐居,而不一定非要进入深山草庐之中。按照这种说法,人世间处处都

---

① 林希逸撰、周启成校注:《庄子鬳斋口义校注》,中华书局 1997 年版,第 405 页。

② 宣颖撰、曹础基校点:《南华经解》,广东人民出版社 2008 年版,第 179 页。

有隐士驻留的空间,隐士并非都要离群索居。

《庄子·山木》篇又有市南宜僚充当主角的寓言,在这则寓言中,他不是隐蔽逃遁,不肯露面,而是出现在鲁国朝廷,向鲁君传授道术:

> 市南宜僚见鲁侯,鲁侯有忧色。市南子曰:"君有忧色,何也?"
>
> 鲁侯曰:"吾学先王之道,脩先君之业;吾敬鬼尊贤,亲而行之,无须臾离居;然不免于患,吾是以忧。"
>
> 市南子曰:"君之除患之术浅矣!夫丰狐文豹,栖于山林,伏于岩穴,静也;夜行昼居,戒也;虽饥渴隐约,犹旦胥疏于江湖之上而求食焉,定也;然且不免于网罗机辟之患。是何罪之有哉?其皮为之灾也。今鲁国独非君之皮邪?吾愿君刳形去皮,洒心去欲,而游于无人之野。南越有邑焉,名为建德之国。其民愚而朴,少私而寡欲;知作而不知藏,与而不求其报;不知义之所适,不知礼之所将;猖狂妄行,乃蹈乎大方。其生可乐,其死可葬。吾愿君去国捐俗,与道相辅而行。"

这是市南宜僚与鲁君的第一轮对话。市南宜僚对鲁君的开导有很强的针对性,从两个方面展开。鲁君慨叹自己"不免于患",市南宜僚就以丰狐之所以被捕杀为例,来揭示造成鲁君忧患的根源,那就是无法摆脱国君之位给予他的权势声望,希望他能够"刳形去皮",即不以国事为念,超脱于名利之外。《庄子·山木》篇主要是阐发《人间世》篇的宗旨,二者之间可构成经与传的关系。《人间世》篇末写道:"山木自寇也,膏火自煎也。桂可食,故伐之;漆可用,故割之。"市南宜僚以丰狐被猎杀为例,说明去掉物累的必要性,与《人间世》篇结尾所列举的系列事象可以相互印证,阐述的是"有用之用"为害,"无用之用"远害的道理。

鲁君称自己励精图治、恪尽职守,"无须臾离居",针对这个话题,市南宜僚劝他离开鲁地,前往南越的"建德之国",是从空间方面对鲁君加以开导。市南宜僚对"建德之国"所作的描述充满理想色彩。林云铭评论道:"此地方称乐土,武陵源不足言也。王绩《醉乡记》人称绝唱,不知从此脱化出来。"①林云铭把市南宜僚对于"建德之国"所作的描述,视为陶渊明《桃花源记》、王绩《醉乡记》的艺术原型,确实很有见地,道出了它的文学价值。先秦道家所幻想的无为而治的理想社会,或是到远古的"至德之世"去寻找,或是到中土之外的边远之地去搜索。《列子·黄帝篇》提到的"华胥国"是人间乐园,"华胥氏之国在弇州之西,台州之北,不知斯齐国几千万里。"正西为弇州,西北为台州,"华胥氏"之国在中土之外的西北方。《列子·汤问篇》提到的"终北之国",那里是人间天堂,"滨北海之北,不知距齐州几千万里。"《列子》书中出现的"无为而治"的乐土,或位于中土之外的西北,或位于北方。《庄子·山木》篇提到的"建德之国"同样是人间乐园,但它不是位于西北或北方,而是在遥远的南越。市南宜僚是楚人,楚国位于南部中国,濒临百越,有关南越"建德之国"的美好景象由市南宜僚之口说出,符合他出自南土的身份,体现出楚文化的特色。

市南宜僚和鲁君的谈话进入第二个回合,鲁君以"彼其道远而险,又有江山,我无舟车"、"吾无粮,我无食"为借口,对于前往"建德之国"表现出畏难情绪。为此,市南宜僚向他说道:

> 吾愿去君之累,除君之忧,而独与道游于大莫之国。方舟而济于河,有虚船来触舟,虽有惼心之人,不怒。有一人在其上,则呼张歙之。一呼而不闻,再呼而不闻,于是三呼邪,则必以恶声随之。向也不怒而今也怒,向也虚而今也实。人能虚己以游世,其孰能害之!

市南宜僚提出"虚己以游世"的人生理念,强调内心的冲虚,这是进

---

① 林云铭:《庄子因》卷二十,光绪庚辰(1880)白云精舍重刊本。

一步发挥《人间世》篇"虚而待物"、"乘物以游心"的命题。文中以虚舟为喻,希望鲁君像虚舟在水上漂游一样,抛弃现实的名缰利索,实现人生的解脱。类似的比喻还见于《庄子·列御寇》篇:"巧者劳而知者忧,无能者无所求,饱食而遨游,泛若不系之舟,虚而遨游者也。"这里所说的"不系之舟",指无人操纵的船,在水面自由漂流,与市南宜僚所说的"虚舟"相类似。成玄英疏:"唯圣人泛然无系,泊尔忘心,譬彼虚舟,任运逍遥。"①成玄英把"不系之舟"释为"虚舟",二者的共同之处就是任运逍遥,无所牵系。

舟船意象在《诗经》中就已经出现,更多的是和人生的忧愁联系在一起,《邶风·柏舟》:"泛彼柏舟,亦泛其流。耿耿不寐,如有隐忧。微我无酒,以敖以游。"柏木舟在水面飘荡,这与《庄子》提到的"虚舟"、"不系之舟"相似,但是,诗中出现的却是作者的忧愁,而不是人生的解脱。《鄘风·柏舟》:"泛彼柏舟,在彼中河,髧彼两髦,实维我仪,之死矢靡它,母也天只,不谅人只。"这是一首少女追求婚姻自由的作品。柏木舟在水面飘荡,随即出现的却是少女反抗包办婚姻的呐喊。《卫风·竹竿》:"淇水滺滺,桧楫松舟。驾言出游,以写我忧。"驾舟出游为的是消除忧愁,舟船承载的还是人生的困扰,除此之外,《周南·汉广》、《邶风·二子乘舟》等作品中的舟船意象,也都与人生的困扰相关联。《庄子·山木》篇出现的虚舟游世命题,使得舟船意象获得了新的内涵,变成人生自由境界的象征。市南宜僚是楚人,楚地多水,他以虚船作比喻,反映出水缘文化的属性。

四、淡泊名利的圣者:孙叔敖、屠羊说

《庄子》书中出现的楚地高士贤人还有孙叔敖、屠羊说,他们的共同特点是淡于荣利,把官场看得很轻,保持个人峻洁的品格。

---

① 郭庆藩:《庄子集释》,中华书局2004年版,第1041页。

《庄子·田子方》有如下记载：

> 肩吾问于孙叔敖曰："子三为令尹而不荣华，三去之而无忧色。吾始也疑子，今视子之鼻间栩栩然，子之用心独奈何？"
>
> 孙叔敖曰："吾何以过人哉！吾以其来不可却也，其去不可止也，吾以为得失之非我也，而无忧色而已矣。我何以过人哉！且不知其在彼乎，其在我乎？其在彼邪？亡乎我；在我邪？亡乎彼。方将踌躇，方将四顾，何暇至乎人贵人贱哉！"

向孙叔敖发问的是肩吾。肩吾见于《庄子》书中的《逍遥游》和《应帝王》，成玄英说他是楚国的怀道之人。他从狂接舆那里听到藐姑射神人的传说，狂接舆又向他传授无为而治的妙道。狂接舆是楚人，孙叔敖也是楚人，肩吾扮演的是向楚地高士、狂人问道的角色。肩吾和狂接舆有交往，再和孙叔敖对话的可能性不大。孙叔去世后约三十多年，孔子才出生，接舆和孔子是同时代人。肩吾若同时与孙叔敖和狂接舆对话，肩吾至少要活一百三十岁以上。因此，肩吾与孙叔敖的对话可能出于虚拟，这是一则寓言故事。

肩吾向孙叔敖发问，涉及孙叔敖两方面美德：一是"三为令尹而不荣华"，二是"三去之而无忧色。"孙叔敖生活俭朴，不聚敛财富，他把令尹的职位看得很淡，不因为失去它而忧虑。总之，他把权势、财富视为身外之物，不受它们的困扰，孙叔敖在解释自己所以能够进入这种境界的原因时，阐发的是道家的理念。他先是提出荣华富贵这些东西其来不可拒绝、其去无法留止，因此，它们是身外之物，并不是由自己决定的，要采取听任自然的态度。接着，他又进一步论述荣华富贵在彼还是在我的问题。对此，林希逸写道：

> 令尹之贵，若在于令尹，则与我无预；我之可贵，若在于我，则与令尹无预。故曰：其在彼邪？亡乎我；其在我邪？亡乎彼。[①]

---

① 林希逸撰、周启成校注：《庄子鬳斋口义校注》，中华书局 1997 年版，第 326 页。

显然,在孙叔敖看来,贵贱与否在于自身,而不在于外物。在我而不在彼,是他能够超脱贵贱得失的根本原因。

肩吾与孙叔敖的对话,展示出孙叔敖作为楚地贤人的风采,其中渗透出生命意识和生命体验,有具体生动的描写和渲染。肩吾称:"吾始也疑子,今视子之鼻间栩栩然。"鼻间乃气息流通的部位,栩栩然,见于《庄子·齐物论》:"昔者庄周梦为胡蝶,栩栩然胡蝶也,自喻适志与! 不知周也。"《说文》:"栩,柔也。从木,羽声。""柔,栩也。从木,予声。"栩、柔是一种树木的两种名称,引申开来,栩,有柔义。栩栩,轻柔自在之象。"鼻间栩栩然",谓呼吸平静自然。林云铭称:"栩栩,心平而气静也。此便装假不来,不似谢家展,矫情镇物,令人冷眼觑破。"①林云铭以"人心平而气静"释"鼻间栩栩然",甚为确切。他还把这种纯任自然的状态与南朝名士谢灵运的矫情掩饰加以对比,对于孙叔敖推崇备至。孙叔敖自述本身的情态是"方将踌躇,方将四顾",用语脱胎于《庄子·养生主》对庖丁的描写:"为之四顾,为之踌躇满志"。庖丁的四顾踌躇,是解牛之后的安定闲暇之态。孙叔敖的踌躇四顾,"高视遐想于天地之间,安知人间之所谓贵者贱者!"②

《田子方》篇叙述肩吾与孙叔敖的对话之后,还有如下文字:

> 仲尼闻之曰:"古之真人,知者不得说,美人不得滥,盗人不得劫,伏羲、黄帝不得友。死生亦大矣,而无变乎己,况爵禄乎! 若然者,其神经乎大山而无介,入乎渊泉而不濡,处卑细而不惫,充满天地,既以与人,己愈有。"

这是假托孔子之口,进一步对孙叔敖加以赞美,把他归入"古之真人"的行列。前面大段文字把古之真人所具有的自由精神,独立人

---

① 林云铭:《庄子因》卷二十一,光绪庚辰(1880)白云精舍重刊本。
② 林希逸撰、周启成校注:《庄子鬳斋口义校注》,中华书局1997年版,第326页。

格加以铺陈,指出这种精神和人格对现实的超越,任何外界因素都不会造成困扰。这种独立自主的人格使他不会屈从于任何人,自由的精神则能逾越各种障碍而处于逍遥状态。结尾袭用《老子》第八十一章的话语,渲染其人生命能量的普惠性和无限性。

孙叔敖作为春秋时期楚国的一代名相,到了《庄子》书中成为深悟道性的贤人。《庄子》选择对孙叔敖作为道术传播者的角色,和他为人处世的低调自谦有直接关系。《韩诗外传》卷七有如下记载:

> 孙叔敖遇狐丘丈人。狐丘丈人曰:"仆闻之,有三利,必有三患,子知之乎?"孙叔敖蘧然易容曰:"小子不敏,何足以知之。敢问何谓三利? 何谓三患?"狐丘丈人曰:"夫爵高者,人妒之;官大者,主恶之;禄厚者,怨归之。此之谓也。"孙叔敖曰:"不然。吾爵益高,吾志益下;吾官益大,吾心益小;吾禄益厚,吾施益博。可以免于患乎?"狐丘丈人曰:"善哉言乎! 尧舜其犹病诸。"①

这是一则流传很广的故事,除了《韩诗外传》,还有《列子·说符篇》、《荀子·尧问》、《说苑·敬慎》、《淮南子·道应训》收录这个故事,具体情节大同小异。孙叔敖有自觉的忧患意识,通过自我减损来消除高官厚禄所产生的负面效应,这正是道家所认可的。到了《庄子》书中,孙叔敖的这种自我减损品格得到进一步强化和提升,变成对荣华富贵彻底抛舍的南楚达人,甚至把他和道家推崇的"古之真人"相提并论。

春秋时期,楚国出过两位名相,令尹子文和孙叔敖。由此而来,他们的事迹有时被混淆。《论语·公冶长》篇记载,孔子的门生子张称:"令尹子文三仕为令尹,无喜色;三已之,无愠色。"这与《庄子·田子方》篇肩吾称述孙叔敖之语极其相似,是不同的流传版本。

---

① 许维遹:《韩诗外传集解》,中华书局 2005 年版,第 253—254 页。

《庄子·让王》篇还提到一位楚地高人屠羊说,他同样把荣华富贵视为身外之物:

> 楚昭王失国,屠羊说走而从昭王。昭王反国,将赏从者,及屠羊说。屠羊说曰:"大王失国,说失屠羊;大王反国,说亦反屠羊。臣之爵禄已复矣,又何赏之有!"

这是屠羊说拒赏的第一个回合。他把自己的社会角色定位在屠羊,因此,得与失只能在这个范围内进行,而不能超越界限,他把能够屠羊视为自己的爵禄,是一位安贫乐道之士。

但是,楚王还是强制他受赏,在这种情况下,进入拒赏的第二个回合。屠羊说又提出自己的理由:"大王失国,非臣之罪,故不敢伏其诛;大王反国,非臣之功,故不敢当其赏。"这是从刑赏的原则切入,说明自己对楚国既无罪也无功,不愿无功受赏。他把自己剥离于楚国朝廷的政治之外,是一位超脱之士。

楚王召见屠羊说,他持理力争,指出这种举措的失当:

> 楚国之法,必有重赏大功而后得见,今臣之知不足以存国,而勇不足以死寇。吴军入郢,说畏难而避寇,非故随大王也。今大王欲废法毁约而见说,此非臣之所以闻于天下也。

这是从封赏规则方面立论,指出自己不是应该被召见的对象,楚王这样做违犯了楚国惯例。屠羊说不但拒赏,而且拒绝征召,不肯与楚王见面,是一位有独立人格的耿介之士。

楚王下令司马子綦以"三旌之位"延请屠羊说。关于"三旌",古今注家或注为三公,或改字为三珪。成玄英疏:"三旌,三公也。亦有作珪字者,谓三卿皆执珪,故谓三卿为珪也。"[①]从实际情况考察,"三旌"当与古代征召礼仪有关。《左传·昭公二十年》:"旌以招大夫,弓以招士,皮冠以招虞人。"征召大夫用旌,也就是旌旗。"延之

以三旌之位",意谓用征召大夫的礼仪对待他,令其为朝廷大夫。三旌,或指三面旗帜,或是三次用旗帜征召,都是表示隆重、庄严之义。屠羊说没有接受"三旌之位",继续从事他的屠羊职业。

这位楚国高人的称谓是屠羊说,屠羊,以其职业言之。说,可指喜悦,也可指休憩。屠羊说,以屠羊为乐,或以屠羊为归宿之义,是一个具有寓意的称呼。

《韩诗外传》卷八也收录了屠羊说拒赏的故事,文字表述更具文学色彩,并且增加了一些细节。屠羊说拒绝楚王之赏,"入于涧中"。司马子期请他出仕,并要和屠羊说结为兄弟。这些细节都是《庄子·让王》篇见不到的。

孙叔敖和屠羊说,一个是在宦海浮沉中超脱逍遥,视荣华富贵为身外之物的人,一个是甘愿以屠羊为业,拒绝高官厚禄封赏的人。这两位楚国的高士虽然社会地位不同,但是都成为《庄子》书中的光辉形象,体现出《庄子》作者对这种风尚的赞赏。

五、虚拟的楚地高士:温伯雪子、公阅休

狂接舆、叶公子高、市南宜僚、孙叔敖,这些写入《庄子》书中的楚地高人贤士,在历史实有其人。屠羊说虽然带有传说人物的性质,但也依托于具体的历史背景,有较大的客观性。《庄子》书中还有一类楚地高人,他们的事迹没有可靠的文献记载,历史上是否出现过这类人物,无法得到确证。温伯雪子、公阅休这两位《庄子》书中的楚地高人,他们的由来都是一个谜,很大程度上是虚拟人物,在历史上很难找到他们实际存在的依据。

温伯雪子见于《庄子·田子方》篇:

> 温伯雪子适齐,舍于鲁。鲁人有请见之者,温伯雪子曰:"不可。吾闻中国之君子,明乎礼义而陋于知人心,吾不欲见也。"

关于温伯雪子其人,《释文》引李颐注:"南国贤人也。"成玄英疏:"姓温,名伯,字雪子,楚之怀道人也。……自楚往齐,止于主人之舍。"①古代注家或称温伯雪子为南国贤人,或称他是楚国怀道之人。从《庄子》文本的实际考察,这些结论是可以成立的。温伯雪子是前往齐国途中在鲁国停留,春秋时期诸侯之间的使者往来,前往齐国而要途经鲁国者,西有秦、郑,南有楚国,依次推断,温伯雪子应出自这三个诸侯国之中。温伯雪子称鲁国等黄河流域诸侯所在地为中国,并且两次使用这种称呼,在当时的政治版图中,只有楚人以这种方式称呼黄河流域的诸侯国。温伯雪子来自楚地,是用楚人的语言习惯进行表述。

鲁人请求拜见温伯雪子,他先是推辞。从齐国返回时,鲁人再次请见,他无法再次拒绝,于是出现以下情况:

> 出而见客,入而叹。明日见客,又入而叹。其仆曰:"每见之客也,必入而叹,何耶?"
>
> 曰:"吾固告子矣:'中国之民,明乎礼义而陋乎知人心。'昔之见我者,进退一成规,一成矩,从容一若龙,一若虎。其谏我也似子,其道我也似父,是以叹也。"

温伯雪子与鲁人见面后不断叹息,鲁人作为礼乐文化的承载者出现,温伯雪子从两方面揭示礼乐文化所造成的流弊。第一,礼乐文化过于重视外表和形式,人的举止行为被限定在规矩方圆之中,使人的自然天性受到束缚。各种动作是故意做出来的,不是发自内心,带矫饰性。其中的"从容一若龙,一若虎","从容"二字不是指娴熟安详,而是指行动、动作。这是用它的特殊含义。《楚辞·九章·怀沙》:"重华不可逢兮,孰知余之从容。"王逸注:"从容,举动也。"②《九章·悲

---

① 郭庆藩:《庄子集释》,中华书局 2004 年版,第 704—705 页。

② 洪兴祖:《楚辞补注》,中华书局 2006 年版,第 144 页。

回风》:"嶑从容以周流兮,聊逍遥以自恃。"王逸注:"觉立徙倚以行步也。"①屈原《九章》中两次出现的"从容",指的都是动作、举措,用作动词。《田子方》篇所说的"从容一若龙,一若虎","从容"也指动作,用的是楚语。第二,温伯雪子对于鲁人教诲开导自己感到反感。温伯雪子和鲁人是初次见面,但是,鲁人却像儿子一样进行劝谏,像父亲一样进行开导,令人无法接受。温伯雪子对于礼乐狡猾的强制性非常反感,认为它违反了人与人关系的基本准则,缺少现实基础,交浅而言深的诱导方式不会收到好的效果。礼乐文化这两方面流弊,温伯雪子把它们概括为"明乎礼义而陋乎知人心",他本人作为礼乐教化的对立面出现,是一位超脱于礼仪文化规矩之外的高士。

温伯雪子见到的鲁人还有孔子:

> 仲尼见之而不言。子路曰:"吾子欲见温伯雪子久矣,见之而不言,何邪?"仲尼曰:"若夫人者,目击而道存矣,亦不可以容声矣。"

孔子作为体悟道性的角色出现,他与温伯雪子的见面,可以说是以真遇真。两人无须用言语进行交流,通过眼神就能够实现心灵的沟通,并且达成默契。目击而道存,就是道家所推崇的忘言忘意、不言之言的境界。这种交往方式与礼乐文化的施受不同,温伯雪子没有向孔子施教的意图,然而孔子却在无形之中受到熏陶。正如《田子方》篇所载东郭顺子的为人处世:"物无道,正容以悟之,使人之意也消。"他只是通过自己的面部表情使对方领悟,没有统辖对方的意愿,不把自己的想法强加于对方,这与温伯雪子与孔子见面时的"目击而道存"属于同一类型。宋代吕惠卿称:"夫东郭顺子正容以悟物,温伯雪子目击而道存,则古之圣贤所以相与者如是其微耶!"②吕氏的概

---

① 洪兴祖:《楚辞补注》,中华书局 2006 年版,第 157 页。
② 吕惠卿著,汤君集校:《庄子义集校》,中华书局 2009 年版,第 380 页。

括是准确的,这确实是一种微妙的人际交往方式。

　　《庄子》书中另一个虚拟的楚地高人是公阅休,在人际交往中同样超凡脱俗、出神入化。《则阳》篇记载:则阳游于楚,夷节向楚王推荐他,楚王未接见则阳。则阳又找到王果,请他向楚王引荐自己。王果认为自己很难说服楚王,公阅休是最理想的引荐人,于是他对公阅休作了介绍:"冬则擉鳖于江,夏则休乎山樊。有过而问者,曰:'此予宅也。'"公阅休是位隐士,冬天到江里捕捉水族动物,夏天则在山间休息,把那里看作自己的住宅。山樊,指山间。《庄子·山木》:"庄周游于雕陵之樊",雕陵,栗园名。樊,指栗园周围的篱笆。山樊,指山间用篱笆围起来的地方。公阅休过的是隐士生活,自给自足,以大自然为自己的家园。

　　王果还对公阅休有如下的叙述:

　　　　故圣人,其穷也使家人忘其贫,其达也使王公忘爵禄而化卑。其于物也,与之为娱矣;其于人也,乐物之通而保己焉;故或不言而饮人以和,与人并立而使人化。父子之宜,彼其乎归居,而一间其所施。其于人心者若是其远也。故曰待公阅休。

王果把公阅休列为圣人之属,对他推崇备至。王果从对待人和物的态度做法两个方面赞扬公阅休,而重点在于他如何进行人际交往。公阅休超然物外,但并不拒绝与外物交通,而是在此过程中以物养人,并且以审美娱乐的方式与物相通。公阅休在人际交往中具有神奇的魅力,他能使人超脱富贵贫贱,不用说话而使人感到亲和,平等相处而使人转化,亲密得如同父子。更加令人惊异的是,他一旦回到自己的住处,就与先前人际交往中所产生的效应间隔开来,仿佛什么都没有发生。他在人际交往中显得极其超脱,是无心而自化,没有任何是非利害渗入其间。以上文字前面部分比较容易理解,误读歧义出现在结尾几句,通常以"父子之宜,彼其乎归居"为句,遂把它理解为公阅休在家庭内部能妥善处理父子关系。宣颖将"父子之宜"归为上句,并且解释道:"使人于己,不啻父子之相亲,甚言其饮人以和也。"①宣颖的断句和阐释是正确的,纠正了以往注家的误解,"彼其乎归居,而一间其所施",这句话的关键词在"间"字,原本作"閒"。"间",指间隔、缝隙,"一间其所施",即把先前人际交往所施予的影响隔断,不再去想它,也就是《老子》第三十八章所说的"上德不德"。公阅休在人际交往中有神奇的魅力,而他返回家中对此并无虑念,故王果称"其于人心者若是其远也",确实是心地玄远的高士。

温伯雪子、公阅休,作为《庄子》书中虚拟的楚地高士,都以其超凡脱俗的风范,在人际交往中显示出神奇的魅力,属于同一类型角色。这两个人物是虚拟的,他们的名号也具有象征意义。温伯,系尊称,《庄子》中凡称伯者多为正面角色。以"雪子"为名,寄托的是道家的生命理念。《逍遥游》中的藐姑射神人"肌肤若冰雪",冰雪,喻其洁净无比,未受污染。《知北游》篇假托老子之口教诲孔子,"澡雪而精神,掊击而知。"澡雪,指涤除、洗刷。温伯雪子之称,暗指纯洁的自然之性。再看公阅休,公、阅都有包容、容纳之意。阅,《说文》曰:"具数于门中也。"由放置在门中引申有容纳之义,即阅与容含义相同。《老子》第十六章称:"容乃公,公乃王,王乃天,天乃道。"公阅休之称,渊源在于此。公、阅指兼容并包,休,美善之义,因兼容并包而美善,《则阳》篇的公阅休正是这类形象。

六、平民向道者:匠石、汉阴丈人

《庄子》书中还有一类取自楚地的角色,他们虽然不是体悟道性的达人,但却是向道之人,他们所进入的境界,距离道场只有一步之遥。把他们与世俗中角色相同的人加以比较,仍然称得上高士贤人。匠石、汉阴丈人属于这种类型。

---

① 宣颖撰、曹础基校点:《南华经解》,广东人民出版社 2008 年版,第176页。

《徐无鬼》篇记载如下寓言：

> 庄子送葬，过惠子之墓，顾谓从者曰："郢人垩慢其鼻端，若蝇翼，使匠石斫之。匠石运斤成风，听而斫之，尽垩而鼻不伤，郢人立不失容。宋元君闻之，召匠石曰：'尝试为寡人为之。'匠石曰：'臣尝能斫之。虽然，臣之质死久矣。'自夫子之死也，吾无以为质矣，吾无与言之矣。"

这是一则寓言故事，未必实有其事。匠石具有娴熟的技艺，他可以去掉对方鼻端的白灰，并且运斤成风。白灰被除掉而鼻不伤，他使用斧子的技艺已经到了出神入化的程度，可与庖丁解牛相媲美。更为可贵的是，匠石不是自矜其能，而是充分肯定被斫对象所发挥的重要作用，把自己的成功归结为双方默契的合作。匠石有高超的技术，又有深刻的见地，可称为百工系列的高人。

匠石角色还见于《庄子·人间世》：

> 匠石之齐，至于曲辕，见栎社树。其大蔽数千牛，絜之百围，其高临山十仞而后有枝，其可以为舟者旁十数。观者如市，匠伯不顾，遂行不辍。

> 弟子厌观之，走及匠石，曰："自吾执斧斤以随夫子，未尝见材如此其美也。先生不肯视，行不辍，何邪？"曰："已矣，勿言之矣！散木也。以为舟则沉，以为棺椁则速腐，以为器则速毁，以为门户则液樠，以为柱则蠹。是不材之木也，无所可用，故能若是之寿。"

此时的匠石作为一名出色的工匠形象出现，他凭着自己丰富的经验，无须经过仔细审视就能断定栎社树是无用之材，并指出其材质所存在的多方面缺陷，他是从有用还是无用的角度对栎社树进行评论，同时也看到栎社树之所以长得如此高大，就在于它的无用。匠石的这番评论是中肯的，他作为一名工匠是优秀的。不过，从道家的眼光来看，匠石的评论还停留在形而下层面，功利目的束缚了他的视野。

接着栎社树便托梦给匠石,批评他对自己的评论,揭示"无用乃为大用"的道理。匠石醒来后向弟子讲述自己的梦境,并且针对弟子的质疑说道:

> 密!若无言!彼亦直寄焉,以为不知己者诟厉也。不为社者,且几有翦乎!且也彼其所保与众异,而以义喻之,不亦远乎!

此时的匠石已经成为栎社树的知己,领悟了"以无用为大用"的道理,了解到世上还有在工匠实践操作之外的规则、理念。这种规则、理念已经超脱形而下的实用层面,疏离了功利目的,把保全性命作为生存的宗旨,进入到更高的境界。匠石与栎社树的相遇,使他的品格得到提升,他不仅是一名出色的工匠,而且对于生命哲理也有了更深的理解和把握,成为百工群体中的出类拔萃者,也是楚地的一位高人。

《庄子·天地》篇出现的楚地高人是汉阴丈人:

> 子贡南游于楚,反于晋,过汉阴,见一丈人方将为圃畦,凿隧而入井,抱瓮而出灌,搰搰然用力甚多而见功寡。

子贡是从楚国返回晋地途中,在汉阴见到这位老人。汉阴,即汉水南岸。春秋时期,汉水流域是楚国的领土,这位居住在汉水南岸的老人应当是楚人。这位老人在浇灌菜园,他采用的是最笨拙的浇灌方式,抱瓮穿过隧道到井下取水,劳动强度很大,效率极低。见此场景,子贡和抱瓮老人进行对话:

> 子贡曰:"有械于此,一日浸百畦,用力甚寡而见功多,夫子不欲乎?"为圃者卬而视之曰:"奈何?"曰:"凿木为机,后重前轻,挈水若抽,数如泆汤,其名为槔。"为圃者忿然作色而笑曰:"吾闻之吾师,有机械者必有机事,有机事者必有机心。机心存于胸中,则纯白不备;纯白不备,则神生不定;神生不定者,道之所不载也。吾非不知,羞而不为也。"

汉阴丈人是一位隐士,并且有师承。这个门派把机械、机事、机心作为前后相承的链条看待,认为使用机械会发生恶性的连锁反应,由机械导致机事、机心。这个连锁反应进一步延续,又会由机心导致人的纯白不备,即天然本性受到损害,从而出现神生不定的反常状态,即生命变幻无定,最终无法进入道境。汉阴丈人是一位对道术心向往之的虔诚隐士,并且对社会污染有很强的防范意识,以至于宁肯抱瓮灌园而不肯使用吊杆一类的机械。

　　子贡对汉阴丈人佩服得五体投地,并且自惭形秽。但是,返回鲁国向孔子讲述之后,孔子却不以为然:

　　　　孔子曰:"彼假脩浑沌氏之术者也。识其一,不知其二;治其内,而不治其外。夫明白入素,无为复朴,体性抱神,以游世俗之间者,汝将固惊邪! 且浑沌氏之术,予与汝何足以识之哉!"

孔子对汉阴丈人所作的定性,表达的是《天地》篇作者的看法,秉持的是道家理念。文中假托孔子之口提出"混沌之术"这个概念。那么,何谓"浑沌"呢? 这在《庄子》书中可以找到答案。《应帝王》篇提到"中央之帝曰浑沌",这位浑沌没有七窍,意谓没有感官欲求,乃处于无心而听任自然的原始状态。《在宥》篇称:"万物云云,各复其根,各复其根而不知。浑浑沌沌,终身不离;若彼知之,乃是离之。"这里所说的"浑浑沌沌",指纯任自然而没有自觉意识。是否存在自觉意识,是衡量浑沌之术的基本标准。汉阴丈人追求纯任自然的境界,但却是在自觉意识支配下抱瓮灌园,拒绝使用机械,因此,他与真正的浑沌之术还有距离。正如孔子说的,他借事修道,"只知其一,不知其二"。尽管如此,这位老者作为对道的境界心向往之的隐者,仍可称得上是楚地的一位高士。他抱瓮灌园的举措显得纯朴执著,并且有几分可爱。正因为如此,后代有的道家人物乃以"抱瓮老人"自命,用作自己的名号。

　　匠石、汉阴丈人是两位平民,是向道之人。《庄子》书中虽然没有把他们写成体悟道性的达人,但基本是持肯定态度。在《庄子》一书的楚地高士贤人系列中,他们是其中的成员,并且两人属于同一类型,即向道而近于道的角色。

　　《庄子》中出现的楚地高士贤人数量较多,在整个楚地角色中所占比例较大。这些高士贤人有的在历史上确实存在,有的出于虚拟。由于《庄子》书中作为正面角色的高士贤人多出自楚地,因此,有些地域归属比较模糊的正面角色,也被后代注家附会为楚人。如《齐物论》开头的南郭子綦,是进入"齐物"境界的达人,文中并没有标明他所处的地域。对此,成玄英疏:"楚昭王之庶弟,楚庄王之司马,字子綦。"①《庄子·让王》篇确实提到司马子綦,是楚庄王的司马。但是,司马子綦是否和《齐物论》中的南郭子綦为一人,找不到明确的证据。《人间世》有南伯子綦游于商丘的寓言,南伯子綦是明达以"无用为大用"的高士,成玄英疏:"即南郭子綦也。"②成玄英之所以认定南伯子綦就是南郭子綦,盖因为两人都是体悟道性之人。《徐无鬼》篇出现有先见之明的子綦,成玄英疏:"子綦,楚司马子綦也。"③成玄英之所以一再把南郭子綦、南伯子綦、东郭子綦、子綦说成是楚人,大概就因为他们都是正面角色,而《庄子》书中的高士贤人又多出自楚地,由此使成玄英形成这种思维定式。

　　《庄子》不是出自一人之手,内、外、杂篇所表达的观点也不尽相同,甚至有相互抵牾之处。但是,其中涉及的楚地人物,无论是历史上实际存在,还是出自虚拟,基本都是作为正面角色加以处理,并且不乏体悟道性的高士贤人。《庄子》书中的楚地高士贤人,构成一个数量可观的角色群体和人物画廊,表明《庄子》作者对楚文化的认可,通过这些人物体现出对楚文化的肯定。在众多诸侯国当中,《庄子》一书取自楚国的高士贤人数量最多,而对楚地人物则很少批评,

---

① 郭庆藩:《庄子集释》,中华书局 2004 年版,第 43 页。
② 郭庆藩:《庄子集释》,中华书局 2004 年版,第 176 页。
③ 郭庆藩:《庄子集释》,中华书局 2004 年版,第 856 页。

反映出该书对楚文化的偏爱。

　　《庄子》书中出现的楚地高士贤人,除公阅休所处时段不明,其余都有具体时段可考。书中说狂接舆、叶公子高、市南宜僚、温伯雪子和孔子有交往,孙叔敖也被说成与孔子处于同一历史阶段。汉阴丈人是孔子门生子贡亲眼所见,屠羊说是楚昭王时期人,这两位也与孔子所处的时段大致一致。"运斤成风"的匠石是宋元君时期的木匠。宋元君,在《庄子》书中多次出现,见于《田子方》、《徐无鬼》、《外物》,指的应是同一个人。对于《外物》篇的宋元君,《释文》引李颐注:"元公也。"陆德明案:"元公名佐,平公之子。"①宋元公,公元前531年—前538年期间在位,与孔子是同时代人。由此可见,《庄子》书中出现的楚地高士贤人,除公阅休外,其余所处时段基本与孔子相当,都锁定在春秋后期。孙叔敖本是春秋中期楚国名相,《徐无鬼》篇也把他附会为与孔子同时期人。《庄子》中出现的楚地高士贤人绝大多数取自孔子所处的春秋后期,取材所涉的时段较为集中。

第二节　宋国人名与宋地风情

　　任何一部著作的产生,都无法脱离它赖以存在的地域土壤。而任何地域文化,既有历史上形成的传统,又有现实社会作用的诸多因素。庄子是战国时期宋国人,《庄子》一书出现许多与宋地相关的人物和事象。庄子本人对宋人的态度、对宋文化的评价,成为以往学术界关注的重点。但是,《庄子》与宋文化的关联是多方面的,如果不是仅仅局限于对宋文化的价值评判,而是从历史背景、生活原型、取材角度等层面进行全方位审视,无疑会更深入地揭示《庄子》与宋文化的种种内在纠葛。

――――――――――

① 郭庆藩:《庄子集释》,中华书局2004年版,第933页。

本节将由《庄子》书中的宋人形象入手,从历史和现实两个维度进行挖掘,考察该书与宋文化的渊源。由于《庄子》寓言具有象征性,有时故意闪烁其辞,使表达的内容亦虚亦实,因此,有必要对书中宋国人物的许多细节进行历史还原、分类和辨析。

一、《逍遥游》中愚钝的宋人

《庄子》首篇《逍遥游》两次提到宋国国民。第一次是在叙述藐姑射神人不肯以天下为事之后,文章写道:"宋人资章甫而适诸越,越人断发文身,无所用之。"这里是以宋人到越地贩卖礼帽而无法售出一事为例,说明有用、无用要看对象。对于见过神人、悟得妙道的尧来说,称得上是得道至人,天下对于此时的尧已是身外之事,治理天下已经不在他的虑念之中。《庄子》运用的宋人事例,反映出宋文化的重要特征,即对礼仪的崇尚和重视。章甫,指的是礼帽,《礼记》多次提到它。《郊特牲》称:"委貌,周道也。章甫,殷道也。毋追,夏后氏之道也。"夏、商、周三代的礼帽各有自己的名称,殷人的礼帽称为章甫。《玉藻》称:"缟冠玄武,子姓之冠也。"殷商子姓,宋人作为殷商后裔亦是子姓。这个族群的礼帽是白色的,帽带黑色。武,指冠上的结带。宋人常见的礼帽称为章甫,是白色礼帽,黑色结带。《明堂位》列举夏、商、周三代的色彩崇尚,其中提到"殷之大白"、"殷白牡"。殷人旗帜白色,祭祀用白毛牲畜。殷人尚白,它的礼帽也以白为本色。《礼记·儒行》篇写道:

> 鲁哀公问于孔子曰:"夫子之服,其儒服与?"孔子对曰:"丘少居鲁,衣逢掖之长。长居宋,冠章甫之冠。丘闻之也,君子之学也博,其服也乡。丘不知儒服。"

孔子是殷商血统,并且在宋国居住过。他在宋国所戴的帽子就是章甫,这对孔子来说是入乡随俗,也是返本复始。以上是《礼记》有关章甫的相关记载,可见宋地男士的这种礼帽在儒家那里是很受重视的。《逍遥游》篇是把宋人的章甫与越人的断发文身相对比,前者代表的是文明开化,后者体现的是原始朴野。至于宋人资章甫以适越,则显得不合地宜,长途贩运赔本,带有几分滑稽。但从另一方面也可以看出,宋人不擅长经商,缺少经济谋划,思维较刻板,缺少变通。

《逍遥游》还讲述了宋人的如下故事:

> 宋人有善为不龟手之药者,世世以洴澼絖为事。客闻之,请买其方百金。聚族而谋曰:"我世世为洴澼絖,不过数金。今一朝而鬻技百金,请与之。"客得之,以说吴王。越有难,吴王使之将,冬与越人水战,大败越人,裂地而封之。

这个故事由庄子之口讲出,用以说明惠子对"用"的理解很僵化。宋人拥有制造防止皮肤皲裂之药的秘方,掌握先进的皮肤保养技术。但是,这个家族没有经济头脑,把这个"专利"低价出售,还自以为很划算。买到这一"专利"的人转换思路,将其拓展应用到其他领域,竟赢得荣华富贵。这个故事中的宋人安守本分,但缺少变通,趋于保守,结果在交易中吃了大亏。

庄子在《逍遥游》中先后两次讲述宋人的故事,用以阐述自己无为逍遥的理念。他讲述宋人的故事看似漫不经心,信手拈来,却在一定程度上反映出宋地的民性习俗,具有历史的真实性,《史记·货殖列传》写道:

> 夫自鸿沟以东,芒、砀以北,属巨野,此梁、宋也。陶、睢阳,亦一都会也。昔尧作(游)[于]成阳,舜渔于雷泽,汤止于亳。其俗犹有先王遗风,重厚多君子。好稼穑,虽无山川之饶,能恶衣食,致其蓄藏。

《史记·货殖列传》对全国各主要地区的物产、经济、民风、习俗均有概括性的叙述,其中对宋地持肯定态度。那里的居民安于农耕,吃苦耐劳,性情淳朴。对于这些美好的因素,司马迁把它们归结为"先王遗风"。《逍遥游》篇到越地出售礼帽的宋人和掌握不龟手之药秘方的宋人家族成员,都属于忠厚朴实的君子之类,体现出宋地民性习俗的特点。

《管子·水地》篇以水性论民性,对于多处地域的水性和民性均有不同程度的贬抑,指出其缺陷,唯独对宋地持充分肯定的态度,文中写道:

> 宋之水轻劲而清,故其民间易而好正。是以圣人之化也,其解在水。故水一则民心正,水清则民心易。人心正则欲不污,民心易则行无邪。①

这里对宋地的水以"轻劲而清"加以概括,指出它的清澈和畅通,并且按照这种水性来解说宋地的民性,认为宋人用心简易,行为中正,堪为道德楷模,当是圣人教化的结果。《水地》篇所持理论并不科学,但是,它对宋地民性所作的概括,却具有现实根据,反映出那个时代先民对宋地民性比较一致的看法。

从《管子·水地》到《史记·货殖列传》,都对宋地民性习俗予以充分的肯定。《庄子·逍遥游》先后两次讲述宋人故事,对宋人带有调侃的意味。但是,这种揶揄是善意的,并且对于调侃对象带有几分同情,不能以此断定他对宋文化的疏离和排斥。

二、得道、求道的宋人

《庄子》书中的宋地先民,有的作为体悟道性的达人或是问道者形象出现,往往充当的是正面角色。

先看作为体悟道性者出现的宋人,这类人物有公文轩、正考父。

公文轩:

《养生主》写道:

> 公文轩见右师而惊曰:"是何人也? 恶乎介也? 天与? 其

---

① 姜涛:《管子新注》,齐鲁书社 2006 年版,第 315 页。

人与?"曰:"天也,非人也。天之生是使独也,人之貌有与也。
是以知其天也,非人也。"

成玄英疏曰:"姓公文,名轩,宋人也。右师,官名也。介,刖也。"①成
玄英判定公文轩是宋人,其依据在于他的提问对象是"右师"。春秋
时期的诸侯国,唯有宋国设左师、右师之官。右师是宋国朝廷的高
官,但此时这位右师只有一只脚,属于刑徐之人。介,指单足或独足,
这种用法在《庄子·庚桑楚》篇可以见到:"夫函车之兽,介而离山,
则不免于罔罟之患。"这里的"介",指单独、独自。"介者拸画,非外
誉。"这里的"介者",指独脚之人。独脚之人舍弃修饰,不再介意自
身的形貌。

　　《养生主》中这位右师是一位遭遇刖刑的独脚之人,公文轩看到
右师只有一只脚,便惊呼道:"是何人也? 恶乎介也? 天与? 其人
与?"其实,利用刑罚残害生命,这种行为在纷乱的战国时代是司空
见惯的事,公文轩是明知故问。公文轩故作惊态,却闭口不谈刖刑之
事,实际是在嘲讽右师为了官职而不知珍爱生命,不懂得养生之道。
随后的回答是:"天也,非人也。天之生是使独也,人之貌有与也。
以是知其天也,非人也。"这句话的主语,文章没有明确标出,像是右
师对自身命运的感慨,又像是公文轩的自问自答。人的形貌都是上
天赋予的,而遭受刖刑绝不是人的主观意愿,应是有所不得已,不得
已而为即是上天的安排。文章最后把右师身体残废的原因归咎于
天,既是对身体形残的超越,又是对命运无常的无奈。总之,表现出
安时处顺的心态。这则故事以寓言形式,表达了丰富的意蕴,有对大
道运化无常无迹的展现,有对人为残害生命的批判与嘲讽,也是对超
越形残、保持平和心态的养生之道的肯定。

　　《养生主》篇公文轩出自宋国,是《庄子》书中一位得道的达人,

---

① 　郭庆藩:《庄子集释》,中华书局 2004 年版,第 125 页。

他参透祸福,抱着笑看人生的态度对待右师这一高级官职,是《庄子》予以充分肯定的正面形象。

正考父:

《庄子》书中作为体悟道性角色出现的宋人还有正考父,《列御寇》篇写道:

> 正考父一命而伛,再命而偻,三命而俯,循墙而走,孰敢不轨。如而夫者,一命而吕钜,再命而于车上儛,三命而名诸父,孰协唐许!

这里提到的正考父是孔子的十代先祖,《释文》说他是"宋湣公之玄孙,弗父何之曾孙",也是宋国的先贤。关于正考父的具体业绩,《左传·昭公七年》的记载更为具体,鲁国的孟僖子说道:

> 吾闻将有达者曰孔丘,圣人之后也。其祖弗父何以有宋而授厉公。及正考父,佐戴、武、宣,三命兹益共。故其鼎铭云:"一命而偻,再命而伛,三命而俯,循墙而走。亦莫余敢侮。饘于是,鬻于是,以糊余口。"其共也如是。

孟僖子是鲁国大臣,出使楚国期间不能相礼,返回之后深感耻辱,于是令自己的两个儿子拜孔子为师。以上所录话语是孟僖子临终所言。

正考父辅佐宋国戴、武、宣三世之君,是宋国名臣。据《史记·宋微子世家》的记载,宋戴公继位于周宣王二十九年(公元前799年),宋宣公卒于周平王四十二年(公元前729年),宋国戴、武、宣三世都处在西周后期到春秋前期阶段,正考父是两周之际的宋国名臣。《庄子·列御寇》有关正考父的叙述,摘自他的鼎铭。关于鼎铭的作用和体式,《礼记·祭统》有具体的说明:

> 夫鼎有铭,铭者自名也,自名以称扬其先祖之美,而明著之后世者也……铭者,论譔其先祖之德善、功烈、勋劳、庆赏、声名,列于天下,而酌之祭器,自成其名焉,以祀其先祖者也。

鼎铭是后代子孙为纪念已逝的先祖而作,把颂扬先祖功德的文字刻于鼎上,在祭祀时进行展示,是祭器之属。鼎铭"称美而不称恶",以表达孝子贤孙的心意。《左传·昭公七年》所记载的正考父鼎铭,出自正考父之手。《庄子·列御寇》篇的叙述则是选取这份鼎铭的片段。

关于鼎铭的具体样式,《礼记·祭统》所载卫国孔悝的鼎铭提供了范本:

> 六月丁亥,公假于大庙。……公曰:"叔舅,予女铭,若纂乃考服!"悝拜稽首曰:"对扬以辟之,勤大命。"施于烝彝鼎。

鼎铭通常是在君主的指令下而作,首先叙述它的由来缘起,其中包括君主的赐名及臣下的回应,这种回应包括言语和动作。最后交代鼎铭的制作。《左传·昭公七年》所录的正考父鼎铭,出示的是正考父对君主赐命所作的回应。自"一命而偻"至"循墙而走",叙述正考父接受赐命后的动作。自"亦莫余敢侮"至"以糊余口",是正考父对君主赐命所作的言语回应。至于《庄子·列御寇》篇对正考父所作的叙述,正是取自铭文对正考父动作所作的记载。

正考父在接受君主的赐命时,所做出的动作回应显得极其谦恭。伛、偻、俯,都是屈身下拜之象,先是屈背,随后屈腰,再后伏身近地,屈身的强度越来越大,以此表达对君主的感谢。至于"循墙而走","循墙,避道中央。急趋曰走,示恭敬。"[1]正考父在接受君主赐命过程中,动作回应显得极其谦恭。《列御寇》作者对正考父的退避谦让之象很欣赏,把它作为一种美德加以称扬。并且认为,面对正考父这样的谦恭举措,没人再敢图谋不轨,充分肯定此种做法所产生的良好效应。文中还把正考父的谦恭与骄傲自大之人作了对比。"如而

---

① 杨伯峻:《春秋左传注》,中华书局 2000 年版,第 1295 页。

夫"者,郭象注:"而夫,谓凡夫也。"成玄英疏:"而夫,鄙夫也。"①郭注、成疏大意得之,但不够确切。《说文》:"而,须也,象形。"段玉裁注:"须也象形,引申假借之为语词。或在发端,或在句中,或在句末;或可释为然,或可释为如,或可释为汝,或释为能者,古音能与而同,假而能。"②而夫,谓能夫,指自矜其能的傲慢之人。吕钜,郭嵩焘称:"《方言》:'弆,吕,长也。东齐曰弆,宋鲁曰吕。'《说文》:'钜,大刚也。'亦通作巨,大也。吕钜,谓自高大,当为矜张之意。"③"一命而吕钜",指自持其能的人受到第一次赐命即矜持张扬;"再命而车上儛",得到第二次赐命则登车起舞,儛,同舞字;"三命而名诸父",诸父,指叔伯,谓得到第三次赐命则对叔伯直呼其名。这是把自恃其能的倨傲之人与正考父的谦恭之态作对比,最后反问"孰协唐许"?唐,指唐尧。许,指许由。唐尧向许由禅让天下,许由拒绝不受,双方都是谦让之人。言外之意,自恃其能者如此倨傲,谁还能像唐尧、许由那样相互谦让,言其所造成的恶劣后果。

正考父是孔子的远祖,也是宋国的先贤,《列御寇》篇对于他的谦恭美德予以充分肯定,把他作为入道的达人看待,体现出对宋国历史传统的认可,对宋文化的肯定。

商大宰荡:

《庄子》把公文轩、正考父塑造成得道之人,而问道者形象应是商大宰荡。《天运》篇有如下寓言:

> 商大宰荡问仁于庄子。庄子曰:"虎狼,仁也。"曰:"何谓也?"庄子曰:"父子相亲,何为不仁?"曰:"请问至仁?"庄子曰:"至仁无亲。"大宰曰:"荡闻之,无亲则不爱,不爱则不孝。谓至

---

① 郭庆藩:《庄子集释》,中华书局 2004 年版,第 1056 页。
② 许慎撰、段玉裁注:《说文解字注》,浙江古籍出版社 1999 年版,第 454 页。
③ 郭庆藩:《庄子集释》,中华书局 2004 年版,第 1055 页。

仁不孝,可乎?"庄子曰:"不然。夫至仁尚矣,孝固不足以言之。
此非过孝之言也,不及孝之言也。……"

这篇寓言的对话双方分别是商大宰和庄子,商,这里指的是宋国。春
秋时期宋国确实有大宰这个官职,《左传》几次提及。成公十五年,
"向带为大宰,鱼府为少宰。"大宰、少宰,《周礼·天官》又称大宰、小
宰。襄公十七年,"宋皇国父为大宰。"但是,自襄公十七年之后,史
书再无宋国大宰之官的相关记载。《左传·哀公二十六年》提到宋
国的主要官职,有右师、左师、大司马、司徒、司城、大司寇,最后称
"因大尹以达",即派大尹向上述官员传达君主的旨意,大尹是国君
身边的近臣。清梁玉绳《左传补释》引《周氏附论》云:"或曰:太宰自
襄十七年后不复见《传》,疑省太宰而设之。①"这是推测大尹即原来
的大宰,职务相同,名称相异。这种推测是有道理的。《左传·襄公
十七年》记载:"宋皇国父为大宰,为平公筑台,妨于农牧。"皇国父作
为太宰,负责为宋平公筑台观以供游乐,直接为国君服务。《左传·
哀公二十六年》记载:宋景公的指令"因大尹以达。"但是,"大尹常不
告,而以其欲称君命以令,国人恶之。"这位大尹往往把自己的意见
假称君主指令向朝臣传达,引起朝臣愤慨,宋景公死后,这位大尹逃
亡到楚国。从上述记载可以证明,宋国春秋时期的大宰,后来称为大
尹,是君主的近臣,传达君主的命令,直接为国君服务。庄子生活的
战国中期,宋国已经没有大宰这个官职,应当已更名为大尹。《天
运》篇所叙述的大宰荡与庄子的对话,其中的大宰可能指宋国的
大尹。

战国时期的宋国继续设置了大尹这个官职。《战国策·宋卫
策》有如下记载:

　　谓大尹曰:"君日长矣,自知政则无公事。尹不如令楚贺君

---

　　① 杨伯峻:《春秋左传注》,中华书局 2000 年版,第 1727 页。

之孝,则君不夺太后之事矣,则公常用宋矣。"①

当时宋国国君年纪小,由太后垂帘听政,实际权力则由大尹掌握,随着国君年龄增长,大尹感到自己的权力即将失去。有人向他建议,请楚国派使者称颂宋君孝顺,这样,太后就能继续听政,大尹还是实权人物。《韩非子·说林》也有这个故事,开头作"白圭谓宋令尹",令尹,当指大尹。白圭,历史上实有其人,《汉书·古今人表》把他列在孟子和魏惠王之间,和孟子、庄子基本上属于同一时段的人物。白圭与宋国大尹有交往,《天运》篇庄子与宋大宰的对话,其中的大宰有《宋卫策》大尹的影子。《天运》篇的大宰向庄子问仁与孝的关系。《宋卫策》中的大尹,则有人向他提出以称颂国君孝顺的方式耍弄权术,两者都涉及孝和仁。据此推测,这位宋国大尹的传说流播较广,《天运》篇的作者可能以此为背景,创造了这篇寓言。文中假托庄子的话语,透漏出这方面的信息:

> 夫至仁尚矣,孝固不足以言之。此非过孝之言也,不及孝之言也。……夫德遗尧舜而不为也,利泽施于万世天下莫知也,岂直大息而言仁孝乎哉! 夫孝悌仁义,忠信贞廉,此皆自勉以役其德也,不足多也。故曰:至贵,国爵并焉;至愿,名誉并焉。是以道不渝。

在现实生活中,有人向宋国的大尹建议,设计褒扬宋国君主的孝顺,以此保住大尹的权力。在这则寓言中,庄子则以"无心而纯任自然"的理念看待大尹提出的仁和孝,认为那不过是自我奴役,不足称道。真正的仁和孝完全是超功利的,最后达到"兼忘天下",并"使天下兼忘我"。文内对贵、富、愿所作的界定,其中的"并",指摒弃。真正的贵、富、愿是把它们摒弃,以此类推,真正的孝是忘亲忘爱,完全出自无意识。言外之意,把孝与名声地位相绑在一起,根本不值得一提。

---

① 范祥雍:《战国策笺证》,上海古籍出版社 2006 年版,第 1824 页。

这篇寓言具有较强的针对性,或与宋国大尹传说相关,是战国中期宋国朝廷政治的曲折反映。

三、《列御寇》中残暴的宋王

《庄子》书中的宋人,还有的作为负面角色出现,同样可以从宋国的历史故事中找到他的生成根据。

《列御寇》篇有如下寓言:

> 人有见宋王者,锡车十乘,以其十乘骄稺庄子。庄子曰:"河上有家贫恃纬萧而食者,其子没于渊,得千金之珠。其父谓其子曰:'取石来锻之!夫千金之珠,必在九重之渊而骊龙颔下,子能得珠者,必遭其睡也。使骊龙而寤,子尚奚微之有哉!'今宋国之深,非直九重之渊也!宋王之猛,非直骊龙也!子能得车者,必遭其睡也。使宋王而寤,子为齑粉夫!"

这篇寓言假托庄子之口,把宋国君主说得非常凶猛残暴。对此,成玄英疏曰:"宋襄王时,有庸琐之人游宋,妄说宋王,锡车十乘,用此骄炫。[1]"成玄英释宋王为宋襄王,可是,宋国历史上没有宋襄王,只有宋襄公。而宋襄公又是以崇尚仁义著称,甚至战争中还恪守"君子不重伤,不禽二毛"的准则,在历史上成为笑柄,具体记载见于《左传·僖公二十二年》。显然,寓言中提到的那位残暴的宋国君主,指的不该是宋襄公。那位君主在寓言中三次以宋王称之,宋国君主称为"王"者只有一位,那就是它的亡国之君"偃",亦称宋康王。《战国策·宋卫策》有如下记载:

> 宋康王之时,有雀生鹯于城之陬。使史占之,曰:"小而生钜,必霸天下。"康王大喜,于是灭滕伐薛,取淮北之地,乃愈自信。欲霸之亟成,故射天笞地,斩社稷而焚灭之,曰威服天下

---

[1] 郭庆藩:《庄子集释》,中华书局2004年版,第1060页。

(地)鬼神。骂国老谏曰(者),为无颜之冠以示勇,剖伛(者)之背,锲朝涉之胫,而国人大骇。齐闻而伐之,民散,城不守。王乃逃倪侯之馆,遂得而死。①

宋康王名偃,是宋国的末代之君、亡国之君。他的残暴行径令人发指,许多典籍都有记载。贾谊《新书·春秋》、刘向《新序·杂事五》,《史记·宋微子世家》,所述宋康王的恶行与《战国策·宋卫策》的记载可以相互印证。宋国君称"王"者只有宋康王,并且是一位典型的暴君。《庄子·列御寇》篇称:"宋王之猛,非直骊龙也。……使宋王而寤,子为齑粉夫!"这里所作的描述,正是宋康王残暴之行的真实写照。宋康王称王三十年而国灭,时当公元前286年。这篇寓言假托庄子之口叙述宋王的残暴,庄子和宋康王所处时段大体一致,寓言的角色设置具有历史的客观性,寓言当是出自庄子后学之手。

《庄子·列御寇》篇还有如下寓言:

> 宋人有曹商者,为宋王使秦。其往也,得车数乘;王说之,益车百乘。反于宋,见庄子曰:"夫处穷闾厄巷,困窘织屦,槁项黄馘者,商之所短也。一悟万乘之主而从车百乘者,商之所长也。"

> 庄子曰:"秦王有病召医,破痈溃痤者得车一乘,舐痔者得车五乘。所治愈下,得车愈多。子岂治痔邪,何得车之多也?子行矣。"

这则寓言对于宋、秦两国国君均以王称之。秦国君主称王始于惠文(公元前337年—公元前311年在位)。宋君偃称王是在公元前316年,依此推断,这篇寓言或是以宋康王时期的秦、宋交往为背景。成玄英疏:"姓曹,名商,宋人也。为宋偃王使秦,应对得所。②"这个结

---

① 范祥雍:《战国策笺证》,上海古籍出版社2006年版,第1828页。
② 郭庆藩:《庄子集释》,中华书局2004年版,第1049页。

论是可信的。

　　宋、秦两国的外交活动,战国时期变得频繁起来,春秋阶段两国之间的直接交往极其罕见。战国阶段的宋国,相当长一段时间是秦国的保护对象,仰仗于秦国而生存。《战国策·魏策二》:"五国伐秦,无功而还。其后齐欲伐宋,而秦禁之。"五国伐秦指成皋之役,时当秦昭王十年(公元前299年),正是宋康王在位期间。《战国策·韩策三》:"韩人攻宋,秦王大怒曰:'吾爱尔,与新城、阳晋同也。韩珉与我交而攻我甚所爱,何也?'"对于韩珉攻宋,鲍彪注曰:"今从《史》,定为此(厘王)十年。"①韩厘王十年(公元前286年),这年宋国灭亡。韩珉率齐国军队攻宋,秦昭王在开始阶段加以制止,后来听从苏秦的劝说才作罢。直到宋国灭亡那年,秦王仍然把宋国作为自己的保护对象。由此而来,宋国使者前往秦国,必然要卑颜甘辞以取悦于对方。这则寓言以宋、秦之间的不平等交往为背景,寓言作者对于宋国的这种状况深感耻辱,对于没有气节人格的外交使者予以辛辣的讽刺。

四、率性崇真的宋元君

　　宋元君是《庄子》寓言反复出现的角色,分别见于《田子方》、《徐无鬼》和《外物》,其中《外物》篇的寓言最有传奇色彩:

　　　　宋元君夜半而梦人被发窥阿门,曰:"予自宰路之渊,予为清江使河伯之所,渔者余且得予。"元君觉,使人占之,曰:"此神龟也。"君曰:"渔者有余且乎?"左右曰:"有。"君曰:"令余且会朝。"明日,余且朝。君曰:"渔何得?"对曰:"且之网得白龟焉,其圆五尺。"君曰:"献若之龟。"龟至,君再欲杀之,再欲活之,心疑,卜之。曰:"杀龟以卜吉。"乃刳龟,七十二钻而无遗筴。

---

① 范祥雍:《战国策笺证》,上海古籍出版社2006年版,第1596页。

关于宋元君,《释文》曰:"宋元君,李云:元公也。案:元公名佐,平公之子。"①这是释宋元君为宋元公,合乎历史实际。《庄子》对各国君主的称谓,遵循着既定的规则,称一国之主为君,还见于《养生主》篇,其中的文惠君,指的是梁惠王。以此类推,宋元君,当指宋元公。

宋元公,历史上实有其人,名佐,宋平公之子。鲁昭公十一年(公元前531年)继位,卒于鲁昭公二十五年(公元前517年),在位十五年。宋元公一生最有传奇色彩的故事,是他去世前不久的一场梦,《左传·昭公二十五年》作了记载:

> 十一月,宋元公将为公故如晋。梦大子栾即位于庙,己与平公服而相之。旦,召六卿。公曰:"寡人不佞,不能事父兄,以为二三子忧,寡人之罪也。若以群子之灵,护保首领以殁,唯是楄柎所以藉干者,请无及先君。"仲几对曰:"君若以社稷之故,私降昵宴,群臣弗敢知。若夫宋国之法,死生之度,群臣以死守之,弗敢失队。臣之失职,常刑不赦。臣不忍其死,君命祇辱。"
>
> 宋公遂行,己亥,卒于曲棘。

以上所录的两个梦都是宋元公睡眠中出现的事象,两个梦都与生死相关。《庄子·外物》篇的宋元君之梦当是虚拟的,是当时流播的传说。宋都商丘,北面距黄河较近。神龟作为清江使者前往河伯之所,宋国是必经之地,因此宋元公成为故事中的重要角色。至于《左传》所记载的宋元公之梦,则是实有其事,确实是他的梦象。他要前往晋国,为放逐在外的鲁昭公求情,希望借助晋国的力量使他返回鲁国。可是,出发前他却做了个不祥之梦:自己及亡父身穿朝服,辅佐在庙中即位的太子,是预示自己即将辞世,因此他对身后之事作了安排。登上征途不久,宋元君就在半路死去。从时间上看,似乎宋元君先有梦龟之事,到了临终前才有太子即位之梦。从文献记载的情况看,因

---

① 郭庆藩:《庄子集释》,中华书局2004年版,第933页。

为宋元君临终前觉得梦象很奇异,所以,人们把他视为多梦之君。到了后来,又虚拟出神龟入梦的传说。

《庄子·田子方》篇记载宋元君如下传说:

> 宋元君将画图,众史皆至,受揖而立;舐笔和墨,在外者半。有一史后至,儃儃然不趋,受揖不立,因之舍。公使人视之,则解衣般礴,臝。君曰:"可矣,是真画者也。"

后至的画师是故事的主角,也是作者赞美的对象。他不受利益驱动,不拘礼节,纯任天性。"解衣盘礴,臝"。他在住处把脱下的衣服杂乱堆放,赤身裸体。盘礴,杂乱堆放之象,画师是位放浪形骸之人,宋元君则对他极其欣赏,认为他才是真正的画师①。因为作画需要真性情,矫饰伪装作不出好画,这则寓言把宋元君写成欣赏放浪形骸者的旷达之君。现实生活中的宋元君,确实有崇尚真情的一面,《左传·昭公二十五年》有如下记载:

> 宋公享昭子,赋《新宫》,昭子赋《车辖》。明日宴,饮酒,乐。宋公使昭子右坐,语相泣也。乐祁佐,退而告人曰:"今兹君与叔孙其皆死乎! 吾闻之,'哀乐而乐哀,皆丧心也。'心之精爽,是谓魂魄。魂魄去之,何以能久!"

昭子,指鲁国的叔孙婼,他是为季平子到宋国迎亲,所娶的是宋元公的女儿。宋元公和昭子在第一天的宴会上各自赋诗言志,合乎礼仪的规定。第二天宴会则出现了不合礼仪的场面:"宋公使昭子右坐,语相泣也。"关于"右坐",杨伯峻先生作了如下解释:

> 依古代宴礼设坐,宋公坐于阼阶上,面向西;昭子则坐于西阶,面向南。如此,相隔较远,不便交谈,故杜云"改礼坐",使昭子移坐于东阶,坐于宋公之右,同向西。此本临时偶然之举动,

---

① 贾学鸿:《〈庄子〉"旁礴万物以为一"理念及其文学显现》,《山东师范大学学报》(人文社会科学版),2006 年,第 2 期。

不可以礼论之。①

古代饮酒聚会,参与人员的座位是固定的,不能随意改变。《诗经·小雅·宾之初筵》就把"舍其坐迁"视作违礼之行而加以批判,也就是后来所说的乱座,要受到严厉惩罚。宋元公作为一国之君,却在饮酒高兴之际请鲁国来宾变换座位,和自己并排而坐,以便于交谈。不仅如此,他又乐极生悲,交谈过程中两人又相向而泣。这两种举动都违背礼仪的规定,参加宴会的宋国大臣乐祁在事后进行非议,站在维护礼仪的立场指出上述行为是不祥之兆。从这件事可以看出,宋元公是性情中人,即使是招待诸侯国客人,他也不拘礼数,袒露自己的胸怀,并且或乐或哀,任其自然。《田子方》篇把宋元君塑造成放浪形骸画师的知音,和历史上宋元公的流露真情不无关联。

《徐无鬼》篇的寓言也提到宋元君:

> 郢人垩慢其鼻端,若蝇翼,使匠石斲之。匠石运斤成风,听而斲之,尽垩而鼻不伤,郢人立不失容。宋元君闻之,召匠石曰:"尝试为寡人为之。"匠石曰:"臣则能斲之,虽然,臣之质死久矣。"

这则寓言假托庄子之口说出,设置了匠石与宋元君对话的情节。匠石是楚地工匠,《庄子·人间世》又有"匠石之齐"的记载。匠石从楚国前往齐国,宋国是路经之地。寓言所设置的宋元君与匠石对话的情节,可以和《人间世》的"匠石之齐"记载相衔接。宋楚两国地域相邻,从春秋到战国,两国的人员往来比较频繁。《左传·昭公二十二年》记载,宋国发生内乱,主要叛乱人员逃亡到楚国,并且为楚方所接纳,这正是宋元公在位期间发生的事。

宋元公作为宋国的君主,在位期间并没有什么建树,反倒因为"无信而多私"导致内乱,见于《左传》昭公二十至二十二年的记载。

---

① 杨伯峻:《春秋左传注》,中华书局 2000 年版,第 1456 页。

宋元公不是明君,但是,他在晚年袒露真情的举止及临终前的梦象,却是比较罕见,引人关注,《左传》对此作了具体的叙述。《庄子》中和宋元公相关的寓言,其背景主要依据这位君主晚年的表现,把他写成神龟入梦之人、欣赏放浪形骸的画师之人。宋元公晚年的表现,无论是对鲁国昭子接待的不拘礼数,还是梦见太子即位之后对自己葬礼所作的安排,都不合乎礼的规定,但却是真性情的流露,他令鲁国客人易座是率性而为,他嘱咐大臣在自己死后薄葬,"唯是楄柎所以藉干",意谓棺中垫尸体的木板足以容身而已,以此进行自我贬损。这些做法遭到持传统观念的朝臣的非议和反对,但却合乎道家崇尚自然的理念。正因为如此,这位政绩平平的宋国君主,在《庄子》寓言中反复作为正面角色出现。

对于作为殷商后裔的宋人,在春秋战国时期,社会上主要有两种态度,一种是以《管子·水地》篇为代表,认为宋人秉承先王之风,民风质朴、思维简易。汉代的司马迁比较认同这一看法。另一种态度是以《左传》为代表,认为宋人凝滞保守,不知变通。《左传·宣公二十四年》,楚国的申舟曾提出"郑昭宋聋"的说法。"昭"即眼明,"聋"即耳不聪。也就是说,宋人刻板固陋,原则性强,但缺少与时俱进的灵变能力,与善于审时忖势、通晓世情的郑人相比,显得愚钝不敏。这种观念在先秦典籍中比较普遍,《战国策》、《孟子》、《荀子》、《韩非子》、《吕氏春秋》等著作中都有类似的记述。

桑梓之情,人皆有之。庄周本人是宋人,《庄子》书中不少材料取自宋地。《庄子》一书对宋人的看法,表现出多元特征。对宋地简易、质朴的平民,书中只是善意地调侃;对于得道的宋人,如公文轩、正考父等,给予含蓄地褒扬;对君主中政绩平平,然而却能率性任情的宋元君,书中津津乐道,认同感溢于言表;而对残暴的宋王、势利浅薄的使者曹商,则是猛烈地抨击、辛辣地嘲讽。由此看出,《庄子》对宋人的评价,与社会上流行的观念相比,显得复杂深刻且有针对性,体现出《庄》书独特的观察视角和辩证因素。

作为文学作品,《庄子》书中的宋人形象,是作者根据战国时期宋地的历史文化背景,对现实社会中真实的历史人物、事件、民风,进行改造加工的结果,故事亦真亦幻,扑朔迷离,从而彰显出《庄子》瑰奇恣肆的文章风采。但是,《庄子》不是世情小说,更不是志怪之书,而是以阐释道论为目的的哲学著作。书中的人物,以寓言形式铺列开来,巧妙而又简单地把《庄子》之道蕴涵其间。然而,由于《庄子》所论之"道"具有普遍性、包容性,因此书中的种种观点,从整体上看,又常常互相抵牾,如《逍遥游》中宋人的"有用"、"无用"观,既然"无用"是"大用",那么"资章甫而适诸越"又有何妨?既然当官害身,那么"裂地而封"又有何乐?既然反对礼教的约束,那么正考父的谦恭又因何被如此称道?诸如此类,各种悖论在书中频频出现。不过奇妙的是,在具体的语言环境中,每一种观点又都是自然流出、顺理成章,犹如天均运转、卮言散漫。正如清代学者林云铭在《庄子因·庄子杂说》中所说:"《庄子》学问是'和盘打算法',其议论亦用'和盘打算法'。……《庄子》当以'观贝法'读之,正视之似白,侧视之似紫,睨视之似绿,究竟俱非本色。才有所见,便以为得其真,无有是处。"[1]这也是一部《庄子》千百年来令人把玩不绝的原因。

第三节　鲁地人名与鲁国历史

鲁国是周公旦的封地,也是儒家的发祥地,在先秦地域文化中占有举足轻重的地位。《庄子》作为现实社会的批判著作,书中对于儒家多有微辞。那么,《庄子》与鲁文化是否有关联?它以怎样的方式利用鲁地文化的资源?进而又以此为背景和根据进行艺术创造?这

---

① 　林云铭:《庄子因》,光绪庚辰(1880)白云精舍重刊本。

是研究《庄子》与地域文化关联不容回避的重要内容。《庄子》书中出现的鲁地文化的相关事象,数量不是很多,但是,所涉及的文化背景却比较复杂,有的还处于隐蔽状态,需要援引先秦相关典籍的材料加以印证。

一、任职鲁廷的得道者:孟孙才、梓庆

《庄子》书中提到的在鲁国朝廷任职,而又能体悟道性的人有孟孙才和梓庆。

孟孙才:

孟孙才见于《大宗师》:

> 颜回问仲尼曰:"孟孙才,其母死,哭泣无涕,中心不戚,居丧不哀。无是三者,以善处丧盖鲁国。固有无其实而得其名者乎?回壹怪之!"

> 仲尼曰:"夫孟孙氏尽之矣,进于知矣。唯简之而不得,夫已有所简矣。孟孙氏不知所以生,不知所以死;不知就先,不知就后;若化为物,以待其所不知之化已乎!……且彼有骇形而无损心,有旦宅而无情死。孟孙氏特觉,人哭亦哭,是自其所以乃。"

孟孙才是鲁国远近闻名的"善处丧"者,就是说,他在办丧事过程中,表现得非常到位。然而颜回却发现,他在自己母亲的丧事中,哭时无泪,居丧不哀,似乎心中不是很难过。颜回觉得这种表现有违常礼,不符合丧礼的规定,与"善处丧"的口碑名实不副,于是向老师孔子请教。孔子对孟孙才的表现,却给予了很高的评价,认为他能参透生死,安时处顺,听任自然造化的推排,是一位超脱旷达的悟道之人,因此他的居丧方式有别于世人。

文中把对孟孙才的赞赏,置于颜回师徒的对话当中,是假借孔子之口说出,宣扬道家的生命理念。文章的这种构思,同孔子与鲁国孙

氏三大家族的交往不无关联。孟孙氏、叔孙氏、季叔氏是鲁国三大家族,都是鲁恒公的后裔,长期把持鲁国政权。《大宗师》篇寓言通过孔子之口对孟孙氏进行赞扬,把孔子作为孟孙才超脱之性的见证人。

《左传》对孟孙氏的称呼,始自孟献子,即仲孙蔑,孟献子是鲁国名臣。《左传·襄公十年》记载,孟献子率兵协同晋军攻打偪阳,随军出征的秦堇父三次向城上攀登,守城的人很佩服他的勇武。"师归,孟献子以秦堇父为右。生秦丕兹,事仲尼。"孟献子的"车右"之子,拜孔子为老师。杨伯峻注曰:"齐召南以为秦丕兹即《仲尼弟子列传》之秦商。《孔子家语·七十二弟子解》云:'秦商,鲁人,字不兹'云云,见《左传注疏考证》。"①秦商成为孔门弟子,这是孟孙氏与孔子所发生的间接交往。

《左传·昭公七年》记载:"三月,公如楚,郑伯劳于师之梁。孟僖子为介,不能相仪。及楚,不能答郊劳。"②鲁昭公出访楚国时,途经郑国,郑伯在城门"师之梁"慰问鲁公。到楚国后,楚君在郊外迎接。这两种场合都涉及诸侯君主交往的礼仪。孟僖子是孟献子的嫡子,随从鲁昭公出行。他不熟悉礼仪规则,出使期间很尴尬。有感于此,临终前嘱咐他的两个儿子拜孔子为师,"故孟懿子、南宫敬叔师事仲尼"。这是孟孙氏家族成员直接进入孔门,南宫敬叔即南宫阅,又称南宫适。《论语》两次提到南宫。

《公冶长》篇记载:"子谓南宫,'邦有道,不废,邦无道,免于刑戮。'以其兄之子妻之。"南宫适,字子容,故又称南容。孔子对这位学生很是欣赏,也很放心,于是自己作主把侄女嫁给他,孔子便成为南宫适的叔丈,与孟孙氏家族有了姻亲关系。

《先进》篇写道:"南宫三复白圭,孔子以其兄之子妻之。"白圭之

①　杨伯峻:《春秋左传注》,中华书局 2000 年版,第 978 页。
②　杨伯峻:《春秋左传注》,中华书局 2000 年版,第 1287 页。

语,见于《诗经·大雅·抑》:"白圭之玷,尚可磨也。斯言之玷,不可为也。"意谓白圭上的斑点还可以磨掉,言语的过失却无法挽救。南宫适三次吟咏这几句诗,可见他是位持身严谨的君子。

　　孟懿子的儿子孟武伯是孔子学生,他也曾经向孔子请教。《论语·为政》篇记载:"孟武伯问孝。子曰:'父母唯其疾之忧。'"另外,《公冶长》篇记载,孟武伯向孔子询问子路、冉求、公西赤三人是否达到仁的境界,孔子分别作了回答。

　　从孟献子、孟僖子到孟懿子、南宫适,再到孟武子,孟孙氏家族前后有四代人与孔子有过间接联系或直接交往,其中有两代人直接向孔子请教。在鲁国三桓家族中,孔子与孟孙氏的关系最为密切,因此,《大宗师》篇假托孔子之口评论推崇孟孙才。

　　《大宗师》篇把孟孙才说成是"善处丧"者,为母亲居丧期间有与众不同的表现。孟孙氏家族确实有这样的人物。《礼记·檀弓上》记载:"孟献子禫,县而不乐,比御而不入。夫子曰:'献子加人一等矣。'"孟献子指仲孙蔑,他的政治活动最早见于记载是在《左传·宣公九年》(公元前 600 年),卒于襄公十九年(公元前 554 年),他活跃在鲁国政治舞台上长达四十六年之久,是一位很有影响的人物。孟献子也曾以"善居丧"著称,他为父亲服丧,丧期已满,他只是将钟磬悬挂起来,并不演奏。可以有房事,他却不与妻妾同居。禫,指除去丧服时举行的祭礼。孟献子服丧尽哀,在做法上超出常人,因此受到孔子的称赞。孟献子又是一位厉行节俭的大臣。《国语·周语中》记载:"定王八年,使刘康公聘于鲁,发币于大夫。季文子、孟献子皆俭,叔孙宣子、东门子家皆侈。"孟献子集多种美德于一身,孟孙氏家族的基业由他奠定,优良传统亦由他开创。他的尚俭美德合乎道家的理念,他的家族也容易得到庄子的认可,这或是《庄子》把孟孙才作为正面角色加以处理的重要原因。

　　孟孙才出自孟孙氏家族,但是,"才"这个名字或是虚拟的,历史文献上并无此人。才,指的是杰出、优秀,沿用了当时的习惯语。《左传·襄公二十三年》记载:"季武子无适子,公弥长,而爱悼子,欲立之。访于申丰曰:'弥与纥,吾皆爱之,欲择才焉而立之。'"才,谓有才能。文中还记载,孟庄子仲孙速率,公鉏在讨论确立继承人时说:"何长之有,唯其才也。"意谓确立接班人不能以年长为依据,而要看其才能如何。由此看来,《大宗师》中的"孟孙才"之称,或是"孟孙氏家族有才者"之义。何谓才,《庄子》有自己的界定,《德充符》篇写道:

> 仲尼曰:"死生存亡、穷达贫富、贤与不肖、毁誉,是事之变、命之行也。日夜相代乎前,而知不能规乎其始者也。故不足以滑和,不可入于灵府。使之和豫,通而不失于兑。使日夜无郤,而与物为春,是接而生时于心者也。是之谓才全。"

这里所说的"才全",指的是参透生死、祸福、毁誉等人生变故的能力,指的是超然物外,不受外界变化影响的定力,始终保持内心的虚静冲淡,处于适意状态。《大宗师》篇的孟孙才正是这样的人物。他"不知所以生,不知所以死",实际上已经勘破生死,从容面对。他"若化为物",顺应自然造化的安排。总之,他是庄子所说的"才全"之人,是具有道家之才的正面角色。

《大宗师》中"孟孙才"角色的生成,有鲁国孟孙氏家族及其与孔子交往的历史背景,有一定的现实根据。但是,对于"孟孙才"这个人物的刻画,却是在《庄子》所持理念统辖下进行。"孟孙才"居丧的三种特异表现,他对于生死的超然态度,都是《庄子》一书所赋予的,是艺术上的虚拟,在孟孙氏家族那里找不到生活原型。

《大宗师》篇孔子所理解的孟孙才"善居丧"的情境,是《庄子》哲学的一大特色,即《庚桑楚》所谓的"名相反而实相顺",《老子》所说的"同出而异名",这种"众妙之门"的开启,在于接受者的心智理解。这一点,牟宗三先生称为"纯粹的境界形态",是依观看或知见之路讲形而上学,与西方"实有形态的形而上学",具有系统性格的不同。①

梓庆:

《庄子》书中另一位在鲁国朝廷任职的悟道者是梓庆,具体记载见于《达生》篇:

> 梓庆削木为镱,镱成,见者惊犹鬼神。鲁侯见而问焉,曰:"子何术以为焉?"对曰:"臣工人,何术之有!虽然,有一焉。臣将为镱,未尝敢以耗气也,必齐以静心。齐三日,而不敢怀庆赏爵禄;齐五日,不敢怀非誉巧拙;齐七日,辄然忘吾有四枝形体也。当是时也,无公朝,其巧专而外骨消;然后入山林,观天性,形躯至矣;然后成见镱,然后加手焉;不然则已。则以天合天,器之所以疑神者,其是与!"

梓匠,属于木匠中的一种类别。《周礼·考工记》有《梓人》之职,具体负责"为笋虡"、"为饮器"、"为侯",即制造悬挂乐器的支架、餐饮器具及箭靶。梓庆,即称为"庆"的木匠。镱,或做虡,是悬挂编钟、编磬的木架上的立柱。为鲁国朝廷制造镱的匠人称为梓庆,这位角色可以在鲁国找到他的原型。《国语·鲁语上》有如下记载:

> 庄公丹桓宫之楹,而刻其桷。匠师庆言于公曰:"臣闻圣王公之先封者,遗后之人法,使无陷于恶。其为后世昭前之令闻也,使长监于世,故能摄固不解以久。今先君俭而君侈,令德替矣。"公曰:"吾属欲美之。"对曰:"无益于君,而替前之令德,臣故曰庶可已矣。"公弗听。

丹,《说文》释为巴蜀产的一种赤石,这里作动词用,即染成赤色。楹,指堂屋前部的柱子;桷,即方形的椽子。鲁庄公娶亲于齐国,新妇到达之后将有庙见之礼。鲁庄公为了迎接新妇的到来,将供奉先君

---

① 牟宗三:《中国哲学十九讲》,台北:学生书局1983年版,第130页。

鲁桓公的庙宇进行细致的装饰:把楹柱染成红色,在椽子上雕刻精致的图案。他的这种做法遭到匠师庆的反对和制止,但是,鲁庄公依然我行我素。匠师庆,应是管理工匠的官员,匠师,指工匠的长官,庆是对他的称呼。

《左传》庄公二十三、二十四年也记载了这个事件:

> 秋,丹桓宫之楹。二十四年春,刻其桷,皆非礼也。御孙谏曰:"臣闻之,俭,德之共也;侈,恶之大也。先君有共德,而君纳诸大恶,无乃不可乎!"

这里向鲁庄公进谏的是御孙,所用话语与《国语·鲁语上》所载匠师庆的谏词基本相同,关于御孙与匠师庆的关系,《鲁语上》韦昭注曰:"匠师庆,掌匠大夫御孙之名也。"①韦昭的说法,可以和《左传》的记载相互对照。

《左传·襄公四年》有如下记载:

> 秋,定姒薨,不殡于庙,无椁,不虞。匠庆谓季文子曰:"子为正卿,而小君之丧不成,不终君也。君长,谁受其咎?"
>
> 初,季孙为己树六槚于蒲圃东门之外。匠庆请木,季孙曰:"略。"匠庆用蒲圃之槚,季孙不御。

定姒是鲁成公之妻,鲁襄公之母,她去世时襄公年幼,执政大臣季文子对丧事草率处置。匠庆见此情景,对季文子提出批评,并且把季文子为自己所栽的楸树取来,为定姒制作了棺材。匠庆也是一位木匠,有人认为他就是《庄子·达生》篇的梓庆。俞樾写道:

> 《春秋》襄四年《左传》匠庆谓季文子,杜注:"匠庆,鲁大匠"。即此梓庆。②

《国语·鲁语上》提到匠师谏鲁庄公,是在鲁庄公二十四年(公元前

---

① 《国语》,上海古籍出版社1998年版,第155页。
② 郭庆藩:《庄子集释》,中华书局2004年版,第658页。

670 年),而匠庆批评季文子则是在鲁襄公四年(公元前 569 年),两件事前后相距一百年。显然,匠师庆和匠庆不可能是同一个人。可是,二人都称为庆,两人或许有某种关系。从古代匠人的命名来看,庆,或指姓氏。这个木匠世家以庆为姓氏,连续几代人都是在鲁国宫廷服务。庄公二十四年的匠师庆,名御孙。而襄公四年的匠庆,则没有留下名字。先秦时期,工匠世家大量存在。《左传·定公四年》追溯周初分封诸侯,分给鲁公伯禽"殷民六族,条氏、徐氏、萧氏、索氏、长勺氏、尾勺氏",其中后三者分别是制造绳索和酒器的家族。分给康叔的有"殷民七族,陶氏、施氏、繁氏、锜氏、樊氏、饥氏、终葵氏",分别是制造陶器、旌旗、马缨、釜、篱笆、锥子等方面的工匠家族。《国语·齐语》记载,管仲采用士、农、工、商各居其处的治国方略,其中对于工匠的管理方式如下:

> 令夫工,群萃而州处,审其四时,辨其功苦,权节其用,论比协材,旦暮从事,施于四方,以饬其子弟。相语以事,相示以巧,相陈以功。少而习焉,其心安焉,不见异物而迁焉。是故其父兄之教不肃而成,其子弟之学不劳而能。夫是,故工之子恒为工。

《管子·小匡》也有类似记载。这是从根本制度上使工匠的职业专门化,并且世代相袭。在鲁国宫廷服务的木匠以庆为氏,世代相袭,因此,鲁庄公和鲁襄公期间分别有匠师庆和梓庆,他们或是同一家族的成员,只是所处的时段相隔百年。

庆氏是为鲁国宫廷服务的工匠世家,并且有两位家族成员在历史上以直言敢谏而著于史册。《庄子·达生》篇以"鲁国梓庆造鐻"为寓言题材,人物的称谓可能取自历史上确实存在的工匠家族,所从事的工作也合乎木匠的职责。《达生》篇的梓庆不但有高超的技艺,而且是超越技艺层而进入道境的达人。通过梓庆之口向人们暗示,人生必须不断抛舍自己,抛舍得越彻底,所获得的自由就越多。梓庆作为传道布教的角色出现,向国君讲述自己入道的秘诀,这种角色属性与历史上直言敢谏的匠庆既有区别,又有继承关系。工匠作为高出鲁国朝廷君臣的形象出现,他从事木匠工艺,是顺应木和鐻的本性而为,已进入忘我的境界,是工艺与生命融合的艺术化境。

二、虚拟的丑陋道人:王骀、叔山无趾、哀骀它

《庄子》书中的鲁地人物还有一批残疾之人、丑陋之人,这类人物多为虚拟,所用的称谓比较怪异,并且含有寓意。

王骀:

《德充符》篇开头两段如下:

> 鲁有兀者王骀,从之游者与仲尼相若。常季问于仲尼曰:"王骀,兀者也,从之游者与夫子中分鲁。立不教,坐不议。虚而往,实而归。固有不言之教,无形而心成者邪?是何人也?"

> 仲尼曰:"夫子,圣人也,丘也直后而未往耳!丘将以为师,而况不若丘者乎!奚假鲁国,丘将引天下而与从之。"

文中假托常季与孔子的对话,把王骀施教的神奇效应加以渲染,确立了他的崇高地位。王骀是一位兀者,《释文》曰:"刖足曰兀。案:篆书兀、介字相似。"①按照《释文》作者陆德明的说法,刖足之所以或称为介,或称为兀,是因为这两个字的篆文形式相似。介,又见于《庄子·养生主》:

> 公文轩见右师而惊曰:"是何人也?恶乎介也?天与?其人与?"曰:"天也,非人也。天之生是使独也,人之貌有与也。以是知其天也,非人也。"

文中以"独"释"介",公文轩称一只脚的右师为介,又称其为独。郭象注曰:"介,偏刖之名。"偏刖,即砍去一只脚,称为介。介,许慎解为"画也"。《说文》画部释"画",又曰:"畍也"。对此,段玉裁进一步

---

① 郭庆藩:《庄子集释》,中华书局 2004 年版,第 187 页。

作了阐释:"介与画互训。田部畍字蓋后人增之耳。介、畍古今字。分介必有閒,故介又训閒。"①许慎和段玉裁都认为"介"是"界"的古字,是边界、界限之义。把"介"解为"界限",恐怕已是引申意义了。尹黎云先生对"介"的字源进行了考察,他认为:"介,甲骨文作 ……是在人的两侧增加点画,罗振玉认为像人著介之形,其说可从。就是说,点画表示人身上的联革,介的本义当为甲衣。介、甲,双声,二字语出一源。人著甲胄,目的是使身体与外界隔开,以保护自己,故引申介有间隔义。"②人身穿甲胄把自己与外界隔开,身体则处于独立状态,因此,"介"引申为单独、孤特之义。"刖一足"而称为"介",取其"只剩一只完整的脚"之义,是从脚的数量方面而作的显示。

再看"兀"。《说文》曰:"兀,高而上平也。"段玉裁注解为:"凡从兀声之字多取孤高之意。……兀音同月,是以跀亦作趴。"③段玉裁是根据音训的方法,证明跀与趴通,为刖者称兀提供了依据。兀的本义是"高而上平",即顶端是平的,刖足则是把人的脚砍掉,断足处变成秃平之形,因此称兀。刖者称为兀,是取象手脚被砍掉之后的肢体形态;刖者称为介,是着眼于所剩一足的数量,两个意义的来源不同。兀、介,二者并不是因篆文相近而通,他们表现刖足的含义各有自己的生成途径。

鲁国的兀者称为王骀,王是其姓,骀是其名。这个姓名不见于现存的先秦文献,或是虚拟的,但它带有象征的意义。王,有至高无上、至尊义,这种含义比较常见。而对于"骀"字的理解,在历史上却多有歧义,需要加以辨析。《说文》曰:"骀,马衔脱也。从马,台声。"段玉裁注道:

> 衔者,马勒口中者也。脱,当作挩,解也。马衔不在马口中,

①　许慎撰、段玉裁注:《说文解字注》,浙江古籍出版社 1999 年版,第 49 页。
②　尹黎云:《汉字字源系统研究》,中国人民大学出版社 1998 年版,第 15 页。
③　许慎撰、段玉裁注:《说文解字注》,浙江古籍出版社 1999 年版,第 405 页。

则无以控制其马。崔寔《政论》曰:"马骀其衔"是也。衔脱则行迟钝,《广雅》曰:"驽,骀也"是也。又引申为宽大之意,汉有台名骀濎,及春色骀荡是也。①

段注的首尾两部分十分可取,中间引《广雅》之说似乎欠妥。骀,字形从马,从台,是马脱其衔之义。再看"台"字,《说文》曰:"台,说也。从口,以声。"段玉裁注写道:

> 台,说者,今之怡、悦字。《说文》怡训和,无悦字。今文《尚书》:"舜让于德,不台。"见《汉书·王莽传》、班固《典引》。而《五帝本纪》本之,作"舜让于德,不台怿。"《自序》曰:"唐尧逊位,虞舜不台。""惠之早殒,诸吕不台。"皆谓不为百姓所悦也。古文《禹贡》:"祗台德",先郑注:"敬悦天子之德既先。"②

段玉裁注旁征博引,用以证明"台"字的本义是愉悦、快乐,很有说服力。骀,字形从马,从台,指的是马脱掉口中的嚼子。由此而来,马就获得了自由,不再受人控制,这对马来说当然是愉悦之事。骀,表示马的解脱状态,含有自由、愉悦之义。先秦典籍中出现的"骀"字用以指代马,取的多是这种含义。至于《广雅》以驽释骀,则是出于误解。驽,指劣马,骀,指脱去嚼子而难以控制的马,二者各有所指,不能相混淆。王充《论衡·非韩篇》称:"御者无衔,见马且奔,无以制也。"无衔之马即为骀,它可自由行动,难以驾驭。《庄子·天下》篇写道:"惜乎!惠施之才,骀荡而不得,逐万物而不反,是穷响以声,形与影竞走也。悲夫!"骀荡,司马彪释为放散,李颐、成玄英释"骀"为"放"③,合乎原文本文,骀,指的是自由、不受束缚。

骀,本义是指马脱其衔,去掉口中的嚼子,因而有自由舒放、愉悦快乐之义。《庄子·马蹄》篇正是把马的嚼子视为残害马的器物看

---

① 许慎撰、段玉裁注:《说文解字注》,浙江古籍出版社 1999 年版,第 468 页。
② 许慎撰、段玉裁注:《说文解字注》,浙江古籍出版社 1999 年版,第 58 页。
③ 郭庆藩:《庄子集释》,中华书局 2004 年版,第 1114 页。

待,其中写道:"饥之、渴之、驰之、骤之、整之、齐之,前有橛饰之患,后有鞭筴之威,而马之死者已过半矣。"这里的"橛",指的就是马口中的嚼子,又称为"衔"。"衔"是束缚马的器具,因此,马所作的反抗就是"诡衔"的举措,指吐出口中的嚼子。显然,《马蹄》的作者是把马脱其衔视为真性的失而复得,是重新获得自由,这正是"骀"字的本义。

《德充符》中的鲁地兀者王骀,其称谓中的"王"字表示至高无上之义,开篇常季与孔子的对话,已经点出这位兀者所处的至高无上地位,在门生弟子的数量上,他与孔子平分秋色,连孔子本人都要拜他为师,这正是典型的"无冕之王",是当之无愧的精神领袖,而且是最高领袖。骀,本义是指马脱其衔所呈现的自由、愉悦之象。《德充符》中的王骀,正是这样一个自由超脱的角色,文章通过常季与孔子的对话展现出他的这种品格:

> 常季曰:"彼兀者也,而王先生,其与庸亦远矣。若然者,其用心也独若之何?"
>
> 仲尼曰:"死生亦大矣,而不得与之变;虽天地复坠,亦将不与之遗。审乎无假而不与物迁,命物之化而守其宗者也。"
>
> 常季曰:"何谓也?"
>
> 仲尼曰:"自其异者视之,肝胆楚越也;自其同者视之,万物皆一也。夫若然者,且不知耳目之所宜,而游心乎德之和。物视其所一而不见其所丧,视丧其足犹遗土也。"

常季称"彼兀者也,而王先生",道出了王骀姓氏称谓的象征意义,孔子所作的回答,则点出这位兀者的自由超脱、逍遥愉悦。王骀已经进入人生的大解脱场,没有任何变化会给他带来困扰,这正如马衔脱落那样,带来的是轻松、惬意,是无往而不适的自由境界。假托孔子之口对王骀精神魅力所作的展示,与"骀"字的本来含义相契。

以"骀"为人名,并不是自《庄子》开始的。《左传·昭公元年》

187

记载,尧时在晋南治水的英雄叫臺骀。《礼记·檀弓下》记载了石骀仲之死。可见,以"骀"为名字,在先秦时期有例证可寻。

叔山无趾:

《德充符》篇出现的另一个奇人是叔山无趾:

> 鲁有兀者叔山无趾,踵见仲尼。仲尼曰:"子不谨,前既犯患若是矣。虽今来,何及矣!"
>
> 无趾曰:"吾唯不知务而轻用吾身,吾是以亡足。今吾来也,犹有尊足者存,吾是以务全之也。夫天无不复,地无不载,吾以夫子为天地,安知夫子之犹若是也!"

叔山无趾,这个称谓本身就表明他是位刑馀之人。因为"无趾",所以"踵见仲尼",用后脚跟走路去见孔子。"叔山"盖是罕见的姓氏,《左传·成公十六年》曾有记载:

> 楚师薄于险,叔山冉谓养由基曰:"虽君有命,为国故,子必射!"乃射。再发,尽殪。叔山冉搏人以投,中车,折轼,晋师乃止。

这里叙述的是晋楚鄢陵之战的一个场面。养由基是楚国的神箭手,叔山冉是楚军的勇士。叔山冉在战斗中勇猛异常,并且力大无比。他将俘获的晋军成员投向敌阵,击中战车,扶栏折断,可见强度之大。叔山冉在战场上奋不顾身,为楚国立下大功。《庄子·德充符》中的叔山无趾称自己以前"轻用吾身",带有叔山冉的投影。然而,叔山无趾一名不见于现存的其他典籍,这个角色或是虚拟的,但历史上确实有叔山氏存在,不过,《左传》记载的叔山冉是楚国人,《德充符》篇的叔山无趾则是鲁人。《德充符》篇还有如下叙述:

> 无趾语老聃曰:"孔丘之于至人,其未邪? 彼何宾宾以学子为? 彼且蕲以諔诡幻怪之名闻,不知至人之以是为己桎梏邪?"
>
> 老聃曰:"胡不直使彼以死生为一条,以可不可为一贯者,解其桎梏,其可乎?"

　　无趾曰："天刑之,安可解!"

这里设置了叔山无趾与老子对话的情节。叔山无趾是鲁地人,史上没有老子涉足鲁地的记载,《庄子》中的老子也未曾在鲁地出现过。《庄子》书中,老子的常居地是沛。《天运》篇写道:"孔子行年五十有一而不闻道,乃南之沛见老子。"沛,在今天微山湖西岸,即今江苏徐州市下辖的沛县,先秦时与鲁国薛地隔湖相望。春秋战国时,沛地属宋国,齐、楚、魏灭宋,楚得沛地。年逾五旬的孔子,当是从鲁地出发,南行到沛地去向老子请教。《寓言》篇曰:"阳子居南之沛,老聃西游于秦,邀于郊,至于梁而见老子。"阳子居即杨朱,他前往沛地去见老子,适值老子西行,两人半途相遇。这个故事还是把沛地说成是老子的常居之处。《庚桑楚》篇的南荣趎,在他的老师庚桑楚的建议下,他"南见老子"以解惑:"南荣趎赢粮,七日七夜至老子之所。"这则寓言把老子的住处锁定在南方,是以鲁、宋、楚交界之地为背景。老子居于沛地,是《庄子》书中对老子居住空间的设置。既然如此,叔山无趾与老子的对话,也应是在沛地展开。这则寓言虽然没有出示地域背景,但隐约地反映出叔山无趾与地域文化的联系,叔山冉出自楚地,叔山无趾虽然虚拟为鲁人,仍然未能完全脱离与楚文化的关联。

　　哀骀它:

　　《庄子·德充符》篇还记载一位奇人哀骀它,他虽然是卫国人,却一度被鲁哀公召至鲁国,并且把治理国家的重任交给他。哀骀它,这也是一个富有象征意义的称号,具有多重内涵。

　　哀,在这个称号中指的是喜爱,取其特殊用法。"哀"指喜爱,在古代早期文献中,不时可以见到例证。《管子·侈靡》篇写道:"国虽强,令必忠以义;国虽弱,令必敬以哀。"这里所说的"敬以哀",指的是敬与爱,先秦时期往往敬、爱对举。《楚辞·招魂》曰:"目极千里伤春心,魂兮归兮哀江南。"这里所说的"哀江南",指的是喜爱江南。《淮南子·说林训》:"鸟飞返乡,兔死归窟,狐死首丘,寒将翔水,各

189

哀其所生。"高诱注:"哀,犹爱也。"①哀,指的是喜爱,"哀骀它"之名中的"哀"字,指的正是喜爱,即哀骀它富有魅力,被人们所喜爱。文中写道:

> 卫有恶人焉,曰哀骀它。丈夫与之处者,思而不能去也。妇
> 人见之,请于父母曰"与为人妻宁为夫子妾"者,十数而未止也。

这段话假托鲁哀公之口说出,哀骀它无论对男士还是女性,都极具吸引力,他的魅力令人迷恋,以至于达到痴狂的程度。甚至鲁哀公也被他所吸引,"与寡人处,不至以月数,而寡人有意乎其为人也;不至乎期年,而寡人信之"。哀骀它在很短的时间内就得到鲁哀公的欣赏和信任,他确实是一位令人喜爱的人物。

哀骀它,其中的"骀"字,指超脱、自由,这位奇人确实活得轻松愉悦,没有任何负担。文中写道:"无君人之位以济乎人之死,无聚禄以望人之腹。"他没有权势、地位,也没有什么财富,但却使人得到救济和满足,暗示哀骀它超脱于富贵之外。鲁哀公把国政委托给他,"无几何也,去寡人而行",他把国相之位看得无足轻重、根本不放在心里,弃之如敝屣,与"骀"字的本义相契。

再看"它"字。《说文》曰:"它,虫也。从虫而长,象冤曲垂尾形。"段玉裁注写道:"冤曲者,其体;垂尾者,其末。𠂤,象其卧形;故屈尾而短。𠂤,象其上冤曲而下垂尾。"②"它",本指蛇,取其屈曲之象。由此而来,字形从"它"者往往有屈曲、委蛇之义。《诗经·鄘风·君子偕老》:"君子偕老,副笄六珈。委委佗佗,如山如河。"这几句诗描写的是贵夫人头上的首饰。由于头上首饰多达六重,以至于因叠加而出现曲折之象。委佗,谓屈曲之象。《诗经·召南·江有汜》有:"江有沱,之子归,不我过。"沱,指水湾屈曲之处。《诗经·召

---

① 刘文典:《淮南鸿烈集解》,中华书局1997年版,第555页。
② 许慎撰、段玉裁注:《说文解字注》,浙江古籍出版社1999年版,第678页。

南·羔羊》:"羔羊之皮,素丝五紽。",指用丝线打成的纽结,还是取其屈曲之象。至于后来出现的"骆驼"之称,取其背上的驼峰,亦是屈曲之象。

古代字形从"它"者往往有屈曲义,哀骀它以与世推移的方式生存,也有随顺、委蛇之象。文中写道:"未尝有闻其唱者也,常和人而已。"哀骀它"和而不唱",采取的是顺随应付的处世态度。鲁哀公把国政交给他,"闷然而后应,泛而若辞。"哀骀它对国相之职淡淡地应允,仿佛毫不留心;又漠不关心,好像要推辞一般,这种随随便便的样子,仍然是一副委曲随顺之态。虚与委蛇,是《庄子》一书反复倡导的处世方式,哀骀它就是这样的角色。如此虚与委蛇的曲折之象,正与"它"字的本义相合。

王骀、叔山无趾、哀骀它都是《庄子》虚拟的角色,王骀、叔山无趾作为孔子的反衬出现,哀骀它则是孔子、鲁哀公的景仰对象。这三位活动在鲁地的奇人都充当了传道布教的角色,是《庄子》的代言人。由于他们的存在,《庄子》一书把本是礼仪之邦、儒家发祥地的鲁国,塑造成一个高人奇士活跃其间的道场,成了《庄子》阐述其思想的舞台。

三、飨祭海鸟的鲁君与臧文仲

鲁国飨祭海鸟的事件,涉及鲁君和臧文仲两个人。

"鲁君飨海鸟"的寓言,见于《庄子》外篇的《至乐》和《达生》,两篇所作的叙述大体相同,其中《至乐》篇讲述得更为具体:

> 昔者海鸟止于鲁郊,鲁侯御而觞之于庙,奏《九韶》以为乐,具太牢以为膳。鸟乃眩视忧悲,不敢食一脔,不敢饮一杯,三日而死。

这是一桩颇为滑稽的故事,但历史上实有其事,其原型《国语·鲁语上》有记载:

> 海鸟曰"爰居",止于鲁东门之外三日,臧文仲使国人祭之。
> 展禽曰:"越哉,臧孙之为政也! 夫祀,国之大节也;而节,政之
> 所成也。故慎制祀以为国典。今无故而加典,非政之宜也。"

这件事发生在鲁国朝廷。海鸟名叫"爰居",当是根据它的习性而得
名。爰,变更、更改之义。《左传·僖公十五年》曰:"晋于是乎作爰
田。"爰田,指变更旧的土地所有制,把公田赏赐给一些人。《汉书·
食货志》曰:"休二岁者为再易下田,三岁更耕之,自爰其处。"这里的
爰,指的是更换。鸟名爰居,指的是变更栖息地的鸟,也就是后代所
说的候鸟。爰居是一种候鸟,但是迁徙途中在鲁国停留却是例外。
对此,《国语·鲁语上》作了如下交待:

> 是岁也,海多大风,冬煖。文仲闻柳下季之言,曰:"信吾过
> 也,季子之言不可不法也。"使书以为三筴。

韦昭注,"煖,爰居之所避也。"① 由于那年气候反常,出现暖冬,导致
"爰居"的迁徙路线反常,中途在鲁国停留。《至乐》及《达生》篇的
祭祀海鸟寓言,是在鲁国这一事件的基础上生发出来的,并且在细节
上作了变更和补充。鲁国下令祭祀海鸟的本来是臧文仲,到《庄子》
中变成了鲁君。《鲁语上》并没有讲述以怎样的方式祭祀"爰居",
《庄子》则把这场祭祀说成是最高礼仪,有牛羊豕这类高级祭品,还
演奏《九韶》之乐。《鲁语上》没有交待"爰居"被祭祀后的反应,《至
乐》则称祭祀导致海鸟死亡。总之,《庄子》是用文学笔法叙述这个
历史故事,加入了许多虚构和想象。

鲁国是礼仪之邦,却出现祭祀海鸟这样荒唐的事件,当时就遭到
朝廷大夫展禽的批评。主张祭祀海鸟的是臧文仲,这个事件反映出
他执政期间鲁国文化的一种走向,即祭祀的频繁和随意。

臧文仲是鲁国名臣,《左传·襄公二十四年》记载,鲁国叔孙豹

---

① 《国语》,上海古籍出版社1998年版,第171页。

出使晋国,向晋国执政卿范宣子说道:"鲁有先大夫曰臧文仲,既没,其言立,其是之谓乎!"当时,叔孙豹和范宣子正讨论什么是"死而不朽"的问题,他举臧文仲为例,把他视为死而不朽之人,因为他能立言。臧文仲卒于鲁文公十年(公元前617年),具体记载见于《春秋》,下距鲁襄公二十四年(公元前549年)已经长达半个多世纪,他作为鲁国的先贤而被称颂。

臧文仲的理政处世还有另一个侧面,那就是对神灵的迷信。孔子已经察觉到他的这种倾向,《论语·公冶长》有如下记载:

> 子曰:"臧文仲居蔡。山节藻棁,何如其知也?"

蔡,是占卜用的神龟。臧文仲给大龟盖了房屋,在斗拱上雕刻山形图案,梁的短柱上画着藻草。这是天子的庙饰,是相当奢华的。对于他的这种做法,孔子感到无法理解。臧文仲是位智者,他怎么会做出这样荒唐离谱的事呢?但如果结合臧文仲当政期间鲁国文化的走向进行考察,就会发现他的这种做法合乎他理政处世的理念,是他众多迷信鬼神事项中的一个组成部分。

臧文仲首次作为鲁国执政卿出现,见于《左传·庄公二十八年》:"冬,饥,臧孙辰告籴于齐。"臧孙辰即臧文仲,鲁国发生饥荒,他前往齐国借粮。《国语·鲁语上》叙述这事件时,记有臧文仲的如下话语:"国有饥馑,卿出告籴,古之制也。辰也备卿,辰请如齐。"臧文仲当时已是鲁国主持朝政的卿,自告奋勇前往齐国。《左传·庄公十一年》记载:"秋,宋大水,公使吊焉。"宋国发生水灾,鲁庄公派人慰问。在叙述这一事件之后,又记载了臧文仲对宋国接待人员应对言辞的评论。《史记·十二诸侯年表》称:"宋湣公九年,宋大水,公自罪,鲁使臧文仲来吊。"《史记·宋微子世家》亦有相同记载。臧文仲在鲁庄公十一年就出使宋国,在朝廷已有较高地位,他成为执政卿应是在此之后不久的事情,时间上要大大早于庄公二十八年。在鲁庄公十一年到二十八年期间(公元前673年—公元前666年),鲁国

出现了一些前所未有的事件,《春秋》、《左传》都作了记载。《左传·
庄公二十五年》有如下记载:

> 夏六月辛未,朔,日有食之。鼓,用牲于社,非常也。唯正月
> 之朔,慝未作,日有食之,于是乎用币于社,伐鼓于朝。

> 秋,大水,鼓,用牲于社、于门,亦非常也。凡天灾,有币,无
> 牲。非日月之眚,不鼓。

这年鲁国出现日食和水灾,于是大张旗鼓地进行禳灾活动,超越了礼
的规定,对此杨伯峻先生解释如下:

> 非常即非礼之意。……明此次日食,鲁于社只能用币,伐鼓
> 只能于朝,以明伐鼓、用牲于社,乃僭用天子之礼。……

> 大水为天灾,古礼只能用币,不能用牲,用牲则为非礼。此
> 盖诸侯之礼,天子或不然。①

这是从礼的等差规定方面的评论,指出鲁国朝廷上述举措的违犯定
制。其实,问题并不仅限于此。臧文仲步入政坛之前,鲁国也发生过
类似灾异,但没有"伐鼓"、"用牲"之类的禳灾举措。《春秋·隐公三
年》记载:"三年春,王二月,己巳,日有食之。"《春秋·桓公元年》:
"秋,大水。"《左传·桓公十七年》:"冬十月朔,日有食之。"《春秋·
庄公七年》:"秋,大水。"这些日食和水灾均发生在臧文仲步入鲁国
政坛之前,《春秋》、《左传》只是对这些自然现象加以记载,并没有提
到鲁国朝廷所采取的应对举措。由此可以推断,臧文仲执政之前,鲁
国对于日食、水灾并没有举行禳祭的制度,只是到了臧文仲执政的鲁
庄公在位阶段的中期之后,才出现伐鼓、用牲以应对日食的事象,臧
文仲是扩大这类祭祀的推手。

如果说上面的结论还有推测成分,那么,下面出现的滥祭事件则
与臧文仲直接相关。《左传·僖公三十一年》记载:"三十一年春,取

---

① 杨伯峻:《春秋左传注》,中华书局2000年版,第232页。

之济西田,分曹地也。使臧文仲往,宿于重馆。"晋国讨伐曹国而和其他相关诸侯国瓜分其地,鲁国得到济西之田,臧文仲代表鲁国前往领取。由此看来,臧文仲这时仍然执掌鲁国政权,主持处理朝廷日常事务。《左传·僖公三十一年》还有如下记载:

> 夏四月,四卜郊,不从,乃免牲,非礼也,犹三望,亦非礼也。礼不卜常祀,而卜其牲、日。牛卜日曰牲。牲成而卜郊,上怠、慢也。望,郊之细也,不郊,亦无望可也。

以上事件发生在臧文仲执掌鲁国政权期间,他是主要责任人。郊,指祭天,是鲁国的常祀,每年定期进行,不必用龟甲事先卜问。臧文仲却四次进行卜郊。他为大龟建造豪华的房屋,对龟卜过于依赖,所以才出现这种违礼之行。望,指望祭,祭祀山川,礼的级别低于祭天。既然祭天之礼没有举行,也绝再无祭祀山川之理。可是,臧文仲却安排望祭,属于滥祭。通过以上事实不难看出,臧文仲对鬼神非常崇信,并且达到迷醉的程度,因此,他连续问卜多达四次,超过规定的极限;他扩大祭祀范围,使不应该举行的祭祀变成国典。在臧文仲执政期间,鲁国朝廷呈现的是谄媚鬼神、祭祀泛滥的走势。

《左传·文公二年》记载,鲁国在太庙祭祀先祖,把僖公的牌位置于闵公之上,违背了以往的定制,在朝廷引起轩然大波,当时臧文仲仍在影响朝政。后来孔子对此事作了如下评论:

> 仲尼曰:"臧文仲,其不仁者三,不知者三。下展禽、废六关、妾织蒲,三不仁也。作虚器,纵逆祀,祀爰居,三不知也。"

孔子列举臧文仲的六个过失。其中"作虚器"指家藏大龟,作室以居之;"纵逆祀"即把僖公置于其父闵公之上加以祭祀;"祀爰居"指祭祀海鸟一事。孔子所列的臧文仲的"三不知",或与祭祀相关,或与神物有联系,都属于侍奉鬼神之事。臧文仲在那个理性精神张扬的时代,却崇信鬼神,滥祭祈福,一度使鲁国的巫术祭祀增多,带有迷妄色彩。

下面再回到祭祀海鸟一事。孔子列举臧文仲的过失，"祀爰居"置于最末。《国语·鲁语上》对臧文仲的言行多有记载，将祭祀海鸟一事置于臧文仲前往领取济西曹地（僖公三十一年）之后，逆祀僖公（文公二年）之前。由此推断，祭祀海鸟是在鲁僖公三十一年（公元前629年）到鲁文公二年（公元前625年）期间发生的事，那时的臧文仲已进入晚年。

展禽对于臧文仲祭祀爰居所作的批评，主要着眼于它的不合礼制，违背祭典，《鲁语上》有他的如下话语：

> 今海鸟至，己不知而祀之，以为国典，难以为仁且智矣。夫仁者讲功，而智者处物。无功而祀之，非仁也；不知而不能问，非智也。

展禽以仁、智作为价值尺度进行评判，是站在捍卫礼乐文化的立场，批评臧文仲祭祀海鸟的举措，和孔子所持的观点是一致的。

《庄子》的《达生》篇、《至乐》篇对于这一事件也有评论，其中《至乐》篇评论如下：

> 此以己养鸟也，非以鸟养鸟也。夫以鸟养鸟者，宜栖之深林，游之坛陆，浮之江湖，食之鳅鲦，随行列而止，委蛇而处。

《达生》篇的评论也大体如此，但文字比较简略。《庄子》的作者认为飨祭海鸟是件很可笑的事情，其理论根据是人和鸟的天性各异，不能用对待人的方式养鸟。文中从栖息、饮食、运动几个方面列举对于鸟适宜的方式，以鸟养鸟实际是以不养为养，让鸟类回归自然，按照自己固有的方式生存。大自然是鸟类的乐园，应该让它在那里自由自在地活动，而不要有人为的干预。

鲁国朝廷"祭祀海鸟"的事件，从一个侧面反映出春秋前期特定时段内鲁文化的走势，其中臧文仲发挥了重要作用。这个事件在儒道两家那里都产生了反响，但所作的回应声音却不同。《庄子》一书将这个事件寓言化，利用鲁文化的材料，而对发祥于鲁文化的儒家理

念加以颠覆。尤其具有戏剧性的是,《至乐》篇的这个故事假托孔子
说出,是鲁人讲述发生在鲁国的旧事,然后以道家的观念作总结。
《达生》篇讲述这个故事的是扁子,所出地域不明,扮演的也是以史
论道的角色。

四、鲁贤柳下季与盗跖

《庄子·盗跖》篇有孔子见盗跖的寓言,开头一段如下：

> 孔子与柳下季为友,柳下季之弟,名曰盗跖。盗跖从卒九千
> 人,横行天下,侵暴诸侯。穴室枢户,驱人牛马,取人妇女,贪得
> 忘亲,不顾父母兄弟,不祭先祖。所过之邑,大国守城,小国入
> 保,万民苦之。

这则寓言把孔子和柳下季说成是同时代人,明显不合乎历史实际。
对此,古代注家早已指明。唐代道教学者成玄英为柳下季作疏解曰：
"姓展,名禽,字惠,食采柳下,故谓之柳下季。"陆德明《经典释文》又
解道：

> 柳下惠姓展,名获,字季禽。一云,字子禽,居柳下而施德
> 惠。……案《左传》云,展禽是鲁僖公时人,至孔子生八十馀年,
> 若至子路之死百五十六岁,不得为友,是寄言也。①

这个判断是正确的,柳下季又称柳下惠,他比孔子大八十多岁,虽然
都是生在鲁国,但不可能直接交往而成为朋友。《盗跖》篇称"孔子
与柳下季为友",或缘于孔子多次称颂柳下季,这在《论语》中有记
载。《卫灵公》篇写道："子曰：'臧文仲其窃位者与! 知柳下惠之贤
而不与立也。"孔子为柳下惠不被重用鸣不平,认为这是臧文仲不能
任用贤能的结果,《微子》篇写道：

> 逸民：伯夷、叔齐、虞仲、夷逸、朱张、柳下惠、少连。子曰：

---

① 郭庆藩：《庄子集释》,中华书局 2004 年版,第 990 页。

> "不降其志,不辱其身,伯夷、叔齐与?"谓"柳下惠、少连,降志辱
> 身矣,言中伦,行中虑,其斯而已矣。"

孔子把柳下惠与古代许多隐士高人相提并论,归入被遗落的人才行列。柳下惠属于忍辱负重型,能够按照法度行事,孔子对柳下惠饱含同情,视为鲁地的先贤。《庄子·盗跖》篇把柳下季说成是孔子的朋友,与孔子对柳下季反复称颂不无关系。

《盗跖》篇称盗跖是柳下惠的弟弟,不完全是捕风捉影,这与历史上柳下惠的实际情况有关系,文献上确实记载柳下惠是兄弟二人。《左传·僖公二十六年》曰:

> 夏,齐孝公伐我北都,……公使展喜犒师,使受命于展禽,齐
> 侯未入竟,展喜从之。

《国语·鲁语上》对这件事的记述更为详细,展喜,又称乙喜。展喜是鲁国派出的犒劳齐军的使者,而所用的外交辞令则是由展禽拟定。展禽即柳下季,展喜称为乙喜,他们当是兄弟,季、乙是表示排行的术语。柳下季所拟定的辞令娓娓动听,展喜把它向齐孝公陈述之后,令对方无言以对,只好撤军返国。

柳下季、展喜兄弟二人都是鲁国朝廷的大夫,并且为国家立下功勋,柳下季还是得到孔子认可的先贤。可是,《庄子·盗跖》篇却把柳下季的弟弟说成是强盗,并且设置出孔子见盗跖而遭其训斥的情节。展喜是为国家立过功的贤臣,为什么在《庄子》中被改头换名,称为盗跖呢?

关于盗跖,《庄子·骈拇》篇又提到他,文章论述如下:

> 伯夷死名于首阳之下,盗跖死利于东陵之上,二人者,所死
> 不同,其于残生伤性均也,奚必伯夷之是而盗跖之非乎! 天下尽
> 殉也。彼其所殉仁义也,则俗谓之君子;其所殉货财也,则俗谓
> 之小人。其殉一也,则有君子焉,有小人焉;若其残生损性,则盗
> 跖亦伯夷已,又恶乎取君子小人于其间哉!

《骈拇》作者抹杀君子和小人的根本区别,认为在残生损性方面二者并无本质的差异。既然如此,这两类人可视为残生损性的孪生兄弟,可以伯仲相称。把盗跖说成是柳下季的弟弟,所持的正是贤人与强盗无别的理念。不仅如此,《盗跖》篇还借盗跖之口,对所谓的才士圣人、贤士忠臣予以彻底的否定,并且认为孔丘亦可称为"盗丘"。这与《骈拇》篇所持的观念基本相同。

柳下季出自展氏,展氏是鲁国的显赫家族。关于展氏的由来,《左传·隐公元年》有如下记载:

> 无骇卒。羽父请谥与族。公问族于众仲。众仲对曰:"天子建德,因生以赐姓,胙之土而命之氏。诸侯以字为谥,因以为族。官有世功,则有官族,邑亦如之。"公命以字为展氏。

对此,杨伯峻先生有如下解释:

> 杜注云:"公孙之子以王父(祖父)字为氏,无骇,公子展之孙也,故为展氏。"杜云以王父字为氏,盖本《公羊传》之说。明傅逊则以展为无骇本人之字。以文义观之,傅逊之说较为可信。①

两种说法孰是孰非难以判定,但无骇是公子展之孙则确定无疑。无骇,见于《春秋·隐公二年》:"无骇师师入极。"杨伯峻先生注:"无骇,鲁国之卿,公子展之孙,展禽(柳下惠)父。极,鲁附属国。"②展氏与鲁君同姓,是鲁国贵族,柳下惠是展氏第二代传人,活跃于鲁僖公在位后的中后期,与臧文仲是同时代人。

展氏是鲁国的高门望族。可是,就在柳下季生活的阶段,发生了一件令人震惊的事情。《春秋·僖公十五年》记载:"己卯晦,震夷伯之庙。"杨伯峻先生注写道:

① 杨伯峻:《春秋左传注》,中华书局 2000 年版,第 62 页。
② 杨伯峻:《春秋左传注》,中华书局 2000 年版,第 22 页。

> 震,雷电击之也。夷伯,据《传》,当是展氏之祖。杜注谓夷
> 为谥,伯为字,或然。但不知夷伯何名,为何公之大夫。夷伯之
> 庙当是展氏祖庙。①

展氏的祖庙遭到雷击,这件事在当时产生很大反响,对此,《左传·
僖公十五年》写道:"震夷伯之庙,罪之也。于是展氏有隐慝焉。"对
于"隐慝",杨伯峻先生作了如下解释:

> 隐慝可有两义,一谓人所不知之罪恶,一谓不可告人之罪
> 恶。此乃古人迷信,雷击展氏庙,因谓其有隐慝。②

展氏祖庙遭到雷击,这在当时人看来,是上天对展氏的警告和惩罚,
表明展氏有罪恶之事,为天理所不容。这一事件势必影响到人们对
展氏家族的印象,从而把这一家族中的某些成员与邪恶联系起来。
《庄子·骈拇》篇有"盗跖死利于东陵之上"的话语,关于东陵,《释
文》写道:"东陵,李云,谓泰山也。一云,陵名,今名东平陵,属济南
郡。"③尽管人们对于东陵的具体方位有不同的认定,或云泰山,或云
在东平,但都在鲁国疆域之内,把盗跖确定为鲁国人,有合理性。盗
跖是当时传说的大盗、巨盗,不是普通人所能充当,于是,祖庙遭到雷
击的展氏家族,便被说成是盗跖之所出,具体落实到柳下季之弟身
上。《盗跖》篇在叙述孔子会见盗跖的经过时写道:

> 孔子不听,颜回为驭,子贡为右,往见盗跖。盗跖乃方休卒
> 徒大山之阳,脍人肝而餔之。

这里所说的大山,指的是泰山。《庄子·大宗师》在论述"道"的功能
时写道:"肩吾得之,以处大山。"大山或作太山,大山即泰山。肩吾
是山神,处于泰山。《管子·封禅》曰:"古者封泰山,禅梁父者七十

---

① 杨伯峻:《春秋左传注》,中华书局 2000 年版,第 350 页。
② 杨伯峻:《春秋左传注》,中华书局 2000 年版,第 366 页。
③ 杨伯峻:《春秋左传注》,中华书局 2000 年版,第 326 页。

二家",《山海经·中山经》作"封于太山,禅于梁父,七十二家"。①
大山,太山,均指泰山。传说盗跖是以泰山为根据地,是鲁国境内的
大盗,他是柳下季之弟。

春秋时期的强盗,《左传》时有记载。桓公十六年,卫国公子急
子出使齐国,卫宣公夫人宣姜"使盗待诸莘",使得急子和他的同父
异母弟寿子都被杀。莘地是卫、齐两国交界处,在今山东莘县。僖公
二十四年,郑国公子华流亡到宋国,郑文公怀疑他有政治野心,"使
盗诱杀之,八月,盗杀之于陈"。这是宋国境内出现的强盗,正是柳
下季所处的时段。昭公二十年,"大叔为政,不忍猛而宽。郑国多
盗,取人于萑苻之泽。……兴徒兵以攻萑苻之盗,尽杀之,盗少止。"
这是郑国境内出现的强盗,当时正是孔子所处的阶段。从《左传》的
记载来看,无论是柳下季所处的春秋前期,还是孔子所处的春秋后
期,鲁国都没有出现大规模有组织的强盗,否则,如果盗跖真是鲁国
大盗,聚徒多达九千人,史书不可能没有记载。把盗跖说成柳下季之
弟,是由多种文化因素生成的传说,其中有道家的理念在起作用,也
有鲁国展氏祖庙遭雷击而产生的反响。至于把孔子说成与柳下季为
友,并且前去会见其弟盗跖,则是《庄子》后学虚构的寓言,是以鲁文
化为背景所作的艺术创造。

小　结

《庄子》以寓言言道,寓言中出现的形形色色的人物,都为阐述
玄妙的理念服务。这些人物当中,有得道者、有求道者,也有与道相
悖的"篡夫"、"蔽蒙之民"。得道者中,包括不入仕的隐者、入仕的达
人、社会底层的平民,甚至形残的超越者,体现出道家"道无处不在"

---

① 袁珂:《山海经校注》,巴蜀书社 1996 年版,第 221 页。

的理念。与道相违的"倒置"之人中，也不乏高官、君主，从而体现《庄子》对统治阶层的批判意识。

《庄子》寓言中的人物角色和称谓，绝大多数都有其现实基础。如楚地的接舆、叶公子高、市南宜僚、孙叔敖、宋地的正考父、鲁地的孟孙才、梓庆、柳下季、飨祭海鸟的鲁君等等，都有现实的影子。《庄子》作者对社会中的历史人物以意去取，或是对事件细节加以放大，或是对事中人物移花接木，进行了文学化的改造与虚构，使这些人物处于似是而非的朦胧状态。虽然显得荒诞，但其内涵意蕴却不失深刻，为阐释道家理念做支撑。这正是《老子》第二十一章"道之为物，惟恍惟惚。惚兮恍兮，其中有象；恍兮惚兮，其中有物"的体现。这些人物中，也有纯属虚拟的，如王骀、叔山无趾、哀骀它、温伯雪子、公阅休等，他们身上也都有地域文化的滋养。同时，他们的称谓，体现出道家追求洁净、自由、率真，提倡包容，珍爱生命的理念。

这些出自不同地域的人物，也表现出地域的共性特征。如楚地人物，显示出得道顺道的倾向。上面辨析的九位楚人，除匠石和汉阴丈人是"向道"之人外，其余七位都是得道达人，彰显出《庄子》的楚文化根基。

宋国是庄周故里，对于宋人，《庄子》一书是区别对待的。对宋地平民的愚钝、质朴、缺少变通的本色，书中只是善意地调侃；对于得道的公文轩、正考父等人，给予含蓄地褒扬；对于君主中政绩平庸却性情率真的宋元君，表现出认同态度；而对残暴的君主，则是从侧面抨击、谩骂。由此不难看出，《庄子》一书对宋地民俗基本持认同态度，对统治者却是极度地失望。

鲁国是儒家的发祥地，在学术观点上与道家对立性强，但《庄子》一书也表现出温和态度。如孟孙才，是以鲁国孟孙氏家族为背景，并通过孔子之口，对其与道家观念相似之处大加赞赏。对三位刑余之人，虽然形貌丑陋，却通过称谓暗示他们高洁的人生追求，并让他们置身于以孔子为首的儒家人物的景仰之中，来突显道家的境界。对于儒家在诸侯争战中功勋显赫的柳下季家族，《庄子》既肯定他积极的一面，这以柳下季为代表；又批判其戕害生命的消极一面，并通过盗跖之口说出。由此可见，《庄子》说理的技巧可谓至妙之极。

《庄子·内篇》人名表（表2）

篇　目	人　名
逍遥游	彭祖、汤、棘、宋荣子、列子、尧、许由、肩吾、连叔、接舆、藐姑射神人、惠子、庄子、魏王
齐物论	南伯子綦、颜成子游、王倪、齧缺、瞿鹊子、长梧子、黄帝、丘、丽之姬、庄周
养生主	庖丁、文惠君、公文轩、右师、秦佚、老聃
人间世	卫君、仲尼、颜回、桀、纣、关龙逢、比干、尧、禹、舜、伏羲、几蘧、叶公子高、丘、颜阖、卫灵公太子、蘧伯玉、匠石、南伯子綦、支离疏、接舆、孔子
德充符	王骀、常季、孔子、申徒嘉、郑子产、伯昏无人、叔山无趾、仲尼、老聃、鲁哀公、哀骀它、支离无脤、瓮㼜大瘿、卫灵公、齐桓公、惠子、庄子
大宗师	狐不偕、务光、伯夷、叔齐、箕子、胥馀、纪他、申徒狄、伏羲、维斗、堪坏、冯夷、肩吾、黄帝、颛顼、禺强、西王母、彭祖、有虞、五伯、傅说、武丁、南伯子葵、女偊、卜梁倚、副墨之子、洛诵之孙、瞻明、聂许、需役、於讴、玄冥、参寥、疑始、子舆、子犁、子来、子祀、子桑雽、孟子反、子琴张、子贡、畸人、颜回、仲尼、孟孙才、意而子、无庄、据梁、黄帝
应帝王	齧缺、王倪、蒲衣子、肩吾、狂接舆、日中始、天根、无名人、阳子居、老聃、季咸、壶子、列子、儵、忽、混沌

《庄子·外篇》人名表（表3）

篇　目	人　名
骈　拇	离朱、师旷、曾、史、杨、墨、俞儿、臧、谷、伯夷、盗跖
马　蹄	伯乐、陶者、匠人
胠　箧	田成子、齐君、尧、舜、龙逢、比干、苌弘、子胥、跖、瞽旷、离朱、工倕

续表

篇 目	人 名
在 宥	尧、桀、崔瞿、老聃、跖、曾、史、广成子、黄帝、佞人、舜、讙兜、三苗、共工、云将、鸿蒙
天 地	黄帝、知、喫诟、象罔、离朱、许由、齧缺、被衣、华封人、尧、伯成子高、禹、老聃、夫子、蒋闾葂、季彻、鲁君、子贡、汉阴丈人、谆芒、苑风、门无鬼、赤张满稽、武王、杨、墨
天 道	孔子、子路、老聃、尧、舜、士成绮、老子、桓公、轮扁
天 运	巫咸、商大宰荡、庄子、北门成、黄帝、孔子、颜渊、师金、西施、老聃
刻 意	彭祖
缮 性	燧人、伏羲、神农、黄帝、唐、虞
秋 水	河伯、北海若、孔子、子路、尧舜、桀纣、阳虎、公孙龙、魏牟、寿陵馀子、庄子、楚大夫、惠子
至 乐	子胥、庄子、支离疏、滑介叔、颜渊、孔子、齐侯、尧舜、黄帝、燧人、神农、鲁侯、列子
达 生	列子、关尹、颜渊、仲尼、痀偻丈人、津人、田开、周威公、张毅、祝肾、桓公、管仲、皇子告敖、纪渻子、吕梁丈人、梓庆、工倕、扁庆、孙休、东野稷、颜阖、鲁侯、祝宗人
山 木	庄子、市南宜僚、鲁侯、尧、北公奢、卫灵公、大公任、孔子、子桑雽、假人、林回、栗林虞人、阳子、庄周、魏王、颜回、羿、蓬蒙
田子方	田子方、魏文侯、谿工、东郭顺子、温伯雪子、老聃、孔子、颜渊、仲尼、庄子、鲁哀公、百里奚、宋元君、臧丈人、文王、列御寇、伯昏无人、肩吾、孙叔敖、楚王、凡君
知北游	知、无为谓、狂屈、黄帝、齧缺、被衣、禹、丞、孔子、老聃、东郭子、庄子、婀荷甘、神农、老龙吉、泰清、无为、无穷、无始、光曜、无有、大马捶钩者、冉求、仲尼、颜渊

《庄子·杂篇》人名表（表4）

篇 目	人 名
庚桑楚	庚桑楚、南荣趎、老聃、汤、伊尹、秦穆公、百里奚、胥靡
徐无鬼	徐无鬼、魏武侯、女商、越之流人、南伯子綦、颜成子、仲尼、孙叔敖、市南宜僚、齧缺、许由、黄帝、大隗、牧马童子、庄子、惠子、齐人蹢子、蹢闉者、儒墨杨秉、管仲、桓公、鲍叔牙、隰朋、吴王、颜不疑、董梧、子綦、九方歅、梱、句践、种、尧、舜

篇　目	人　名
则　阳	则阳、夷节、王果、公阅休、汤、仲尼、魏莹、田侯牟、公孙衍、季子、华子、惠子、戴晋人、丘、市南宜僚、少知、大公调、季真、接子、蘧伯玉、长梧封人、子牢、柏矩、老聃、辜人、大弢、伯常骞、狶韦、卫灵公
外　物	龙逢、比干、箕子、恶来、桀纣、伍员、苌弘、曾参、任公子、庄周、监河侯、老莱子、宋元君、余且、申徒狄、辜人、惠子、庄子、尧、许由、汤、务光、纪他
寓　言	庄子、惠子、孔子、蘧伯玉、曾子、东郭子綦、颜成子游、阳子居、老聃
让　王	尧、许由、子州支父、舜、子州支伯、善卷、石户之农、大王亶父、王子搜、子华子、颜阖、列子、郑子阳、屠羊说、司马子綦、原宪、子贡、曾子、颜回、中山牟、瞻子、孔子、舜、北人无择、汤、桀、卞随、瞀光、伊尹、伯夷、叔齐、神农
盗　跖	盗跖、柳下季、孔子、子路、尧舜、汤武、黄帝、蚩尤、禹、文王、伯夷、叔齐、鲍焦、申徒狄、介子推、文公、尾生、比干、伍子胥、子张、满苟得、无足、知和、善卷
说　剑	赵文王、太子悝、庄子
渔　父	渔父、孔子、子路、子贡、颜渊
列御寇	列御寇、伯昏瞀人、郑人缓、庄子、朱评漫、支离益、曹商、鲁哀公、颜阖、正考父
天　下	墨翟、禽滑厘、相里勤、已齿、苦获、邓陵子、宋钘、伊文、彭蒙、田骈、慎到、老聃、关尹、庄周、惠施、桓团、公孙龙、黄缭

第五章　山水地名与人文地理

　　《庄子》书中出现的地名,据初步统计有 40 多处,归纳起来大致包括四类(见 P241 表 5):第一类是虚拟之地,如无何有之乡、圹埌之野、无极之野、无穷之门等;第二类是山丘之名,如藐姑射山、空同山、具茨山、狐阋、冥伯之丘等;第三类是水名,包括海、河、蓼水、玄水、赤水等;第四类是具体的地名,如颍阳、曲辕、缁维、演门等。其中第一类虚拟之地,是远离喧嚣尘世的逍遥之地,是道境的象征。第四类具体地点,往往作为寓言故事的背景出现。而山、丘之名和海、水之名,情况比较复杂,有的代表大道仙乡,也有的是故事展开的环境。对山水地名的考察,则是本章的重点。

第一节　中州地名

　　上古时代,相传大禹随山刊木划定九州,豫州位于九州的中央,故又称中州。据《尚书·禹贡》记载:"荆河惟豫州。"《吕氏春秋》又说:"河汉之间为豫州。"说明中州南界是荆山、汉水,北界是黄河,即今天河南省黄河以南、湖北省北部、山东省西南隅和安徽省西北部。

　　庄子故里宋地①,在今天河南商丘一带,这已成为当下学者的共

---

　　①　关于庄子故里,基于《史记》"庄子者,蒙人也"、"尝为蒙漆园吏"的记载,曾有五种说法,即商丘附近的古蒙地、今安徽蒙城县、山东东明县、曹县、冠县。司马迁所说的"蒙"地,当是商丘附近。依谭其骧主编的《中国历史地图册》,"蒙"地属春秋

识。宋地正处于中州境内，因此《庄子》中反复出现与中州地域密切相关的事象，其中《内篇》就有多处。例如：《逍遥游》中"宋人资章甫而适诸越"的寓言、"宋人有为不龟手之药"的寓言，《人间世》中"南伯子綦游商丘见大木"和"宋荆氏植楸柏桑"的寓言，都是以宋国为背景。《养生主》篇"公文轩见右师"中的"公文轩"是宋国人，而"庖丁为文惠君解牛"中的"文惠君"，《逍遥游》中"魏王贻我大瓠之种"中的"魏王"，是魏君梁惠王，都城在大梁，即今天河南开封。此外，《人间世》中"颜回将之卫"、"颜阖将傅卫太子"、"卫有恶人哀骀它"和"闉跂支离无脤说卫灵公"四则寓言，是以卫国为背景；《人间世》中"申徒嘉与郑子产同师伯昏无人"和《应帝王》篇"壶子应对神巫季咸"两则寓言，是以郑国为背景。卫国是殷商故地，卫都朝歌在今河南省淇县，郑国都城新郑即今天河南的新郑县，都属于中州范围。上述这些与中州相关的事象，在《庄子·内篇》中很容易被识别，有的甚至一目了然。但是，《内篇》中有些与中州相关的地名，不是以原有的名称出现，而是经过了《庄子》作者的改造，变得虚实难辨。比如，《人间世》中出现的曲辕、《应帝王》篇提到的殷阳、蓼水，就属于这类地理名称，它们亦真亦幻，显得扑朔迷离。对这些地名加以考证、辨析，不仅有助于最大限度地对《庄子·内篇》进行历史还原，还

时宋国，秦汉叫蒙县，一直到北魏时期都存在。汉代刘向《别录》、班固《汉书·艺文志》、张衡《髑髅赋》、高诱注《淮南子》都称庄子为宋人。而安徽蒙城立县名是唐代天宝元年。但王晓波《庄周故里为安徽蒙城辨》认为，安徽蒙城与河南蒙县有密切关系，它是东晋时设立的侨居县，自西晋、东晋、北魏、东魏、北齐等系列的社会动荡，几废而筑，改称蒙城。此地与蒙人后裔有关，但不会是"庄子故里"。曹县，依唐代杜佑《通典·州郡》、李吉甫《元和郡县图志》、张守节《史记正义》所引《括地志》等文献记载，是庄子做漆园吏之所。东明县与曹县相邻，现有庄子观、庄子墓等多种遗迹，可能是庄子死后所葬之地。山东冠县境内也有蒙县，但因没有其他佐证，自古地名又多有重名，已被否定。战国后期，"蒙"地先后归属梁国、楚国，故又有庄子为梁人、楚人的说法。

有利于进一步揭示相关寓言的生成机制和风格特征。

一、曲辕

关于曲辕,《庄子·人间世》有这样的表述:

> 匠石之齐,至于曲辕,见栎社树。其大蔽数千牛,絜之百围,其高临山,十仞而后有枝,其可以为舟者旁十数。

成玄英疏曰:"祀封土曰社。"①社,即土地庙。匠石所见的栎社树,是一棵生长在土地庙的大栎树。作者借助匠石与弟子讨论栎树奇大无比缘由的对话,阐述了"全生于世"的秘诀。文章简短的几句话,从树冠之大、树干之粗、树身之高三个维度刻画了栎树的奇异:树冠能为数千头牛遮荫,树干粗达百围(约十丈),树干高过山顶的部分就有十仞(约十八米),再算上山体,全树高度可想而知,就连树冠的分枝,能造木舟的都有几十枝。如此神奇之树,其生长之地也一定神奇,《庄子》作者把这个地方称为曲辕。

陆德明《经典释文》引用司马彪的注:"曲辕,曲道也。"②也就是说,曲辕指弯曲的道路。唐代成玄英疏曰:"曲辕,地名也。其道屈曲,犹如嵩山西有镮辕之道,即斯类也。"③成氏认为曲辕是地名,那里的道路呈屈曲之貌。这和司马彪的解释有一致之处,而成氏又以现实中的镮辕之道作比照。成氏所说的镮辕,辕指的是关口名,在嵩山西麓,即今天河南偃师东南,那里道路异常险要。成氏认为曲辕就是这类险关的名称,但关于曲辕的具体地域,他却没有说出。

自成玄英之后,注释《庄子》的学者基本都把曲辕理解为地名,只是在认定这一地名的真实性上存在分歧。陆永品先生称:"曲辕,

---

① 郭庆藩:《庄子集释》,中华书局 2004 年版,第 170 页。
② 郭庆藩:《庄子集释》,中华书局 2004 年版,第 170 页。
③ 郭庆藩:《庄子集释》,中华书局 2004 年版,第 170 页。

虚构的地名。"①认为曲辕不是实有之地，只是《庄子》的虚构。而曹础基先生却说："曲辕，地名。"②即认为曲辕是实有其地。

　　《庄子·人间世》在叙述"匠石之齐"的过程时提及曲辕，因此如果把匠石所属的地域确定下来，曲辕的具体方位也就有线索可寻了。成玄英疏中写道：

　　　　匠是工人之通称，石乃巧者之私名。其人自鲁适齐，途经曲
　　辕，睹兹异木，拥肿不材。欲明处涉人间，必须以无用为用也。③
成玄英断定匠石是由鲁国前往齐国，途中经过曲辕，见到这棵巨树。照此说法，曲辕位于齐鲁之间。可是，匠石是否居于鲁地，史书没有任何记载，成玄英的说法无法得到落实。成玄英把匠石说成鲁人，很大程度上是因为能工巧匠公输班是鲁人，公输班又称鲁班。

　　关于匠石，《庄子·徐无鬼》也提到他：

　　　　庄子送葬，过惠子之墓，顾谓从者曰："郢人垩慢其鼻端，若
　　蝇翼，使匠石斫之。匠石运斤成风，听而斫之，尽垩而鼻不伤，郢
　　人立不失容。宋元君闻之，召匠石曰：'尝试为寡人为之。'匠石
　　曰：'臣则尝能斫之。虽然，臣之质死久矣。'"
这则寓言中的匠石斫垩故事，是以楚国郢都为背景。宣颖称："钟期死，伯牙不复弹。郢人死，匠石不复斫。"④匠石和郢人是一对默契合作的伙伴，匠石居住在郢地，可能是楚国人。文中又提到宋元君召匠石之事。宋元君即宋元王，约公元前299年为宋国之君。宋元君召匠石，当是把楚人召到宋国。从《徐无鬼》篇的记载可以推断，匠石是楚国一位带有传奇色彩的工匠，他的技艺达到出神入化的境地，有关他的传说应当流播很广，以至《庄子》一书两处提到他。这样看

①　陆永品：《庄子通释》，中国社会科学出版社2006年版，第63页。
②　曹础基：《庄子浅注》，中华书局2002年版，第63页。
③　郭庆藩：《庄子集释》，中华书局2004年版，第170页。
④　宣颖撰、曹础基校点：《南华经解》，广东人民出版社2008年版，第170页。

来,《庄子·人间世》所说的"匠石之齐"的传说,很可能发生在这位巧匠从楚国到齐国的途中。齐、楚作为战国时期的两个大诸侯国,文化交流、人员往来不会太少。《庄子·人间世》却是以春秋时期的政治版图为基础,匠石前往齐国,途经曲辕见到大树而论道的寓言,就是在此基础上被创造出来的。《人间世》的另一则寓言"叶公子高将使于齐",同样是以春秋时期齐、楚两国的交往为题材,可以与匠石之齐寓言相互印证。

春秋及战国前期楚国的郢都在今湖北江陵,楚国的北部屏障是方城山,楚国与中原的人员往来,一般来说都要取道方城山。《左传·僖公四年》记载,楚国大臣屈完面对齐桓公率领的伐楚联军,不卑不亢地陈辞应对,警告对方:"君若以力,楚国方城以为城,汉水以为池。"关于方城山,姚鼐《补注》曰:"楚所指方城,据地甚远,居淮之南,江、汉之北,西踰桐柏,东越光、黄,止是一山,其间通南北道之大者,惟有羲阳三关,故定四年《传》之城口。"[1]姚鼐的说法是有根据的,据《水经注》"潕水"条目的注解,方城南北绵绵数百里,又叫长城或长山。传说南阳叶邑方城西的黄城山,是长沮、桀溺耦耕之所。[2]由此可知,今天的桐柏山、大别山,楚国统称方城。方城是楚国的北方屏障,其间有南北交通要道,那里地形险要,是兵家必争之地。《左传·定公四年》这样写道:

> 冬,蔡侯、吴子、唐侯伐楚。舍舟于淮汭,自豫章与楚夹汉。左司马戌谓子常曰:"子沿汉而与之上下,我悉方城外以毁其舟,还塞大隧、直辕、冥阨,子济汉而伐之,我自后击之,必大败之。"

鲁定公四年,吴国进犯楚国。楚将左司马戌计划先率领方城山以外

---

[1] 杨伯峻:《春秋左传注》,中华书局 2000 年版,第 292 页。

[2] 郦道元著、陈桥驿校证:《水经注校证》,中华书局 2007 年版,第 733 页。

的军队毁坏吴军停泊在淮河弯曲处的舟船,然后封锁方城山的三个
险关,即大隧、直辕、冥阨,以使吴军进退无据,陷于困境。对于他提
到的三个关口,杨伯峻先生有如下解释:

> 今豫鄂交界三关,东为九奎关,即古之大隧;中为武胜关,即
> 直辕;西有平靖关,即冥阨。冥阨有大小石门凿山通道,极为险
> 隘。冥阨亦名黾塞。①

方城山有三个主要关口,居中间者为直辕,与《庄子·人间世》提到
是曲辕,表现出一定的关联,二者都以"辕"命名,但有曲、直之别。
如前所述,匠石是楚人,他要前往齐地,方城山是必经之路,庄子所说
的曲辕,其原型当是方城山的直辕,即武胜关。方城山的直辕作为关
隘,两边山势险峻。《人间世》中没有对曲辕的地形加以描述,然而
根据奇大无比的栎社树推断,那里绝非平常之地。栎社树"其高临
山,十仞而后有枝",说明栎社树临山而生,而且山势很高。方城山
的关口称为直辕,匠石由楚之齐必须经过方城山,他途经的生长栎社
树的曲辕,当是以方城山的直辕为原型而创造的特殊地标,具有典型
意义。

　　直辕和曲辕,只有一字之差,看似含义相反,实则意蕴相通。辕,
本指车辕。先秦时期的车均为独辕,一根曲木由车身中央伸向前方,
是车身前进的关键所在。先秦时期的车辕是屈曲之形,因此,对于曲
折险要的关口,其名称往往有"辕"字。《左传·襄公二十一年》记
载,晋国栾盈流亡到洛阳被劫掠,向周王朝进行申诉。于是,周灵王
下令:"时司徒禁掠栾氏者,归所取焉,使候出请辕辕。"杨伯峻先生
注曰:"辕辕,山名,在今河南登封西北三十里,又跨巩县西南,险道
也。"②辕辕是中岳嵩山的关口名,那里山路险阻,凡十二曲,循环往

---

① 杨伯峻:《春秋左传注》,中华书局2000年版,第1543页。
② 杨伯峻:《春秋左传注》,中华书局2000年版,第1062页。

复,故称辕辕,两字均表曲折之义。辕辕,有时还泛指险要的道路。《管子·地图》篇写道:"凡兵主者,必先审知地图。辕辕之险,滥车之水,名山通谷、经川、陵陆、丘阜之所在。"这里的辕辕,指形同车辕般弯曲的险要之处。这样看来,方城山的险关以辕命名,是突出其在交通上的关键作用。或称曲辕,或称直辕,与道路的形貌有关,也透视出道家的某些理念。

通过上面的梳理可以看出,《庄子·人间世》中出现的曲辕之地,其现实原型是方城山的险关直辕,那里是匠石由楚入齐的必经关口。庄子是楚人,应当熟知方城山的关口名称,可是,他在选择这个地理原型时却变换了称谓,变直辕为曲辕,采用亦实亦虚的恍惚笔法,使后人难以追寻曲辕的地理方位。不过,他还是留下一丝线索,地名仍有"辕"字,再加上《徐无鬼》篇透露的匠石为楚人的信息,使得曲辕之谜得以破解。

二、殷阳、蓼水

殷阳、蓼水之名同时见于《应帝王》,篇中写道:

> 天根游于殷阳,至蓼水之上,适遭无名人而问焉,曰:"请问为天下?"

对于殷阳和蓼水,古代的解释出现虚和实两派。陆德明《经典释文》引了如下古注:

> 李云:"殷,山名。阳,山之阳。"崔云:"殷阳,地名。……。蓼水,音了。"李云:"水名也。"[1]

陆德明所引晋人李颐和崔譔的注,都把殷阳、蓼水视为实有之地。对于殷阳,一曰山名,一曰地名;对于蓼水,都认为是水名,但他们并没有出示具体地域。成玄英疏基本是沿袭古注,他写道:"殷阳,殷山

---

① 郭庆藩:《庄子集释》,中华书局 2004 年版,第 292 页。

之阳。蓼水,在赵国境内。"①和晋人古注相比,成玄英把蓼水所处的方位说得较为具体,认为是在赵地。到了北宋的吕惠卿,则对殷阳和蓼水从玄学角度作出了解释:

> 殷阳,则阳之盛而明者也,蓼水之上,则物之辛而滨于沉溺者也。有天之根而游乎殷阳,则非立乎不测也,此其所以集于蓼而滨于沉溺也。②

在吕惠卿看来,殷阳、蓼水都是《庄子》中的虚拟地名,分别暗指阳盛和令人沉溺之地。古代解《庄》的虚实两派,都没有真正指出殷阳、蓼水所处的确切方位。根据古人的认识习惯,山之南、水之北为阳。殷阳,可能是殷山之南,也可能是殷水之北。因此,从相关的山水名称入手加以考察,或许能找出解决问题的线索。

检索古代的典籍,找不到殷山或殷水之名,然而,察看谭其骧先生主编的中国历史地图册战国分册,灅阳和灅水之名是存在的。灅水,则是历史上实有的河水名。根据郦道元《水经注》记载,灅水是颍水的源头河流之一。该书"灅水出灅强县南泽中,东入颍"条目下注解道:

> 灅水出颍川阳城县少室山,东流注于颍水。而乱流东南,迳临颍县西北,小灅水出焉。东迳临颍县故城北。灅水又东迳灅阳城北,又东迳灅强县故城南。……余按灅阳城在灅水南,然则此城正应为灅阴城而有灅阳之名者,明在南,犹有灅水,故此城以阳为名矣。③

对照《水经注》可知,灅水,一作灅水、澺水。水源即今河南登封颍水三源的中源,颍水东至临颍县西别出为大灅水、小灅水。大灅水合汝

---

① 郭庆藩:《庄子集释》,中华书局2004年版,第292页。
② 吕惠卿撰、汤君集校:《庄子义集校》,中华书局2009年版,第156—157页。
③ 郦道元著、陈桥驿校证:《水经注校证》,中华书局2007年版,第731页。

水以上河段久已干涸，别汝东出一段即今沙河。小灈水在大灈水之北，东流至郾城东入大灈水，久湮。郦道元根据灈阳城这个名称，推测出灈水的分叉与断流情况，对灈水注入颍水的详细地貌特征进行了解析。灈水又称溵水，《庄子·应帝王》篇所说的殷阳，指的当是灈水之北的灈阳城。据谭其骧先生主编的中国历史地图册战国分册，灈阳在今天河南省漯河东北方向约二十公里处，南有灈水，春秋时期，该地与蔡国相邻①。《应帝王》中提到的殷阳，当是以灈水之北的灈阳城为原型。灈、殷读音相同，灈水有时又作溵水。因此可知，《应帝王》中的殷阳，并不是作者的杜撰，而是实有其地，其地理背景当是蔡国附近的灈水流域。

《应帝王》中提到的另一处地域蓼水，与《水经注》中的㵐水不无关联：

> 㵐水北出大义山，南至厉乡西，赐水入焉。水源东出大紫山，分为二水，一水西迳厉乡南，水南有重山，即烈山也。山下有一穴，父老相传，云是神农所生处也，故《礼》谓之烈山氏。水北有九井，子书所谓神农既诞，九井自穿，谓斯水也。又言汲一井则众水动。井今埋塞，遗迹仿佛存焉。亦云赖乡，故赖国也，有神农社。赐水西南流入于㵐，即厉水也，赐、厉声相近，宜为厉水矣。一水出义乡西，南入随，又注㵐。㵐水又南迳随县，注安陆也。②

㵐水发源于今河南、湖北交界桐柏山，流经今湖北的随州、安陆，注入涢水。㵐、蓼读音相近，《应帝王》所说的蓼水，指的就是㵐水。㵐水支流赐水流域的厉山，相传是神农氏的发祥地，也是春秋时期赖国所在地。与之相关的传说和历史事件，成为《应帝王》作者表达人生态

---

① 谭其骧主编：《中国历史地图册》，中国地图出版社 1982 年版，第 24—25 页。
② 郦道元著、陈桥驿校证：《水经注校证》，中华书局 2007 年版，第 745 页。

度的潜话语。

综上所述,《应帝王》篇所说的"天根游于殷阳,至蓼水之上"的问道历程,其中的殷阳,指今河南漯河一带的古溵水北岸的溵阳,蓼水则指今湖北北部的古潕水流域。天根是从北向南游历,先到溵水之阳,然后南下到潕水,两地南北相对,距离二百公里左右。天根和无名人这两个角色是虚拟的,但两个角色活动空间在古代却是实有其地、实有其水,指的是从今天河南中部到湖北北部的古溵水、古潕水流域。从各方面情况进行考察,《庄子》作者对于上述与中州相关的地域应是很熟悉的,因此把它们作为寓言故事的活动场所加以设置,用以表达自己的人生理想。

三、地理称谓中的思想蕴涵

通过上面的考证与分析可以发现,《庄子》寓言故事的发生地点,有着丰富而深刻的文化内涵,而这些文化背景作为潜话语,又与它所阐述的哲学理念密切关联。把曲辕、殷阳、蓼水三个地理名称与它们的原型称谓进行比照,可以触及到《庄子》作者独运的匠心。

(一)地名原型背景所体现的道家理念

1.曲辕与直辕:曲直齐一的齐物观念

《人间世》改直辕为曲辕,曲直相对,却相反相成,暗含了《庄子》"道通为一"的齐物观念。《庄子·齐物论》反复强调:"天下莫大于秋豪之末,而大山为小;莫寿于殇子,而彭祖为夭。""举莛与楹,厉与西施,恢恑憰怪,道通为一。"也就是说,世间所有对立的概念,大小、寿夭、是非、曲直等等,都不必强行区分。"分也者,有不分也;辩也者,有不辩也。"从道的高度看,都只是"滑疑之耀",就像扰乱人们视觉的光芒。

直辕、曲辕,只是观察视角不同。从道路的微观形态看,崎岖曲折,与古车辕的弯曲形貌相似,故称曲辕;从道路的总体指向看,关隘避免了绕道曲行，使道路得以向前直行，因而又可称为直辕，所以，这是一个问题的两个方面。超越事物本身去认识事物，在《庄子》看来，就是得道。《人间世》称匠石所经之地为曲辕，是对现实地名直辕的改造，也是有意混淆曲直的界限，从而使这个看似虚幻的地名，成为“道通为一”理念的载体。

2.濦水地貌：若隐若现的道性表征

根据《水经注》记载，濦强县南是一片沼泽地，濦水在那里支流众多，形成乱流漫延之势，河流的主干，或潜入地下，形成断流；或汇入其他水流，自身消失；但一定条件下，又分离出来，现于地表。对此，郦道元《水经注》有详细的描述：

> 颍水之南有二渎，其南渎东南流，历临颍亭西，东南入汾水，今无水也，疑是濦水之故渎矣。汝水于奇雒城西别东脉，时人谓之大濦水。东北流，枝渎右出，世之谓死汝也。别汝又东北迳召陵城北，练沟出焉。别汝又东，汾沟出焉。别汝又东迳征羌城北，水南有汾陂，俗音粪。汾水自别汝东注而为此陂，水积征羌城北四十五里，方三十里许。渎左合小濦水，水上承狼陂，南流名曰巩水。青陵陂水自陂东注之，东迴又谓之小濦水，而南流注于大濦水。大濦水取称，盖藉濦沿注而总受其目也。又东迳西华县故城南，又东迳汝阳县故城北，东注于颍水。①

濦水在这片沼泽中，地貌形态异常复杂，河流称谓变化多端，除了大、小濦水外，还有死汝、练沟、汾沟、汾陂等名称。濦水这种变化无常、时隐时现的地表形态，恰恰是道家对大道属性的描述。《庄子·大宗师》曰：“夫道，有情有信，无为无形。”《庄子·天下》篇有：“芴漠无形，变化无常，死与生与，天地并与，神明往与！芒乎何之，忽乎何适。”《老子》第二十一章曰：“道之为物，唯恍唯忽。忽兮恍兮，其中

① 郦道元著、陈桥驿校证：《水经注校证》，中华书局2007年版，第731页。

有象，恍兮忽兮，其中有物。窈兮冥兮，其中有精。其精甚真，其中有信。”《应帝王》中天根游乎殷阳，目的是问道，而㶏水这种恍恍惚惚、若隐若现的地貌形态，它就是得道之地的象征。

在㶏水流域，不仅水系形态与大道契合，在当地还有许多与得道之人相关的传说。汉代冯敬通《显志赋》有这样的诗句：“求善卷之所在，遇许由于负黍。”对此，《水经注》写道：

> 京相璠曰：“负黍在颍川阳城县西南二十七公里，世之谓黄城也。”亦或谓是水为㶏水……《吕氏春秋》曰：“卞随耻受汤让，自投是水而死。”①

善卷、许由、卞随，都是传说中因不受天下而逃隐的得道之人，为道家所推崇。这些人在此留下的踪迹，使㶏水更具备了作为得道圣地的条件。

3.蓼水与厉山：得道之人的栖息之所

郦道元提到漻水支脉赐水流域是神农的发祥地，又称神农为烈山氏。《国语·鲁语下》写道：“昔烈山氏之有天下也，其子曰柱，能植百谷百蔬。”韦昭注：“烈山氏，炎帝之号也，起于烈山。《礼·祭法》以烈山为厉山也。”②炎帝，又称神农，又称烈山氏，传说其子名柱，是种植庄稼蔬菜的能手，死后被封为五谷之神，享受祭祀。炎帝神农氏是先秦历史传说中的英雄人物，他的发祥地就在漻水流域。而《庄子》中提到神农的篇目有七篇，都是把他作为至德之世得道之人来看待。

漻水流域还是春秋时期赖国所在地。《左传·桓公十三年》记载，楚武王令屈瑕伐罗，后来又担心屈瑕将要战败，“楚子使赖人追之，不及。”令赖人追回屈瑕而没有追上。杨伯峻先生注解道：“赖，

① 郦道元著、陈桥驿校证：《水经注校证》，中华书局2007年版，第511页。
② 《国语》，上海古籍出版社1998年版，第167页。

国名,今湖北随县东北有厉山店,当即其地。"①赖国位于厉山氏遗址,赖、厉古音相通,二字可以通用。《史记·刺客列传》有"豫让又漆身为厉"之语,司马贞《索隐》:"疠,音赖,赖,恶疮病也。……厉,赖声相近,古多假厉为赖。"由此看来,赖国君主当是烈山氏后裔,出自炎帝神农氏,是溠水流域的土著居民。《左传·昭公四年》还有如下记载:

> 秋七月,楚子以诸侯伐吴,……。遂以诸侯灭赖。赖子面缚衔璧,士袒,舆榇从之,造于中军。王问诸椒举,对曰:"成王克许,许僖公如是。王亲释其缚,受其璧,焚其榇。"王从之,迁赖于鄢。

赖君仿照许僖公的做法,以亡国之主准备赴死的投降礼仪行事,从而保全了性命。这个案例作为重要事件写入《左传》。依《左传》记载,许国、赖国,都是炎帝的后裔。天根到蓼水问道,恐怕与这些传说不无关系。

(二)地名改造所昭示的美学理念

方城山的直辕关、澺水之阳和溠水,这三个客观存在的地域,由于它们独特的地貌特征和文化底蕴,被《庄子》作者选为背景地点,设置在寓言故事中。但文章作者并不是原封不动地出示固有地名,而是作了调整,曲辕变为直辕,澺水之阳变为殷阳,溠水变为蓼水。这样一来,就使得上述地名变得亦虚亦实,难以分辨。

方城山的直辕关以险要著称,呈现的是曲折回环之状。然而,《人间世》篇的曲辕虽然以直辕关为原型,却没有渲染山势关口的险要,而是极力铺陈栎社树的高大及无用,山势道路的险要为栎社树的巨大和奇异所取代,高山只是作为衬托而出现,并且是轻描淡写,一笔带过。对于栎社树的浓墨重彩的描写,使得直辕关的地理背景被

---

① 杨伯峻:《春秋左传注》,中华书局 2000 年版,第 137 页。

遮蔽,很难被人发现。

《应帝王》的寓言是天根巧遇无名人,他们相遇的地点的殷阳和蓼水之上。这两个经过庄子改造的地名变得亦虚亦实,同样使人不易联想到作为它们历史原型的濣水和潒水。无名人作为体悟道性的角色出现,向天根传道。把他们相遇地点设置在虚实参半的空间地域,亦与道的恍惚窈冥的属性相一致,为作品染上奇异色彩。

通过对上述三个地点称谓的改造,《庄子》文章蕴藉、含蓄、朦胧、恢诡的风格便彰显出来,同时,也透视出先秦时期的学者积极运用文学手段传播思想的自觉意识。

第二节　山丘之名

《庄子》书中作为具体地名出现的山约有十几处,其中多数在《庄子》思想体系中居于重要地位。在很大程度上,山之所在,即道境之所在,山是神人、仙人及世外高人诗意地栖居场所。这些象征道境的山,有的是客观实体,有的则出于虚拟,还有的介于虚实之间,亦真亦幻。而山的名称,有的是沿袭已有的称谓,有的则是理念的寄居体。《庄子》中有称谓的山,后来多成为道教名山,是洞天府地的重要组成部分。探讨《庄子》书中山的具体方位、山名的由来,以及它所承载的理念,有助于从大文化背景下观照《庄子》,把《庄子》与历史地理、神话传说等进一步沟通,从而更加全面深入地把握这部奇书。

一、空同之山

《庄子》中所讲的空同之山,见于《在宥》篇:

> 黄帝立为天子十九年,令行天下,闻广成子在于空同之山。故往见之。

关于空同之山的具体地理位置,存在几种不同说法。成玄英疏曰:
"空同山,凉州北界。"①成氏认为空同山在今甘肃平凉,现在甘肃平
凉确实有崆峒山。陆德明《经典释文》则称:"一曰,在梁国虞城东三
十里。"②按照这种说法,空同山在今河南虞城。成玄英、陆德明都是
唐人,他们对空同山地域的说法,反映出唐代人的观点。关于空同山
的地理方位还有一种说法,见于《山海经·海内东经》:"温水出崆峒
山,在临汾南入河。"据清人毕沅考证,《海内东经》自"岷三江"以下
至篇末,并不是《山海经》的原文,怀疑出自《水经》。袁珂先生对此
作了进一步论证:

> 毕沅之说是也。《隋书·经籍志》载《水经》三卷,郭璞注;
> 《旧唐书·经籍志》载《水经》二卷,郭璞撰;此《水经》隋唐二
> 《志》均次在《山海经》之后,当即《海内东经》所属入文也。③

认为崆峒山位于今山西临汾一带,是郭璞所见《水经》作出的认定。
郭璞生活于西晋、东晋之际,他所见《水经》对崆峒山地理位置的判
断,反映的是南北朝之前的说法。按照这个线索进行考察,如果能找
到在临汾南汇入黄河的河流,再进一步追索该河所发源的山脉,那
么,崆峒山究竟指哪座山就能找到。

临汾南确实有最终汇入黄河的河流,《水经注》卷六《汾水》条目
有如下记载:

> 汾水南与平水合,水出平阳县西壶口山,《尚书》所谓壶口
> 治梁及岐也。其水东迳狐谷亭北,春秋时,狄侵晋,取狐厨者也。
> 又东迳平阳城南,东入汾。④

---

① 郭庆藩:《庄子集释》,中华书局 2004 年版,第 379 页。
② 郭庆藩:《庄子集释》,中华书局 2004 年版,第 379 页。
③ 袁珂:《山海经校注》,巴蜀书社 1996 年版,第 384 页。
④ 郦道元著、陈桥驿校证:《水经注校证》,中华书局 2007 年版,第 162—163
页。

临汾位于汾水之滨,那里的其他河流不可能直接注入黄河,而是首先汇入汾河,最后流入黄河。平水是在汾阳南汇入汾河,最后注入黄河,这与《山海经·海内东经》所载郭璞《水经》注文的叙述一致。《水经注》的作者郦道元是北齐人,晚于郭璞大约三百年,他们都是为《水经》作注,都认定在临汾南有一条河流最终汇入黄河,只是列举河流的名称不同,一为温水,一为平水。温有不冷不热,温度适中之义。平,有均平、协调之义。温、平含义相近,温水、平水当是同一河流而异名,郭璞称为温水,郦道元称为平水。郭璞称温水出自崆峒山,郦道元称平水出自壶口山,这样看来,崆峒山指的就是壶口山,即著名的黄河壶口瀑布所在之山。

　　关于壶口山的具体情况,《水经注》卷四《河水》条目有如下记载:

　　　　河水南迳雷首山西,山临大河,北去蒲坂三十里,《尚书》所谓壶口雷首者也。俗亦谓之尧山,山上有故城,世又曰尧城。①

壶口山又称雷首山,《尚书·禹贡》叙述大禹治水,首先提到的就是壶口:"既载壶口,治梁及岐。"大禹治水从壶口一带开始,那里的瀑布颇为壮观,同时还有唐尧的传说在那里流播,因此,壶口山远近皆闻,知名度很高。壶口山称空同、崆峒或雷首,很大程度上取象于壶口瀑布壮丽的景观。壶口瀑布水面落差多达十二米左右,水势奔放,声大如雷鸣,仿佛雷神之头,称其为雷首山,是取其声音之源。称壶口山为空同山,是取其瀑布之形。黄河流至壶口地段,河道骤然由二百多米缩至二十几米,宛如咽喉,大量的水流在瀑布上方汇聚,故以"同"字加以形容。随后水流悬空而下,故以"空"状之。空同两词平列,表达出悬空和聚集两层含义,因此,壶口山又叫空同山。当然,《庄子·在宥》作者把体道真人广成子所处之地称为空同山,也有他

————————

① 郦道元著、陈桥驿校证:《水经注校证》,中华书局2007年版,第107页。

的寓意。阮毓崧《庄子集注》称:"空同者,寓言虚空在同也。必指为某山某处以实之,泥矣。"[1]这段论述前半部分可取,《在宥》作者确实以空同山这个称谓暗示"虚空在同"之义,有其哲理方面的寄托。但是,空同山又绝非完全出于虚拟的子虚乌有,而是实有其山,并且水流到达那里,依山的形态会同一体,然后空悬落下形成瀑布,与壶嘴的效应很相似。客观存在的山体形态,与《在宥》作者的哲学理念,通过"空同"这个称谓都得到显现,并且相互默契、天衣无缝。

《在宥》篇的寓言叙述黄帝前往空同之山拜访广成子,那么,黄帝和空同山,即平水发源的壶口山是否存在关联呢?《山海经·北次三经》透露出这方面的信息。《北次三经》列有四十七座山,首起太行山,倒数第三位是雁门山,中间四十五座山所涉地域基本都在今山西境内。《北次三经》有如下记载:"平山,平水出于其上,潜于其下,是多美玉。"这里提到的平山,是平水流出之地。据《水经注》卷六记载,平水出自壶口山,《北次三经》提到的平山,当指壶口山,也就是空同山。

最初的空同山指壶口山。至于断定空同山在今甘肃平凉或河南虞城,那是后出的说法。黄帝陵位于陕西洛川,西距甘肃平凉不过百公里,由于地理位置相邻,后人遂把黄帝拜见广成子的空同山说成在平凉境内,并且至今还有以崆峒命名的山。

至于把空同山说成在今河南虞城,可能因为那里处于九州的中心。空同山是传说中黄帝拜谒广成子之山,由此而来,空同山的地理位置也得到提升。陆德明《经典释文》列有对空同之山的解说:"司马云:'当北斗下也。'《尔雅》云:'北戴斗极为空同。'"[2]司马指司马彪,曾经为《庄子》作注。《尔雅》是中国古代最早的一部字书。把空

---

① 方勇:《庄子诠评》,巴蜀书社1998年版,第285页。

② 郭庆藩:《庄子集释》,中华书局2004年版,第379页。

同山说成上对北斗,是突出它高出众山的特殊地位。古人认为北斗是天界的中心,空同山上戴北斗,它是大地的中心,众山的中心。

二、具茨之山

和黄帝传说相关的另一座名山是具茨之山,见于《庄子·徐无鬼》:

> 黄帝将见大隗乎具茨之山。方明为御,昌宇骖乘,张若谒朋前马,昆阍滑稽后车。至于襄城之野,七圣皆迷,无所问途。

黄帝在众多随员的陪同下,前往大隗所在的具茨之山,到达襄城时迷路。关于具茨之山的具体方位,成玄英疏:"具茨,山名也。在荥阳密县界,亦名泰隗山。"①陆德明《经典释文》引司马彪对具茨之山的解释称:"在荥阳密县界,今名泰隗山。"②从晋代的司马彪到唐代的成玄英,都断定具茨之山为泰隗山,位于河南密县,今新密市附近。具茨之山是大隗的居处,大,通泰,当然可以称为泰隗山,大隗是这座山的主人。把世外高人大隗所在之山称为具茨山,取其自然朴素之义。茨,指用芦苇、蒿草盖的茅屋。《诗经·小雅·甫田》有:"曾孙之稼,如茨如梁。"茨指用草类苫盖的屋顶。具茨之山,暗指大隗居住在以草为盖的房屋中,过着回归自然的生活。

具茨之山又称泰隗山,今河南境内实有其地。对此,《水经注》卷二十二《渠水》条目写道:

> 大騩,即具茨山也。黄帝登具茨之山,升于洪堤上,受神芝图于华盖童子,即是山也。渠水出其阿,流而为陂,俗谓之玉女池。③

这是古代地理学家笔下的大隗山,隗、騩,声符都是鬼,读音相同。大

---

①　郭庆藩:《庄子集释》,中华书局2004年版,第830页。
②　郭庆藩:《庄子集释》,中华书局2004年版,第831页。
③　郦道元著、陈桥驿校证:《水经注校证》,中华书局2007年版,第523页。

隗山带有神秘色彩,显然是因《庄子·徐无鬼》篇的寓言故事而来,并且还有民间传说的渗入。

《山海经·中次七经》也有关于大隗山的记载:

> 大騩之山,其阴多铁、美玉、青垩。有草焉,其状如蓍而毛,青华而不实,其名曰蒗,服之不夭,可以为腹病。

和大隗之山同收录在《中次七经》的还有少室之山、泰室之山,指的都是嵩山。大隗山位于嵩山附近,因此,它们被编排在一起。《中次七经》的大騩山没有提到黄帝,《山海经》成书时黄帝前往大隗山的寓言故事还没有产生或传播开来,否则,《中次七经》不可能没有这方面的任何记载。《庄子·徐无鬼》篇所记载的黄帝前往具茨之山拜谒大隗的寓言,黄帝一行在襄城迷路,见到牧马童子。襄城,位于今河南许昌市南部,北面正对大隗山,直线距离百余里。黄帝应当是从南部地区前往大隗所在的具茨之山,否则不会在襄城迷路。《徐无鬼》作者为什么对黄帝的行进路线作出由南向北的设计呢?黄帝前往具茨之山的寓言带有神话性质,这还要从神话传说中去寻找答案。

《史记·封禅书》有如下记载:

> 黄帝采首山铜,铸鼎于荆山下。鼎既成,有龙垂胡髯下迎黄帝。黄帝上骑,群臣后宫从上者七十余人,龙乃上去。

这就是著名的黄帝"鼎湖升天"的神话,是对早期楚文化区黄帝传说的进一步演绎。荆山在今湖北南漳一带,楚国前期几代君主都在那里经营。"鼎湖升天"神话仍然把黄帝最后活动的范围锁定在楚地,在那里黄帝成为不死的神仙。

楚文化区的黄帝传说位于今湖北南漳一带,大隗山位于河南郑州附近,从南楚前往大隗山,襄城是必经之路。春秋时期,襄城是楚国的北境。到了战国时期,那里成为楚国的领土。

《庄子·徐无鬼》篇黄帝前往具茨之山拜谒大隗的寓言,是以楚地的黄帝传说为背景,设计出黄帝由南向北的行进路线,以及在襄城迷路的情节。至于大隗所在的具茨之山,文中并没有加以展示,采用的是隐而不现、秘而不宣的方式,这就使它更具有神秘莫测的色彩,也使道家的世外高人形象更加扑朔迷离。

三、畏垒之山

《庄子·庚桑楚》篇出现了一座畏垒之山,文中写道:

> 老聃之役有庚桑楚者,偏得老聃之道,以北居畏垒之山。

庚桑楚是老子的弟子,居于畏垒之山,这座山位于北方。关于畏垒山的具体方位,古代注家有各种说法。成玄英疏曰:"畏垒,山名,在鲁国。"[1]陆德明《经典释文》引李颐的说法:"畏垒,山名也,或云在鲁,又云在梁州。"[2]这是唐代及唐之前注家对畏垒之山所作的认定,因为《庚桑楚》篇标出畏垒山是北方之山,因此,人们就猜测它位于鲁地,或认为在梁州,即今河南开封,这两地都属于偏北的地域。清人宣颖对畏垒之山解释道:"即《禹贡》之羽山,见《洞灵经》。"[3]宣氏是根据道教典籍作出的推断。《洞灵经》卷上:"亢仓子居羽山之颜三年。"何璨注:"羽山,《尚书·禹贡》在徐州。《舜典》云:'殛鲧于羽山。'盖在东裔,后居鲁。颜,山之南面也。《庄子》引此章云'北居畏垒之山',即此山是也。"[4]这里提到的亢仓子,指的就是庚桑楚。《尚书·禹贡》提到徐州时称"蒙羽其艺",蒙指蒙阴山,在山东蒙阴西南。羽即羽山,在今江苏赣榆西南。羽山东临大海,其地理位置在

———

①　郭庆藩:《庄子集释》,中华书局2004年版,第770页。
②　郭庆藩:《庄子集释》,中华书局2004年版,第770页。
③　宣颖:《南华经解》,上海古籍出版社1995—2004年影印本,《续修四库全书》,第957册,第514页。
④　胡道静、陈莲笙、陈耀庭选辑:《道藏要集选刊》第五册,上海古籍出版社1995年版,第499页。

中土已经不属于北部。道教典籍把庚桑楚奉为得道真人,牵强附会之言颇多,断定畏垒之山就是羽山实无法成立。

关于《洞灵真经》的由来,张天雨《玄品录》卷一写道:"庚桑楚,……著书九篇,号庚桑子,一名亢仓子。其书亡,至唐开元王褒献其书,因封洞灵真人,书曰《洞灵真经》。"①《庚桑子》一书托名于庚桑楚,其实,庚桑楚其人在《庄子》书中是寓言故事的角色,是否真有其人都无法考证,他所居的畏垒之山,更不能以实求之。

以上各种说法都试图通过实证确定畏垒之山的具体方位,在理解上走入误区,所得出的推测和结论根本无法落实,缺少坚牢的论据。《庄子》中出现的地名,有的实有其地,可以通过考据加以证明。有的则是虚拟,无法在具体空间方位上进行落实。畏垒之山就属于虚拟之山,是根据已有的理念虚构出来的。

要想真正理解畏垒之山的含义及其名称的由来,需要对《庚桑楚》这篇作品的性质给予准确的定位。作品故事梗概如下:庚桑楚作为老子的高足居于畏垒之山,他和弟子南荣趎切磋论道。有感于自己能力有限,庚桑楚建议南荣趎远行,向老子讨教。作品的后半部分都是老子与南荣趎的对话,而以老子的话语为主。庚桑楚是老子的高足,南荣趎是老子的再传弟子,老子在作品中以祖师爷的角色出现。《庚桑楚》很大程度上是解老之作,是为《老子》一书的相关论述作传。畏垒之山名称的由来,就是对老子思想进行阐释的结晶,化用了老子的话语。具体而言,畏垒之名取自《老子》第二十章。

《老子》第二十章原文如下:

> 唯之与阿,相去几何? 善之与恶,相去若何? 人之所畏,不可不畏。荒兮其未央哉! 众人熙熙,如享大牢,如春登台。我独

---

① 胡道静、陈莲笙、陈耀庭选辑:《道藏要集选刊》第六册,上海古籍出版社1995年版,第536页。

泊兮其未兆,如婴儿之未孩,傈傈兮若无所归。众人皆有余,而我独若遗。我愚人之心也哉! 沌沌兮,俗人昭昭,我独昏昏;俗人察察,我独闷闷。澹兮其若海,飂兮若无止。众人皆有以,而我独顽似鄙。我独异于人,而贵食母。

老子在这里提出一个重要命题:"人之所畏,不可不畏。"对这个命题的具体含义,没有作出明确的说明,从而为后人的阐释留下了广阔的空间。《庄子·庚桑楚》开头一大段的寓言故事,阐述的就是"人之所畏,不可不畏"的道理:

> 居三年,畏垒大壤。畏垒之民相与言曰:"庚桑子之始来,吾洒然异之。今吾日计之而不足,岁计之而有余,庶几其圣人乎! 子胡不相与尸而祝之,社而稷之乎?"

庚桑楚在畏垒山居住三年,那里连年丰收,社会风气良好。当地居民认为这是庚桑楚的功劳,主张像对待神灵一样把他供奉起来,加以祭祀。"尸而祝之,社而稷之",宣颖注:"言立之尸而祝祭之,附之社而稷享之。"①这个解释是正确的,两句都说要把庚桑楚作为祭祀对象,或是设置代他受祭的尸,或是以庚桑楚配祭社神。神灵是人们敬畏的对象,于是,庚桑楚将成为"人之所畏"。

那么,庚桑楚的反应如何呢? 作品继续写道:

> 庚桑楚闻之,南面而不释然。弟子异之。庚桑子曰:"弟子何异于予? 夫春气发而百草生,正得秋而万宝成。夫春与秋,岂无得而然哉? 天道已行矣。吾闻至人,尸居环堵之室,而百姓猖狂不知所如往。今以畏垒之细民,而窃窃然欲俎豆予于贤人之间,我其杓之人邪? 吾是以不释然于老聃之言。"

庚桑楚得知当地百姓要把他当作神灵一样供奉,他不是欣喜,而是畏

---

① 宣颖:《南华经解》,上海古籍出版社 1995—2004 年影印本,《续修四库全书》,第 957 册,第 514 页。

惧。"我其杓之人邪?"杓,星名,指北斗七星的第五、六、七颗,即通常所说的斗柄。古人把北斗星作为指明方向的星辰,斗柄又是至高无上权力的象征。庚桑楚畏惧自己"为杓之人",就是害怕自己像世间君主那样为民立极,成为百姓的统辖者。庚桑楚"不释然于老子之言",想起老子的话而面对眼前发生的事情,心情不快。文中没有交待他想起老子的哪些话语,从当时情境推断,他有可能而且最应该想起的就是《老子》第二十章所说的"人之所畏,不可不畏"。

庚桑楚害怕自己成为世间君主那样的角色,他在和弟子的交谈中进一步说出"人之所畏,不可不畏"的原因。他的弟子推崇"尧舜之治",庚桑楚则尖锐地指出:

> 大乱之本,必生于尧、舜之间,其末存乎千世之后。千世之后,其必有人与人相食者也。

庚桑楚把"尧舜之治"在当时的副效应及后遗症说得非常严重,令人毛骨悚然。既然如此,畏垒之民把庚桑楚视为尧、舜那样的圣君,要敬畏他、供奉他,庚桑楚当然"不可不畏",最终引发的是畏,这是畏垒山得名的缘由之一。

《老子》第二十章提出了"人之所畏,不可不畏"的命题,同时对于体悟这个命题的得道者又作了多侧面的描绘,文中写道:"我独泊兮其未兆,如婴儿之未孩,儽儽兮若无所归。"体悟出"人之所畏,不可不畏"的得道者,淡泊而没有开启欲望之门,像刚刚出生的婴儿那样无所牵系,如同没有归宿。儽儽,本是无所依靠之义,这里指没有拖累和牵系,纯任自然。具体而言,得道者是因畏而儽,因为畏惧人之所畏,所以要无心而纯任自然。《庚桑楚》后半部分假托老子之口,反复阐述"儽儽兮若无所归"的生存状态、人生境界。《老子》第二十章是以婴儿为喻,描述"儽儽兮若无所归"的生存状态,《庚桑楚》篇同样如此,有文如下:

> 老子曰:"卫生之经,能抱一乎? 能勿失乎? 能无卜筮而

> 知吉凶乎? 能止乎? 能已乎? 能舍诸人而求诸己乎? 能翛然
> 乎? 能侗然乎? 能儿子乎? 儿子终日嗥而嗌不嗄,和之至也。
> 终日握而手不掜,共其德也。终日视而目不瞚,偏不在外也。
> 行不知所之,居不知所为,与物委蛇,而同其波。是卫生之
> 经已。"

文中后半部分都是演绎《老子》第五十五章的话语,其中所说的"儿子",就是《老子》第五十五章所说的"赤子"。婴儿、赤子区别于成年人的最大特点是纯任天性、顺应自然,没有自觉意识,因而也就没有预设的目标及有意设计的行为方式,这正是《老子》第二十章所说的"儽儽兮若无所归"之象。这是畏垒之山得名的又一个缘由。

《庚桑楚》篇分前后两大部分,第一部分通过展示庚桑楚的言行,用以印证老子所说的"人之所畏,不可不畏",落实到"畏"上。后一部分假托老子的言说,以婴儿为喻,展示出"儽儽兮若无所归"的生存状态,落实到"儽"上。第一部分是原因,第二部分是结果。因为畏惧"民之所畏",所以要"儽儽兮若无所归"。这两方面意义整合在一起,就生成"畏垒"一词,垒,通儽,属于借用。

畏垒之山得名于对《老子》第二十章理念的阐发,这座山是虚拟的,并不是客观实有。畏垒之名寄托的是"因畏而垒"的理念,但是它的字面意义仍然给人以高峻之感。畏,指令人畏惧、敬畏。垒,通常指堆砌、营垒,自然是高峻之象。畏垒之名生自理念而又与山的状貌相契,这是《庚桑楚》作者精心调遣的结果,是它的高明之处,以至于人们往往忽略生成山名的理念以及畏垒山的虚拟性。

四、昆仑之虚

昆仑山是先秦传说中的神山、仙山,它在《庄子》书中多次出现。《庄子》作者对它的称谓、描绘都带有鲜明的道家属性,体现出学派的特点。

　　《庄子》书中涉及到昆仑山,对它的称谓有明示和暗指两种类型。所谓明示,就是直接说出昆仑山的名称,而不是隐晦其名。如《天地》篇:"黄帝游乎赤水之北,登乎昆仑之丘而南望。"《知北游》则有:"以无内待问穷,若是者,外不观乎宇宙,内不知乎大初。是以不过乎昆仑,不游乎大虚。"这两处都直接说出昆仑之名,属于明示型。所谓暗指,就是不直接说出山名,而是用相关词语指代,读者需要通过联想才能领悟其中指的是昆仑山,《知北游》开头一段属于这种类型:"知北游于玄水之上,登隐弅之丘,而适遭无为谓焉。"这里没有明言知北游所到之处是哪里,但是,所用的词语暗示出那里就是传说中的昆仑山。玄水,指黑水。按照五行说的划分,北方与玄相配,玄水为北方之水,知北游而至玄水,传说中的昆仑山位于北方,那里确实有玄水,也就是黑水,《山海经》多次提及。《西山经》提到"昆仑之丘",称其"黑水出焉",《海内西经》提到昆仑山,称其"洋水、黑水出西北隅"。《大荒西经》写道:"西海之南,流沙之滨,赤水之后,黑水之前,有大山,名曰昆仑之丘。"黑水在昆仑山北部,"知北游于玄水之上",他已经到达昆仑山的北境。《知北游》还出现"隐弅之丘",即晦暗不明之义。这种称呼在《至乐》篇也可以见到:"支离叔与滑介叔观于冥伯之丘、昆仑之虚,黄帝之所休。""冥伯之丘"即"昆仑之虚",同样突出"昆仑之虚"的幽暗窈冥,和隐弅之丘有相通之处。《至乐》篇对"昆仑之虚"采用了复指方式,既称它为"昆仑之虚",又称它为"冥伯之丘",而"冥伯之丘"是对"昆仑之虚"具体形态的描述,这与前面提到的几例单一指称存在差异。

　　《庄子》中的"昆仑之虚"都是作为道境的象征出现,昆仑神境就是道境。对于"昆仑之虚"的叙述,主要从两方面切入,一是方位调遣,二是色彩象征,二者经常结合在一起。如《天地》篇如下一段:"黄帝游乎赤水之北,登乎昆仑之丘而南望,还归,遗其玄珠。"对此,清人宣颖写道:"赤者,南方明色,其北则玄境也。……南望者,明察

之方。已过玄境,不能久守,而复望明处,则玄亡也。玄珠二字喻道,
妙绝。"①宣颖的解说道出了这段叙述的象征意义,北方是昆仑神境
所在之地,进入昆仑就是到达道境。南方则指人间世俗。南与北还
有明暗之分,南方明亮而北方幽冥,作为道的象征物玄珠只能存留于
窈冥之境,走向南方就会遗失。再如《知北游》开头一段:

> 知北游于玄水之上,登隐弅之丘,而适遭无为谓焉。……三
> 问而无为谓不答也;非不答也,不知答也。知不得问,反于白水
> 之南,登狐阕之丘。

对此,宣颖同样从方位和色彩两方面进行解说:

> 然北者,玄方;玄水者,玄地。隐弅之丘者,似有丘而无丘。
> 游于北,登于此,则知较进矣,所以遭妙人也。……白水,南方皆
> 昭著之处,求玄不得,反于知之故处也。②

宣颖深通玄理,他认定北方、玄色是道境的方位和色彩,而其他方位
和色彩则是疏离于道境之外。他的解说能够一以贯之,对于古代的
"阴阳五行学说"了然于心,运用得游刃有余。《庄子》书中对"昆仑
之虚"的描述,方位调遣和色彩暗示都运用得很成功,其中色彩暗示
除了显示玄、白、赤等不同色彩外,还在明暗度方面进行点染。

第三节　藐姑射之山

　　《庄子·逍遥游》是先秦诸子散文的名篇佳作,其中对藐姑射神
人所作的描绘和渲染,可谓出神入化,具有不朽的艺术魅力。后距庄
子约一千五百年的朱熹在《梅》诗中写道:"姑射山人冰雪容,尘心已

---

　　① 宣颖:《南华经解》,上海古籍出版社 1995—2004 年影印本,《续修四库全
书》,第 957 册,第 472 页。
　　② 宣颖:《南华经解》,上海古籍出版社 1995—2004 年影印本,《续修四库全
书》,第 957 册,第 508 页。

共彩云空。年年一笑相逢处，长在愁烟苦雨中。"朱熹把梅花比作姑射山人，赞叹它冰清玉洁、超凡脱俗的品格。这种对洁净的崇尚，沿用的正是《逍遥游》中藐姑射神人的意象。姑射作为山名的出现，成为两千多年庄学研究史上的一宗悬案，众说纷纭，莫衷一是，并由此涉及到先秦其他典籍中提到的姑射山。

一、姑射山之争议

《庄子·逍遥游》两次提到姑射之山，第一次是在肩吾与连叔关于藐姑射神人的谈话中："藐姑射之山，有神人居焉。肌肤若冰雪，绰约若处子；不食五谷，吸风饮露；乘运气，御飞龙，而游乎四海之外；其神凝，使物不疵疠而年谷熟。"这位体态淖约、乘风饮露的神仙居住的山，自然是神山。按简文帝和成玄英的解释，藐即为远。姑射，陆德明《经典释文》曰："山名，在北海中。"① 但在北海中什么位置，陆氏没有明确说出。

《逍遥游》第二次提到姑射山，与尧有关："尧治天下之民，平海内之政，往见四子藐姑射之山，汾水之阳，窅然丧其天下焉。"历代学者都把"藐姑射之山，汾水之阳"视为同地，作"见四子"的后置状语。陆德明进一步解释：汾水出自太原，西入黄河。汾水之阳即汾水北岸的平阳县，传说它是尧时的首都。② 如此一来。藐姑射之山当位于汾水的北岸，即今天山西省临汾县一带。

从此以后，姑射山的位置问题就变得复杂起来。姑射山究竟是一处，还是多处，成为古代学者争论不休的话题。晋代郭象、唐代陆德明和成玄英都主张，"藐姑射之山"只是《庄子》的寄言，不必以实求之。唐代魏征所著《隋书·地理志》卷三十有"临汾"条，说其辖区

---

① 郭庆藩：《庄子集释》，中华书局 2004 年版，第 28 页。
② 郭庆藩：《庄子集释》，中华书局 2004 年版，第 34 页。

"有姑射山"。史书把姑射山视为实有之山。清代李桢引秦恩复的《列子补注》云："临汾姑射，即今平阳府西之九孔山。"①由魏征到秦恩复，走的都是以实探求姑射山的路子。

关于姑射山的方位和山上神人的活动，还见于《列子·黄帝篇》，"列姑射山在海河洲中，山上有神人焉。"后面对列姑射山人的描述，与《逍遥游》中的藐姑射神人如出一辙。班固《汉书·艺文志》曰："圄寇，先庄子，庄子称之。"《庄子》书中也多次提到列子，且杂篇有《列御寇》，专以列子为表述对象。《列子》称"列姑射山"，"列"有排成行之义，就是说姑射山不是一座，而是一串，坐落于"海河洲中"。《山海经·海内北经》也有相同的记载，"海河洲中"下有郭璞注："河洲在海中，河水所经者，《庄子》所谓藐姑射之山也。"②郭璞是在用《庄子》注《山海经》。古代的"河"，专指黄河。"海河洲"即黄河入海处的小岛。谭其骧先生主编的《中国历史地图册》两周及战国分册表明，当时的黄河经由今天河北河间、山东德州一带入海，汊河纵横，河间沙洲、岛屿众多，"河间"也因此而得名。如此说来，相对于春秋以前华夏版图的政治中心，姑射山当为中土东北部临海处。

早于《庄子》记载姑射山的文献应是《山海经》，据袁珂先生考证，书内《山经》为东周作品，《海内外经》八卷作成于春秋战国。③《山海经》也有两处提到姑射山。一在《东山经》："盧其之山，又南三百八十里，曰姑射之山，无草木，多水。又南，水行三百里，流沙百里，曰北姑射之山，无草木，多水。又南三百里，曰南姑射之山，无草木，多水。"这里没有"列姑射"之名，但连续提到姑射之山、北姑射之山、南姑射之山，已有排列之义，且出现在《东山经》，明显是位于东方。

---

① 郭庆藩：《庄子集释》，中华书局 2004 年版，第 28—29 页。
② 严北溟、严捷：《列子译注》，上海古籍出版社 2006 年版，第 31 页。
③ 袁珂：《中国古代神话》，华夏出版社 2004 年版，第 8 页。

姑射山还见于《海内北经》："列姑射在海河洲中,姑射国在海中,属列姑射,西南山环之。"《海内北经》这条记载,与《东山经》其实是一致的。"列姑射",与《东山经》的诸姑射山相呼应;"海河洲中",即中土东北方。《海内北经》各条目的编排顺序是"海内西北陬以东者",即从中土的西北方依次向东推移。列姑射在这个系列的后部,前面提到的是朝鲜,后面出现的一系列物象都是以大海为背景。显然,列姑射山是在黄河入海处,位于东方而偏北。由此说来,对姑射山的定位应是中土的东北部,而且范围很广大。

袁珂先生在《山海经校注·序》中曾指出,该书历时久远,有"编简失次,字讹句挩"现象。宋人洪兴祖为《楚辞·天问》中的"鲮鱼"作注,引《山海经》曰:"西海中近列姑射山,有陵鱼,人面人手,鱼身,见则风涛起。"[①]朱熹《楚辞集注》也引了《山海经》这段话,但今本《山海经》已经没有这段描述。西海,当为中土西部,说明在中土西部也有姑射山。这样一来,有关姑射山的地理位置,或在东海,或在西海,或在汾阳;既是传说中的神山,又指现实中的山西九孔山。这种复杂现象应当如何解释呢?

二、姑射人之变迁

远古时代的地名,常常与所居氏族的姓氏名号相关联。《国语·晋语四》有"黄帝以姬水成,炎帝以姜水成",成而异德,故黄帝为姬姓,炎帝为姜姓。氏族的名号又分姓和氏,《左传·隐公八年》:"因生以赐姓,胙之土而命之氏。"三代以前,姓、氏分得很清,姓指母系的血缘关系,不能改变;氏是父系血统,会因封土等因素而改变。战国以后,姓、氏才逐渐混融为一。《山海经》内容荒诞,却透视出史前时代的山川物名。《海内北经》提到属于列姑射的"姑射国",其国

---

① 洪兴祖:《楚辞补注》,中华书局 2006 年版,第 96 页。

人如何则未作详表,这为"藐姑射神人"的传说留出了想象空间。

细细搜罗先秦典籍,发现除上面提到的文献外,"姑射"没有再作为地名或族名出现。

钱穆先生著有《西周地理考》,曾经慨叹:"盖古人迁徙无常,一族之人,散而之四方,则每以其故居移而名其新邑,而其一族相传之故事,亦遂随其族人足迹所到,而递播以递远焉。"①上古这种现象不胜枚举,帝舜就是比较典型的案例。舜是冀州人,耕历山,渔雷泽,陶滨河,娶尧女,都发生在今山西蒲州。而今天的山东济南有历城、泺水、舜妃娥英庙,在西秦、豳、岐、漆、沮等地,亦有历山、泺源、娥姜水。新地名称有的完全沿用旧名,有的则保留原称谓的部分因素,再更换个别字,或用同音词替代,以示区别。依此推断,"姑射"之名或为同音词语所取代,或变成了含有"姑"或"射"的其他名称。按照这一思路,对先秦文献中的地名、族名进行筛查,并参照谭其骧先生主编的《中国历史地图册》先秦分册,结果发现,与"姑射"相关的最古老的地名就是商代位于青州济水南的"薄姑"。

"薄姑"又作"蒲姑"、"亳姑",薄、蒲、亳,上古声母都在并母,薄、亳的韵母在铎部,蒲的韵母在鱼部,鱼铎对转,因此三字音同。姑的韵母在鱼部,"蒲姑"是叠韵联绵词。郑宗泽在《蒲姑国的族属》一文中提出:薄姑名称中,薄与姑只表音不表义,与现在的瑶语有语源关系②。何光岳先生认为:"薄姑之姑,似与东夷语尾有关,姑又作句、个,如姑幕、姑苏、姑沫、姑蔑、姑臧、姑复、姑孰、姑射、姑尤、姑衍、句绎、句漏、句注、句町、句吴、句曲、句阳、句澨、句越、句容、句章、句无、句骊、句读、句余、句卢等。"③何先生提到"姑射"。射的上古韵母也在铎部,因此射与蒲、薄、亳、姑都谐韵,也就是说,"姑射"也是

---

①　钱穆:《古史地理论丛》,三联书店,2005年版,第8页。

②　郑宗泽:《蒲姑国的族属》,《民族研究》2004年,第6期。

③　何光岳:《蒲姑的来源及南迁》,《益阳师专学报》1994年,第4期。

叠韵联绵词,"姑射"与"蒲姑"通韵。联绵词是上古汉语的一种构词法,即单音词双音化,一方面产生大量同义词和近义词,另一方面使语言悦耳动听,富有音乐美。郑宗泽说"蒲姑"只表音不表义是有道理的,由于韵相同或相近,短促快读则似一个字,舒缓长吟则为两个字,上面各词中,最有代表性的就是"句吴",二字发音就是"姑"字声韵的分读。由于尾音或口形略有差异,记音词语便发生改变,这与上古氏族命名的方式是一致的。如此说来,姑射族与蒲姑族在族统上有很近的亲缘关系,由蒲姑人的变迁状况,便可推知姑射人的情况。

据保存在美国旧金山亚洲美术博物馆中的周公鼎和西晋咸宁五年出土的《竹书纪年》记载,早在殷商太戊五十八年,蒲姑城就已存在。郦道元《水经注》"济水"条有"蒲姑故城,在临淄县西北五十里,近济水"①。蒲姑氏源于蒲姑城,《世本·氏姓篇》有:"蒲姑氏,本自蒲姑,殷诸侯,居齐地。"②据何光岳先生考证,薄姑氏原为东夷集团中鸟夷的一支,从炎帝族姜姓薄国的故地建国,夏末为商人所并。后商汤迁南亳,而北亳之薄,成为其子姓亲族的封地,或为子姓薄国。武丁时武力开拓疆域,薄国东征东夷,而取代炎帝姜姓的另一支逄国,建国于今山东博兴县,又称薄姑国。③周成王时因参与管、蔡、武庚叛乱,被周公派姜尚剿灭,并成为齐国建国的基础。这件事在《尚书·将蒲姑》序、《左传·昭公九年》、《史记·周本纪》、《汉书·地理志》等典籍中都有记载。蒲姑城既灭,遗族四散,有的东迁至山东半岛大姑河一带;北上的经由阳信县,到达河北薄宁晋县、辉发河、伯力,即唐代勃利州,还有的继续沿渤海湾到达东北辽宁盖平、吉林扶余乃至朝鲜、日本。鲁国所俘虏的一部分薄姑人则迁入平阴县落姑。《春秋》闵公元年秋八月,"公及齐侯盟于落姑。"南迁一支到江苏睢

① 郦道元著、王先谦校:《合校水经注》,中华书局 2009 年版,第 138 页。
② 宋衷注、秦嘉谟等辑:《世本八种》,中华书局 2008 年版,第 290 页。
③ 何光岳:《蒲姑的来源及南迁》,《益阳师专学报》,1994 年,第 4 期。

宁县蒲姑陂,即《左传·昭公十六年》的蒲隧,继而南下江苏吴县、安徽薄阳、常州西南的姑幕城,春秋初年被吴国所并。而子姓宋国大夫封于河南薄邑,为薄氏。后来南下的蒲姑人远至广西薄白县、广东薄罗县。经郑宗泽考证,蒲姑氏是广西瑶族祖先的一支①。还有一支西迁到甘肃平凉县崆峒山,又名薄落山。《史记·封禅书》提到华山以西有薄山,《括地志》云:薄山又名雷首山。唐代曾于新疆西境置薄知州,或也与蒲姑人西迁有关②。对照谭其骧主编的《中国历史地图册》先秦分册,自西周以后,陕西出现蒲、蒲子、蒲阳;春秋战国时,山西河曲出现蒲阪、蒲阪关,代县有句注山;河南也有蒲、蒲阪,孟津西北有姑密;安徽有蒲隧,湖北河南交界有蒲骚,汲水边有句澨;山东半岛有姑水、姑棼、落姑、洛姑,邹县有句绎,曲阜东有姑蔑。江苏太湖边有姑苏山;浙江衢州东有姑妹、姑蔑,奉化西有句余山、句无、句章等地名。由此可见,周成王时这场政治风波以后,蒲姑人已遍布中国四方。在蒲姑人流离四散的历史过程中,姑射人恐怕已与之融为一体,很难说哪一处是蒲姑人,哪一处是姑射人。因此,以姑射命名的山,出现在东海、西海、汾阳等地,就很自然了。

三、《庄子》姑射山之意蕴

薄姑人的变迁史,成为《逍遥游》中藐姑射之山、藐姑射神人的历史背景。

薄姑人是东夷族的裔支,《礼记·王制》称:"东方曰夷,被发文身,有不火食者矣。"东夷族早期的这种生活习俗,是《逍遥游》塑造藐姑射神人"不食五谷,吸风饮露"的基础。东夷人居于远离中土的边缘地带,应是作者刻画其"乘云气,御飞龙,而游乎四海之外"思路

---

① 郑宗泽:《蒲姑国的族属》,《民族研究》,2004 年,第 6 期。
② 徐中舒:《西周史论述》(下),《四川大学学报》,1979 年,第 4 期。

的依据。《左传·昭公十年》称："天子失官,学在四夷。"四海之外,即四方夷人生活的边缘区域,这便是"藐"字暗示的意义。姑射神人具有凝神则"物不疵疠而年穀熟"的超常能力,后来《括地志》记载,宋州有穀熟县,其西南三十五里为南亳故城,是殷商故地,或与薄姑人迁徙有关。

　　千百年来,薄姑人的栖居地变动不定,使汾水之阳出现姑射山具备了合理性。其实,东夷族的迁徙早在部族时代就开始了。依《尚书·禹贡》记载,冀州、扬州有鸟夷,一说岛夷,青州有嵎夷、莱夷,徐州有淮夷,梁州有和夷,雍州有三苗。《后汉书·西羌传》称,西羌出自三苗,姜姓,近南岳,后舜流之三危[1]。冀州包括山西全部,河北西北部、辽宁西部;徐州处于海岱和淮泗之间;扬州位于东南沿海吴越之地;梁州的华阳、黑水约在四川东部、陕西和甘肃南部;雍州的三危山位于甘肃西部敦煌一带。可见虞夏时代,夷人已经遍布整个华夏版图。唐弘嘉先生结合辨析古代治理华夷的"五服制",认为王畿之外,东西南北远离王国中心的边缘地带都有夷人,不只东方才有夷人。"蛮"、"夷"均属他称泛名,不是某一单一民族的专称,即不是一个特定的民族学上的共同体,它的范围在两、三千年内不断扩大,内容也愈加复杂。《尔雅·释地》:"九夷、八狄、七戎、六蛮,谓之四海。"犹今统称东夷、西戎、南蛮、北狄为四夷。周人自称为夏,称殷人为夷,确有其地理、历史、社会诸方面的依据,是夷夏之争的结果。[2] 尧"治天下之民,平海内之政,往见四子",这里的四子,成玄英从哲学上解释为"四德",即"本"、"迹"、"非本非迹"、"非非本迹"。司马彪、李颐注为"王倪、齧缺、被衣、许由"。而多数学者认为是虚设的人物。笔者认为,此处的"四子"是四方夷人之首,如同管理四

---

① 范晔:《后汉书》,中华书局 1965 年版,第 2869 页。

② 唐嘉弘:《东夷及其历史地位》,《史学月刊》,1989 年,第 4 期。

方的四岳。这里的尧"窅然丧其天下"应有双重意蕴,尧身为天子,为天下之宗,但突然发现四方之地依然遍布夷人,甚至在汾水岸边,仿佛自己并未真正拥有天下,这是一层意蕴。此时此刻,尧在震惊的同时,也突然顿悟,天下的有无并不存在多大区别,从而进入道的境界。郭象的注解,已经注意到这种差别,但他更强调第二层涵义,提升了尧的悟道水平。

从《逍遥游》的篇章结构看,全文分三个板块,第一板块由开头到"圣人无名",提出"小大之辩"的荒谬,并由自然现象引到人类社会;第二板块由"尧让天下于许由"到尧丧天下,彰显"与物为事"、"有为天下"的荒谬;第三板块是庄子与惠施辩论的两则寓言,强调人类认识的局限性,放弃辨析,才能实现精神解脱,达到逍遥境界。在整个思路中,东夷人起着重要的作用。其中,许由为许氏,《国语·周语中》富辰谈婚姻时说:"齐、许、申、吕由大姜。"大姜姜姓,为炎帝后裔;殷商遗民宋人出自帝喾;藐姑射神人,或出自炎帝,或出自少昊氏。因此,许由、藐姑射神人、宋人,都属于东夷族。对这三个角色,庄子的态度不尽相同,对于处在远离政治中心的人物,庄子高高抬起,推到道的境界,许由不受禅让,是得道的隐者。藐姑射神人吸风饮露,超然物外,显然是道的象征。而处于中原腹地的宋人,庄子则是善意地调侃,对宋人的愚钝不悟,悄悄地揭露。由于姑射人的变迁,姑射之山的地理位置也变得扑朔迷离、恍恍惚惚,姑射山这种"变动不居,周流六虚"的状态,也正符合《庄子》之道的特性。

庄子对东夷人的青睐,或许还有另一个原因。《史记·老子韩非列传》称庄子为宋国蒙人。据王国维先生考证,蒙地西北为商代三亳之一的北亳,即汉代山阴郡薄县,在今山东曹县南,这是帝喾之子、商族始祖契的居地,也是商汤兴起之所[1]。亳地,就是何光岳先

---

① 王国维:《观堂集林》,中华书局 1959 年版,第 515、520 页。

生所说的薄国故地,也是薄姑人的故地。

关于蒲姑城的土著居民,《左传·昭公二十年》齐国大夫晏婴对齐景公言:"昔爽鸠氏始居此地,季荝因之,有逢伯陵因之,蒲姑氏因之,而后太公因之。"晏婴追述了蒲姑城的历史,爽鸠氏是东夷族的一支,信奉鸟图腾,是这里的最早居民。后蒲姑人打败有逢氏伯陵,占据了蒲姑。武王灭商后,蒲姑为周朝属地。《左传·昭公九年》有:"及武王克商,蒲姑、商奄,吾东土也。"爽鸠氏是东夷族少昊氏的裔支,根据《左传·昭公十七年》郯子的表述,爽鸠氏是少昊氏的司寇。

蒙、亳毗邻,且宋国最初又是殷纣王叔父微子的封地,可见庄子与商族关系非同寻常。殷商与蒲姑同属东夷族,渊源由来已久,这或许是庄子将姑射人神化的动因之一吧。

自《逍遥游》描绘出藐姑射神人这一形象,她便成为中国文化中的典型意象,经常出现在后代诗文中。郭璞《山海经图赞下》有"姑射之山,实西神人,大蟹千里,亦有陵鳞,旷哉溟海,含怪藏珍",说的是西海的姑射山。杨广《望海诗》云:"碧海虽欣瞩,金台空有闻。远水翻如岸,遥山倒似云。断涛还共合,连浪或时分。驯鸥旧可狎,卉木足为群。方知小姑射,谁复语临汾。"杨广描绘的是东边的姑射山。近人王国维亦有"侧身天地苦拘挛,姑射神人未可攀"的诗句,感叹尘世烦恼。几千年来,姑射山、姑射山神人成为文人学者心灵的家园。

小　结

《庄子·内篇》与中州相关的地名中,有曲辕、殷阳和蓼水,它们的原型分别是方城山的直辕、河南中部的瀙水和湖北北部的古滶水。这些地点在先秦时期都颇为著名,许多重要的历史事件都在那里发生过,《庄子》作者对它们应当很熟悉。《庄子》一书把它们作为地理背景设置在寓言故事中,并对原有名称作了改动,从而使它们虚虚实实,难以辨析。这些地名的出现,使相关寓言带有亦虚亦实的风格,与《庄子》的审美追求相契合。

《庄子》书中出现的山丘之名,多是为展示道家的理想境界而设置,或实或虚,其名称的来源渠道呈现多元特征。空同之山是以晋文化为背景,是作者对晋地的山体形貌进行多角度审视,并与相关传说加以勾连结果。具茨之山是以楚文化为背景,与黄帝成仙传说的地域密切相关。畏垒之山得名于对《老子》第二十章理念的阐发,这座山是虚拟的,并不是客观实有。畏垒之名寄托的是因畏而垒的理念,但是它的字面意义仍然给人以高峻之感。畏垒之名生自理念,又与山的状貌相合,这是《庚桑楚》作者精心调遣的结果。《庄子》对昆仑山的展现则采用的是明暗两种称谓方式,对它的描写用色彩和方位加以象征,渗透出作者"阴阳五行学说"的思想基础。在姑射之山的背后,隐藏着更加广阔和久远的"夷夏之争"背景,由此可以看出,《庄子》作者在把握"逍遥之道"时,是以华夏民族的发展和版图构建为基础的,既有纵向的历史维度,又有广阔的空间维度,而这一"宇宙"视角,都内化在一个"藐"字之中。

《庄子》地名统计表（表5）

内　篇	地　名	外　篇	地　名	杂　篇	地　名
逍遥游	藐姑射山 汾水之阳	骈　拇	首阳、东陵	庚桑楚	畏垒之山 环堵之室
齐物论		马　蹄	义台、路寝 皂栈	徐无鬼	具茨之山 襄城、大隗、 狙之山、会稽
养生主		胠　箧	邯郸	则　阳	蚁丘

内　篇	地　名	外　篇	地　名	杂　篇	地　名
人间世	曲辕、商之丘	在　宥	崇山、三峗、幽都、空同山、九州	外　物	会稽、苍梧、演门
德充符		天　地	昆仑之丘、东海之滨、华、汉阴、大壑	寓　言	沛
大宗师	昆仑、玄宫北极、少广	天　道		让　王	首阳之山、岐山、丹穴、环堵之室、颍阳、丘首
应帝王	神丘、殷阳	天　运	郢、沛、冥山、洞庭之野	盗　跖	首阳之山
		刻　意		说　剑	常山
		缮　性		渔　父	缁维之林、杏坛
		秋　水	濠梁、邯郸	列御寇	
		至　乐	冥伯之丘、昆仑之虚	天　下	华山
		达　生	吕梁		
		山　木	雕陵之樊		
		田子方	臧		
		知北游	隐弅之丘、白水之南、狐阕、昆仑		

第六章　人物角色称谓与言道方式

　　《庄子》立论的宗旨是论道、传道，因此，求道、问道、传道、悟道是书中寓言故事的主要情节，故事中的人物称谓和角色属性都从不同层面体现出与这一主旨的关联。由于《庄子》所论之道特征的多元性，书中的人物角色和姓名称谓也显现出如贝壳般斑斓的色彩，于是清代学者林云铭在《庄子因·庄子杂说》中提出用"观贝法"赏读《庄子》。本章将从求道的过程、体道的感受、道运化无端的动态特征以及塑造得道人物的资料来源等方面，对书中的部分人物加以考察。

第一节　问道得道的山人

　　《庄子》书中与山关联的人物构成一个特殊群体，按其与山的关系，可分为山神、山主、山客三个类别，他们基本是作为得道者和求道者两种角色出现，但具体属性又有同有异。山神、山主、山客的称谓，有的富有象征意义，是承载特定理念的文化符号。因此，探寻这些山人称谓表层意义下的深层内涵，对解读《庄子》有重要的意义。同时，《庄子》对山神、山主、山客形象的刻画，又有着广阔的时代文化背景，一些与宗教巫术有关，一些则与当时人们对某种角色的社会共识密切相联。所以，只有深入开掘这些隐藏的时代背景因素，其中所蕴藏的哲学理念才能脱颖而出，相关角色的文学价值才可以得到充分的揭示。

一、山神：藐姑射神人、广成子

所谓山神，就是山中兼有人体形貌和神异功能的超常之人，也即人神融合体，实质上是大道的化身。

《庄子》书中出现的山神，有代表性的是藐姑射神人和广成子。

藐姑射神人在《庄》书第一篇《逍遥游》便闪亮登场，文中对他有如下叙述：

> 藐姑射之山，有神人居焉。肌肤若冰雪，绰约若处子。不食五谷，吸风饮露。乘云气，御飞龙，而游乎四海之外。其神凝，使物不疵疠而年谷熟。……之人也，物莫之伤，大浸稽天而不溺，大旱金石流土山焦而不热。

藐姑射神人远居于藐姑射之山，应是一位山神。作者按照世人的理解习惯，从貌、食、住、行等方面对其进行描绘，使他表现出人的特征，然而文章极尽笔力渲染的，乃是他作为神的特性。作者是按照自然神的属性对他加以描写的，所谓"肌肤若冰雪"，与冬季冰雪降临时山的形貌一致，用作为自然现象的冰雪来描写他的肌肤，暗示他的冰清玉洁。所谓"绰约若处子"，是用女性的本然属性对其进行刻画。在人们的观念中，青春少女如含苞之花，柔婉可爱，纯洁而动人。称藐姑射神人似待嫁的处女，凸现出他的柔顺属性和纯粹品格，没有受到任何污染。至于他"吸风饮露"、"乘云气、御飞龙"，既说明他超越了凡人为物所累的局限，获得了绝对自由，同时又暗示出他与自然同体，顺性而动，是自然的化身。藐姑射山人的自然神属性，通过与人的习性融合，得到充分的彰显。

自然存在物种类繁多，自然神也是多种多样。藐姑射神人是山神，《逍遥游》在表述他所具有的功能时，突出了他作为山的特征。藐姑射神人的超凡本领主要有两种：一是"使物不疵疠而年谷熟"，即能抑制自然灾害的出现,使庄稼五谷丰登;二是自身能抗御特大的自然灾害,无论多大的洪水或干旱,都无法伤害到他,从而成了长生不死的神仙。

藐姑射神人所具备的神功,使他成为农业生产的保护神,这恰恰与古人对山的功能的理解密切相关。上古时代的农业生产是自然经济,对自然条件,尤其是对气候的依赖性很大,取得丰收的一个重要条件就是要风调雨顺。而在古人看来,山具有调节气候的功能,能够实现人们风调雨顺、五谷丰登的愿望。《荀子·劝学》篇称:"积土成山,风雨兴焉。"说的就是山与气候调节的关系。山之所以能够调节气候,是因为山上的树。《左传·昭公十六年》有如下记载:

郑大旱,使屠击、祝款、竖柎有事于桑山。斩其木,不雨。子产曰:"有事于山,艺山林也。而斩其木,其大罪矣。"夺其官邑。

郑国遇到旱灾,派人前去祭祀桑山,他们相信山能致雨,会消除旱灾。三位被派去的人却砍伐山上的树木,结果受到惩处。在郑子产看来,山之所以能够兴云致雨,是因为山上有树木。如今把树木砍掉,进行祭祀也只能事与愿违,不可能解除旱情,因为没有树木的秃山已经失去兴云致雨的功能。《晏子春秋·内篇谏上》写道:

齐大旱逾时,景公召群臣问曰:"天不雨矣,民且有饥色。吾使人卜,云:'祟在高山广水。'寡人欲少赋敛以祠灵山,可乎?"

齐国遇到持续不去的旱灾,齐景公进行占卜,巫师告诉他这是山神作祟。因此,齐景公要收取赋敛以作为祭祀山神的费用。这个故事同样把山神作为气候的调节神看待,想用祭祀山神的方式消除旱灾。齐景公和郑子产都处在春秋后期,是同一历史时段的人物。上述两个故事反映出春秋时期人们对于山神的理解,把山神看作是控制旱涝灾害的神灵。至于处在战国后期的荀子,则是从理性的角度指出山对气候的调节功能。庄子是战国中期人,他把藐姑射神人塑造成气候调节神、农业生产的保护神,秉持的是传统的山能兴云致雨的理念,并对山神的奇异性作了夸张的渲染。

庄子笔下的藐姑射神人,"大浸稽天而不溺,大旱金石流土山焦而不热",即便出现巨浪滔天的洪水,或者是能烤焦山石的大旱,也丝毫造不成对他的伤害,他是长生不死的神仙。赋予山神长生不死的属性,是基于先民对山的稳固性的理解和联想,把山的稳固性与生命的长久、永恒联系在一起。《诗经·小雅·天保》的祝福辞称:"如南山之寿,不骞不崩。"这是后代"寿比南山"成语的由来。《论语·雍也》篇写道:"子曰:'知者乐水,仁者乐山。知者动,仁者静。知者乐,仁者寿。'"《诗经·小雅·天保》和孔子都由山的稳固性联想到人的长寿,山是生命长久、永恒的象征。这些早在庄子之前就已经出现的诗句格言,应该为他所熟知,是刻画藐姑射神人可以借鉴的材料。

《列子·黄帝篇》有如下记载:

> 列姑射山在海河洲中,山上有神人焉。吸风饮露,不食五谷。心如渊泉,形如处女。不畏不爱,仙圣为之臣。

列姑射山,又见于《山海经·海内北经》。传说中的列姑射神人"仙圣为之臣",他统辖仙人,当然本身也是长生不死的神仙。《庄子·逍遥游》的藐姑射神人形象,对于有关列姑射神人的传说也当有所借鉴,把它作为原型并加以改造,从而直接生动地描述出藐姑射神人的长生不死之性。

《庄子》中出现的第二位山神是广成子,具体记载见于《在宥》。其中广成子在回答黄帝关于"治身何以长久"的问题时,有这样的表述:"我守其一以处其和,故我修身千二百岁矣,吾形未尝衰。"由此可知,广成子也是一位长生不死的神仙,历经一千二百年的漫长岁月而形体毫无衰老之相。

空同山神称为广成子,取其广大圆满之义。成,先秦时期往往用以表示一个完整的单位。《尚书·益稷》有"箫韶九成"之语,九成,指九段完整的乐曲。《左传·哀公元年》称"有田一成",杜预注:"方十里为成"。① 成,指一个完整的单位,引申为圆满。广成子居于空同之山,他是一位山神,和藐姑射神人有相通的神仙属性,且都居于山林。

在《庄子》书中,藐姑射神人和广成子都是得道者形象,实质上这是《庄》书将抽象理论具体化、艺术化的表现手法。世人饱受生死离别的煎熬,渴望获得解脱,作者正是抓住人们的这种心理特征,赋予二人长生不死的属性,以此来突显大道的神奇。特别是藐姑射神人,他不仅长生不老,而且美丽动人、自由洒脱,实现了人生理想的最高境界。作者将其设计在全书的卷首,目的是充分发挥他的感召作用。两位神人的另一共同属性是分别受到尧、黄帝的仰慕。尧、黄帝是尘世中最高权力的代表,是诸侯纷争的缘由,是世人疲于奔波的梦想。《庄子》将这一至尊形象设计成神人的崇拜者、"小学生",运用的是"反者道之动"的逆向思维,从反面衬托出大道的玄妙魅力,而神人形象艺术生成的创作根据,就是上面所讨论的社会思想共识和文化因子。

二、山主:庚桑楚、南荣趎、华封人、长梧封人

山主即山的主人。《庄子》书中,山往往作为俗世的对立面出现,是道境的象征。在山中居住的山主,当然就是得道者。这里所说的山主并不是神灵,而是道性的体悟者,或是进入道境的寻路者,他们的称谓时常负载着特殊的象征意义。老聃的弟子庚桑楚就是这样一个典型角色。《庚桑楚》位于《杂篇》之首,文中写道:

> 老聃之役有庚桑楚者,偏得老聃之道,以北居畏垒之山。其

---

① 杨伯峻:《春秋左传注》,中华书局 2000 年版,第 1606 页。

臣之画然知者去之,其妾之挈然仁者远之。拥肿为之居,鞅掌为之使。

成玄英疏曰:"而老君大圣,弟子极多,门人之中,庚桑楚最胜,故谓偏得也。"①成玄英解释了庚桑楚在老聃门下的特殊地位,他是老聃登堂入室的弟子,因此,能疏远仁智之人,而与"拥肿"者共居,令"鞅掌"者为自己服务。拥肿,见于《逍遥游》:"吾有大树,人谓之樗,其大本拥肿而不中绳墨。其小枝卷曲而不中规矩,立之途,匠者不顾。"这里的"拥肿"用以形容因肥短不直而无用的大树,《庚桑楚》篇的"拥肿为之居",用的是借代法,就是说与无用之人共居。无用,既含有不被用之意,也有不谋求被用之意,也就是绝圣弃智、自然无心之人。"鞅掌",初见于《诗经·小雅·北山》:"或栖迟偃仰,或王事鞅掌。"这里的"鞅掌"指因繁忙而无暇修饰之象。到了《庄子》书中,取其引申义,"鞅掌"指的是去掉人工雕饰、自由自在的生存状态。《在宥》篇有"游者鞅掌"之语,谓自由自在地遨游。庚桑楚"鞅掌为之使",为他服务的人都能自然闲放、自由自在。这里,作者运用的是反面烘托法,试想,老聃高足的追随者都是逍遥无为的入道之人,那么他本人就可想而知了。

庚桑楚是老子的弟子,居于畏垒之山,也即畏垒山的主人。关于畏垒山,上一章《山丘之名》一节已经作了详细表述,它得名于对《老子》第二十章"人之所畏,不可不畏"理念的阐发,这座山是虚拟的,不是客观实有。而庚桑楚之名却与道相通。庚,"郭沫若认为是有耳可摇之乐器,即钲的初文。……庚为钲,其形中空,引申则有虚义。"②庚有虚、空之义,这种内涵在先秦典籍中经常可以见到。《左传·文公十八年》有"以塞夷庚"之语,杨伯峻注:"夷,平也。庚与远

① 郭庆藩:《庄子集解》,中华书局 2004 年版,第 769 页。
② 尹黎云:《汉字字源系统研究》,中国人民大学出版社 1998 年版,第 389 页。

通,道也。"①杨伯峻援引的是清人洪亮吉的说法,释庚为远。远,指兽迹,引申为道路,字形从亢。亢,《说文》说是人的脖颈,"象颈脉形",引申有空、虚之义。《史记·孙子吴起列传》的"批亢捣虚",亢和虚意义相近,指的都是空。"以塞夷庚",即以实物填平中空的坑洼。庚,指的是空,与塞意义相反,一指虚,一指实。庚指空、虚,这种意义还见于《列子·黄帝篇》,列子叙述自己师事老商氏的经历时说道:

> 自吾之事夫子友若人也,三年之后,心不敢念是非,口不敢言利害,始得夫子一眄而已。五年之后,心庚念是非,口庚言利害,夫子始一解言而笑。七年之后,从心之所念,庚无是非;从口之所言,庚无利害,夫子始一引我并席而作。

这段话连续运用四个"庚"字,前两个"庚"字表示否定,指的是不、没有。"心庚念是非,口庚言利害",指心之所念没有是非,口之所言没有利害。后两个"庚"字指的是空、无。"从心之所念,庚无是非;从口之所言,庚无利害。"意谓随心之所想空无是非,随口之所言空无利害。庚,指没有、空无,在《列子》这段话中一以贯之,前后相通。

庚指空,这是它在先秦典籍的重要含义,既然如此,畏垒山的主人庚桑楚,也可称为空桑楚。空桑,先秦时期指楚族的发祥地。《吕氏春秋·古乐》篇写道:"帝颛顼生自若水,实处空桑,乃登为帝。"颛顼是楚族祖先,传说他在空桑之地成为天下的君主,空桑之地和楚文化存在密切关系。由此看来,畏垒之山的主人称为庚桑楚,即空桑楚,表明这位山主属于楚文化系统,是楚文化生成的角色。司马迁《史记》载"老子者,楚苦县厉乡曲仁里人也",所以《庚桑楚》有南荣趎南行七日七夜见老子的寓言,还是以楚地为背景。《列子·仲尼篇》称:"老聃之弟子有亢仓子者",庚、亢都有虚空之义,桑、仓读音

---

① 杨伯峻:《春秋左传注》,中华书局 2000 年版,第 912 页。

相近,故庚桑楚又称亢仓子,楚国人。

道教典籍《洞灵经》卷上曰:"亢仓子居羽山之颜三年。"何璨注:"羽山,《尚书·禹贡》在徐州。……《庄子》引此章云'北居畏垒之山',即此山是也。"①关于《洞灵真经》的由来,张天雨《玄品录》卷一写道:"庚桑楚,……著书九篇,号庚桑子,一名亢仓子。其书亡,至唐开元王褒献其书,因封洞灵真人,书曰《洞灵真经》。"②由于道教的推崇,庚桑楚在唐代被封为"洞灵真人",与"南华真人"庄子、"冲虚真人"列子和"通玄真人"文子并称。道教典籍牵强附会之言颇多,但《庚桑子》一书托名于庚桑楚,与他在《庄子》中的得道形象不无关系。其实,庚桑楚其人在《庄子》书中是寓言故事的角色,是否真有其人已无法考证,他所居的畏垒之山,也不能以实求之。

和庚桑楚同居于畏垒之山的有他的弟子南荣趎,这个名字也出自虚拟,具有象征意义。庚桑楚感到自己无法点化这位弟子,于是建议他"南见老子",南荣趎采纳庚桑楚的建议,南行七日七夜而见老子,这是他称谓中南字的由来。南荣趎和庚桑楚其他弟子都推崇尧舜之治:"夫尊贤授能,先善与利,自古尧舜以然。"他们对此抱着肯定和欣赏的态度,也就是有荣耀之心,这是南荣趎的称谓中荣字的由来。趎,字形从走,从朱。朱,"甲骨文与小篆同,在木之中增一画,表示由此断开之意。"③趎,亦当有断开之义。荣趎,即与荣耀之心相分割、断开。南荣趎,即南行而与荣耀之心割断。南荣趎见到老子,老子以卫生之经相授:

　　　　夫至人者,相与交食乎地而交乐乎天,不以人物利害相樱。

---

① 胡道静、陈莲笙、陈耀庭选辑:《道藏要集选刊》第五册,上海古籍出版社1995年版,第499页。

② 胡道静、陈莲笙、陈耀庭选辑:《道藏要集选刊》第六册,上海古籍出版社1995年版,第536页。

③ 尹黎云:《汉字字源系统研究》,中国人民大学出版社1998年版,第325页。

不相与为怪，不相与为谋，不相与为事。翛然而往，侗然而来。
是谓卫生之经已。

这是一种自然无为的生存状态，没有自觉意识，没有预期目标，荣耀
之心已经彻底泯灭。老子还反复把这种生存状态比作婴儿在世，指
出它的纯任自然的属性，由此看来，这位庚桑楚的弟子确实通过南行
而与荣耀相分割，故称为南荣趎，是一个象征求道的名字。

《庄子》中还有一类山主比较特殊，其社会角色是封人，见于《庄
子·天地》篇：

尧观乎华，华封人曰："嘻，圣人，请祝圣人：使圣人寿。"尧
曰："辞。""使圣人富。"尧曰："辞。""使圣人多男子。"尧曰：
"辞。"

封人曰："寿、富、多男子，人之所欲也。女独不欲，何邪？"

尧曰："多男子则多惧，富则多事，寿则多辱。是三者，非所
以养德也，故辞。"

封人曰："始也我以女为圣人也，今然君子也。天生万民，
必授之职，多男子而授之职，则何惧之有？富而使人分之，则何
事之有？夫圣人，鹑居而鷇食，鸟行而无彰。天下有道，则与物
皆昌。天下无道，则修德就闲。千岁厌世，去而上仙。乘彼白
云，至于帝乡。三患莫至，身常无殃。则何辱之有！"

封人，古代镇边疆的地方长官。华，成玄英疏曰地名，即唐朝时的华
州，在华山脚下。华封人，即华山所在之处的地方长官，当然算是华
山的主人。华封人作为尧的人生导师角色出现，他虽然远在边疆，疏
离于政治中心，但却见识高远，超凡脱俗，从而和沉溺在善恶利害漩
涡中的尧形成鲜明对比。从地理位置上看，华封人远离政治中心所
在的首都，即尧所居之处，但他却是领悟大道的至人，已经进入道境。
作品以此说明，道境与政治中心相疏离，得道之人不是居于朝廷，而
是远在山林。

这段故事中,尧是世间君主,又是学道者。他对华封人的回答,能摒弃"人之所欲",表现出一定的道行深度,但却凝滞而缺少变通。华封人一番点醒,悟道的深度远在尧之上。这也是《庄子》作者在称扬大道时惯用的否定法和跌进法。

封人形象还见于《庄子·则阳》:

> 长梧封人问子牢曰:"君为政焉勿卤莽,治民焉勿灭裂。昔予为禾,耕而卤莽之,则其实亦卤莽而报予。芸而灭裂之,其实亦灭裂而报予。予来年变齐,深其耕而熟耰之,其禾蘩以滋,予终年厌飧。"

长梧封人劝子牢为政要善待百姓,而不要鲁莽轻脱,甚至对他们加以残害,并以自己种植庄稼的经验教训加以说明。他的话得到庄子的赞同,后面是庄子借此而作的发挥。长梧,地名,《齐物论》篇长梧子用长篇话语阐述齐一万物的道理,《经典释文》引梁简文帝说法:"长梧封人也[1]",虽然事实未必如此,但二者之间的关联是明显的。长梧封人和华封人一样,同样具有得道之人的远见卓识。他虽然未必是山主,却同样是边疆之官,远离政治中心。

封人在先秦典籍中经常出现,而且往往以多智见长。《左传·隐公元年》记载,郑庄公把他的母亲囚禁起来,并且发誓:"不及黄泉,无相见也。"于是出现以下事象:

> 颍考叔为颍谷封人,公赐之食,食舍肉。公问之,对曰:"小人有母,皆尝小人之食矣,未尝君之羹,请以遗之。"公曰:"尔有母遗,繄我独无。"颍考叔曰:"敢问何谓也?"公语之故,且告之悔。对曰:"君何患焉,若阙地及泉,隧而相见,其谁曰不然?"公从之。

郑庄公听从颍考叔的建议,与庄姜在大隧中相见,并且赋诗唱和,母

---

① 郭庆藩:《庄子集解》,中华书局2004年版,第98页。

子和好,捐弃前嫌。颍考叔是机智的,他以巧妙的方式使郑庄公母子重归于好,做得不动声色,天衣无缝。

封人作为镇守边境的官员见多识广,能接触到政治中心地带见不到的许多人和事,同时,由于远离政治中心,因此较为超脱。先秦典籍中的封人往往作为足智多谋的角色出现,《庄子·天地》篇的华封人,就是以当时流传的有关封人的记载为基础,并且进行加工改造,变成兼封人山主两种角色于一身,深明大道而又超脱通达的形象。

三、山客:尧、黄帝、支离叔、滑介叔

既然《庄子》书中的山常作为道境出现,那么访道之人也就成了山客。访问藐姑射山的求道者是尧,《逍遥游》称:"尧治天下之民,平海内之政,往见四子藐姑射之山,汾水之阳,窅然丧其天下焉。"尧前往藐姑射山拜谒,是那里的山客。前往拜见广成子的是黄帝,《在宥》篇写道:"黄帝立为天子十九年,令行天下,闻广成子在于空同之山,故往见之。"黄帝前去拜访广成子,成为空同山的山客。这两则寓言具有异曲同工之妙,都是人间君主前往神山拜谒,在那里摄齐受教。稍有差异的是黄帝在空同山直接见到广成子,而尧在藐姑射之山只见到四子,并没有说见到藐姑射神人。尧在前往藐姑射山之后"窅然丧其天下",不再以天下为事,实现了人生的解脱。黄帝在空同山听了广成子的指点之后感慨道:"广成子之谓天矣",对广成子佩服得五体投地。而尧与华封人的对话,是对道的最高境界的探讨。这三个寓言都是以山中道人的境界反衬人间君主的有限。《逍遥游》中的藐姑射神人居于藐姑射之山,成玄英疏:"藐,远也。"①藐姑射神人这个称谓,暗示他对世俗的超越,是远离政治中心的神仙。

---

① 郭庆藩:《庄子集解》,中华书局2004年版,第28页。

《在宥》篇空同山神称为广成子,他广大圆满,以此反衬黄帝生存状态的局限和缺失。《庄子·天地》篇还有黄帝登昆仑,返回而遗失玄珠的寓言,他作为昆仑山的客人,同样扮演未能入道、存在缺失的角色出现。《则阳》中的尧虽然已接近大道之门,但在华封人的灵通洒脱、周流不滞面前,浅显的缺憾显而易见。

《庄子》中的山客,有的不是人间君主,只是得道者或求道者的化身,他们的称谓同样以象征性出现。《至乐》篇开头一段如下:

> 支离叔与滑介叔观于冥伯之丘,昆仑之虚,黄帝之所休。俄而柳生其左肘,其意蹶蹶然恶之。支离叔曰:"子恶之乎?"滑介叔曰:"亡,予何恶! 生者假借也。假之而生之者,尘垢也。死生为昼夜,且吾与子观化而化及我,我又何恶焉!"

文中的支离叔、滑介叔都是体悟道性的虚拟形象,对于这两个称谓的含义,《经典释文》引李颐注:"支离忘形,滑介忘智,言二子乃识化也。"成玄英在此基础上作了发挥:"支离,谓支体离析,以明忘形也。滑介,犹骨稽也,谓骨稽挺特,以遗忘智也。"[1]成玄英的解释更加具体,将其象征意义一语道破。

支离叔,暗示《庄子·人间世》篇"支离疏"的典故,支离疏因其肢体离析而疏远于是非名利之外,反而自适其乐,过得很自在。《至乐》篇的支离叔,取《人间世》篇"支离其德"之义,亦即与世俗相疏离,从而进入道场。滑介叔,确实指"骨稽挺特"之义。骨稽则多智,可以与物推移,宛转"曼衍"。文中的滑介叔先是因为"柳生其左肘"而受惊生厌,可是,回答支离叔的询问时又能安时处顺,委运乘化,体现出滑介的特征。介,谓特立超俗,不与众人同。滑介叔的回答确实体现出他独特、超俗的一面。《庄子》作者凭借这两个虚构的人物,将玄妙之道具体地表达出来,并通过他们的名字,暗示出他们是体悟道性的角色。

---

① 郭庆藩:《庄子集解》,中华书局2004年版,第616页。

《庄子》中也有的山客称谓虽然有象征意义,但并不是隐晦难知,而是很容易被发现。如《知北游》开头一段:"知北游于玄水之上,登隐弅之丘,而适遭无为谓焉。"隐弅之丘,暗指道境。宣颖注:"知,识也,托为人名。"①这里的"知",指的是知识、智能,含义比较显豁,因此一目了然,不会出现误解。

综上所述,《庄子》书中的山,无论是远离尘世的自然存在,还是虚拟的负载某种理念的寄居体,多是道境的形象化。与山发生关联的山神、山主、山客,其角色特征也呈多元形态。生死合一的山神,是大道的人格化。藐姑射神人能化生谷物,直接体现出道性;广成子以身说法,通过谈自己的长生之术,阐述大道的奥妙。居住山中的庚桑楚、华封人等山主形象,虽然表现出更明显的人性特征,但他们都是深谙玄理的得道高人,或以身证道,或点醒开悟,成为布道者形象的生动代表。至于黄帝、尧、支离叔、滑介叔等访山求道的山客,或偶得大道之精,或虚心探究大道之妙,再现出求道的过程特征,成为大道的执着追寻者形象。作为道境之山,无论是虚无飘渺,还是远离国都,甚至只是某种抽象概念的符号载体,都表现出与社会政治中心的疏离,也即与是非善恶之识、功名利禄之场背向而驰,呈现出自然无为的形态。求道者,即使是世人尊崇的明君圣主,在大道面前也只是个虚心求教的"小学生"。《庄子》正是通过这些虚构、反衬、否定、跌进等艺术手法,为道家学说造势,强调它的合理性;通过虚实结合、亦真亦幻的巧妙构思,渲染道家理念的神秘魅力。

第二节　体悟道性的方外之友

《庄子》书中出现的人物,有些在历史上本无其人,只是作者的

---

①　宣颖撰、曹础基校点:《南华经解》,广东人民出版社 2008 年版,第 148 页。

艺术虚构,有些则实有其人,有原型可寻。《内篇·大宗师》旨在讨论道与修道的问题,超越人生的生老病死,是悟道的重要内容。文章后半部分关于疾病与死亡的寓言故事中,作者推出了两组方外之友形象,作为得道真人,他们突出的表现就是神游物外、莫逆于心。考察这两组形象的由来、生成,是由人物角色深入研究《庄子》思想意蕴的有效途径。

一、子舆、子犁

《庄子·大宗师》后半篇,是借助寓言故事为大道现身说法。其中一则探病寓言,提到四位方外之友:

> 子祀、子舆、子犁、子来四人相与语曰:"孰能以无为首,以生为脊,以死为尻,孰知死生存亡之一体者,吾与之友矣。"四人相视而笑,莫逆于心,遂相与为友。

子祀、子舆、子犁、子来四人,是参破生死、游于方外,在悟道过程中产生思想共鸣的莫逆之交。其中子祀、子来暂无可考,而子舆、子犁,则有历史人物的投影。

《左传·成公二年》记载:"韩厥梦子舆谓己曰:'且辟左右。'故中御而从齐侯。"据杜预注,子舆是晋国将领韩厥之父。这位为儿子托梦的子舆在《左传》中一闪而过,看不出他和《大宗师》中的子舆有什么关联。

《大宗师》中的子舆,是《庄子》极尽笔力刻画的超越病苦的真人形象。文中写道:

> 俄而子舆有病,子祀往问之。曰:"伟哉夫造物者,将以予为此拘拘也!曲偻发背,上有五管,颐隐于脐,肩高于顶,句赘指天。"阴阳之气有沴,其心闲而无事。跰𨇤而鉴于井,曰:"嗟乎!夫造物者又将以予为此拘拘也。"

> 子祀曰:"女恶之乎?"曰:"亡,予何恶!浸假而化予之左臂

以为鸡,予因以求时夜;浸假化予之右臂以为弹,予因以求鸮炙;

浸假而化予之尻以为轮,以神为马,予因以乘之,岂更驾哉!"

故事中,子舆以病者角色出现,由于气脉紊乱,他的身体已严重伛偻。作者采用夸张的笔法,意在突显子舆面对病魔的态度。他不仅若无其事,还泰然临井而照,称赞造物者的杰作。超然形外的精神境界已经明朗。然而作者又通过问对体的行文模式、排比和比喻的修辞手法,将文意跌进一层:化臂为鸡为弹,化尻为轮。林云铭称:"数句皆甚于病偻者。"①即使病情再重,形体化为异物,子舆依然轻松接受,表现的是身病而神不病的道者形象。

春秋战国之际,确有一位因理性对待疾病著称的子舆,他就是孔门弟子曾参。《史记·仲尼弟子列传》写道:"曾参,南武城人,字子舆,少孔子四十六岁。"王肃《孔子家语·七十二弟子解》的记载与《史记》相同。古人的名与字意义相联,曾子名参,字子舆,都与车辆相关。参,谓参乘,音为"参加"之参,指陪乘,即车右,负责护卫。

曾子在孔门弟子中属于年轻的一代,关于他在孔门中的地位变化,钱穆先生有详细考证:

> 曾子于孔门为后进,孔子死,曾子年仅二十七。孔子称"参也鲁",门人记德行、言语、政事、文学四科,无曾子。则曾子之在孔门,未必夙为群弟子所推崇。其后游、夏、子张欲尊有子为师,强曾子,曾子不肯,其时犹不见尊曾子。曾子既为鲁费君所重,其子曾申又见崇于鲁缪。吴起出曾氏门,显名楚魏,至孟子推崇曾子,后世因谓其独得孔门一贯之传,实不然也。②

钱先生的论证很有道理,曾参是到战国中期的孟子那里才开始受到特别的推崇,那么,早期文献主要记载曾参的哪些事情呢? 翻开《论

---

①　林云铭:《庄子因》卷二,清光绪庚辰(1880)白云精舍重刊本。
②　钱穆:《先秦诸子系年》,商务印书馆 2005 年版,第 86—87 页。

语·泰伯》篇,发现如下内容:

> 曾子有疾,召门弟子曰:"启予足,启予手。《诗》云:'战战兢兢,如临深渊,如履薄冰。'而今而后,吾知免夫! 小子。"

> 曾子有疾,孟敬子问之。曾子言曰:"鸟之将死,其鸣也哀;人之将死,其言也善。君子所贵乎道者三:动容貌,斯远暴慢矣;正颜色,斯近信矣;出辞气,斯远鄙倍矣。笾豆之事,则有司存。"

这两则材料前后相连,是《泰伯》章叙述曾参言行的开端,后面还有曾参的三段语录。从编排次第可以看出,曾子在疾病期间的言行,在《论语》成书时期已经传播开来,并得到儒家的高度重视。在《论语》编辑成书期间,人们提到曾参首先想到的是他在疾病期间出色的表现。

《礼记》和《大戴礼记》是儒家早期两部重要文献,其中有关曾参的篇目的记载,也往往以疾病为题材。《礼记·檀弓上》有曾子临终易箦的传说;《大戴礼记·曾子疾病》,则是叙述曾参在病重期间对其子曾元、曾华的教诲。有关曾参疾病期间言行的记载,都展现了他面对疾病镇定自持的理性态度。疾病和死亡,是人生难以解脱的苦谛,这位孔门子舆疾病期间的表现,在精神境界上与《大宗师》中的子舆是相通的。战国中期孟子学派推崇曾参,相关曾参的传说开始兴盛。孟子、庄子同时,庄子以曾参在疾病中不忧不惧的超然精神为基础,创造出《大宗师》中子舆的形象,并在称谓上沿用曾参的字。使《大宗师》中的子舆成为历史上曾参的折射。

《大宗师》中和子舆成为方外之友的还有子犁。春秋时期,以子犁为名字者,古人往往和《论语·颜渊》篇"问君子"、"忧兄弟"的司马牛相勾连。《史记·仲尼弟子列传》称:"司马牛,字子耕。"何晏《论语集解》引孔安国说:"司马耕,宋人。"司马耕即司马牛,孔安国所说的宋国的司马牛,载于《左传·哀公十四年》。针对《论语》和

《左传》都出现了司马牛,杨伯峻先生有如下见解:

> 说《论语》的司马牛就是《左传》的司马牛始于孔安国。孔安国又说司马牛名犁,又和《史记·仲尼弟子列传》说司马牛名耕的不同。如果孔安国之言有所本,那么,原本就有两个司马牛,一个名耕,孔子弟子;一个名犁,桓魋之弟。但自孔安国以后的若干人都把名犁的也当作孔子学生了。①

杨伯峻先生的辨析很有道理,所得出的结论可以成立,以子犁为字的司马牛和以子耕为字的司马牛不是一个人,而是两个人。以子耕为字的司马牛是孔子弟子,而以犁为字的司马牛不是孔门弟子,后者事见《左传·哀公十四年》:

> 司马牛致其邑与珪焉,而适齐。向魋出于卫地,公文氏攻之,求夏后氏之璜焉。与之他玉,而奔齐。陈成子使为次卿,司马牛又致其邑焉,而适吴。吴人恶之,而反。赵简子召之,陈成子亦召之,卒于鲁郭门之外,阬氏葬诸丘舆。

司马牛是宋国司马桓魋的弟弟。桓魋又称向魋,宋景公嫌其权力太大,想把他除掉。向魋反叛失败,流亡到卫国,后来又到齐国。司马牛作为向魋的弟弟,是一位明智之士。他先把在宋国的封邑和信珪交出,流亡到齐国,避免卷入政治动乱。向魋流亡到齐国,司马牛又把齐国给他的封邑退还,奔赴他国,为的是不和桓魋有牵连。司马牛又是一位淡泊名利的高士,晋国、齐国的权臣赵简子、陈桓子都征召他入朝为官,司马牛均没有应召,而是在清贫中死于鲁国,据说山东费县南有他的墓。

《庄子·大宗师》的子犁作为探病者形象,深谙自然造化之功。其历史原型取自宋国的司马牛,这种可能性极大。第一,名、字相同。司马牛字犁,称其为子犁顺理成章,用以表示尊敬。第二,境界相通。

司马牛在政治动乱中抛舍封邑,拒绝大国征召,甘愿疏离于朝廷之外的表现,很容易得到庄子的认同。第三,桓魋欲杀孔子之事,曾轰动一时①。司马牛作为桓魋的弟弟,其高风亮节的事迹广泛传播,并写入《左传》。为庄子创作提供了素材。第四,司马牛是宋国的名人,庄子也是宋国人,他的作品经常取材于宋国,把这位乡贤作为原型也在情理之中。第五,司马牛生活在春秋末年,与曾参处在同一历史阶段。曾参即子舆,是鲁国南武城人,主要活动在鲁国。子犁的原型司马牛最后居住在鲁国,并死在鲁、葬在鲁。《大宗师》的子舆、子犁分别以二人为原型,把他们定成方外之友、莫逆之交,从时间和地域上考察,具有合理性和历史真实性。

二、子桑户、孟子反、子琴张

《大宗师》中提到的另一组方外之友是子桑户、孟子反和子琴张:

> 子桑户、孟子反、子琴张三人相与友,曰:"孰能相与于无相与,相为于无相为,孰能登天游雾,挠挑无极,相忘以生,无所终穷?"三人相视而笑,莫逆于心,遂相与为友。

这三个人物都有各自对应的历史原型,先秦典籍有关三人的记载均很明确。先看子桑户,《论语·雍也》曰:

> 仲弓问子桑伯子,子曰:"可也,简。"仲弓曰:"居敬而行简,以临其民,不亦可乎? 居简而行简,无乃大简乎?"子曰:"雍之言然也。"

子桑伯子即子桑户,历史上实有其人,孔子及其弟子仲弓都对他很熟悉。孔子和仲弓的对话表明,子桑户的行为不受礼法约束,简放轻脱。《九章·涉江》有"桑扈臝行"之语,惊世骇俗。《说苑·修文》

---

① 事见《史记·孔子世家》。

篇的记载可以印证上述说法：

> 孔子见子桑伯子，子桑伯子不衣冠而处。弟子曰："夫子何为见此人乎？"曰："其质美而无文，吾欲说而文之。"孔子去，子桑伯子门人不说，曰："何为见孔子乎？"曰："其质美而文繁，吾欲说而去其文。"

这是一则传说，未必真有其事。孔子和子桑伯子作为两个对立的人物出现，孔子繁文缛节，人为的修饰过多。子桑户则纯任天性，放浪形骸。由此看来，庄子把子桑户作为方外之友群体的一员，是因为这位狂士为人处世的风格合乎道家的理念，甚至可以把他视为道家的先驱。

再看孟子反，历史上也是实有其人。《论语·雍也》篇写道：

> 子曰："孟子反为伐，奔而殿，将入门，策其马，曰：'非敢后也，马不进也。'"

孔子赞扬孟子反不自夸其功的做法，他把自己的长处掩盖起来，不在众人面前显示自己。孟子反，又称孟之侧，他的事迹见于《左传·哀公十一年》：

> 师及齐师战于郊。……右师奔，齐人从之，陈瓘、陈庄涉泗。孟之侧后入以为殿，抽矢策其马，曰："马不进也。"

这年齐国和鲁国发生战争，孟孺子所率领的右师战败，齐军追击到鲁国都城的西北。孟之侧殿后，掩护部队撤入城内。按照《论语·雍也》的记载，他是在临近城门之际故意抽矢策马，向众人表明不是自己主动殿后，而是驾车的马不肯前行。孟之侧是在推功抑己，不让自己成为众人注目的英雄。善处下，不自夸，是道家创始人老子反复提倡的做人准则，孟之侧就属于这类人物的原型。庄子对孟子反表示认可，因此在作品中予以接纳，成为正面角色。至于孟子反又称孟之侧，当是一个名，一个字。《诗经·关雎》有"辗转反侧"之语，反与侧意义相关，故可以分别作为人的名和字。

　　和子桑户、孟子反结为方外之友的子琴张，见于《左传·昭公二十年》：

　　　　琴张闻宗鲁死，将往吊之。仲尼曰："齐豹炎盗，而孟絷之贼，女何吊焉？"

琴张与孔子是同时代人，他听说宗鲁已死，准备前往吊唁，孔子进行阻止。有关琴张的记载很简略，从他要吊唁的宗鲁身上，可以了解琴张的为人处世。公孟絷是卫灵公之兄，他滥用权利，排斥朝廷大臣，其中司寇齐豹被他免职。齐豹联络一批对公孟絷不满的朝臣作乱，宗鲁也被卷入其中。对此，《左传·昭公二十年》写道：

　　　　初，齐豹见宗鲁于公孟，为骖乘焉。将作乱，而谓之曰："公孟之不善，子所知也。勿与乘，吾将杀之。"对曰："吾由子事公孟，子假吾名焉，故不吾远也。虽其不善，吾亦知之；抑以利故，不能去，是吾过也。今逆难而逃，是僭子也。子行事乎，吾将死之。以周事子，而归死于公孟，其可也。"

当初是齐豹把宗鲁推荐给公孟絷，并且为他说了许多褒扬的话。宗鲁被公孟絷接纳，为公孟絷驾车。齐豹是推荐宗鲁的恩人，两人关系很密切。公孟絷是宗鲁的主人，并且待他很好。如今恩人要反叛主人，这令宗鲁进退维谷。离开主人逃跑，将是不忠；把齐豹的行动计划向公孟絷通报，又是不义。在这种情况下，宗鲁毅然选择赴死这条路，既不离开公孟絷，又不泄露齐豹的行动计划。最后，宗鲁死于乱兵之中："齐氏用戈击公孟，宗鲁以背蔽之，断肱，以中公孟之肩，皆杀之。"宗鲁的选择实属无奈，尽管孔子对宗鲁多有批评，但是，他确实是一位重承诺的义士，也是一位视死如归的勇士。琴张要对宗鲁进行吊唁，说明他推重这位把生死置之度外的义勇之士。庄子把子琴张作为方外之友的一名成员，就在于历史上的琴张和孔子的价值取向不同，疏离于主流社会的传统观念，与道家思想契合。

　　子桑户和孔子是同时人，孟子反殿后掩护撤退是在鲁哀公十一年,琴张想要吊唁宗鲁是在鲁昭公二十年,两事相隔38年。子桑户、孟子反、子琴张都生活在春秋后期,是同一历史阶段的人物,庄子把他们写成方外之友、莫逆之交,和这些人物原型所处的时段相吻合。孟子反是鲁国将领。子桑户是仲弓和孔子交谈过程中提到的人物,《孔子家语·七十二弟子解》写道:"冉耕,鲁人,字伯牛。""冉雍,字仲弓,伯牛之宗族。"由此看来,仲弓是鲁人,他所熟悉的子桑伯子也当是鲁人。琴张想要吊唁宗鲁是在鲁昭公二十年,当时孔子三十一岁,正在鲁国,当时琴张是要从鲁国前往卫国进行吊唁。孟子反、子桑伯子、子琴张都是鲁人,庄子把他们写成方外之友,和所处的地域相吻合。

三、方外之友角色称谓的艺术生成

《庄子》之道,从哲学角度看,是一种精神本体,修道重在心灵感悟,表现在生命个体之间,便是一种心有灵犀的默契。《大宗师》中的两组方外之友,正是这种精神沟通的映照。文中的两组方外之友,并非都是子虚乌有,其中多数成员都有历史原型可考。不过。这些历史人物和《大宗师》中的方外之友之间,存在明显差异。庄子在把这些历史人物寓言化的过程中,采取多种处理方式,对原有的历史记载及传说进行改造,并且增加许多新的因素。

(一)取其轮廓,添加细节

对历史人物的相关材料,只取其梗概和大略,而在具体细节上则进行新的改造,所持的理念也在很大程度上加以置换。从曾子到作品中的子舆,采取的就是这种处理方式。

曾子病中超脱的表现,战国时期流传甚广,其中最著名的是载于《礼记·檀弓上》的曾子临终易箦故事。曾参病危之际,得知自己铺的是大夫所用的华美、润滑的竹席,立即下令撤掉,换上普通席子。席子更换完毕,他也停止了呼吸。曾参在生命的最后时刻,实现了自己的人生价值,即维护等级制度的规定,绝不僭越礼数。《论语·泰伯》、《大戴礼记·曾子疾病》所记载的曾子病中言论,都是围绕这种人生价值展开。而《大宗师》中的子舆,舍弃了原型人物的尊礼特征,仅仅取其疾病状态这个大背景,在此基础上提升到对生命的体认:

> 且夫得者,时也;失者,顺也。安时而处顺,哀乐不能入也。此古之所谓县解也。而不能自解者,物有结之。且夫物不胜天久矣,吾又何恶焉。

此处的子舆,在病重期间想到的是委运乘化、安时处顺,实现的是人生的解脱。两相比较,历史上的曾参表现的是责任感和使命感,而子舆形象,强调的是精神解脱,是生命的体悟。真实的曾参虽然不忧惧死亡,但对世间事务却有无法割舍的情结。《庄》文中的子舆,则在病中对自我作了彻底抛舍。庄子对子舆形象所赋予的属性,体现出道家的价值取向,是对历史人物进行改造和置换的再创造。

(二)取其名而舍其实

只沿用人物的名字,但作品中出现的情节在历史上却找不到依据,这是进行艺术创造的产物,子犁,子琴张、孟子反形象的塑造属于这种类型。

子犁的原型是宋国的司马牛,字犁。《左传·哀公十四年》叙述他的事迹,提到的是他如何明哲保身,致还封邑,拒绝征召。可是,《大宗师》出现的却是如下场面:

> 俄而子来有病,喘喘然将死,其妻子环而泣之。子犁往问之,曰:"叱,避,无怛化。"倚其尸与之语曰:"伟哉造化!又将奚以汝为? 将奚以汝适? 以汝为鼠肝乎? 以汝为虫臂乎?"

子犁作为子来的莫逆之友,探视病重的子来。他行动从俗,语言却与世大谬,为自然造化讴歌,为子来的顺时随化咏唱。他的这种举动,在历史文献中找不到什么依据,是《庄子》的艺术虚构。

　　再如孟子反和子琴张,前者的原型是立功却不张扬的勇士,后者是视死如归义士的崇尚者。《大宗师》的情节却是:

　　　　莫然有间而子桑户死,未葬。孔子闻之,使子贡往侍事焉。或编曲,或鼓琴,相和而歌曰:"嗟来桑户乎! 嗟来桑户乎! 而已反其真,而我犹为人猗!"子贡趋而进曰:"敢问临尸而歌,礼乎?"二人相视而笑曰:"是恶知礼意!"

历史上的孟子反和子琴张虽然很有个性,但他们的所作所为并无违礼之处。《庄》文中的孟子反和子琴张却对着自己朋友的尸骨相和而歌,成了违背礼数的狂士。《礼记·曲礼上》写道:"邻有丧,舂不相。里有殡,不巷歌。适墓不歌,哭日不歌。"按照礼的规定,丧葬与歌舞娱乐绝缘。孟子反、子琴张临丧而歌的举止,是《庄子》作者赋予的,是为批判社会礼教所作的艺术虚构。

　　再看对子桑户的改造。《论语·雍也》篇只说他"居简行简",《九歌·涉江》及《说苑·修文》说他裸行、"不衣冠而处"。《庄子·山木》篇与孔子交往的子桑户(又写作"雩")围绕人的命运问题教诲孔子,劝孔子与人交往要以天相和,出自天性本然,不要以利相合,不要依赖外在的修饰,即"不求文以待形"。《山木》中的子桑雩还有历史原型的影子。而《大宗师》中的子桑户,却是另一种形象:

　　　　子舆与子桑友,而霖雨十日。子舆曰:"子桑殆病矣!"裹饭而往食之。至子桑之门,则若歌若哭,鼓琴曰:"父邪! 母邪! 天乎! 人乎!"有不任其声而趋举其诗焉。子舆入,曰:"子之歌诗,何故若是?"曰:"吾思夫使我至此极者而弗得矣。父母岂欲我贫哉! 天无私覆,地无私载,天地岂私贫我哉! 求其为之者而不得也,然而至此极者,命也夫!"

文中的子舆继续保持和疾病的因缘,只是这里他成了探病者。至于子桑户的若歌若泣,以及回答子舆所用的话语,尽管还保留作为历史人物子桑户的狂放之性,但是,狂放之性的表现形态已不是裸行裸居,而是对贫困命运的追问,即已经由行为狂放上升为精神层面的狂放。庄子对子桑户形象的改造,摆脱了对这个人物外在形貌描写的传统做法,而是另辟蹊径,赋予这个角色丰富的内心世界,以及对"天无私覆,地无私载"等正统观念的深刻思考,对个体命运的深深拷问,这是《庄子》以外其他文献是见不到的。

子舆和子桑户在《大宗师》中本来分属于两个方外之友的群体,作品结尾出现的寓言故事,则是通过子舆和子桑户的交往,把这两个方外之友群体加以沟通。子舆原型是曾子,他和子桑户是同一时代的人物,又都生活在鲁国,因此,他们进行交往的寓言故事具有可能性和合理性,艺术真实和历史真实能够实现统一。

《大宗师》中的两组方外之友、莫逆之交,是庄子对历史人物重新塑造的产物。不过,庄子对现实材料的改造,并非都是无中生有的凭空捏造,而是借鉴当时的某些传说。《孟子·尽心下》写道:"如琴张、曾皙、牧民者,孔子之所谓狂矣。"孟子列出孔子门下的三位狂士,其中有文献记载可考的是琴张和曾皙。琴张即《左传·昭公二十年》欲吊唁宗鲁的子琴张,但《左传》看不出他的狂放性格;曾皙是曾参的父亲,就是《论语·先进》篇令孔子喟然叹出"吾与点尔"的曾点。《论语》中曾点闲雅超然,丝毫见不到狂放之态。他的狂放性格始见于《礼记·檀弓下》:

> 季武子寝疾,蟜固不说齐衰而入见。……及其丧也,曾点倚
> 其门而歌。

其中的"说",通脱。季武子是鲁国的执政卿,在他病危和逝世期间出现两位狂放之士:蟜固穿着丧服去探视,曾点在季武子逝世后倚其门而歌。对此,清阎若璩《四书释地又续》有过辨析:

> 《春秋》昭公七年,季孙宿卒,孔子年十七。曾点少孔子若
> 干岁,未知也。然《论语》叙其坐次,后于子路,则必少九岁以上
> 也可知。孔子年十七岁,子路甫八岁,点实不过六岁七岁孩童

耳,乌得倚国相之门,临丧而歌之事?《檀弓》多诬,莫此为甚。①
这段辨析很有说服力,《檀弓》所记载的曾皙临丧而歌并不是历史事
实,而是历史传说。阎若璩称"《檀弓》多诬",指的是许多记载没有
历史根据,其实这正是它的文学创造。显然,孟子也见到了曾点临丧
而歌的一类记载,否则,他不会把曾点归入狂士之列。非常巧合的
是,孟子把琴张、曾皙都说成是孔门狂士,有关曾皙又有临丧倚门而
歌的传说。到了《大宗师》篇,子琴张也是临丧而歌,和传说中的曾
皙毫无二致。庄子和孟子都生活在战国中期,属于同时代的两位人
物。在那个历史阶段,子琴张、曾皙都被列为孔门狂士,流传相关故
事。《大宗师》篇子琴张临丧而歌的情节,很有可能是庄子所作的移
植,即把曾皙临丧而歌的传说移植到子琴张、孟子反身上,使这两位
方外之友作为狂放之士出现。否则,曾皙和子琴张不会有情节几乎
完全相同的临丧而歌的传说。

　　综上所述,《庄子·大宗师》所出现的两组方外之友、莫逆之交,
有他们的历史原型可寻,有历史人物的照射和投影。不过,这种照射
不是像太阳高悬在晴空,而是如雨后阳光折射水气形成的彩虹。这
种投影不是对着平面镜,而是对着哈哈镜,显示出来的是属于黑色幽
默的怪诞影像。庄子所充当的角色,就是为阳光照射而设置的水气,
为历史人物投影而设置哈哈镜。因为这两组方外之友、莫逆之交形
象与他们的历史原型之间,已经有较大差异,以至于二者之间的联系
变得模糊不清,所以往往被人们所忽略。

第三节　反复出现的人物角色称谓

　　《庄子》寓言中,许多人物不只一次出现,而是在数篇寓言中充

---

① 　钱穆:《先秦诸子系年》,商务印书馆 2001 年 8 月版,第 87 页。

当角色。有的人物既是寓言中的人物,又是作品进行论述时所涉及的对象。《庄子》书中这类反复出现的人物,就出场次数而言,老子、孔门师生、惠施、阳朱等先秦诸子出现的频率最高。对此,学术界早已给予足够的关注,陆续推出了相关论著。除此之外,还有一些反复出现的人物,他们登场的机会虽然不是很多,却是解读《庄子》不可忽略的重要角色。通过对这些人物进行剖析,可以从一个侧面透视《庄子》在人物刻画方面的方法和特色。

一、一贯型:肩吾、蘧伯玉

《庄子》中反复出现的人物,有的具有比较稳定的属性,无论在哪篇作品中加以展示,其所扮演的角色、性格特征等方面,都是基本一致的。对于这种人物角色,可称为一贯型,即其基本属性在《庄子》书中能够一以贯之。属于这种类型的代表有肩吾、蘧伯玉、接舆、子桑户。

肩吾作为虚拟的人物首见于《逍遥游》:

> 肩吾问于连叔曰:"吾闻言于接舆,大而无当,往而不返。吾惊怖其言,犹河汉而无极也。大有径庭,不近人情焉。"

这里的肩吾作为问道、讨教者的形象而出现,他对接舆所说的藐姑射神人故事心存疑惑,因此向连叔发问。在连叔的追问下,肩吾向连叔转述接舆的话,最后连叔又对肩吾进行了一番开导。这个寓言以肩吾与连叔对话的方式展开,中间又插入接舆所讲述的神人传说。整个故事中,肩吾都是问道受教的角色。首先,他从接舆那里获得关于藐姑射神人的传说,接着,积极主动地向连叔讨教,然后,聆听连叔对他的点化,与对方形成良性互动。寓言中的连叔是虚拟的人物,而接舆则是实有其人,他是楚地的隐士,具体记载见于《论语·微子》和《庄子·人间世》。肩吾从接舆那里听到藐姑射神人的传说,由此可以推断,肩吾的活动范围距离楚地不会太远,与楚文化有密切关联。

《应帝王》篇有如下寓言：

> 肩吾见狂接舆。狂接舆曰："日中始何以语女？"肩吾曰：
> "告我君人者以己出经式义度，人孰敢不听而化诸？"狂接舆曰：
> "是欺德也，其于治天下也，犹涉海凿河而使蚊负山也。……"

这篇寓言中，对话双方分别是肩吾和狂接舆，还是以楚地为背景。狂接舆作为肩吾的导师出现，肩吾则是接受教育的对象，与《逍遥游》篇所扮演的角色大体相同，只是这里把他设置为被动受教，而没有主动向对方询问。

肩吾还出现在《田子方》篇：

> 肩吾问于孙叔敖曰："子三为令尹而不荣华，三去之而无忧
> 色。吾始也疑子，今视子之鼻间栩栩然，子之用心独奈何？"
>
> 孙叔敖曰："吾何以过人哉！吾以其来不可却也，其去不可
> 止也，吾以为得失之非我也，而无忧色而已矣。我何以过人哉！
> 且不知其在彼乎？其在我乎？其在彼邪，亡乎我；在我邪，亡乎
> 彼。方将踌躇，方将四顾，何暇至乎人贵人贱哉！"

孙叔敖是楚国一代名相，肩吾向孙叔敖进行询问，作者再次把他的活动地域锁定在楚国。肩吾是怀着崇敬的心情向孙叔敖进行询问，对于他能够超脱于贵贱去就之外的境界深表钦佩，希望对方能够说出其中的奥妙，追问对方为什么能有如此虚境的心态。肩吾依然作为讨教问道的角色出现，是孙叔敖点化的对象。

肩吾是虚拟的人物，肩吾与孙叔敖对话的寓言也是虚构的。在《逍遥游》和《应帝王》的两则寓言中，肩吾的交往对象中都有接舆。接舆实有其人，与孔子所处时段大体一致，是春秋后期人。而孙叔敖任楚国令尹，首次记载于《左传·宣公十二年》（公元前597年），早于孔子出生四十馀年。寓言中的肩吾既然与接舆反复交流，并且以门生弟子的身份出现，那么，他就无缘见到楚国名相孙叔敖。

关于肩吾，北宋王元泽云："肩吾者，任我也。"①清人王敔曰："肩吾，自度也。"②也就是任己随心，不能顺物随化。《庄子》有关肩吾的三则故事分别见于《逍遥游》、《应帝王》和《田子方》，分布在内篇和杂篇。尽管这三篇寓言虚拟成分居多，并且不一定出自一人之手，但是，肩吾所扮演的角色没有变，都是问道受教的形象；同时，肩吾与楚文化的关联始终存在，都是把楚地作为活动的背景。

《庄子》中反复出现而属于一贯型的角色还有蘧伯玉。这个角色首见于《人间世》：蘧伯玉是颜阖的老师。颜阖将要出任卫国太子的师傅，感到压力很大，向蘧伯玉求教，为此，蘧伯玉作了如下指点：

> 善哉问乎！戒之，慎之，正女身也哉！形莫若就，心莫若和。虽然，之二者有患。就不欲入，和不欲出。形就而入，且为颠为灭，为崩为蹶。心和而出，且为声为名，为妖为孽。彼且为婴儿，亦与之为婴儿；彼且为无町畦，亦与之为无町畦；彼且为无崖，亦与之为无崖。达之，入于无疵。

蘧伯玉的话语重点在对形与心的把握，强调的是在与对方交往过程中，随顺委蛇，与势推移，而不要自矜其美，把自己的想法强加于人，对此，宣颖写道："一切姑顺其意，至于我意处则浑然而入，无疵病可寻。妙用只是一顺字。"③宣颖道出了蘧伯玉人生和处世哲学的核心，那就是因应随顺，虚与委蛇，而不是刚愎自用，露才显己。

《庄子·则阳》篇再次提到蘧伯玉：

> 蘧伯玉行年六十而六十化，未尝不始于是之，而卒诎之以非也，未知今之所谓是之非五十九非也。

这是对蘧伯玉人生和处世哲学所作的概括性总结，突出他与势推、顺应变化的做法。郭象注："亦能顺世而不系于彼我故也。顺物而畅，

---

① 王元泽：《南华真经新传》卷一，明正统《道藏》本。
② 王夫之：《老子衍·庄子通·庄子解》，中华书局 2009 年 5 月版，第 80 页。
③ 宣颖撰、曹础基校点：《南华经解》，广东人民出版社 2008 年版，第 35 页。

物情之变然也。"①文中所说的"化",指的是顺应物势而变,但强调的是悄然地、合乎情理且不露痕迹地顺应。

《人间世》和《则阳》篇提到的蘧伯玉,其基本特征都是强调人生处世的顺随,采取与物委蛇的方式。角色本身没有因为对他的展现方式不同而出现差异,具有相对的稳定性。

蘧伯玉,历史上实有其人,是春秋后期的卫国大夫。《左传·襄公十四年》记载,蘧伯玉预感到卫国将要出现内乱,便"遂行,从近关出",迅速离开卫国,躲避灾难。《左传·襄公二十六年》记载,卫国再次出现君位纷争,蘧伯玉面对这种形势,还是"遂行,从近关出",采取的是与十四年前相同的做法,逃亡国外而避免卷入纷争。蘧伯玉是一位善于明哲保身之人,孔子对他非常欣赏。《论语·卫灵公》篇记载孔子如下话语:"君子哉蘧伯玉,邦有道,则仕;邦无道,则可卷而怀之。"孔子赞扬蘧伯玉能屈能伸,对于他顺势委蛇的处世方式加以肯定。历史上的蘧伯玉确实是一位与世推移、屈伸自如的人物,孔子对他的赞扬聚焦于此,在《庄子》书中也成为体现道家处世理念的角色,是具有稳定特征而被反复提及的人物。

《庄子》书中反复出现并具有一贯性特征的角色,还有接舆、子桑户。接舆的狂放、子桑户的纯任自然,在书中都是一以贯之的,分别见于《逍遥游》、《应帝王》、《大宗师》、《山木》等篇。这些人物在各篇之间彼此呼应,始终保持形象特征的一致性,具有同构性。

二、对立型:公子牟、宋元君

《庄子》中还有这样一类反复出现的角色,在不同的篇目中,他们的基本属性不是一以贯之,而是彼此相异。这类角色属于差异型,其中有公子牟、宋元君等。

---

① 郭庆藩:《庄子集释》,中华书局2004年版,第905页。

公子牟,亦称魏牟、中山公子牟,首见于《秋水》篇:公孙龙向魏牟询问:"今吾闻庄子之言,汒焉异之。不知论之不及与? 知之弗若与? 今吾无所开吾喙,敢问其方。"公孙龙对庄子之言困惑不解,又找不到其中的原因,向魏牟求教,请他加以指点。魏牟则先讲述井中之蛙向东海之鳖自我炫耀的故事,意在将公孙龙暗比井底之蛙,眼界狭小,没见过大世面。接着又说道:

> 且夫知不知是非之竟,而犹欲观于庄子之言,是犹使蚊负山、离蚷驰河也,必不胜任矣。且夫知不知论极妙之言,而自适一时之利者,是非埳井之蛙与? 且彼方跐黄泉而登大皇,无南无北,奭然四解,沦于不测;无东无西,始于玄冥,反于大通。子乃规规然而求之以察,索之以辩,是直用管窥天,用锥指地也,不亦小乎! 子往矣!

魏牟先是讽刺公孙龙目光短浅,自恃甚高而才疏学浅,根本无法理解庄子之言。接着又对庄子之言作了夸张的描述,指出这是公孙龙的辩察能力无法洞彻的。魏牟作为庄子的知音出现,是庄子之言的出色阐释者,属于登堂入室的体悟道性者。而公孙龙作为魏牟的教导对象,则显得渺小可怜,以至于在听过魏牟的一番话之后,"口呿而不合,舌举而不下,乃逸而走。"

《让王》篇有如下故事:

> 中山公子牟谓瞻子曰:"身在江海之上,心居乎魏阙之下,奈何?"瞻子曰:"重生。重生则利轻。"中山公子牟曰:"虽知之,未能自胜也。"瞻子曰:"不能自胜则从神,无恶乎! 不能自胜而强不从者,此之谓重伤。重伤之人,无寿类矣。"

关于中山公子牟,成玄英疏曰:"魏公子名牟,封中山,故曰中山公子牟也。"[1]瞻子,又称詹子,即詹何,《淮南子·道应训》记载了他与楚

---

① 郭庆藩:《庄子集释》,中华书局 2004 年版,第 979 页。

顷襄王的对话。关于这个故事的背景,钱穆先生称:"窃疑子牟身在江海,心在魏阙,其殆为中山既亡之后事。"①公子牟虽然隐居江海,但却心系朝廷,无法超脱于社会政治和人生的荣华富贵之外,因此向瞻子询问解脱的办法。《秋水》篇的魏牟已经进入道境,是以道家代言人的身份诠释庄子之言,教诲公孙龙。《让王》篇的公子牟,则是陷于仕与隐的矛盾冲突之中,身虽隐于江海而心在庙堂,因无法自拔而向瞻子寻求救助,是被教诲的对象。公子牟的形象,在《秋水》和《让王》篇前后不一致,而是存在明显的差异。

《让王》篇瞻子教诲公子牟的话语曰:"不能自胜则从神,无恶乎!"或断句为:"不能自胜则从,神无恶乎!""神"字属下句,俞樾根据《吕氏春秋·审为篇》《文子·下德篇》《淮南子·道应篇》作了辨析,认为"从"与"神"不连读更符合古人的用语习惯。② 但从上下句的意义考察,当以第一种断句为是。"不能自胜则从神",意谓自己无法解脱就顺从自己的心神,心神是个体生命性情的体现,"从神",就是顺应自己的生命个性。"无恶乎!"恶,谓危险、危害。无恶,指没有危险,不会出现前面所说的"重伤"。

魏牟,或称为中山公子牟,《战国策·赵策》《列子·仲尼篇》都有对他的记载。钱穆先生的《魏牟考》称:"牟虽亡国公子,其见重于当时者,有以也。"③魏牟是战国中后期的一位活跃人物,曾经到过秦、赵等地。《庄子》一书出现的魏牟,属于差异型的角色,展示出这个人物的复杂性。

《庄子》中属于差异型的角色还有宋元君。《田子方》篇有如下传说:

> 宋元君将画图,众史皆至,受揖而立,舐笔和墨,在外者半。

---

① 钱穆:《先秦诸子系年》,商务印书馆 2005 年版,第 518 页。
② 郭庆藩:《庄子集释》,中华书局 2004 年版,第 980 页。
③ 钱穆:《先秦诸子系年》,商务印书馆 2005 年版,第 517 页。

> 有一史后至者,儃儃然不趋,受揖不立,因之舍。公使人视之,则
> 解衣盘礴,臝。君曰:"可矣,是真画者也。"

文中后至的画师是一位放浪形骸、纯任天性之人。他不像众多画师那样追名逐利,急于表现自己,而是显得漫不经心,淡泊超然。宋元君可谓慧眼识珠,他断定这位后至者是真正懂得作画的人,而其他画师无法与他相比。宋元君欣赏这位画师的狂放之性,他作为道家的角色出现,是一位伯乐式的正面形象。这位画师固然风采照人,宋元君对画师的认可也难能可贵。

《外物》篇的寓言故事再次提到宋元君:神龟作为清江神派往河伯处的使者,在宋国境内被渔民余且捕捉,向宋元君托梦求救,宋元君令余且把神龟带到朝廷,出现如下事象:

> 龟至,君再欲杀之,再欲活之,心疑,卜之,曰:"杀龟以卜
> 吉。"乃刳龟,七十二钻而无遗筴。

《田子方》中的宋元君慧眼识珠,并且有决断能力,立即决定招募放浪形骸的画师。《外物》篇的宋元君则是优柔寡断,面对神龟不知所措,靠问卜决定自己的行动。《田子方》篇的宋元君是后至画师的知音,欣赏他的自然天放;《外物》篇的宋元君则置神龟的求救于不顾,最终把它的性命断送。《田子方》篇的宋元君是可敬的正面形象,《外物》篇的宋元君充其量不过是个中性角色,甚至有些灰暗。

魏牟、宋元君这类差异型角色,在《庄子》书中还有很多,最典型的是孔门师徒。在《庄子》书中,孔门师徒有时作为被批判、被嘲讽的角色出现,有时又被称为道家的代言人,他们自身形象所呈现的差异往往是根本性的,构成矛盾的对立。魏牟、宋元君这两个角色在不同篇目中所呈现的差异,远不如反复出现的孔门师徒那样明显。但是,人物自身属性的变化,是因事而变,因文章的论道思路而变,也正是与道随化的表现。这类反复出现而自身呈现差异的人物形象,相关篇目所采用的处理方式可谓是移步换形。

三、复杂型：齧缺

《庄子》书中一些反复出现的人物，性格属性表现出矛盾性，既有一贯性的一面，又有差异性的一面，呈现出复杂的状态。因为他们自身的属性兼有一贯性和差异性，故可称为复杂型角色。这类角色以齧缺最有代表性。

《庄子·天地》篇称："许由之师曰齧缺，齧缺之师曰王倪，王倪之师曰被衣。"这是把四人说成是具有师承关系的群体，然而《庄子》在多次展现这个群体成员之间的交往时，却不尽然。《齐物论》写道：

> 齧缺问于王倪曰："子知物之所同是乎?"曰："吾恶乎知之!""子知子之所不知邪?"曰："吾恶乎知之!""然则物无知邪?"曰："吾恶乎知之!"

这是齧缺与王倪对话的前半部分。对于齧缺的提问，王倪是三问三不知。在此之后，王倪又作了正面的回应，指出"知"与"不知"是无法分辨的。并且通过具体事例，把人与鱼、猿猴、麋鹿、鸥鸦、飞鸟等进行对比，说明各类生灵在居处、饮食、求偶等方面的巨大差异。角度不同，观点就不同。要消除思想纷争，就要秉持齐同万物的理念。在这个寓言故事中，齧缺是摄齐受教者，王倪充当传道授业解惑的角色，他们之间是师生关系。无论齧缺，还是王倪，都是庄子所认可的正面形象。

《应帝王》开篇一段如下：

> 齧缺问于王倪，四问而四不知。齧缺因跃而大喜，行以告蒲衣子。蒲衣子曰："而乃今知之乎? 有虞氏不及泰氏。有虞氏，其犹藏仁以要人，亦得人矣，而未始出于非人。泰氏，其卧徐徐，其觉于于。一以己为马，一以己为牛。其知情信，其德甚真，而未始入于非人。"

这则寓言的前半部分可以说是复制《齐物论》篇齧缺对王倪的追问，由三问三不知扩展为四问四不知，只是表述上更加简略。寓言的后半部分出现蒲衣子，这是《齐物论》所未有的。寓言中的齧缺仍然是问道受教的角色，他先是向王倪请教，后来又得到蒲衣子的指点。蒲衣子即被衣。王倪还是传道布教的角色，并且又增加了蒲衣子，继续对齧缺进行指点。齧缺和王倪的关系和《齐物论》中相同，体现出角色定位的连贯性。

《知北游》篇有如下寓言故事：

> 齧缺问道乎被衣，被衣曰："若正汝形，一汝视，天和将至；摄汝知，一汝度，神将来舍。德将为汝美，道将为汝居，汝瞳焉如新生之犊而无求其故。"

> 言未卒，齧缺睡寐。被衣大说，行歌而去之，曰："形若槁骸，心若死灰，真其实知，不以故自持。媒媒晦晦，无心而不可与谋。彼何人哉！"

寓言中的齧缺和被衣以师徒关系出现，齧缺还是问道受教的角色，和《齐物论》、《应帝王》的相关寓言一脉相承。被衣作为传道布教的角色，接续的是《知北游》的相关寓言。就指点齧缺的方式而论，王倪往往是针对提问者的问题以不知作答，这种做法带有一贯性。至于被衣，则是用大段话语开导齧缺，《应帝王》、《知北游》篇的寓言都是如此，这种点化方式同样带有一贯性。在许由、齧缺、王倪、被衣四人组成的群体中，《天地》篇对被衣的定位最高，居于祖师爷辈分，既然如此，精妙之言也就由他说出，齧缺最终由他点化。

在《齐物论》、《应帝王》、《知北游》诸篇，齧缺都是向高人讨教问道，是受教者的身份。同时，他又是能够体悟道性者。《应帝王》篇的齧缺，因为王倪四问四不知"跃而大喜"。《知北游》篇的齧缺，未听完被衣的话语就入睡，被衣大悦，认为齧缺已经进入道的境界，对他赞叹不已。就以上作品而言，齧缺是一位比较丰满的问道受教者形象,并且最终进入道境,称为完美的角色。这是对齧缺刻画所体现的一贯性,持续性。另外,齧缺与王倪、被衣的师生关系,在上述各篇都处于协调状态。王倪、被衣对齧缺有指点,也有赞扬。这种交往状态在上述诸篇也是一脉相通,没有出现什么变化。

《天地》篇对齧缺的表述出现的是变调:

> 尧问于许由曰:"齧缺可以配天乎? 吾籍王倪以要之。"
>
> 许由曰:"殆哉,圾乎天下! 齧缺之为人也,聪明睿知,给数以敏,其性过人,而又乃以人受天。彼审乎禁过,而不知过之所由生。与之配天乎? 彼且乘人而无天。方且本身而异形,方且尊知而火驰,方且为绪使,方且为物絯,方且四顾而物应,方且应众宜,方且与物化而未始有恒。夫何足以配天乎!"

寓言开头交待尧的打算,他想求助王倪使齧缺出山,参与治理天下。"配天",指达到天道的境界。因为尧提到齧缺"配天",许由就从天人关系话题开始,引出对齧缺的评论。齧缺天性聪慧,敏捷过人,又"以人受天",即通过人为来承受、应和自然,而无为与有为是否自然兼容是问题的关键,齧缺在这一点上没有达到境界。由此而来,齧缺"乘人而无天",意思是似乎顺应了天道,实质上却让"人为"控制了。结果是崇尚人为却丢弃了自然。齧缺的重大缺陷是不能正确处理物我关系,想以自己的智慧驾驭外物,结果被外物所役使、异化,没有做到不离于道。其中的"方且为物絯",成玄英疏:"絯,碍也。"郭庆藩注曰:"《释文》引《广雅》云,絯,束也。疑絯为该。"[1]絯,《外物》篇称:"木与木相摩则然,金与火相守则流。阴阳错行,则天地大絯,于是乎有雷有霆,水中有火,乃焚大槐。"这里的"大絯",指的是剧烈震动,强烈反应。《天地》篇称齧缺"方且为物絯",也就是为外物所动,以至于沉陷于外物而不能自拔。

---

① 郭庆藩:《庄子集释》,中华书局 2004 年版,第 418 页。

《天地》篇假托许由之口，罗列啮缺在处理天与人、物与我关系方面的重大失误。按照许由所言，经常问道的啮缺根本不是体悟道性者，而是和沉溺于外物的世俗之人没有根本区别。《天地》篇的啮缺形象与《庄子》其他篇目中的啮缺有庭径之别，就此而论，《庄子》书中有关于许由、啮缺、王倪、被衣这个群体的寓言，各篇之间既有彼此贯通，一脉相承之处，又有变调和相互抵牾的地方，属于复合型。作为反复出现的重要角色啮缺，各篇对他的展示也体现出一贯性和差异性的错杂。其实，《天地》篇中许由真正批评的不是啮缺，而是尧"藉王倪要啮缺"的想法，对啮缺的指责，只是委婉地反驳对方的谈话技巧。尽管如此，文中啮缺的角色属性便朦胧起来，使这一人物在全书中表现出复杂特征。

四、疑似型：南郭子綦、长梧子

《庄子》中反复出现的人物，有的在不同篇章介于似与不似之间，看去似乎是同一个人，但是又无法真正落到实处，可称为疑似型反复出现的人物。这类人物有南郭子綦、长梧子等。

南郭子綦首见于《齐物论》：

> 南郭子綦隐机而坐，仰天而嘘，荅焉似丧其耦。颜成子游立侍乎前，曰："何居乎？形固可使如槁木，而心固可使如死灰乎？今之隐机者，非昔之隐机者也。"
>
> 子綦曰："偃，不亦善乎？而之问也！今者吾丧我，汝知之乎？女闻人籁而未闻地籁，女闻地籁而未闻天籁夫！"

南郭子綦是入道者的形象，他所谓的"丧我"，指通过自我控制，将自己的神气封锁在体内，使它与外界，乃至自己的躯体疏离，仿佛遗忘了一般。颜成子从外界观察，就像一桩毫无生机的枯木。颜成子游是南郭子綦的弟子，侍立于老师的身旁，因迷惑而发问。便引出南郭子綦关于人籁、地籁、天籁的话题，后面是对三籁的解说。

《徐无鬼》篇出现与《齐物论》类似的场面：

　　南伯子綦隐几而坐,仰天而嘘。颜成子入见曰:"夫子,物之尤也。形固可使若槁骸,心固可使若死灰乎?"

　　曰:"吾尝居山穴之中矣。当是时也,田禾一睹我,而齐国之众三贺之。我必先之,彼故知之;我必卖之,彼故鬻之。若我而不有之,彼恶得知之? 若我而不卖之,彼恶得而鬻之? ……"

文中对南伯子綦的动作描写和《齐物论》没有什么差异。颜子所说的赞美之语,也与《齐物论》颜成子游的问话如出一辙。据此不难看出,《徐无鬼》的上段文字是以《齐物论》应取自同一个故事蓝本,南伯子綦即是南郭子綦,颜成子就是颜成子游。郭庆藩称,"南伯子綦,《齐物论》作南郭子綦。伯、郭古声相近,故字亦通用。"[1]郭庆藩依声训解释有一定道理,《徐无鬼》作者可能利用伯、郭读音相近这个事实,把《齐物论》中的南郭子綦变换成本篇的南伯子綦,同时,古代对一个人的称谓,命名角度不同,亦会有差异。伯,是男性长者,有尊敬之义;郭,指居所特征。从尊敬和居所两个角度称呼同一个人,在古代很普遍。此外,对《齐物论》中的颜成子游简称颜成子,使这两篇作品中的对应角色极其相似,以至于后代注家认为所指的对象相同。

　　不过,如果把《徐无鬼》篇的南伯子綦与《齐物论》篇的南郭子綦加以对比,又能发现二者之间的差异。《齐物论》对于南郭子綦所居地域没有明示,以至于引起后人的猜测。成玄英称:"楚昭王之庶弟,楚庄王之司马,字子綦。"[2]这种猜想把南郭子綦说成楚人。《徐无鬼》篇则透漏出南伯子綦所处地域的信息:他曾在山穴中隐居,齐王田禾前往拜谒,在当时引起轰动,南伯子綦或是楚人,但见过齐王,

---

①　郭庆藩:《庄子集释》,中华书局2004年版,第848页。

②　郭庆藩:《庄子集释》,中华书局2004年版,第43页。

说明他可能在齐国隐居,或是住在齐楚交界处。《史记·宋微子世家》记载了齐国灭宋的事件,此后齐国与楚国开始接壤。总之,南伯子綦是战国后期著名的得道高人。

《齐物论》篇的南郭子綦与《徐无鬼》篇的南伯子綦,似是而非,其中相似的成分居多。作为弟子而出现的颜成子游、颜成子,同样很相似,两组角色之间存在原型和蓝本的关联。

《寓言》篇再次出现颜成子游及其老师:

> 颜成子游谓东郭子綦曰:"自吾闻子之言,一年而野,二年而从,三年而通,四年而物,五年而来,六年而鬼入,七年而天成,八年而不知死、不知生,九年而大妙。"

颜成子游还是作为弟子出现,不过,他的导师不是南郭子綦、南伯子綦,而是东郭子綦。对此,成玄英写道:"居在郭东,号曰东郭,犹是《齐物论》篇中南郭子綦也。"[1]从颜成子游和东郭子綦的师生关系来看,这位指点弟子入道的高人,与《齐物论》中的南郭子綦确实像是同一个人,可是,二者的姓氏又有南郭与东郭之别,他们又不像是同一个人。东郭子綦与南郭子綦因住所方位的差异处于似与不似之间,相似的因素居多。

《徐无鬼》篇有南伯子綦,其原型可能是《齐物论》的南郭子綦。《人间世》篇也有南伯子綦:

> 南伯子綦游乎商之丘,见大木焉,有异:结驷千乘,隐,将芘其所藾。子綦曰:"此何木也哉?此必有异材夫!"仰而视其细枝,则拳曲而不可以为栋梁;俯而视其大根,则轴解而不可以为棺椁;咶其叶,则口烂而为伤;嗅之,则使人狂酲,三日而不已。子綦曰:"此果不材之木也,以至于此。其大也,嗟乎!神人以此不材。"

---

[1] 郭庆藩:《庄子集释》,中华书局 2004 年版,第 956 页。

对于这位南伯子綦,成玄英写道:"即南郭子綦也。"①他认为南伯子綦就是《齐物论》中的南郭子綦,二者是同一个人。他们确实很相似。第一,名字相同,都是子綦;称谓开头也只差一个字,一为南郭,一为南伯,且读音相近。第二,两者都是体悟道性的高人。《齐物论》中的南郭子綦向弟子讲述什么是天籁、地籁、人籁,《人间世》中的南伯子綦则从不材之木那里领悟到它的神奇,深谙处世之道。第三,两者都是以树喻道,对于树木有特殊的兴趣和敏感。《人间世》篇通过对南伯子綦各种感官体验的描写,把商丘大木的"不材"从多个方面具体生动地展示出来,南伯子綦仿佛是一位鉴别树木的专家。《齐物论》中的南郭子綦,同样以树喻道,他在讲述地籁、天籁时说道:

> 山林之畏佳,大木百围之窍穴,似鼻,似口,似耳;似枅,似圈,似臼;似洼者,似污者。激者,謞者,叱者,吸者,叫者,譹者,宎者,咬者。前者唱于而随者唱喁。泠风则小和,飘风则大和,厉风济则众窍为虚。而独不见之调调之刀刀乎!

这段绝妙的文字先是采用比喻的手法,对巨树孔穴的千奇百怪形状进行静态描写。后面则是采用动态展示的方式,把风吹树穴发出的各种声音显现得淋漓尽致。宣颖对于这段文字有如下评点:"初读之拉杂崩腾,如万马奔趋,洪涛汹涌。既读之,希微杳冥,如秋空夜静,四顾悄然。"②这段绝妙之辞,假托南郭子綦之口说出,他成为擅长描摹巨树形态和以风喻道的高人,这与《人间世》篇南伯子綦通过多种感官体验而展现大树的不材,具有异曲同工之妙,也是两位角色的相似之处。

目前学界普遍认为,《庄子》内篇出自庄子本人。既然如此,他

---

① 郭庆藩:《庄子集释》,中华书局2004年版,第176页。
② 宣颖撰、曹础基校点:《南华经解》,广东人民出版社2008年版,第12页。

为什么把南郭子綦和南伯子綦分别置于《齐物论》和《人间世》作为两个角色处理？就此而言，两者似乎不应该指同一对象。加之他们的称谓有"南郭"与"南伯"之别，《齐物论》中的南郭子綦有弟子陪伴，《人间世》中的南伯子綦则独自出场，这又构成两个角色之间的差异和不相似的一面。

总之，《庄子》中南郭子綦、南伯子綦、东郭子綦，这三个角色确实是处在似与不似之间，属于疑似型反复出现的人物。

《庄子》中属于疑似重复出现的人物还有长梧子和长梧封人。

长梧子见于《齐物论》：

> 瞿鹊子问乎长梧子曰："吾闻诸夫子，圣人不从事于务，不就利，不违害，不喜求，不缘道；无谓有谓，有谓无谓，而游乎尘垢之外。夫子以为孟浪之言，而我以为妙道之行也。吾子以为奚若？"

庄子设置的这场对话，在长梧子和瞿鹊子之间展开。瞿鹊子所说的夫子，指的是孔子，后面叙述长梧子的话语，其中有"丘也何足以知之"。长梧子是瞿鹊子的老师，是传道解惑的角色。从瞿鹊子的转述可知，长梧子的基本主张是齐一万物，超脱于世俗之外。后面还有长梧子的大段话语，论述齐一万物的道理。

长梧封人见于《庄子·则阳》：

> 长梧封人问子牢曰："君为政焉勿卤莽，治民焉勿灭裂。昔予为禾，耕而卤莽之，则其实亦卤莽而报予；芸而灭裂之；其实亦灭裂而报予。予来年变齐，深其根而熟耰之，其禾繁以滋，予终年厌飧。"

> 庄子闻之曰："今人之治其形，理其心，多有似封人之所谓，遁其天，离其性，灭其情，亡其神，以众为。……"

长梧封人以栽培农作物比喻治民，强调要顺应民性，而不能以卤莽的方式灭裂人性。长梧封人和《齐物论》中的长梧子一样，都是作为传道布教的角色出现,而且秉持的都是道家理念,这是他们的一个相似之处。另外,和两人对话者都与儒家有关联。《齐物论》中的瞿鹊子提到孔子,对此,俞樾写道:"瞿鹊子必七十子之后人,所称闻之夫子,谓闻之孔子也。"①俞樾的辨析是有道理的,瞿鹊子虽然未必是七十子门人,但文中暗示他与孔门的交往,听到过孔子的议论。关于《则阳》篇的子牢,陆德明《经典释文》引司马彪注,认为子牢"即琴牢,孔子弟子。"②《孔子家语》所列孔子弟子有琴张,一名牢,司马彪的说法当有所本。长梧子、长梧封人,他们都作为道家的代言人出现,充当传道布教的角色。他们与之对话的人又都与孔门有关联,有的甚至是孔门弟子。两者如此相似,因此,对于《齐物论》中的长梧子,《经典释文》引南梁简文帝萧纲之说,谓其乃"长梧封人也。③"长梧封人和长梧子,确实是在似与不似之间,属于疑似型反复出现的人物。这类疑似型反复出现的人物,他们在各篇作品的形象,彼此之间可以说是藕断丝连。

《庄子》中反复出现的人物有多种类型,他们在篇目的分布上有规律可循。内篇多认为出自庄子一人之手,其中反复出现的人物以一贯型居多。肩吾作为人物角色在内篇出现两次,都是问道受教的形象。接舆出现三次,分别见于《逍遥游》、《人间世》和《应帝王》都是作为传道布教的角色指点别人。反复出现的复合型人物,在内篇也是保持一贯的属性,到了外篇或杂篇才发生变化,齧缺形象就是如此。至于那些反复出现而在不同篇目又呈现出差异性的人物,则主要分布在外篇和杂篇,如:魏牟分别见于《秋水》和《让王》,宋元君分别见于《田子方》和《外物》,齧缺形象的变化,见于《天地》。这些自身属性呈现差异的人物之所以主要分布在外篇和杂篇,一个原因可

---

① 郭庆藩:《庄子集释》,中华书局2004年版,第98页。
② 郭庆藩:《庄子集释》,中华书局2004年版,第898页。
③ 郭庆藩:《庄子集释》,中华书局2004年版,第98页。

能就是外篇和杂篇不是出自一人之手,而是由多人撰写,这就难免造成对同一个人物采取相异的认定态度和处理方式,使得人物属性发生变化,甚至走向悖论。

《庄子》书中反复出现的疑似型人物,往往都是在内篇奠定原型,外篇和杂篇则是以内篇的原型为基础,又加以适当的改造,或是变换称谓,或是转移话题,同时又在很大程度上保留原型的痕迹。这类反复出现的疑似型人物,不同篇目中的同一个人物处于似与不似之间,这正是《天下》篇所说的"芴漠无形,变化无常"的"无端崖之辞"。对于这类"谬悠之说,荒唐之言"下的疑似型人物,不能像古人那样简单的判断,认定南伯子綦、东郭子綦就是南郭子綦,长梧封人就是长梧子;同时,又必须承认这类形象在各篇目间的关联。

小　　结

《庄子》中的山常常是道境的象征,与山发生关联的人有山神、山主、山客,他们或是得道者的化身,或是学道者的代表。山神,有的表现出自然属性,明显带有山的特性和功能,反映出先民由山所引发的联想,以及对山的理解;有的山神则是长生不死的神仙,成为功德圆满的象征。山神、山主、山客的称谓往往具有象征性,暗示或隐含着道家理念。这都成为作者塑造山人形象的基础。《庄》书借助艺术手段刻画的三种山人角色,营造出道场与政治中心疏离的理想境界,表达的是道家超越尘世的哲学主张,以及对超越途径的哲学思考。

《庄子·大宗师》篇两组体现"莫逆之交"的"方外之友",共有七位角色,其中五位有历史原型可考,具体见于《论语》和《左传》。这五位角色的名字和相关历史人物一致,处于相同的历史阶段,都以鲁国为活动舞台,在作品中以群体出现,具有历史真实性。庄子以历史人物原型为基础,采取移花接木、移步换形、形似神异、神似形变等多种处理方式进行人物形象的塑造,使得作品中的角色形象与其历史原型有较大的差异。

《庄子》中有一批反复出现的人物,大致分为四种类型:第一类是一贯型,同一人物在不同的篇目中出现,其属性保持稳定。第二类是对立型,同一人物在不同的篇目中出现,各篇中的人物属性不尽相同,甚至存在矛盾。第三类是复杂型,有时体现一贯性,有时又彰显对立性,表现出复杂而朦胧的色彩。第四类是疑似型,同一人物在不同篇目中处于似与不似之间。《庄子》中反复出现的角色,有的是单独个体,有的是由几位成员组成的群体。具有一贯性特征而反复出现的人物,主要分布在内篇。而其馀三种类型角色,或是内、外、杂相呼应,或是多见于外篇和杂篇。

第七章　自然物象称谓与言道方式

《庄子·大宗师》谈到："夫道,有情有信,无为无形;可传而不可受,可得而不可见。"为把无形之道阐释清楚,为世人所接受,《庄子》作者想出了寓言、重言、卮言三种表述方法。其中的寓言是指"藉外论之",就是借助具体存在的客观物象表达玄深的道理。

《庄子》选取的自然物象,主要分为两大类:

一类是无形但可见或可感之象,如天、气(阴阳属于气的范畴)、云、光、声等(见 P318 表6)。全书三十三篇都提到天,它出现的频率居所有名物之最,除了代表自然和自然之天外,就是道的象征,即天道。直接谈到风、云、气的篇目,大约有十五篇,但有些事象所包含的意蕴,需要加以辨析。谈到音乐的作品有七篇(见 P323 表12),涉及上古各朝代的代表乐曲,但主要是借音乐论道,因为音乐诉诸人听觉的感受与人对道的体悟有相通之处。

另一类是有形之物,如山、水、动物、植物、器物等(见 P319—322 表7、8、9、10、11)。《庄子》对这类名物的处理方式,不外以下三种:第一种是以自然物的属性谈自然之性和顺性的理念。例如,《骈拇》篇有"凫胫虽短,续之则忧;鹤胫虽长,断之则悲"、"鸱目有所适"的语句,讲的是凫胫短、鹤腿长、鸱的视力夜间能明察秋毫,都是它们的自然天性,只能顺从,不能更改。名称本身简单明了,无需多辨。第二种是以物与物间的关系比喻世情世理。例如《天地》篇"虎豹在于囊槛",比喻强势者陷入困境,"使蚊负山"、"螳螂之怒臂以当车轶",

讽刺人不自量力、自以为是的骄矜之心。第三类就是道的象征。例如飞鸟、冥海、高山、大木等，这些物象在《庄子》书中出现的频率很高，并且，由于物象种类不同，所象征道的属性也不尽相同。本章将对与《庄子》之道的表述密切相关的自然物象加以辨析，以助于全面把握《庄子》一书的思想蕴涵、创作思路和言道技巧。

第一节　问道的山林之精：罔两与天根

《庄子》中的问道者角色，有的由自然神充当，有的由自然神转化生成。但是，由于问道者称谓怪异罕见，或是由于后代读者的误读，使得这些角色的自然神原型被遮蔽。考察由自然神到问道者角色的转换，很大程度上是了解《庄子》之道的钥匙，有助于进一步揭示《庄子》与神话的关联，同时，对于某些问道者角色的特点，也可以从相关自然神的属性、功能中找到答案。罔两、天根在《庄子》寓言中都以问道者角色出现，是两个比较典型的由自然神转化而来的形象。对于他们生成的根据、转化方式及角色特点的探索，是本节的主要内容。

一、山精：罔两

"罔两问景"寓言首见于《庄子·齐物论》：

> 罔两问景曰："曩子行，今子止；曩子坐，今子起。何其无特操与？"景曰："吾有待而然者邪？吾所待又有待而然者邪？吾待蛇蚹蜩翼邪？恶识所以然！恶识所以不然！"

这篇寓言通过"罔两"和"影"的对话，阐述齐一万物的理念。景，指影子。关于罔两，陆德明《释文》云："罔两，郭云，景外之微阴也。向云，景之景也。崔本作罔浪，云有无之状。"①班固《幽通赋》有"恐罔

---

① 郭庆藩：《庄子集释》，中华书局 2004 年版，第 110 页。

两之责景"一句,用的是《庄子·齐物论》的典故。李善注:"郭象为罔两、司马彪为罔浪。罔浪,景外重阴也。"①晋代的司马彪、向秀、郭象,都释罔两为影外的微阴。自此以后,古今解《庄子》者基本是沿袭这种说法,把罔象视为影子的影子。

从实际情况考察,不论什么影子,其外围都不可能有微阴,影外不再有影。再从寓言本身来看,如果把罔两释为影外微阴,那就等于影子向自身发问,寓言的主客问答变成罔两单个主体的自问自答,不符合原文的本意。

罔两,指的不是影外微阴,而是指山中精灵。《国语·鲁语下》记载孔子如下话语:"丘闻之,木石之怪曰夔、蝄蜽,水之怪曰龙、罔象,土之怪曰羵羊。"韦昭注:"木石,谓山也。"②韦昭的解释是正确的,这里的木石代指山。《庄子·则阳》称:"观于大山,木石同坛。"山主要由石头和树木组成,故以木石代指山。按照孔子的说法,传说中的山精包括蝄蜽,亦即罔两。《左传·宣公三年》记载,东周王朝大夫王孙满在谈到"铸鼎象物"的功能时说道:"故民入川泽山林,不逢不若,螭魅罔两,莫能逢之。"这里同时提到两类精灵,即螭魅和罔两,他们分别存在于川泽和山林之中。《九歌·河伯》:"乘水车兮荷盖,驾两龙兮骖螭。"河伯乘坐的水车由螭和龙牵引,螭和龙属于同类,可以生活在水中。由此推断,王孙满所说的螭魅,指的是川泽之精,而罔两则是山林之精。

《庄子·齐物论》的"罔两问景"寓言,罔两指山林之精,它向所见到的影子发问,对影子的动静多变感到奇怪。《庄子》对于这则寓言之所以作出如此设置,与古人对山林之精的理解有关。树林是浓郁密布之处,古人认为影子到了那里就会消失。《庄子·渔父》篇

---

① 萧统编、李善注:《文选》,岳麓书社 2002 年版,第 452 页。
② 《国语》,上海古籍出版社 1998 年版,第 201 页。

写道：

> 人有畏影恶迹而去之走者,举足愈数而迹愈多,走愈疾而影不离身。自以为尚迟,疾走不休,绝力而死。不知处阴以休影,处静以息迹,愚亦甚矣。

处阴则影无,这是客观存在的事实,也是古人的基本常识。先民想象中的精灵多生活在幽暗之处,山精当然也是如此。《九歌·山鬼》的女主角自称"余处幽篁兮终不见天",她生活在幽暗的竹林中,见不到天日,当然也不可能在山中见到影子。《齐物论》篇的罔两是山精,与外界有幽明之隔。正因为如此,偶尔从暗界看到光明之处的影子,就对它的动静不定大惑不解,向对方提问。《庄子》的这种设置是虚幻的,但有其合理性,具有艺术的真实性。罔两自身无影,平时在山中幽冥处也见不到影子,这使它对影子的形态感到新奇,要追问其中的缘故。

先民传说中的山精罔两属于神灵,并且往往造成对人的伤害。《左传·宣公三年》所载王孙满的话语,就把罔两描述成令人畏惧的精灵,是人们躲避的对象。《庄子·齐物论》中的罔两,却是探索大道奥妙的角色,作为问道者出现。罔两是经过提纯净化的山精形象,它不再具有恐怖性和伤害力,不再是自然暴力的化身。罔两向影子询问,影子从形和影的相生关系说明自身动静无定的原因,以此暗示人之所凭依的对象都是变幻无常的,没有确定性,因此,也就没有必要对各种现象加以分辨,而是要齐一看待。《庄子·寓言》篇也有"罔两问景"故事,出现的是"众罔两",是山精群体,而不只是一位山精。寓言情节与《齐物论》相似,罔两还是作为问道者的角色出现。

二、树神:天根

有关天根的寓言出自《庄子·应帝王》:

> 天根游于殷阳,至蓼水之上,适遭无名人而问焉。曰:"请

问为天下?"

对于天根,古今注家所作的解释多种多样,差异很大。陆德明《释文》记载:"天根,崔云:人名也。"①这是晋代崔譔所作的解释,是现今所能见到的对天根的最早的解释。宋代吕惠卿写道:"王乃天,天乃道。则王之倪者,天也;而天之根者,道也。盖其才足以应帝王者,非天根王倪不可与有至也。"②这是把天根说成道的化身,是从字面意义推演而得出的结论。当代学者多数认为天根是"虚构人物"③,"假设人名"④,没有对它的由来加以考证。

"天根游于殷阳",殷阳是他遨游的地点,如果能够把殷阳的大体方位确定下来,对于考察天根这个角色会提供地理背景。殷阳,当指灊阳,即灊水的北岸。殷、灊,读音相同,故可通用。灊水,有时又作溅水。灊水,历史上实有其水,《水经注》写道:"灊水出颍川阳城县少室山,东流注于颍水。"⑤少室山指中岳嵩山,灊水从那里发源,向东流注入颍水。(详见第五章第一节。)既然如此,就可以在有关嵩山的文献中去寻找天根之称的由来。

《诗经·大雅·崧高》写道:"崧高维岳,骏极于天。维岳降神,生甫及申。"诗中的崧指嵩山。传说中的嵩山是一座神山,它高耸入云天,带有天柱的性质。不仅如此,嵩山还有神灵降临,生出申、吕等炎帝成员。从诗句的上下关联推断,嵩山所降之神应是天神,嵩山是沟通人间和上天神界的平台。嵩山传说和上天、天神密切相关,嵩山一带的神灵和奇树的名称有时也冠以天字。《山海经·中山经》有如下记载:

---

① 郭庆藩:《庄子集释》,中华书局 2004 年版,第 292 页。
② 吕惠卿撰、汤君集校:《庄子义集校》,中华书局 2009 年版,第 156 页。
③ 陆永品:《庄子通释》,中国社会科学出版社 2006 年版,第 105 页。
④ 曹础基:《庄子浅注》,中华书局 2002 年版,第 111 页。
⑤ 郦道元著、陈桥驿校证:《水经注校证》,中华书局 2007 年版,第 731 页。

> 堵山,神天愚居之,是多怪风雨。其上有木焉,名曰天楄,方
> 茎而葵状,服者不噎。

据《中山经》所述,堵山在少室之山以西二百里,属于嵩山的组成部分。堵山也是一座神山,其山神名天愚,能兴风作雨,是先民把山的功能通过想象赋予山神。堵山还有奇树,名天楄,"服者不噎",可以使人进食顺畅,不会出现哽噎现象。奇树被称为天楄,与山神被称为天愚一样,都是暗示它们与上天的密切关联。楄,《左传·昭公二十五年》出现过此字:

> 公曰:"寡人不佞,不能事父兄,以为二三子忧,寡人之罪
> 也。若以群子之灵,护保首领以殁,唯是楄柎所以藉干者,请无
> 及先君。"

这是宋元君所说的一段话。对于其中的楄柎,杨伯峻先生作了如下解释:

> 楄柎,古时棺中垫尸体之木板,《晏子春秋·外篇》作偏柎。
> 亦谓之笭床。王先谦《释名·释船疏证补》以木船底上之槎板
> 譬之,甚恰也。……藉,即《汉书·董贤传》"尝昼寝,偏籍上袖"
> 之籍,谓身卧其上。①

柎,或指钟鼓架及一般器物的足,或指古建筑斗拱上的横木,或指花托,都是发挥托起的作用。楄与柎连用,楄也有这种含义,因此,棺木中垫尸板称楄,木屐板亦称楄。《宋书·五行志一》:"旧为屐者,齿皆达楄上。"楄的功能是承载,外物可以加于其上,是所承载外物的支撑者,相当于所承载之物的根柢、基础。《中山经》堵山的奇树称为天楄,言外之意,它是上天的支撑者、承载者,是上天在下地的根基,亦即天根。

嵩山是传说中的神山,与天界相通,堵山的天楄作为天之足、天

---

① 杨伯峻:《春秋左传注》,中华书局 2000 年版,第 1467 页。

根而被记载下来。除此之外,还有可供天帝降临下地时借以休息的神树。《山海经·中山经》写道:

> 少室之山,百草木成囷。其上有木焉,其名曰帝休。叶状如杨,其枝五衢,黄华黑实,服者不怒。

少室之山指嵩山。树名帝休,顾名思义,谓供天帝休息之木,是一种神树。这种树"其枝五衢",指树枝分岔犹如五条大路,形态很奇特。衢,指四通八达的道路,供人行走。神树名为帝休,是供天帝休息之树,因此,先民通过想象把帝休之树的枝条说成是四通八达的道路之状,以供天帝降临行走。

《山海经》中枝条呈现衢状的神树,在《中山经》中还有记载:"宣山,……其上有桑焉,大五十尺,其枝四衢,其叶大尺馀,赤理黄华青柎,名曰帝女之桑。"对此,袁珂先生有如下解说:

> 《太平御览》九二一引《广异记》云:"南方赤帝女学道得仙,居南阳崿山桑树上。赤帝以火焚之,女即升天,因名曰帝女之桑。"……宣山帝女之桑即崿山帝女桑也。①

帝女之桑是传说炎帝女借以升天的神树,"其枝四衢",枝杈如四条大路,帝女就是沿着如四通八达大路样态的枝条升天。这个传说进一步证明,少室之山的帝休之树,确实是传说中供上帝降临时休息的神树。

嵩山有供天帝降临时休息的神树,天楄起着支撑上天的作用,就是天根,这都是把嵩山描述成与上天相通的神山。《庄子·应帝王》篇提到的殷阳指瀙水之阳,瀙水发源于嵩山,于是,本是嵩山神树的天楄,被庄子改造成遨游于殷水之阳的天根。是瀙水与嵩山的地缘关联,使得"天根游于殷阳"的寓言情节得以生成。当然,庄子并不是原封不动地运用相关神话,而是对它作了改造。神树天楄,到《应帝王》篇变成遨游追求道者天根,称谓由天楄变成天根,主体由神树

---

① 袁珂:《山海经校注》,巴蜀书社 1996 年版,第 209 页。

变成能够像人一样说话的求道者。尽管如此,凭借《应帝王》提供的地理空间方面的信息,根据楄与根两字意义上的相通,仍然可以追寻到天根游于殷阳寓言的生成原型。

《应帝王》篇天根询问对象是无名人,所谓无名人乃是体悟道性者的称谓。无名人扮演布道传教的角色,天根则是求道者的形象。

三、问道角色特征

罔两问景,天根问无名人,这两则寓言的问道者都是由自然神生成的,由于这些自然神本身属性存在差异,它们作为问道者角色也各自有自己的特点。

罔两的原型是山中精灵,它生活在幽暗之中,自身没有投影,平时也很难见到影子。正因为如此,它在见到影子时表现出惊讶和好奇,反复向影子进行追问。《齐物论》的"罔两问景",对影子的动静无定表示困惑,追问对方"何其无特操与?"《寓言》篇的"罔两问景"同样如此:

> 众罔两问于景曰:"若向也俯而今也仰,向也括撮而今也被发,向也坐而今也起,向也行而今世止,何也?"

《齐物论》中的罔两向景提出两个疑问,即行与止、坐与起的变换无定。《寓言》篇的众罔两则连续向景提出四点疑问,提出的问题增倍,所表现出的困惑惊诧愈加强烈。罔两和景不属于同类,因此,影子的动静无常,形态多变令罔两惊异,感到无法理解,以至于要连续发问。在《齐物论》和《寓言》中,罔两扮演的都是惊诧困惑的角色。

天根是由神树改造生成,它向无名人询问的问题是"请问为天下",它是以天下主人的角色进行咨询,否则不会提出这样的问题。从天根这个称谓本身而言,就与大地密不可分,天之根在地,所以它以地之主的身份提问,在困惑之中表现出一种责任感,明显带有社会属性。无名人并没有马上回答天根的问题,而是认为问题提得没有必要。在这种情况下，天根再次追问，无名人最终作了如下回答：

> 汝游心于淡，合气于漠，顺物自然而无容私焉，而天下治矣。

无名人也是把天根视为天下之主、人世之君，根据它的世间君主身份予以回答。天根是带有困惑而又具有责任感的人间君主角色，它和无名人的问答显示出这种角色特征。

综上所述，罔两、天根都是由自然神生成的形象，它们在《庄子》寓言中的角色都是问道者，共同的属性是都有困惑。由于这两个角色由不同的自然神所生成，它们的所扮演的角色又各有特点，不尽相同。罔两有惊讶感而与责任感无缘，天根则有责任感的，但天根没有下节要讲的云将那种忧患意识，感觉不到太多的困扰。

第二节　问道与得道的云气风光

《庄子》之道崇尚自然，在论道的寓言故事中，也常常取象于自然现象，常常通过改造上古神话传说，或用拟人化的手法，赋予自然存在的事象神或人的属性，同时，又与自然事象本身的属性保持勾连。《庄子》书中涉及的自然事象主要有气、云、风、影等，其中有些事象很容易找到它的现实对象，但有些事象由于用了怪异的称谓，其现实原型则处于隐蔽或半隐蔽状态，需要去掉遮障才能发现。《在宥》篇的云将遇鸿蒙、《天地》篇的苑风遇谆芒，是两则比较典型的以自然存在物为题材的寓言，通过对寓言中角色的考辨，可以揭示《庄子》一书的寓言在处理这类题材过程中的基本遵循，以及对自然存在物进行拟人化处理、角色设定的依据。同时，《庄子》寓言与古代神话传说、与楚辞的关联，在一定程度上也可以得到印证。

一、云气之神：云将与鸿蒙

"云将遇鸿蒙"寓言，见于《庄子·在宥》："云将东游，过扶摇之枝而适遭鸿蒙。”

关于云将，《释文》引李颐注，称其为“云主帅也”。《太平御览》卷八引司马彪注“云将，云之主帅。”司马彪、李颐是《庄子》早期注家，均释“云将”为云之主帅。成玄英疏：“云将，云主将也。”①或称云之主帅，或称云之主将，指的都是云神。他们对于“将”字所作的解释，虽然大意近之，但不够确切。《史记·封禅书》写道：“八神将自古有之，或曰太公以来祠之。……八神：一曰天主，祠天齐。……二曰地主，祠太山梁父。……”古代齐地主要祭祀八神，又称“八神将”，分别是天主、地主、兵主、阴主、阳主、月主、日主、四时主。这样看来，八神将即八神主。以此推论，《庄子·在宥》篇所说的云将，指的就是云主，亦即云神。《楚辞·九歌》有《云中君》，是祭祀云神的歌诗。云神而称为云中君，也就是云之主，这与称云神为云将可谓同出一辙。

再看鸿蒙。《太平御览》卷八引司马彪注，称鸿蒙是“自然元气”，成玄英疏称：“鸿蒙，元气也。”②后代注家基本沿袭这种说法。鸿，指的是大。《荀子·成相》：“禹有功，抑下鸿”。这里的鸿，指的是洪水，即泛滥的大水。《楚辞·天问》：“不任汩鸿，师何以尚之。”鸿，还是指大水、洪水。鸿，指的是大。天鹅、雁的形体是鸟类中的大者，因此称为鸿。

蒙，本字作冡。《说文》：“冡，覆也。”段玉裁注：“凡冡覆、僮蒙之字，今字皆作蒙，依古当作冡，蒙行而冡废矣。”③蒙，指的是覆盖。它的这种含义在《周易·蒙》卦看得很清楚。《蒙》卦的卦形是坎下艮上，是水在下而山在上，水被山所覆盖之象。蒙指覆盖，所以能够覆盖其他植物的草木也成为蒙。《说文》：“蒙，玉女也。从艸，冡声。”

---

① 　郭庆藩：《庄子集注》，中华书局 2004 年版，第 385 页。

② 　郭庆藩：《庄子集注》，中华书局 2004 年版，第 385 页。

③ 　许慎撰、段玉裁注：《说文解字注》，浙江古籍出版社 1999 年版，第 353 页。

段玉裁注:"《释草》:云:'蒙,玉女。'又云:'唐蒙,女萝。女萝,兔丝。'"①蒙,或称唐蒙、女萝、兔丝,指的都是蔓生植物,攀附于其他草木,对于被攀附者起着覆盖作用。蒙,还指事物的初始形态。《周易·序卦》称:"《蒙》者,蒙也,物之稚也。"物之稚,即物之初始形态。《周易·蒙》卦几次提到童蒙,因为童蒙是人的初始阶段。

　　鸿,指的是宏大。蒙,兼指覆盖和初始形态。鸿蒙组合在一起,便具有多方面的寓意。吕惠卿写道:"鸿大而蒙被,观其名则其物可知也。"②吕惠卿在很大程度上已经揭示出鸿蒙之称的象征意义,尽管还不够全面。鸿蒙指宏大、覆盖和初始形态,中国古代秉持的是气本原论,认为宇宙的初始状态时自然元气,它广大无比,覆盖一切而又最早生成,因此,释鸿蒙为自然元气,符合《庄子·在宥》篇对这个名称所赋予的含义,并且为后代所沿用。柳宗元《愚溪诗序》:"超鸿蒙,混希夷,寂寥而莫我知也。"鸿蒙指自然元气,亦指宇宙本始。《西游记》第一回:"自从盘古破鸿蒙,开辟从兹清浊辨。"鸿蒙,指宇宙初始阶段的形态,是清浊未分的自然元气。不过,对于鸿蒙的这种固定含义,也出现过误解。《淮南子·俶真训》:"至德之世,甘瞑于溷澖之域,而徙倚于汗漫之宇,提携天地而委万物,以鸿濛为景柱,而浮扬乎无畛崖之际。"高诱注:"鸿濛,东方之野,日所出,故以为景柱。"③鸿濛,即鸿蒙。高诱释鸿濛为东方之野,这种用法在其他典籍中找不到证据,但是被后代所认可。高诱注的误区在于对"景"字的理解,他把"景"字理解为影,即日影,从而导致把鸿濛说成东方之野,这是由太阳从东方升起所推导出的结论。"景"有时通"憬",指的是远行。《诗经·邶风·二子乘舟》首章云:"二子乘舟,泛泛其

---

① 许慎撰、段玉裁注:《说文解字注》,浙江古籍出版社 1999 年版,第 46 页。
② 吕惠卿撰、汤君集校:《庄子义集校》,中华书局 2009 年版,第 212 页。
③ 刘文典:《淮南鸿烈集解》,中华书局 1997 年版,第 64 页。

景。"王引之《经义述闻》曰:"景,读如憬。"《毛传》:"憬,远行貌。"①
该诗末章云:"二子乘舟,泛泛其逝。"这里的"景"通"憬",指的是
逝,即远行。《诗经·鲁颂·泮水》:"憬彼淮夷,来献其琛。"这是说
淮夷远行,前来鲁国贡献珍宝。由此可证,《淮南子·俶真训》所说
的"以鸿濛为景柱",就是以鸿蒙为远行的支撑。鸿蒙指自然元气,
气体有浮力,这是说以自然元气为远行的依据,亦即乘自然元气而
远游。

　　《庄子·在宥》篇的云将指云神,鸿蒙指自然元气,二者都以气
的形态存在,属于同类。从职能方面划分,鸿蒙是原始的至上神,覆
盖万物,统辖一切,是自然之道的化身;而云将则是具体的自然神,在
层次上明显低于作为自然元气象征的鸿蒙。云将与鸿蒙的对话、动
作,正是按照这样的角色设定而展开的,体现出各自的特征。

　　鸿蒙是自然元气的象征,这个形象在寓言中体现的是至上性,超
脱性和自然性。

　　鸿蒙的至上性通过两方面体现出来,一是云将对它的称呼,二是
鸿蒙自身的言语、表情和动作。云将初见鸿蒙,表现出惊讶之情:
"叟何人邪? 叟何为此?"称鸿蒙为叟,用的是表示人伦关系的称谓,
是对年长者的尊称,鸿蒙是自然元气的象征,代表的是原始形态,它
在宇宙中最早生成。从时间的角度审视,鸿蒙是最古老的存在,云将
称它为叟,道出了对方在辈分上的至尊。事过三年,双方第二次相
见,云将又称鸿蒙为天:"天忘朕邪? 天忘朕邪?"这是刚见面时云将
的追问。双方对话中间阶段,云将又称:"吾遇天难,愿闻一言。"希
望对方继续赐教。聆听鸿蒙教诲之后,云将曰:"天降朕以德,示朕
以默,躬身求之,乃今得也。"云将先后三次称鸿蒙为天,《庄子·秋
水》云:"牛马四足,是谓天。"天,指的是自然,也是道家的最高范畴。

---

①　王先谦:《诗三家义集疏》,中华书局2009年版,第214页。

云将对鸿蒙以天称之,从崇尚自然的角度道出了对方的至上性。双方第一次相遇,面对云将的询问,鸿蒙或是"雀跃不掇",或是"仰而视",最后是"拊脾雀跃掉头",始终没有停止它的遨游。它所作的回答也极其简略,先是说"游",既而叹声"吁",最后是"吾弗知,吾弗知。"鸿蒙的言语、动作、表情,同样显示出它的至上性,不肯把道术轻易示人。

鸿蒙的超脱性,主要体现在它对自身生存方式、状态所作的如下叙述:

> 浮游不知所求,猖狂不知所往。游者鞅掌,以观无妄。

这几句近乎诗的叙述,把鸿蒙的超脱性充分展现出来。浮游,谓超脱现实的遨游。猖狂,指无拘无束,绝对自由。《庄子·山木》:"猖狂妄行,乃蹈乎大方。"意谓自由而行乃进入道境。不知所求,指的是没有利益驱动,不受欲望支配。不知所往,谓没有既定目标,事先对行动没有预设。鞅掌,最早见于《诗经·小雅·北山》:"或栖迟偃仰,或王事鞅掌。"毛传释"鞅掌"为"失容",意谓由于繁忙而无法修饰自己。到了《庄子》书中,鞅掌一词被赋予道家的内涵。《庚桑楚》篇写道:

> 老聃之役有庚桑楚者,偏得老聃之道,以北居畏垒之山。其臣画然知者去之,其妾之挈然仁者远之;拥肿与之居,鞅掌为之使。

庚桑楚是老聃的入室弟子,深悟道性。他选择为自己服务的人员,摈斥崇尚仁智之人,而用拥肿、鞅掌之属,鞅掌与仁智之人相互对立,无法兼容。郭象注:"鞅掌,自得。"成玄英疏:"拥肿鞅掌,皆淳朴自得之貌也。"[1]鞅掌,在《诗经·小雅·北山》指无暇修饰,《庄子》书中则指不用雕琢,听任自然。鸿蒙"游者鞅掌,以观无妄",意谓不饰仪

---

① 郭庆藩:《庄子集注》,中华书局 2004 年版,第 770 页。

容而自由遨游,看到的是出自于自然的真实之境。第二次相遇,鸿蒙
还有"仙仙乎,归矣"之语,意谓自己将轻举远游。鸿蒙的自述,表明
它是超脱现实的自由神、逍遥神。

鸿蒙所体现的顺应自然的属性,集中反映在它对云将所作的
劝诱。

> 鸿蒙曰:"乱天之轻,逆物之情,玄天弗成。解兽之群,而鸟
> 皆夜鸣。灾及草木,祸及止虫。意,治人之过也!"

这是批判人治对自然的伤害,主张顺应自然,无为而治,保持人与自
然的协调。最后,鸿蒙劝诱云将"心养",而所谓的心养,指的是"汝
徒处无为,而物自化",还是强调无为而治,就是要忘己忘物,"堕尔
形体,吐尔聪明,伦与物忘,大同乎涬溟。"这种物我两忘的境界,得
于纯任自然的行为方式。

鸿蒙形象所体现的至上性、超脱性、自然性,三者是结合在一起
的,并且存在因果关系。顺应自然才会超脱现实,因超脱现实而具有
至上性,这是三者的逻辑关系。

《在宥》篇的云将是云神的化身,作为寓言故事的配角,它首次
向鸿蒙发问时说道:

> 天气不和,地气郁结,六气不调,四时不节。今我愿合六气
> 之精,以育群生,为之奈何?

云将在这里以入世者的身份出现,想要充当为天下施予恩泽、消除灾
难的角色。正如吕惠卿所言:"愿合六气之精以育群生,则以泽天下
为己任者也。"①事实的确如此,云将是想成为救世主。云将,指的是
云神,《在宥》篇对它所作的角色定位,与自然界云气的属性、功能密
切相关。云能降雨,对气候有调节作用,因此先民往往由云的出现联
想到对社会的治理。《周易·乾·文言》称:"云行雨施,品物流行。"

---

① 吕惠卿撰、汤君集校:《庄子义集校》,中华书局 2009 年版,第 213 页。

意谓随着云的流动而降雨,万物变化而成形,充分肯定云的润物功能。《周易·屯·象》称:"云雷者,君子以经纶。"这是由云雷的聚集联想到君子对社会的治理。《在宥》篇把云神写成怀有济世之志的角色,是由云的润物功能而产生的联想,与《周易》的思维逻辑是一致的。

《在宥》篇还有如下记载:

> 云将曰:"朕也自以为猖狂,而民随予所往;朕也不得已于民,今则民放之也。愿闻一言。"

放,旧注多解为仿效,不够确切。放,这里指依循。《论语·里仁》:"放于利而行,多怨。"《国语·周语下》:"宾之礼事,放上而动,咨也。"这两处的放,指的都是依循。云将向鸿蒙诉说本身的烦恼,它自以为无拘无束,而百姓却跟它前行;它是迫不得已与百姓有关联,而百姓却依循它。云将的这番话,反映的是先民对于云雨的依赖,也就是对于自然的依赖,只不过是采用拟人化的手法作了艺术处理。

经过鸿蒙的开导指点,云将恍然大悟,进入了无心而纯任自然的道境。云本来是无意识的自然存在物,陶渊明《归去来辞》所说的"云无心以出岫",反映的是客观实际。《在宥》篇作者对云将作了拟人化的处理,先是使它以怀有济世之心的角色出现,经过与鸿蒙的对话则又纯任自然,就此而论,云将的前后变化,是一个回归自我本然的过程。

云是水的气化状态,具有流动性,《在宥》篇充分关注它的这种属性,把它写成空中的遨游之神。它先是东游"过扶摇之枝",三年后又东游"过宋之野"。《在宥》篇对云将采用的是动态描写的手法,凸现它的流动性,与云的自然属性相契,实现了艺术真实与客观真实的统一。

二、风光之神:谆芒与苑风

谆芒遇苑风的寓言见于《庄子·天地》篇:"谆芒将东之大壑,适遇苑风于东海之滨。"这则寓言以东部沿海为背景,所设置的空间方位比较确定,为考察谆芒和苑风的由来提供了线索。

《山海经·大荒东经》写道:"北方曰鹓,来之风曰狻,是处东极隅以止日月,使无相间出没,司其短长。"对此,丁山先生《中国古代宗教与神话考》写道:

> 《大荒东经》之古本当为"北方曰狻,风曰鹓",《庄子》书中亦有坚证:其《天地》篇有曰:"谆芒将之大壑,适遇苑风于东海之滨。苑风曰:'子将奚之?'曰:'将之大壑。'"苑风,当即《大荒经》所谓"来之风曰鹓"。①

这种推测是有道理的。《山海经》记载四方之神与四方之风的名称,分别见于《大荒东经》、《大荒南经》、《大荒西经》和《大荒北经》。《大荒西经》称:"西方曰夷,来风曰韦。"古代称少数民族为夷,故西方称为夷。古代称北方少数民族为狄,故《大荒东经》古本当为"北方曰狻",狻是狄的异体字。《大荒东经》所列"北方曰狻,来风曰鹓",前面条目所涉方位是"东北海外",后面条目所涉方位是"大荒东北隅中",依此推断,鹓风所处的"东极隅"指东北角,而《庄子·天地》篇所说的东海,指现今的渤海、黄海正处于上古时代中土的东北隅,和《大荒东经》所记鹓风地域相合。《庄子·天地》篇的苑风,就是《山海经·大荒东经》所说的鹓风。

对于苑风,古代或释为小风,或释为扶摇大风,两种解说截然相反。苑,字形从"夗"。《说文》:"夗,转卧也。"段玉裁注:"谓转身卧也。《诗》曰'展转反侧。'凡夗声,宛声字,皆取委曲意。"②段玉裁的解释是正确的,字形从"夗",宛者,多有委曲、柔顺之义,此类例子甚多。宛风,指柔和之风,释为小风切合原意。《庄子·天地》将宛风

---

① 丁山:《中国古代宗教与神话考》,上海文艺出版社1985年版,第92页。
② 许慎撰、段玉裁注:《说文解字注》,浙江古籍出版社1999年版,第315页。

作了拟人化处理,作为问道者的角色出现。

再看谆芒。谆芒与宛风是在东海之滨相遇,因此,应从古代有关东方的传说中寻找它的由来。五行说是中国古代传统哲学,它有自己的神灵系列。按照五行说的配置,东方之神是句芒。具体记载见于《吕氏春秋》的《孟春纪》、《仲春纪》、《季春纪》以及《礼记·月令》。《山海经·海外东经》也写道:"东方句芒,鸟身人面,乘两龙。"不但列出东方之神的名称,而且出示它的具体形态。

东方之神称为句芒,和古代的太阳崇拜密切相关。太阳从东方升起,《楚辞·九歌·东君》所展示的是清晨面向东方祭祀太阳的场景,称太阳神为东君。东方之神称为句芒,其中有太阳崇拜的影子。古代传说太阳有三足乌,由它负载太阳在空中运行。句芒鸟身,是太阳崇拜、鸟崇拜的遗留。句芒,芒,指太阳的光芒。句,《说文》:"句,曲也,从口,丩声。""丩,相纠缭也。"①句,字形从丩,丩是纠的初文,相互纠结之义。丝线最容易相纠缭,故纠字从系。太阳放射光线,同样出现光线纠缭之象,句芒之名正是由此而来,着眼于亮度。

《庄子·天地》篇的谆芒,其原型当是东方之神句芒。谆,字形从享,这类构型的字往往有连续不断之义。《庄子·则阳》:"时有始终,世有变化,祸福淳淳。"淳淳,谓连续出现。《诗经·王风·大车》有"大车啍啍"之语。啍啍,指重车连续不断地发出的响声。《庄子·胠箧》:"释夫恬淡无为而悦夫啍啍之意,啍啍已乱天下矣。"啍啍与恬淡无为相对立,是众多繁杂之象。再看"谆"字。《诗经·大雅·抑》:"诲尔谆谆,听我藐藐。"谆谆,诲人不倦的样态,亦谓话语很多。《左传·襄公三十一年》:"年未盈五十,而谆谆焉如八九十者。"这是鲁国叔孙豹批评晋国执政卿赵孟的话语。杨伯峻先生注:

---

① 许慎撰、段玉裁注:《说文解字注》,浙江古籍出版社 1999 年版,第 88 页。

"谆谆,语絮絮不休貌。"①所言极是,谆谆,谓唠叨不休,话语极多。谆,指的是众多,这样用法在先秦时期较为常见,由此看来,谆芒,指的是光线众多,光线众多则相互纠缭,与句芒之象相通。

字形从享者,有时还有光明之义。《国语·郑语》:"夫黎为高辛氏火正,以淳耀敦大天明地德,光照四海,故命之曰祝融。"淳耀,谓发扬光大。《左传·僖公五年》:"天策焞焞,火中成军。"《说文》:"焞,明也。"焞焞,明亮之象。《楚辞·九歌·东君》:"暾将出兮东方,照吾槛兮扶桑。"暾,太阳初升之际放射光芒之象。字形从"享"者,往往表示光明之义。照此看来,谆芒,也可释为光明之象。总之,无论释"谆"字为众多,还是光明,谆芒这个称号,指的都是放射光明,与东方之神句芒的含义相同,二者是同一神灵的不同名称。《庄子·天地》篇的谆芒,其原型是东方之神句芒。对于谆芒的寓意,古人已经有所觉察。《经典释文》引李颐注:"望之谆谆,察之芒芒,故曰谆芒。"②他没有对"谆"和"芒"的含义作进一步辨析,所作的解释显得含混模糊。

《天地》篇的谆芒,是传道布教的形象,它要前往的东海大壑,作为道境的象征出现。它对苑风所提问题的回答,贯穿道家的理念。作品对谆芒的角色定位,与谆芒在神界的地位相契。《墨子·明鬼下》有如下记载:

> 昔者郑穆公当昼日中处乎庙,有神入门而左,鸟身,素服三绝,面状正方。郑穆公见之,乃恐惧奔。神曰:"无惧,帝享女明德,使予赐女寿十年有九;使若国家蕃昌,子孙茂,毋失郑。"穆公再拜稽首,曰:"敢闻神名?"曰:"予为句芒。"

王充《论衡》的《福虚篇》和《无形篇》也载有这个传说,其中的郑穆

---

① 杨伯峻:《春秋左传注》,中华书局 2000 年版,第 1183 页。
② 郭庆藩:《庄子集注》,中华书局 2004 年版,第 437 页。

公作秦穆公。在这个传说中,句芒是"鸟身,……面状正方",兼有人和鸟的形体特征,与《山海经·海外东经》所说的"鸟身人面"基本一致。句芒是东方之神,它降临时"入门而左",站在门的东侧,和神灵所处方向一致。句芒作为天帝使者出现,向人间君主传达"至上神"天帝的意旨,它在神界的地位是崇高的。《庄子·天地》篇的谆芒则作为传道布教的角色出现,在道界的地位也很高。由于句芒在神界处于崇高的地位,因此,把它转换成体悟道姓的教主角色也就顺理成章,水到渠成,只是隐去了它半人半鸟的形貌特征。

《天地》篇的这则寓言,苑风五次发问,谆芒依次作答。苑风前两次询问谆芒前往何方、为何而去,可视为问答的第一阶段。苑风后三次依次提出的问题是"愿闻圣治"、"愿闻德人"、"愿闻神人",都是与悟道密切相关的问题。谆芒每次所作的回答都极其透彻明晰,仿佛是用光明照亮黑暗,用智慧和哲理去掉对方的遮蔽,使之豁然开朗,显示出光明神的本色。

最后一次所作的回答如下:

> 上神乘光,与形灭亡,此谓照旷。致命尽情,天地乐而万事销亡,万物复情,此之谓混冥。

对于前面几句,林希逸作了如下解释:

> 上神,言其神腾跃而上也,出乎天地之外,日月之光反在其下,故曰乘光。与形灭亡,言虽有身,似无身矣。照旷者,言大昭晰也。①

林希夷的解释大意得之。所谓乘光、照旷,都是以对光明的驾御及其功能发挥方面立论。照旷,指的是无幽不烛,营造出的是通透明彻的境界,显示出光明神的巨大创造力。但是,谆芒的回答并没有就此结束,而是继续进行深入的阐述,最终要把对方引入混冥的境界,所谓

---

① 林希逸撰、周启成校注:《庄子鬳斋口义校注》,中华书局 1997 年版,第 202 页。

混冥,指的是混沦一体,混沌不分,是道的最深境界。谆芒的原型是句芒,和太阳崇拜、光明崇拜密切相关。但是,《天地》篇的谆芒并不是把光明境界作为最终归宿,而只是把它作为通向混冥道境的桥梁和中介,从这个意义上说,谆芒这个形象的内涵超越了其原型句芒,也超越了谆芒名称的字面意义,指向更加深远的道境。

在这则寓言中,苑风作为配角出现,它反复向谆芒发问,是一位问道者的形象。苑风的现实原型是风,是常见的自然现象,正因为如此,先秦文学作品中的风神,通常都处于辅助地位,而不是充当主角。《离骚》抒情主人公远游,"前望舒使先驱兮,后飞廉使奔属"。王逸注:"飞廉,风伯也。"抒情主任公远游,风伯在后面提供服务,为主人公奔波。《远游》写道:"历太皓以有转兮,前飞廉以启路。……风伯为余先驱兮,氛埃辟而清凉。"《楚辞》作品中的风伯是主人公远游的随从,服务于鞍前马后,是一个配角。《楚辞》对风伯的角色设定,与《庄子·天地》篇的上述寓言一脉相承,是楚文学的重要传统。

第三节　承载道性的飞鸟

《庄子》书中出现众多的飞鸟,构成一道亮丽的风景线。对于这些飞鸟形象,有许多不能只就其本身加以观照,而是需要透过表象去挖掘它的深层意蕴。《庄子》书中的飞鸟有的可以在现实生活中找到原型,有的则出于虚拟,并且所用的名称比较怪诞。因此,从用词、字形等方面对鸟名进行考辨就成为解读《庄子》飞鸟意象的重要步骤。同时,其中部分飞鸟还可以用其他先秦文献的相关记载进行印证,需要从大文化的视野进行解读。

一、乾馀骨、鲲鹏与物物相生理念

物物相生、生命一体,是原始哲学的重要理念,也是《庄子》一书重要的理论依据。《寓言》篇写道:"万物皆种也,以不同形相禅,始卒若环,莫得其伦,是谓天均。"这是把整个物质世界看成是由各种生命构成的圆环,生命体之间可以通过形态变化的方式互相转化。《知北游》提出两个与此相关的命题,一是"万物以形相生",二是"通天下一气耳"。生命之气贯通各种有生之属,气移形变,使万物递相变化。《庄子》书中出现的禽鸟,有时就是作为物物相生、生命一体化理念的载体而存在,赋予它们以生命哲学的内涵。

鸟类是从哪里来的?《至乐》篇作了如下回答:

> 乌足之根为蛴螬,其叶为蝴蝶。蝴蝶胥也化而为虫,生于灶下,其状若蜕,其名为鸲掇。鸲掇千日为鸟,其名为乾馀骨。

这段话大意是,乌足草根变成蛴螬的样子,蛴螬是金龟子的幼虫。乌足的叶片化为蝴蝶。蝴蝶迅速变为虫,这种虫生于灶下,形态好像刚刚蜕皮,其名为鸲掇。鸲掇经过千日化为飞鸟,其名叫乾馀骨。这里所勾勒出的"物物相生"链条是由乌足根到蝴蝶,再到鸲掇,又由鸲掇禅变为乾馀骨鸟。由植物生出飞虫,再由飞虫生出爬虫,最后由爬虫经过蜕变成为鸟。在这个禅变系列中,从多个角度体现生命理念,所用的名称也富有象征意义。

蝴蝶是飞虫,鸟也能飞,因此把它们置于禅变链条中相距甚近的环节。蝴蝶是飞虫,其形体带有虫类特征,所以衍生出蝴蝶生鸲掇虫的环节。在现实生活中,鸟类捕虫为食,以虫类维持生命,而在上面的演变链条中,被改造成虫生出鸟,鸟生于虫。虫名鸲掇,鸲,字形从鸟,八哥鸟就被称为鸲鹆。《说文》:"鸲,鸲鹆也。"段玉裁注:"今之八哥也。《左氏春秋·昭公二十年》:'有鸲鹆来巢。'"①掇,拾取、掠取之义。顾名思义,鸲掇,就是为鸟所取之义,这正是现实世界虫类的命运。所以,由鸲掇变为鸟,实际是鸟食虫而生的艺术显现,但是

---

① 许慎撰、段玉裁注:《说文解字注》,浙江古籍出版社 1999 年版,第 155 页。

把鸟说成是由虫而生。鸲掇生于灶下而千日为鸟,灶指锅灶、炉灶,是供火焰燃烧的设施。虫化为鸟要借助于灶的热量才能实现,这个禅变环节是虚拟的,渗入了当时的阴阳学说理念。《周易·说卦》称:"离为火、为日","离为雉"。按照这种划分,鸟与火、与日属于同类。与《离》相配的方位是南方,因此,南方七宿称为朱雀。阴阳学说把鸟与火划为同类,《至乐》篇所说的灶下之虫生出鸟,体现的就是这种理念。鸲掇所化之鸟名为乾馀骨,它同样是显示阴阳学说理念的符号。《周易·说卦》称"离为雉",又称"离为乾卦",这样一来,鸟就和"乾"建立起对应关系,当然可以用"乾"字相称。乾,是阳刚之性,馀、骨都是刚硬之物。馀,字形从余,"《广雅·释诂四》:'捈,锐也。'余正是捈的初文。用为名词,余就是钻子锥子一类有器具。"[1]这样看来,鸟名乾馀骨,是取象于鸟有锐利而坚硬的喙,是以其器官属性命名,同时凸现它的阳刚之性。

《至乐》篇所出示的万物以形相禅链条,是从物的生成角度出发,追问各种现实存在物由何处来,到何处去。《逍遥游》篇所展现的鲲鹏以形相禅,则是着眼于现实存在物形态的变化:

> 北冥有鱼。其名为鲲。鲲之大,不知几千里也。化而为鸟,其名为鹏。鹏之背,不知其几千里也。

《庄子》这段鲲化鹏的描述,展示的是由鱼到鸟的以形相禅,即由水族动物变成飞禽。下文在叙述鹏南徙时写道:"抟扶摇而上者九万里,去以六月息者也。"大鹏南徙是在夏季六月,由此推断,文中所述的鲲化为鹏是在六月之前,是以春夏之际为时间背景。关于飞禽与水族动物之间的以形相禅,先秦典籍确实有记载。《礼记·月令》称:"季秋之月,……爵入大水为蛤。""孟冬之月,……雉入水为蜃。"这是说鸟在秋冬之季入水化为水族动物,用以度过寒冬,是飞

---

① 尹黎云:《汉字字源系统研究》,中国人民大学出版社1998年版,第317页。

鸟和水族动物之间以形相禅。《大戴礼记·夏小正》、《吕氏春秋》十二纪也有类似的记载。这里讲述的是秋冬之际鸟与水族动物的以形相禅，依此类推，春夏之际应该是由水族动物禅变为飞鸟，因为这种季节性的以形相禅都是双向的。《大戴礼记·夏小正》写道：正月，"鹰则为鸠。"六月，"鸠为鹰"。三月，"田鼠化为鴽"，八月，"鴽为鼠"。鸠，指布谷鸟，鴽指鹌鹑。这是认为布谷鸟与鹰、田鼠和鹌鹑都有季节性的以形相禅。春天，鹰化为布谷鸟，田鼠化为鹌鹑。夏季，布谷鸟化为鹰；秋季，鹌鹑化为田鼠。布谷鸟和鹰、田鼠和鹌鹑，它们之间的以形相禅是季节性的、双向的。既然如此，秋冬之际飞鸟化为水族动物，依此类推，水族动物就应该在春夏之际化为飞鸟。《逍遥游》中的鲲化为鹏，正是以春夏之际为时间背景，可以补充《礼记·月令》的相关记载。《礼记·月令》只提到秋冬之际飞鸟化为水族动物，而没有水族动物在春夏之际化为飞鸟的条目，《逍遥游》的记载使得飞鸟和水族动物依季节双向禅变的环节得以全面展现。这里要做一点补充，从现代生物学角度来说，水族动物与飞禽动物之间相互转化，不符合科学观念，但远古时代物种的衍化，或许还有待考古生物学的进一步研究。

《逍遥游》所展示的水族动物和飞鸟的以形相禅，反映的也是生命一体化的理念，是飞鸟和水族动物生命相通的理念。无独有偶，《周易·说卦》也把飞鸟和水族动物整理在同一系统之中，把它们划为同类，"离为雉"，"离为鳖、为蟹、为蠃、为蚌、为龟。"作为飞鸟的雉和多种水中甲壳动物都属于《离》的系列，鸟和水族动物具有亲缘关系，这种划分可与鸟和水族动物以形相禅的理念彼此印证，在理论形态上是殊途同归。

《逍遥游》鲲化为鹏的寓言反映的是万物以形相禅、生命一体化理念。在进行艺术加工过程中，作者对已有的飞鸟和水族动物以形相禅的描述作了加工和改造。在《礼记·月令》等文献中，秋冬季节飞鸟入于水变成甲壳动物,依此类推,春夏之际应是水族中的甲壳动物化为鸟。可是,《逍遥游》中化为鸟的不是甲壳类水族动物,而是鱼类的鲲,这是庄子对已有飞鸟与水族动物以形相禅模式的改造。不过,这种改造并没有削弱其中所承载的生命哲学理念。而在古人看来,鱼类和甲壳类水族动物在生命属性和外在形态上并没有根本的差异,它们都生活在水中,蛤蜃有壳,鱼则有鳞,蛤壳鱼鳞都使人联想到甲胄。《周易·说卦》就把水中甲壳类动物与甲胄都划入《离》卦系列,《逸周书·时训解》则由鱼鳞联想到铠甲。

鲲化为鹏寓言的创作背景是物物相生、生命一体的观念,但《逍遥游》的主旨是借这一故事阐述逍遥无为的道家思想。对于鲲的属性,出现两种对立的解释,一说大鱼名,以李颐、崔譔、简文帝、陆德明等为代表;一说是小鱼子,以罗勉道、方以智为代表。从《逍遥游》的表述看,鲲当是条巨鱼。然而《尔雅·释鱼》曰:"鲲,鱼子。凡鱼之子名曰鲲。"《鲁语》有"鱼禁鲲鲕"的话语,韦昭注:"鲲,鱼子也。"张衡《西京赋》称"摷鲲鲕",薛综注:"鲲,鱼子也。"段玉裁《说文解字注》:"鱼子未生者曰鲲,鲲即卵字。"[1]于是两种观点一直争执不下,直到章太炎先生才用折中主义方法解决了这一学术纷争。他在《太炎文録续编》中说:

> 凡动植物之名,一字往往异义,即以鱼类言之,《诗传》云鲨鮀也,此为吹沙小鱼,长仅数寸。而《说文》云鱼出乐浪潘国,乃正今所谓沙鱼。……其字即同,其物大小殊绝至是。然则鲲鰈之义或为小鱼,或为大鱼,未足怪也。[2]

章太炎先生以一字多义的解释,分析了鲲的训释出现歧义的现象,这是从客观现象的结果入手所作的分析。其实,这正是《庄子》惯用的

---

① 郭庆藩:《庄子集释》,中华书局 2004 年版,第 3 页。
② 章太炎:《章太炎全集》(五),上海人民出版社 1985 年版,第 95 页。

艺术手法,通过选取有歧义的称谓名称,暗示小大一体的观念,要人们消除辨别大小之心。从文章的表现技巧来说,便形成《庄子》文章独有的朦胧特色。

二、意怠鸟、鹢鹆鸟、雕陵异鹊与守柔不争的处世哲学

《庄子》中的飞鸟,有时作为道家处世哲学的象征出现,或采用正面象征的方式,或者从反面加以暗示。

通过鸟类的活动方式从正面表现道家的处世哲学,集中见于《山木》篇,其中写道:

> 东海有鸟焉,其名曰意怠。其为鸟也,翂翂翐翐,而似无能。引援而飞,迫胁而栖。进不敢为前,退不敢为后。食不敢先尝,必取其绪。是故其行列不斥,而外人卒不得害,是以免于患。

鸟名意怠,林希逸称:"意怠,今人燕也。"①林希逸把"意怠"说成是燕子,后代注家基本沿用此说,罕有异议。其实,这种鸟是《山木》作者虚拟的,不能据实求之,所谓的意怠,指的是处世哲学。后面对于意怠鸟所作的描写,都是突出表现它善处下的生存智慧。

对此,成玄英作了如下解释:

> 翂翂翐翐,是舒迟不能高飞之貌也。飞必援引徒侣,不敢先起。栖必戢其胁翼,迫引于群。夫进退处中,远害之至。饮啄随行,必依次序。②

成玄英吸取前代注家的相关解说,所作的诠释基本符合原文本意。《山木》篇对意怠鸟所作的描写,突出的是"直木先伐,甘井先竭"的主题。意怠鸟不争先而居后,不居上而处下,因此免于患害,得以安全地生存。怠,本指懈怠,这里赋予其新的内涵,指的是柔弱不争,甘

---

① 林希逸撰、周启成校注:《庄子鬳斋口义校注》,中华书局1997年版,第376页。

② 郭庆藩:《庄子集解》,中华书局2004年版,第693页。

居于后。具有这种居柔守谦的意念,故以"意怠"为名。

《山木》篇还写道:

> 鸟莫知于鹢鸸。目之所不宜处,不给视,虽落其实,弃之而
> 走。其畏人也,而袭诸人间,社稷存焉尔。

关于"鹢鸸"所指的鸟,古人已有解说。陆德明《经典释文》和成玄英疏都认为:"鹢鸸,燕也。"[①]从文中的叙述看,这种解释是正确的,鹢鸸确实是指燕子。但是,《山木》篇不直接称为燕,而称为"鹢鸸",其中有其寓意和寄托。燕,有时也称为鳦。《诗经·邶风·燕燕》:"燕燕于飞,差池其羽。"毛传:"燕燕,鳦也。"燕子或称为鳦,鳦、鹢音同,故燕名首字又作鹢。《山木》篇根据鳦、鹢音同,遂以鹢为燕子的首字。通过同音假借赋予"鹢"以象征意义,即指意念、想法。鸸,字形从"而"、从鸟。《说文》:"而,须也。""而"字本指人的胡须。古代男子蓄长须,胡须长则柔软,故字形从"而"者往往有柔软之义。胹,指煮。《左传·宣公二年》:"宰夫胹熊蹯不熟,杀之。"《楚辞·招魂》:"胹鳖炮羔,有柘浆些。"肉食经过水煮之后变得柔软,故称煮为"胹"。栭,枯木上长出的菌类植物,即木耳,因其柔软,故称"栭",见于《礼记·内则》。《庄子·天下》:"语心之容,命之曰心之行,以聏合欢,以调海内。"聏,指调和,是由柔软之义引申而来。由此看来,鸟称为鹢鸸,乃是意念柔软之义,和意怠鸟的含义基本一致,指的是守柔不争。区别在于意怠鸟是虚拟的,鹢鸸鸟则有现实根据,以燕子为原型;"意怠"的象征比较明显,单从字面就可以看得出来,而"鹢鸸"的象征意义比较隐晦,字的构型对其象征意义起遮蔽作用。意怠、鹢鸸两种鸟相继出现在《山木》篇,它们都是"免患远害"处世哲学的象征物,是表述这种理念的鸟类形象,也是有相同内涵的文字符号。

---

① 郭庆藩:《庄子集解》,中华书局 2004 年版,第 693 页。

《庄子·山木》篇出现的鸟类,还有的作为负面形象出现,从反面对道家的处世哲学加以展示。文中有如下一段:

> 庄周游于雕陵之樊,覩一异鹊自南方来者,翼广七尺,目大过寸,感周之颡而集于栗林。庄周曰:"此何鸟哉?翼殷不逝,目大不睹。"蹇裳躩步,执弹而留之。覩一蝉,方得美荫而忘其身;螳螂执翳而搏之,见得而忘其形。异鹊从而利之,见利而忘其真。

文中所出现的异鹊是个负面形象,它见利而忘其真,即失掉自己的本然天性。作者称它为"异鹊",意在突出它的反常,正如成玄英所称,它是"翅大不能远飞,目大不能远逝"①,之所以如此,是因为它急于到树林中捕食。而在发现所要捕捉的螳螂之后,便专注于目标,却丝毫觉察不到有人却手执弹弓要把它作为射击目标。文中的异鹊是受到利益诱惑而忘掉本性,从而使自己处于危险境地。《山木》作者以此说明,沉溺于物欲者,必定要受到外物的伤害,因为"物固相累,二类相召"。

《山木》在很大程度上是为《人间世》作注解,阐述道家的处世哲学。由此而来,把飞鸟作道家处世哲学载体的三则寓言,都收录在这篇作品中。前两则寓言是从正面加以表现,意怠鸟、鹔鸸鸟作为正面形象出现,鸟的名称具有象征意义。第三则寓言中的异鹊则是负面角色,从反面暗示人们应该坚持避世远害的处世之道。

《战国策·楚策四》也提到黄雀、黄鹄因为没有忧患意识而遭到伤害的教训,用以提醒楚王不要高枕无忧,尽情享乐,但其立意与《山木》的宗旨不完全一致。尽管如此,从中可以看出,以飞鸟作比喻来阐述处世哲学,是战国时期楚文学的一个重要特征。

---

① 郭庆藩:《庄子集解》,中华书局 2004 年版,第 696 页。

三、鹏、鹓鶵、莽眇之鸟与自由逍遥的人生境界

《庄子》书中有的鸟作为自由逍遥人生境界的象征，充当这种角色的鸟通常是大鸟、俊鸟，而不是普通的凡鸟。这类鸟往往不存在于现实世界，而是艺术想象的产物，是虚拟的。

《逍遥游》中的鹏鸟就是进入人生自由境界的象征：

> 北冥有鱼，其名为鲲，鲲之大，不知其几千里也。化而为鸟，其名为鹏，鹏之背，不知其几千里也。怒而飞，其翼若垂天之云。是鸟也，海运则将徙于南冥。南冥者，天池也。

鹏鸟是由鲲鱼禅变而来，庄子极力渲染二者形体之大，采用的是夸张的手法。渲染鹏鸟的巨大形体，不是展示它整个形体的长和宽，而是取其背言之。对于鸟类而言，两翅之间的背部在全身所占比例极小，可是，鹏鸟仅背部就不知几千里，由此可以推断，它的整个形体该有多么巨大，采用的是以局部衬托整体的手法。《逍遥游》中的大瓠、大树都是作为自由逍遥境界的象征物出现，庄子极力突出它们形体的巨大，从而与对鹏鸟的描写前后辉映，是以大为美，也是以宏阔境界为自由逍遥的天地。鹏，字形从朋、从鸟。朋，"甲骨文作拜，金文字作拜，均象两串贝之形。这个形体古文有二用：一、表示货币，则为朋字；二、表示颈饰，则为赕字。"[①]十贝为朋，数量众多之义。巨鸟为鹏，其偏旁朋字的意义由数量众多引申为空间的阔大。

《庄子》中作为自由逍遥象征的鸟还有鹓鶵，见于《秋水》：

> 南方有鸟，其名为鹓鶵。子知之乎？夫鹓鶵，发于南海而飞于北海，非梧桐不止，非练食不食，非醴泉不饮。

鹓鶵，陆德明《经典释文》引李颐注："鹓鶵乃鸾凤之属也[②]"，这种解

---

① 尹黎云：《汉字字源系统研究》，中国人民大学出版社1998年版，第183页。
② 郭庆藩：《庄子集解》，中华书局2004年版，第606页。

释是正确的,古今注家已经达成共识。《庄子》书中的凤凰是自由鸟、逍遥鸟,《艺文类聚》卷九十、《太平御览》卷九一五所载《庄子》佚文也有相关记载:

> 吾闻南方有鸟,其名为凤,所居积石千里。天为生食,其树名琼枝,高百仞,以璆琳琅玕为实。天又为生离朱,一人三头,递卧递起,以伺琅玕。

《庄子》中的凤鸟是自由鸟,以玉树琼果为食。成玄英认为"练食"为"竹实",或是认为竹子六十年开一次花,果实珍贵。总之,鹓雏是一种高洁的鸟。

《庄子》书中的凤鸟是自由逍遥的象征,这与神话传说有关鸾凤的记载可以相互印证。《山海经·海外西经》写道:

> 此诸夭之野,鸾鸟自歌,凤鸟自舞。凤皇卵,民食之。甘露,民饮之,所欲自从也。百兽相与群居。

《山海经·大荒西经》亦有类似记载,"诸夭之野"作"有沃之国"。这里出现的是人间乐土的景象,鸾凤在此歌舞,是它们家园所在。当地居民则是食凤卵、饮甘露,过着神仙般的生活,应有尽有,无所不适。由此看来,把鸾凤作为自由逍遥的象征,《庄子》和《山海经》一脉相通,可以彼此印证。

《秋水》篇的鹓雏是南方之鸟,从南海向北海自由飞翔。《庄子》中的凤凰是南方之鸟,《山海经·南山经》也有关于凤凰的记载:

> 丹穴之山,……有鸟焉,其状如鸡,五采而文,名曰凤皇。……是鸟也,饮食自然,自歌自舞,见则天下安宁。

丹穴之山位于南方,凤凰生活在那里,它自由自在,快乐幸福。凤凰是逍遥鸟,又是吉祥鸟,是天下安宁的象征。

《庄子》及《山海经·南山经》中的凤凰都处于南方,是南方之鸟,这种设置与当时的阴阳五行学说密切相关。《周易·说卦》写道:"离也者,明也,万物皆相见,南方之卦也。""离为雉"。与离卦相配的方位是南,动物是鸟,鸟和南方属于同一系列,由此而来,作为百鸟之王的凤凰,《庄子》和《山海经》把它说成是南方之鸟。当然,《山海经》有关凤凰的记载不限于南方,还出现在其他地域,阴阳五行说把鸟与南方相配的理念在《山海经》中未能一以贯之。《庄子》则把凤凰的故乡锁定在南方,阴阳五行观念渗透在相关的记载中。

因为受阴阳五行观念的统辖而把一些神鸟置于南方,《山海经》还有其他例证。袁珂先生在为《山海经·海外南经》的"离朱"作注时写道:

> 《书·尧典》:"日中星鸟,以殷仲春。"传:"鸟,南方朱鸟七宿。"离为火、为日,故神话中此原属于日,后又象征化为南方星宿之朱鸟,或又称为离朱。①

这里对"离朱"所作的认定未必十分确切,但是,把鸟类与南方相沟通的思路是可取的,是解读某些鸟意象的一把钥匙。

《庄子》中的巨鸟、俊鸟是自由逍遥境界的象征,《逍遥游》篇的大鹏和《山木》篇的鹓雏就是这类形象,它们本身的生存状态直接体现出自由逍遥。

《庄子》中的巨鸟、俊鸟有时还以间接的方式象征自由逍遥的人生境界,它作为自由逍遥者的驾乘对象出现,为自由逍遥者服务。这种情况见于《应帝王》:

> 予方将与造物者为人,厌,则又乘夫莽眇之鸟,以出六极之外,而游无何有之乡,以处圹埌之野。

这段话假托"无名人"之口,《老子》称"道常无名",无名人是体悟道性者,处于自由逍遥的状态,他所要前往的"无何有之乡"、"圹埌之野"指的是道境。无名人前往道境"乘夫莽眇之鸟",鸟名是虚拟的,带有象征意义。《说文》:"莽,南昌谓犬善逐菟,草中为莽。从犬茻,

---

① 袁珂:《山海经校注》,巴蜀书社 1996 年版,第 247 页。

猌亦声。"①这是许慎根据字形对莽所作的解释。对此,尹黎云又有如下阐释:

> 《庄子·应帝王》:"莽眇之鸟。"《释文》:"莽,莫荡反,崔本作猛。"《说文·十上·犬部》:"猛,健犬也。"猛从孟声,莽从猌声。《管子·任法》:"莫敢高言孟行。"尹知章注云:"孟,大也。"猌为莽野,自有大义。可见从孟从猌同意,莽不过是猛的异体。②

莽,字形从艸、从犬,是猎犬在草丛中追逐野兔之象,故有广大和强健有力两层含义。

再看眇字。眇有多种含义,有时指高、远。《荀子·儒效》:"仁眇天下,故天下莫不亲也。"这里的"眇"指的是高。《楚辞·九章·哀郢》:"心婵媛而伤怀兮,眇不知其所蹠。"眇,指远。这种含义见于屈原和荀子的作品中,他们都是楚地文人,《应帝王》中"莽眇之鸟",其"眇"字也当是高远之义。

由此看来,《应帝王》中无名人所要驾御的莽眇之鸟,指的是巨大有力而能高飞远行的鸟,正因为如此,他才有可能"以出六极之外,而游无何有之乡,以处圹埌之野"。在这篇作品中,"莽眇之鸟"是通向自由逍遥境界的使者,是进入自由逍遥境界所借助的力量,它本身也是自由逍遥的。

《庄子》一书把巨鸟、俊鸟作为自由逍遥生存状态的象征,创造出两种原型:一类是鸟本身处于自由逍遥的状态,另一类是鸟作为进入自由逍遥境界的媒介出现,这两类原型战国后期的楚地文学中都得到继承。宋玉的《对楚王问》写道:

> 凤皇上击九千里,绝云霓,负苍天,翱翔乎杳冥之上。夫蕃

---

① 许慎撰、段玉裁注:《说文解字注》,浙江古籍出版社1999年版,第48页。
② 尹黎云:《汉字字源系统研究》,中国人民大学出版社1998年版,第320页。

篱之鴳,岂能与之料天地之高哉!①

这里的凤凰用以比喻瑰意琦行、超然独处之士。所用词语明显化用《庄子·逍遥游》对大鹏鸟的描绘,凤凰作为自由逍遥的象征呈现出来。《远游》中至乐之境"鸾鸟轩翥而翔飞",鸾鸟是自由欢乐的形象。《离骚》抒情主人公的神游,或是"令凤鸟飞腾兮,继之以日夜",或是"凤皇翼其承旂兮,高翱翔之翼翼"。凤凰充当抒情主人公前往神境的先导和随从,从中可以看出《庄子》书中巨鸟充当进入自由逍遥境界媒介的痕迹。《庄子》书中的巨鸟、俊鸟作为自由逍遥境界的象征,无论是以直接方式还是间接方式所作的显现,都成为后来楚文学的重要原型。

小　结

在本章讨论的自然物象中,"罔两"是山林幽冥之精,"天根"的原型是嵩山的神树,"云将"是云神,"谆芒"则是东方之神,是光明的化身,他们都是取材于上古神话。"鸿蒙"和"苑风"是自然现象的拟人产物,鸿蒙是自然元气,苑风是柔和的风。这些角色中,罔两、云将、苑风是问道者形象,鸿蒙、谆芒是传道者形象。《庄子》在塑造这些人物角色时,借助了上古神话材料和客观存在的自然现象,或采用拟人化的手法,或对其称谓、属性加以改造,使他们既表现神人的境界,同时又具有自然物象的基本属性。"罔两"是幽暗处的精灵,自身没有影子,对影子的变动不拘感到不解,故成为问道者。"天根"作为上帝在下地的根基,以大地主宰的身份向"无名人"请教。"云将"作为云神,受自然元气"鸿蒙"的统辖,但他还具有云的流动性,故能云游天宇,他又能降雨,调节气候,是上古农业社会人们的依赖,

---

①　萧统编、李善注:《文选》,岳麓书社 2002 年版,第 1375 页。

因此以世间君主的身份出场,为治理天下寻求良策。鸿蒙是自然元气,具有至上性、超脱性、自然性,也就是道的化身,体现的是上古朴素的哲学观念。风神"苑风"也是世间求道人的代表,"谆芒"是光明的象征,这两个角色称谓与阴阳五行学说有关。

本章还讨论了体现道性的几种飞鸟。《至乐》篇的乾馀骨、《逍遥游》中的鲲化为鹏,彰显的是物物相生、生命一体化理念;鹏、鹌雏和虚拟的"莽眇之鸟"是人生自由境界的象征;意怠鸟、鹪鹩鸟从正面证明了守柔不争、避世远害的人生哲学,而雕陵异鹊则是见利忘身的反面典型。《庄子》对飞鸟情有独钟,缘于鸟的善飞本领。《天地》篇讲道:"鸟行而无彰",就是说鸟由于飞行留不下任何痕迹,这与《庄子》无形、无为的理念十分契合。于是,鸟成为道的载体。《庄子》中这些自然物象称谓,首先来自作者对自然现象的深刻体察,同时又受到上古神话、生命哲学、阴阳五行学说等思想观念的统辖,加上综合运用拟人、象征、嫁接等艺术手法的产物。

《庄子》自然现象名称统计表(表6)

篇　目	自然现象	篇　目	自然现象	篇　目	自然现象
逍遥游	风 5、息 3、气 3、云、天 19、阳	天　地	风 6、气、象罔、谆芒、苑风、云、天 41、阴	庚桑楚	气 3、天 22、阴阳 2
齐物论	风 5、气 2、天 12、云、阳	天　运	风 7 息、气、天 27、云 3、阴阳 4	徐无鬼	风 2、天 31、阳 2、阴 4
养生主	天 7	天　道	息、天 55、云、阴、阳	则　阳	风 2、息、气 2、天 11、阳 4、阴阳 2
人间世	风 2、息、气 4、天 17、阳 4、阴、阴阳 2	刻　意	气、天 10、阴阳	外　物	风、天 9 阴阳

续表

篇　　目	自然现象	篇　　目	自然现象	篇　　目	自然现象
德充符	天 19	缮　性	天 8、阴阳	寓　言	天 10、云、阴、阳 6
大宗师	息 7、气 3、天 38、云、阴阳 2	秋　水	风 4、息、气 2、天 23、云阴、阳 2、阴阳	让　王	风、息、天 27
应帝王	息、气 2、天 8、阳 3	至　乐	气 3、天 7	盗　跖	息、气 3、天 36
骈　拇	天 12 阳	达　生	气 6、天 19	说　剑	气、息、天 8、云、阴阳
马　蹄	风、天 7	山　木	风、天 14	渔　父	风、息、天 9、阴、阴阳
胠　箧	天 24	田子方	息、气、天 11、阴、阳	列御寇	天 8、阴阳
在　宥	风、气 2、云将、鸿蒙、天 61、云 15、阴 2、阴阳 3	知北游	气 3、天 22、阴、阳 2、阴阳	天　下	闻其风 9、息、天 46、阴阳

注：表中数字为出现次数。灰色区域为外篇，其左侧为内篇，右侧为杂篇。表 7、8、9、
　　10 同。

《庄子》山丘名统计表（表 7）

篇　　目	山丘名	篇　　目	山丘名	篇　　目	山丘名
逍遥游	太山、藐姑射之山、土山	天　地	山林、昆仑之丘	庚桑楚	畏垒之山、步仞之丘陵
齐物论	山林、大（泰）山	天　运	冥山	徐无鬼	具茨之山、山林、山穴
养生主		天　道	山林	则　阳	山樊、丘山、大山、丘陵、蚁丘、沙丘、丘山
人间世	商之丘	刻　意	山谷	外　物	大林丘山
德充符		缮　性	山林	寓　言	

续表

篇　目	山丘名	篇　目	山丘名	篇　目	山丘名
大宗师	大(泰)山	秋　水	大山、丘山	让　王	岐山(周史) 深山 首阳之山
应帝王	神丘	至　乐	冥伯之丘,昆仑之虚	盗　跖	大山之阳、首阳山
骈　拇		达　生	山林、丘	说　剑	常山
马　蹄		山　木	江山、山林、山木	渔　父	
胠　箧		田子方	高山	列御寇	山川
在　宥	崇山、空同之山	知北游	山林、隐弅之丘	天　下	华山

《庄子》水名统计表(表8)

篇　目	水　名	篇　目	水　名	篇　目	水　名
逍遥游	冥海、海运、四海、海内、天池、水7、泽、河、江湖	天　地	东海、四海、水2、渊4	庚桑楚	海、水
齐物论	振海、四海、泽、河	天　运	水3、泽、江湖、渊3	徐无鬼	海、水、泽3、河4、江
养生主	泽	天　道	海内、江海、水2、渊、泽、川	则　阳	水、河、西江、清江
人间世	泽、河	刻　意	水、海、渊、泽、江海	外　物	东海2、海水、四海、水6、渊、泽、河5、江
德充符	流水、止水	缮　性		寓　言	
大宗师	海、北海、南海、水3、渊、泽3、川、江湖	秋　水	海、北海、南海、东海、海内、四海23、泽、水12、河11、川2	让　王	海、江海、水2、渊

续表

篇 目	水 名	篇 目	水 名	篇 目	水 名
应帝王	流水、止水、蓼水、渊 4、河	至 乐	海、水 4、渊、江湖	盗 跖	水、泽、河、江
骈 拇		达 生	水 8、江湖渊 3、泽 3、	说 剑	渤海
马 蹄	水、泽	山 木	海 2、江湖、水 2、渊、泽、河	渔 父	水、渊、泽
胠 箧	水、渊 2、泽、川 2	田子方	水 4、渊	列御寇	水、渊、泽、川河 2、江河
在 宥	海、渊 2	知北游	海、水、渊	天 下	海内、水 2、泽 2、河、川 2

注：表中数字为出现次数。

《庄子》动物名表（表9）

篇 目	动物名	篇 目	动物名	篇 目	动物名
逍遥游	鲲、鹏、斥鷃、学鸠、蜩	天 地	螳螂、鸠鸮、虎豹、鹑	庚桑楚	
齐物论	蝍蛆、刍豢、蝶、刍狗	天 运	猿狙、鱼、鸟、鹄、龙、厉蚤之尾、鲜规之兽	徐无鬼	马、鹑
养生主	泽雉	天 道		则 阳	
人间世	螳螂、虎、马、牛、豚	刻 意		外 物	神龟、鹓鶵
德充符	豚子	缮 性		寓 言	乌雀、蚊虻
大宗师		秋 水	埳井之蛙、夏虫、骐骥骅骝、狸狌、鸱鵂、蚿、蛇、蚊虻、商蚷、鹓鶵、鯈鱼、神龟	让 王	
应帝王	蚊、鸟、鼷鼠、莽眇之鸟、虎豹、猿狙、鯢桓	至 乐	鸟	盗 跖	

续表

篇　目	动物名	篇　目	动物名	篇　目	动物名
骈　拇	凫胫、鹤胫	达　生	蜩、羊,豹、马、鼠、鹦、鹋、	说　剑	
马　蹄	马	山　木	丰狐、文豹、意怠鸟、鹊鸬、腾猿、异鹊	渔　父	
胠　箧		田子方	马、醯鸡	列御寇	牺牛
在　宥	龙	知北游		天　下	

《庄子》植物名表（表10）

篇　目	植物名	篇　目	植物名
逍遥游	大樗、大瓠、大树	在　宥	扶摇之枝
人间世	栎社树、散木、柤梨橘柚、商丘大木、山木	天　运	桔槔、柤梨橘柚、槁梧
		山　木	大木、直木、槁木、柟梓豫樟、柘棘枳枸

《庄子》器物名统计表（表11）

篇　目	物　名	篇　目	物　名
大宗师	觚、镆铘、炉捶、藩、樊	天　运	舟车、水陆、桔槔、刍狗
骈　拇	钩绳规矩、纆索膠膝	刻　意	干越之剑
马　蹄	牺樽、珪璋	缮　性	轩冕
胠　箧	弓弩毕弋	至　乐	褚、绠
在　宥	廉、釿锯、绳墨、椎凿、桎梏、桁杨接槢、桎梏凿枘、螏矢	达　生	镆干
天　地	玄珠、皮弁鹬冠	山　木	虚舟、甘井

《庄子》音乐名统计表（表 **12**）

篇　目	音　乐
齐物论	天籁、人籁、昭氏鼓琴
天　运	《咸池》《折杨》《皇荂》
至　乐	《九韶》《咸池》
徐无鬼	调瑟
则　阳	吹筦、吹剑
让　王	《商颂》
天　下	《咸池》、《大章》、《大韶》、《大夏》、《大濩》、《辟雍》、《武》

第八章　抽象术语与《庄子》的理想境界

《庄子·天下》篇评论庄子学派时,称它是"谬悠之说,荒唐之言,无端崖之辞",这一评语对后世影响很大。《庄子》之所以形成这样独特的风格,与书中使用了数量可观的怪异术语有直接关系。据粗略统计,这类术语约有六十个(见 P367 表 13)。经过简单归纳,大致可分为以下两大类:一类是《庄子》作者从先秦文献或口语中借鉴过来的词语,然后又赋予它新的内涵,例如逍遥;另一类是《庄子》独创的,比如物化、天籁等。在这些术语中,有的涵义比较固定,在《庄子》书中能够一以贯之,有的则出现多种意蕴,甚至前后矛盾。本章以"旁礴"、物化、逍遥为例,对书中术语的运用进行探讨。

第一节　"旁礴"与包容理念

"道"是《庄子》一书的最高范畴,其丰富内涵和深刻意蕴是通过描述道与物的关系而全面展开。道和物的基本关系是以"道"为依托的万物一体理念,即"旁礴万物"的包容理念,这是《庄子》道论的基本内涵,也是全书思想的基础。作者在阐释这一理念时,使之蕴含于鲜明生动的人物形象和广大雄阔、瑰怪离奇的艺术境界之中。体悟道性之人所呈现的飘逸潇洒风格,使他们成为超逸高远之美的象征;由万物一体的物我关系所构建的兼怀万物、雄奇广阔的得道之境,是真、善、美的统一,成为人类理想的精神境界。

一、"旁礴"的包容内涵

《逍遥游》是《庄子》的开篇之作,其中的藐姑射神人超然世外、逍遥自由,是悟得道性之人的典范。文中假借连叔之口称扬他:"之人也,之德也,将旁礴万物以为一。世蕲乎乱,孰弊弊焉以天下为事!"藐姑射神人不涉乱世,不参国务,是因为具有"旁礴万物以为一"的品德。那么,何谓"旁礴万物以为一"? 把这个命题理解透彻,就可以从一个侧面把握住《庄子》一书所主张的道、物关系的本质及其相应的文学表现。

对于"旁礴"一词,陆德明《经典释文》引司马彪注曰:"旁礴,犹混同也。"①把"旁礴"释为混同,突出了消除事物差别的平等意识。这种解说被成玄英继承,他在为"旁礴万物"作疏时写道:"言圣人德合二仪,道济群品,混同万物,制驭百灵。"②释"旁礴"为混同,与司马彪一脉相承,但"制驭百灵"一语,增加了凌驾于万物之上的意味。郭庆藩《庄子集释》又引李桢注对"旁礴"一词的含义作了深入辨析,李桢曰:"《汉·司马相如传》'旁魄四塞',注:旁魄,广被也,魄与礴通。《扬雄传》'旁薄群生',注:旁薄,犹言荡薄也。荡薄即广被之意。旁礴万物,承上'之德也'三字,言其德将广被万物。"③

"旁礴"是连绵词,有时又作磅礴、旁薄、旁魄,旁薄又可转为般礴、盘魄。李桢释"旁魄"为广被,并援引西汉的相关文献作为例证。"旁魄四塞"之语见于司马相如的《封禅文》:"大汉之德,逢涌原泉,沕潏漫衍,旁魄四塞,云尃雾散,上畅九垓,下坼八埏。"④指的是大汉王朝的恩泽如泉漫涌,广被四方,充塞天地。在这段话中,"旁魄"确

① 郭庆藩:《庄子集释》,中华书局 2004 年版,第 32 页。
② 郭庆藩:《庄子集释》,中华书局 2004 年版,第 32 页。
③ 郭庆藩:《庄子集释》,中华书局 2004 年版,第 32 页。
④ 司马迁:《史记》,中华书局 1998 年版,第 3065 页。

实是广被之义。李桢所引"旁薄群生"一语见于扬雄的《解难》:"客难扬子曰:'凡著书者,为众人之所好也,美味期乎合口,工声调于比耳。今吾子乃抗词幽说,闳意眇指,犹驰骋于有无之际,而陶冶大炉,旁薄群生,历览者兹年矣,而殊不寤。'"①这是假借客方之口对扬雄作《太玄》一事提出质疑,其中很重要的理由就是《太玄》实在难读,令人无法理解。客方称《太玄》"旁薄群生",意谓《太玄》的内容广泛旁杂,包罗万物。这里,"旁薄"还是指广被兼容之义,和司马相如《封禅文》所赋予的内涵一致。可见,汉人沿用了《庄子·逍遥游》中"旁礴"一词的含义。

"旁礴"指广被,这种含义在先秦两汉其他文献中还可以见到。《荀子·性恶》称:"齐给便敏而无类,杂能旁魄而无用,析速粹孰而不急,不恤是非,不论曲直,以期胜人为意,是役夫之知也。"②荀子把异术旁杂、宽泛浮浅的役夫之智称为"旁魄",还是指广被、广泛覆盖之义。再如《淮南子·本经训》:"阴阳储与,呼吸浸潭,包裹风俗,斟酌万殊,旁薄众宜,以相呕咐酝酿,而成育群生。"③这是说明阴阳二气上下弥漫,无所不在,顺物应性,孕育群生。"旁薄",仍是广被之义。可见,无论是指恩泽,还是指知识、技能,"旁礴"都是广被之义,较之混同,多了包容、大气的蕴味。

"旁礴"的广被含义,还可从文字构形上加以考察。

先看旁,"甲骨文作,从凡,方声。凡就是风,与籀文从雨同意。……旁即滂的初文,本义就是暴风雨,引申则有'溥'义,其训旁则是方的同音假借字。④"旁,本指暴风雨。风雨交加,覆盖面很广,因此,旁的字形就寓含广被之义。

① 班固:《汉书》,中华书局1997年版,第3576—3577页。
② 梁启雄:《荀子简释》,中华书局1983年版,第336页。
③ 刘安等编、高诱注:《淮南子》,上海古籍出版社1989年版,第78页。
④ 尹黎云:《汉字字源系统研究》,中国人民大学出版社1998年版,第14页。

再看礴,字形和读音俱从甫,甫,"甲骨文作𤰑,……象田中有菜蔬之形,……可见甫就是圃的初文。……菜圃和粮田特点不一样。粮田一般是密植,而菜圃则讲究疏行,因而菜圃给人的感觉是疏布,引申甫有疏布之义。"①甫有疏布之义,亦即广被之义。尃是甫的后出分化字,同样具有这种含义。博是尃的繁文,故有大通、广远之义。礴,字形从甫,亦从尃,由疏布而引申出广被之义。

这样看来,无论旁字还是礴字,都有覆盖面大,广被之义,它们的字形或取象于暴风雨,或取象于菜圃,都是广被兼覆之象。李桢把"旁礴"释为广被,不仅符合这一词的本义,也突出了《庄子》之道的包容内涵。

旁礴是连绵词,又作般礴,旁、般,一音之转。《庄子·田子方》篇曾出现画史"解衣般礴"一语,司马彪和成玄英都解释为箕坐。②箕坐是把双腿叉开而坐,呈簸箕形。这种解释,在《庄子》及其他先秦典籍中找不到旁证。事实上,庄子借这则寓言强调了忘我的至真境界,般礴是指那位画师因凝神于画而忘掉了礼仪,把脱下的衣服抛得满地,占了很大面积。在这则故事中,般礴依然指覆盖面大,是广被之义。

"旁礴"的这种含义在《逍遥游》和《田子方》篇一以贯之,而且直到明清时期仍在沿用。钱谦益在《瑞芝山房初集序》中写道:"古之人,其胸中无所不有,天地之高下,古今之往来,政治之污隆,道术之醇驳,苞罗旁魄,如数一二。"③钱谦益把苞罗和旁魄连用,取其相同的含义,都是指兼容并包,覆盖面大,和《庄子》一脉相承。

现在再回到《庄子·逍遥游》的文本,藐姑射神人"将旁礴万物

---

① 尹黎云:《汉字字源系统研究》,中国人民大学出版社1998年版,第279页。
② 郭庆藩:《庄子集释》,中华书局2004年版,第720页。
③ 钱谦益:《牧斋初学记》卷四十,四部丛刊本初编集部.第1046页。

以为一"，就是要像日月之照临、时雨之膏润那样，广被万物，把宇宙间的一切视为一个整体，都置于自己的覆盖之下。因此，"旁礴万物"，不是简单的混同，而是高于万物之上的超越；"旁礴万物以为一"，就是要包容万物，对丰富多样、纷繁复杂的世界做整体性的哲学观照。李桢及近代一些学者在注《庄》时，将"一世"连读，结果是析言破句，断章取义，造成对原文的误读。对此，奚侗在《庄子补注》中从文献引用角度给予否定，①此处，可用《庄子》"旁礴万物以为一"的理念做一补充。

"旁礴万物以为一"理念，在《庄子》许多篇目都有表述，只是所使用的名词术语略有不同。如"凡物无成与毁，复通为一"（《齐物论》）、"通于一而万事毕"（《天地》），用的是"一"；有的用"道"："夫道不欲杂，杂则多，多则扰，扰则忧，忧则不救。"（《人间世》）、"夫道，覆载万物者也，洋洋乎大哉！"（《天地》）、"夫道，于大不终，于小不遗，故万物备。广广乎其无不容也，渊渊乎其不可测也。"（《天道》）"一"和"道"强调的都是包容性。《秋水》篇用"无方"："兼怀万物，其孰承翼，是谓无方。"王先谦将"无方"解释为无所偏心，讲的也是其包容特征。《在宥》篇出现"和"："我守其一而处其和，故我修身千二百岁矣，吾形未尝衰。"突出了达到这一境界的和谐状态。《齐物论》中"成"、"纯"并用："圣人愚芚，参万岁而一成纯。"参，指糅合。成、纯都是完整之义。《尚书·益稷》："箫《韶》九成。"乐曲一终为一成。《左传·哀公元年》："有田一成。"成，指方圆十里的地域。无论用来表示乐曲还是田地，都是指完整的一个数量单位。纯，也是指完整。《庄子·刻意》说："纯也者，谓其不亏其神也。""不亏其神"指保持原始生命力的完整性，就是纯。《诗经·召南·野有死

---

① 郭庆藩：《庄子集释》，中华书局 2004 年版，第 32 页。方勇：《庄子诠评》，巴蜀书社 1998 年版，第 20 页。

麕》有诗句：“林有朴樕，野有死麕。白茅纯束，有女如玉。”这里的“白茅纯束”，指用白茅把死鹿整体包裹起来，纯还是完整之义，由此看来，《庄子》所说的“参万岁而一成纯”，是指超越有限的时段，把握时间的永恒性，同时又保持万物的完整性，在此基础上归于一统，即“旁礴万物以为一”。

　　《庄子》的这种理念源于《老子》，书中第十六章：“知常，容。容乃公，公乃王，王乃天，天乃道，道乃久。”王弼注：“容，无所不包通也。”“公，荡然公平。”“王，周普。（劳健疑“王”由“全”的残缺而致讹）”①这里的“常”，指永恒规律，也就是自然之道，它具有无所不包、公平无偏、超越时空的特征。第五十六章，《老子》把这种达到极微妙的同一状态称为“玄同”。老庄的这种理念在被称为新道家的《淮南子》中也可以见到。《俶真训》写道：“浑浑苍苍，纯朴未散，旁薄为一，而万物大优。”②这里所指的是宇宙的原始状态，天地未判，阴阳未分，自然原气广被万物，错杂为一。可见，“旁礴万物以为一”理念由《老子》到《庄子》到《淮南子》有一脉相承的发展关系，是道家思想的理论基石。

　　“旁礴万物以为一”理念，是道家对世界本质认识的最高层面，是关于世界总体和根源的理性把握，其本质是万物一体、物我齐一，即天人合一，这是自然的本性，也是人的本性。张世英先生认为万物一体理念是现代哲学的基础，他说：“哲学应以建立在万物一体基础上的诗意境界和民胞物与的精神为目标，这种境界是真善美的统一。”③但是，他又分出“原始的天人合一”和“现代的天人合一”，认为前者是“无主客区分、无自我意识”的“本能活动”阶段，是人类精神发展的低级阶段，而后者是经过主客二分洗礼的人类精神发展的

---

①　冯达甫：《老子译注》，上海古籍出版社1991年版，第38页。

②　刘安等编、高诱注：《淮南子》，上海古籍出版社1989年版，第22页。

③　张世英：《哲学导论·导言》，北京大学出版社2002年版，第16页。

审美意识阶段,是具有现代意义的高级阶段,即海德格尔的"此在—世界"。①但是,《庄子》中天人合一、万物一体思想,这种界限十分模糊,它兼有原始与现代的双重品格。下面通过《庄子》"旁礴万物以为一"理念的形象和境界分析试作阐述。

二、展现"旁礴"理念的人物

(一)藐姑射神人

《庄子·逍遥游》提出了"旁礴万物以为一"的理念,同时还塑造出体现这种理念的神人形象:

> 藐姑射之山,有神人居焉,肌肤若冰雪,绰约若处子。不食五谷,吸风饮露。乘云气,御飞龙,而游乎四海之外。其神凝,使物不疵疠而年谷熟。……之人也,之德也,将旁礴万物以为一。世蕲乎乱,孰弊弊焉以天下为事!之人也,物莫之伤,大浸稽天而不溺,大旱金石流土山焦而不热。是其尘垢粃糠,将犹陶铸尧舜者也,孰肯以物为事!

从文字表述看,这位藐姑射山人是天人合一的典范。首先,他有少女般娇好的形态,肤白如雪,身材均称,天真活泼,楚楚动人,突出了他的自然生命之美;其次,他具有神的特性,"不食五谷,吸风饮露",摆脱了人对食物的依赖,"乘云气,御飞龙",免去了行走之苦,超越了物和空间的局限,"游乎四海之外",使他具有开阔的视野和胸襟,所以能跳出俗界功名利禄之外,达到逍遥自由、"旁礴万物以为一"的美妙境界,成为道的化身,使万物丰茂,五谷丰登。从神话意蕴看,藐姑射神人是位山神,具有山林的功能,能兴风降雨,使气候风调雨顺,是万物的保护神。而雨润大地,兼济万物,是"旁礴万物以为一"理念的体现。综上所述,可知藐姑射神人仿佛是一位脱俗的山神,作者

---

① 张世英:《哲学导论》,北京大学出版社2002年版,第21—22页。

在他身上,不仅表达了对自然生命的赞美,也寄寓着人类对自然纯真的渴望;他无功、无名、无己,顺物成性,又是善的化身,是真善美的统一;他不问事务,否定纷乱的社会,蔑视儒家圣贤,表现出人类理性意识的反思,是由意识向无意识的自觉超越。

这里提到的藐姑射山,是庄子采用时空挪移的手法对神话传说和部族发展历史进行了改造。《山海经·东山经》提到姑射之山、北姑射之山、南姑射之山。《山海经·海内北经》称:"列姑射在海河洲中。射姑国在海中,属列姑射,西南,山环之。"根据这些记载判断,传说的姑射山在东北海中。《庄子》所说的藐姑射山却是位于"汾水之阳",一方面,是从空间上把传说中的姑射山在寓言中移到汾水北岸,以与尧都平阳(今山西临汾)的历史典故相合,①使文章下文尧"见四子藐姑射之山、汾水之阳,窅然丧其天下"有了逻辑支撑。另一方面,是从部族历史发展的时间线上,将部族迁移与地名变更结合起来设计姑射山的位置属性。(关于姑射山的考证,参见本书第五章第三节。)《庄子》对这一形象的塑造运用的是艺术虚构,而这种虚构又是以对神话传说和历史故事的糅合为基础的。

(二)北海若

《庄子》书中能够"旁礴万物以为一"的另一位神灵是《秋水》篇中的北海若。北海若是得道海神的形象,与《山海经·大荒东经》中"人面鸟身,珥两黄蛇,践两黄蛇"的海神不同,《秋水》篇的北海若是以传道者的身份出现,像体悟道性的真人那样教诲河伯。河伯询问他如何"辞受趣舍"时,他就表现出"旁礴万物"的气魄:

> 严乎若国之有君,其无私德;繇繇乎若祭之有社,其无私福。泛泛乎其若四方之无穷,其无所畛域。兼怀万物,其孰承翼?是谓无方。万物齐一,孰短孰长?

---

① 袁珂:《山海经校注》,巴蜀书社 1996 年版,第 375 页。

对于这段话,成玄英疏解得颇为透彻:"体道之士,望之俨然,端拱万乘,楷模于物,群彼万围,宗仰一君,亭毒黎元,必无私德也。……若众人之祭社稷,而社稷无私福于人也。泛泛,普遍之貌也。夫至人立志,周普无偏,接济群生,泛爱平等。譬东西南北,旷远无穷,量若虚空,岂有畛界限域也!"①北海若把体悟道性之人比作没有偏爱私德的君主、普济众生的土地神,反复强调其兼怀万物,而不能有所偏私,实际上也就是承认他的统辖地位。而其统辖的范围又没有界限,如无垠的宇宙空间包罗万象,也就是"旁礴万物以为一"。北海若是这样评论大海的:"天下之水,莫大于海。万川归之,不知何时止而不盈;尾闾泄之,不知何时已而不虚。春秋不变,水旱不知。"在古人印象中,大海具有涵容性,无数江河的汇集贯注,形成它的浩潮广大。《老子》第三十二章曰:"譬道之在天下,犹川谷之于江海。"②老子认为,江海吸纳百川,是由于地势低洼,与"善处下"之"道"相似。另一方面,大海具有恒常性,无论是万川归之、尾闾泄之,甚至出现旱涝灾害,他都"注焉不满,酌焉不竭",不为外物所动。《庄子》把这种属性赋予海神,使他成为"旁礴万物以为一"的典型。《庄子》作者在寻找这一理念的形象代言人时,相继选择山神和海神,都是把自然神作为首选对象,反映出山和海的自然属性及功能,是把自然力加以人格化的产物,和神话的创造有相似之处。不过,《庄子》创造的神人形象,虽然有神话的因子,但又不同于神话,因为神话表现某种理念是不自觉的,而《庄子》的寓言故事,则是自觉的主体创造,是为明"道"服务的。③《庄子》以国君、社稷的无偏私比喻道的包容性,显然是受了社会观念影响的逆向思维,反映出世人对君王、社稷观念的认识,也是理性思维的产物。

---

① 郭庆藩:《庄子集释》,中华书局 2004 年版,第 586 页。
② 冯达甫:《老子译注》,上海古籍出版社 1991 年版,第 97 页。
③ 崔大华:《庄学研究》,人民出版社 1992 年版,第 312 页。

（三）大公调

《庄子·则阳》篇同样阐发了"旁礴万物以为一"的理念，但是，此处的形象代言人不再是自然神，而是根据抽象观念虚拟的角色，把它称为大公调，与之对话的则称为少知。对于这两位虚拟角色的名称含义，成玄英作了如下解释："智照狭劣，谓之少知。太，大也。公，正也。道德广大，公正无私，复能调顺万物，故谓之大公调。假设二人，以论道理。"①大公调，有的版本又作太公调。成玄英对大公调名称含义的解释基本是正确的，但还有进一步开掘的余地。公，"甲骨文作𠫑，……是谷的省文。谷、公双声，韵为屋、东对转音，古文二字不仅同字，而且同词。"②谷的本字是𠫑，即人口上方、鼻孔下部两侧高、中间低的纹理部位，由此而来，谷又指自然界的山谷，山谷位于山脊中间，有平分公正之义。山谷地势低洼，是众水汇集之处，因此，公又有兼容并包之义，大公调名称的这种寓意为成玄英所忽视，而这种寓意在《则阳》篇是作者特别强调的，不仅暗隐于大公调的名称上，在大公调回答少知有关丘里之言的询问时，又明言道出：

> 丘里者，合十姓百名以为风俗。合异以为同，散同以为异。今指马之百体而不得马，而马系于前者，立其百体而谓之马也。是故丘山积卑而为高，江河合水而为大，大人合并而为公。……比于大泽，百体皆度；观于大山，木石同坛。此之谓丘里之言。

在这段话语中，虽然提出"合异以为同，散同以为异"两个命题，但是，主要阐述的是"合异以为同"的道理。大公调强调的是大、公，反对偏爱私心，主张对万物兼容并包，像大山那样积卑为高，如江河那样接纳细流。而在整个宇宙之间，"道者之为公"，它包容天地，涵盖阴阳二气，是名副其实的大公调。宣颖对此评述道："天下万事万

---

① 郭庆藩：《庄子集释》，中华书局 2004 年版，第 908 页。
② 尹黎云：《汉字字源系统研究》，中国人民大学出版社 1998 年版，第 91 页。

物,万变万化,其异非巧历所能数,然同是道而已。看不破则细分缕析,各据而未有已;看得破则一以贯之而已。借丘里之言发出浑同之道,可谓即小悟大。"①宣颖的解释一语破的,古代丘里作为基层的行政单位,由众多姓氏组成,众多姓氏组合为丘里,正是包容异同以为一。大公调和北海若在强调包容性上是相通的,大公调和少知的对话也与北海若教诲河伯的情景相似,这两个寓言故事具有异曲同工之妙,但此则故事,喻中套喻,显隐结合,更意味深长,为文手法更妙趣横生。

三、再现"旁礴"理念的人生境界

《庄子》一书在表现"旁礴万物以为一"理念时,不仅借助了人物形象,而且创造出广远博大的艺术境界和离奇荒诞的情节和场面,体现出道家的审美崇尚。

(一)广远之境

对最理想的得道之境,《逍遥游》篇作了如下描绘:"乘天地之正,御六气之辩,以游无穷,彼且恶乎待哉!"这种广远辽阔的场景,是体悟道性之后的构想,它纵横天地,跨越时空,无穷无尽。在庄子笔下,那些兼怀万物的神人、圣人,都具有超越有限的特性,其活动范围无畛无疆。《逍遥游》中的藐姑射神人能"乘云气,御飞龙,游乎四海之外",是对有限空间的超越;《齐物论》中"参万岁而一成纯"的圣人,能冲破时间的阻碍,最终实现"旁日月,挟宇宙"。对此,林希逸解释说:"旁日月,附明也;挟宇宙,宇宙在其怀内也。"②也就是要达到无限和永恒。《秋水》篇的北海若作为这种理念的解说者,向人们

---

① 宣颖:《南华经解》卷二十五,上海古籍出版社 1995—2004 年影印本,《续修四库全书》,第 957 册,第 527 页。

② 林希逸撰、周启成校注:《庄子虞斋口义校注》,中华书局 1997 年版,第 40 页。

展示出这种广阔境界的宏伟气魄：

> 吾在天地之间也，犹小石小木之在大山也，方存乎见少，又奚以自多！计四海之在天地之间也，不似礨空之在大泽乎？计中国之在海内，不似稊米之在大仓乎？号物之数谓之万，人处一焉；人卒九州，谷食之所生，舟车之所通，人处一焉，此其比万物也，不似毫末之在马体乎！

宣颖分析说："语大二字，是此一段主意。"①这种概括准确地道出了上述文字所表现的审美取向。北海若主张以道观物，兼怀万物，为了突出道境的壮阔，首先对宇宙的广大加以渲染。文中采用类比的手法，通过逐层推衍的方式，用九州四海的狭小有限，反衬宇宙天地的辽阔无边，人处天地之间更是微不足道，但如果提升到道的境界，就可以与天地同寿，万物齐生，实现永恒。这是《庄子》对道的体悟，是人类的美好向往，是一种审美体验。这种以大为美的审美取向，在《老子》中也有所表现，《老子》第二十五章曰："有物混成，先天地生。独立而不改，周行而不殆，可以为天地母。吾不知其名，字之曰道，强为之名曰大。"只是《老子》的大道之论过于抽象、过于模糊，而《庄子》以宇宙之境表现道境，采用了缘象求意之法，用经验世界的具体物象表达超越经验的抽象之道，是哲学理念的文学化、艺术化。同时，这种以大为美的审美取向，也反映出战国士人开阔的视域和丰富的想象，并由此构成广远博大的艺术境界。

（二）至德之世

《庄子》书中明确提出"至德之世"的有四处：

> 故至德之世，其行填填，其视颠颠。当是时也，山无蹊隧，泽无舟梁；万物群生，连属其乡；禽兽成群，草木遂长。是故禽兽可

---

① 宣颖：《南华经解》卷二十五，上海古籍出版社 1995—2004 年影印本，《续修四库全书》，第 957 册，第 486 页。

系羁而游,鸟鹊之巢可攀援而窥。(《马蹄》)

夫至德之世,同与禽兽居,族与万物并,恶乎知君子小人哉!同乎无知,其德不离;同乎无欲,是谓素朴;素朴而民性得矣。(《马蹄》)

子独不知至德之世乎?……当是时也,民结绳而用之,甘其食,美其服,乐其俗,安其居,邻国相望,鸡狗之音相闻,民至老死而不相往来。(《胠箧》)

至德之世,不尚贤,不使能;上如标枝,民如野鹿;端正而不知以为义,相爱而不知以为仁,实而不知以为忠,当而不知以为信,蠢动而相使,不以为赐。是故行而无迹,事而无传。(《天地》)

由这四则材料看,《庄子》反复称道的"至德之世",是茹毛饮血的原始生活状态:生产力水平低下,人兽同群,万物并生,交通阻隔,活动范围十分狭小,但是人们无知无欲,素朴自然,没有仁义忠信等道德观念,没有社会上的"知诈渐毒",悠闲自得,和谐安乐。这种美好的原始生存状态,是《庄子》对战国时代纷争淆乱的社会现状的一种思想反拨,通过回归自然,返璞归真,实现对社会现实的否定和批判,表达对摆脱人类社会矛盾和苦难的渴望。这无疑是文人的理想化,但却是顺物应性,体现出人类的本然,反映了《庄子》对人类生存状态的一种理性思考。《庄子》在讴歌"至德之世"时,反复描述了万物一体的生存状态:"万物群生,连属其乡;禽兽成群,草木遂长"、"上如标枝,民如野鹿"、"同与禽兽居,族与万物并"、"禽兽可系羁而游,鸟鹊之巢可攀援而窥",这种人兽和谐共容,万物齐同共生的理想状态,就是《庄子》心目中的至德之境,即"旁礴万物以为一"的大道境界。《庄子·天地》篇曰:"性修反德,德至同于初。同乃虚,虚乃大。合喙鸣;喙鸣合,与天地为合。其合缗缗,若愚若昏,是谓玄德,同于大顺。"在《庄子》看来,至德与宇宙开始的太初之时是相同的,而原始社会是人类社会的开始,万物浑融未分,皆顺自然,因此成为《庄子》表现"旁礴万物以为一"理念的艺术境界,也凸显出作者对和谐自然美好生活的憧憬。这一奇境,后来成为晋人陶潜创作《桃花源记》的原型。

(三)超越生死

在人们所接触的事务中,最难超越的就是生死大限,所以宣颖说:"过得生死关去,方是真人;看得生死关破,方是真知。"①在世人看来,死亡,是对人之存在的彻底否定,也是人一切哀痛的最后根源,因而人们十分恐惧死亡。然而,《庄子》对死亡的认识却与此大相径庭,书中反复强调,"以死生为一条(《德充符》)"、"以死生为昼夜(《至乐》)"、"万物一府,死生同状(《天地》)",即齐同生死,超越生死。《庄子》的这种生死观是以他的万物一体的大道思想为基石的,《知北游》中这样论述:"生也死之徒,死也生之徒,孰知其纪! 人之生,气之聚也;聚则为生,散则为死,若死生为徒,吾又何患! 故万物一也,是其所美者为神奇,其所恶者为臭腐;臭腐复化为神奇,神奇复化为臭腐。故曰:'通天下一气耳',故圣人贵一。"在《庄子》看来,人的生死本来是一气之所化,居于生命的同一链条上,是一个有机的整体,既然如此,人就应该混同生死而为一,冲破生命局限,实现与天地并生,这正是"旁礴万物以为一"的特殊化。

《庄子》书中出现许多参破生死的方外之士,他们的行为举止构成许多新异离奇的情节和场面。《养生主》篇,秦失作为老子的朋友,在老子死后三号而已,不再哭丧。《至乐》篇,庄子妻死,他鼓盆而歌;滑介叔柳生其肘,他泰然处之,顺应自然造化。特别是《大宗师》,像一部"旁礴"生死的寓言故事集,其中的子舆、子来都对疾病、

---

① 宣颖:《南华经解》卷二十五,上海古籍出版社 1995—2004 年影印本,《续修四库全书》,第 957 册,第 447 页。

死亡不以为然,抱着安时处顺的态度;孟子反、子琴张则在他们的好友子桑户死后,"或编曲,或鼓琴,相和而歌。"透过这些离奇荒诞的情节和场面,渗析出对人的乐生恶死本能的超越,是对永恒生命的向往。崔大华从哲理角度分析说:"庄子用相对主义从观念上突破了、跨越了生死界限,是具有某种精神解放作用的。它从人的本身开发出一种理智的、理性的力量,对生死作出一种新的、自然的理解,帮助处理这种可怕的情境,消解长期的经验事实的心理积淀。齐一生死,从由生死对立而产生的恐惧的精神奴役下解放出来,从由这种对立而激起的精神骚动中平静下来,《庄子》中称之为'悬解',称之为'撄宁'"。① 这是当代哲人的理性分析,而《庄子》是在原始宗教观念基础上,通过这些惊世骇俗、奇异怪诞的死亡之境,向人们暗示,贯通生死是"旁礴万物以为一"理念的极限状态。而这些想象虚构出的离奇荒诞的情节和场面,很大程度上强化了这部作品的文学性。

第二节　物化与天均运化理念

物化是《庄子》一书的重要术语,无论是研究《庄子》的哲学思想,还是探讨其文学理念,往往都要涉及到物化。这个术语依次见于《齐物论》、《天地》、《天道》、《达生》和《则阳》篇,由于具体的语境不尽相同,其具体含义也无法用一种解释加以贯通,而是要分类处理,区别对待。只有这样,才能真正揭示物化一词的丰富内涵和多种思想意蕴,以及与此相关的文学表现。

一、对《齐物论》中"物化"的两种解读

物化一词首见于《齐物论》篇尾:

---

① 崔大华:《庄学研究》,人民出版社 1992 年版,第 279 页。

昔者庄周梦为蝴蝶，栩栩然蝴蝶也，自喻适志与，不知周也。俄然觉，则蘧蘧然周也。不知周之梦为蝴蝶与，蝴蝶之梦为周与？周与蝴蝶，则必有分矣。此之谓物化。

这是著名的"庄生梦蝶"寓言，作者把这种梦中化为蝴蝶的庄周与现实中庄周本人不分的现象称为物化。对于上面这则寓言中的物化，古今学者在解释上分成两个基本派别：

一种解释认为，物化指的是物的变化。成玄英疏："故知生死往来，物理之变化也。"①在成氏看来，物是名词，化是动词，事物性质的变化就是物化。褚伯秀《南华真经义海纂微》引林疑独《庄子注》对"庄周梦蝶"寓言中物化的解释是"万物之化亦如此"，②还是把物化说成是万物的变化。林希逸《庄子鬳斋口义》在《齐物论》篇尾注解道："此之谓物化者，言此谓万物变化之理也。"③林氏对此处物化所作的解释，也与成玄英疏基本一致。把《齐物论》中的物化解释成事物的变化，是唐、宋期间解庄注庄的基本看法。

另一种观点认为，《齐物论》中的物化，指事物之间的相互转化。这种看法兴盛于清代。清初王夫之《庄子解》在解释《齐物论》中的物化时写道："物化，谓化之在物者。"他的解释过于简单，其子王敔作了进一步发挥："鹍化鹏，蜣蜋化蜩，鹰化鸠，田鼠化斥鴳，大者化小，小者化大。至于庄周化蝴蝶，蝴蝶化庄周，则无不可化矣，当知物化有分，天均自一。"④王氏父子是从有生之属的变化相禅来释意，由一种生物变成另一种生物就是物化。宣颖《南华经解》也持这种看

①　郭庆藩：《庄子集释》，中华书局2004年版，第114页。

②　胡道静、陈莲笙、陈耀庭：《道藏要集选刊》（二），上海古籍出版社1995年版，第306页。

③　林希逸撰、周启成校注：《庄子鬳斋口义校注》，中华书局1997年版，第45页。

④　王夫之：《庄子解》，中华书局1981年版，第29页。

法，他对《齐物论》的物化作了如下解释："周可为蝶，蝶可为周，可见天下无复彼物此物之迹，归于化而已。……己与物不知是一是二，尚有未丧之我乎？尚有可亲之形乎？"①宣颖一方面指出物化是物与物之间的转化变形，同时又强调彼与此、主与客的浑然一体，难以分辨。因此，对于各种存在物不能孤立视之，而要放置在变化的在背景中加以审视。后来刘凤苞的《南华雪心编》基本是进一步阐发宣颖的观点。

现代的《庄子》研究在解释《齐物论》中的物化时，继承的是清代王夫之、宣颖、刘凤苞一派的传统。陈鼓应先生的《庄子今注今译》写道："物化，意指物我界限消解，万物融化为一。"②陈先生的解释具有代表性，当前学术界对于《齐物论》中的物化，都是从物我融通、天人合一方面加以理解，已经基本达成共识。

二、对《齐物论》中"物化"的文字学考察

从古到今，对《齐物论》中物化的两类解释，尽管定义不同，但都是把物化中的"物"看作名词，或释为万物之化，或释为化之在物。就此而论，两类解释是一致的。把物说成名词，把物化释为物之化，在语法结构上还说得通。把物化说成化之在物，或进一步解释为物我不分，在语法上显得牵强。那么，"物"字是否还有其他的含义呢？这是还原《齐物论》中物化一词的本义必须要考虑的问题。

物，字形从勿。勿的甲骨文字形是，"勿为旗帜，主要靠颜色作为标志，故引申勿有颜色之义。人类识别外界事物，主要靠颜色辨识不同的类属，故引申勿又有万物义。可见勿就是物的初文。"③物的初文是勿，是旗帜的象形。旗帜有多种颜色，不同场合用不同色彩的

① 宣颖：《南华经解》，清同治五年（1865）吴坤修皖城藩署刻本，第433页。
② 陈鼓应：《庄子今注今译》，中华书局1983年版，第92页。
③ 尹黎云：《汉字字源系统研究》，中国人民大学出版社1998年版，第186—187页。

旗帜作为标志,因此,物有多种色彩错杂之义,它的这种用法在先秦典籍中经常可以见到。《诗经·小雅·无羊》在描写牛羊时有"三十维物"之语,毛传:"异毛色者三十也。"郑玄笺:"牛羊之色异者三十。"①毛传、郑笺无一例外都把"三十维物"的"物"释为牛羊的毛色错杂,指各种毛色的牛羊,物,是错杂之义。《周礼·春官·司常》:"通帛为旜,杂帛为物。"姜兆锡《辑义》:"通帛,所谓大赤,取其纯而赫。杂帛,内幅以绛,外饰以白,取其文。"②纯赤色的旗帜为旜,绛色和白色相杂的旗称为物,这里的物,指的是杂色旗,用的是勿字本义。《左传·隐公五年》称:"取材以章物采谓之物"。对此,杨伯峻先生写道:

> 物之本义为杂色牛(见王国维《观堂集林·释物》及杨树达先生《积微居小学述林·释物》),引申之,凡杂色亦可曰物,此物采之物即是其义。③

这里的物,还是指各种色彩相错杂,和《诗经·无羊》、《周礼·司常》的含义是一致的。

物字的原义是各种色彩错杂之象,久而久之,物的含义就被抽象化,指错杂。它的这种含义有时用为名词,客观存在称为物,就是取其种类繁多之义。物指错杂,也可作动词用,这种用法在《庄子》中经常可以见到。《在宥》:"有大物者,不可以物。物而不物,故能物物。"这里共出现六个物字,第一个物指封土,最后一个物指客体存在,都是名词,而"不可以物"之物,"物而不物"中的两个物,"故能物物"的前一个物,都是动词,指错杂。这段话的大意是:拥有封地的封土之君,不可以混杂于物。但是要混杂万物而又不与万物相混杂,这样才能使万物错杂。物字的两种用法同时出现在一段话中,在

---

① 孔颖达:《毛诗正义》,中华书局2008年影印《十三经注疏》本,第438页。
② 姜兆锡:《周礼辑义》,清雍正九年(1731)寅青楼刻本,第47页。
③ 杨伯峻:《春秋左传注》,中华书局2000年版,第42页。

《庄子》其他篇目中也可以见到。《山木》有："物物而不物于物"，意思是使万物相错杂而自身不错杂于万物。《知北游》曰："物物者非物"，意谓着使万物相错杂者自身不是具体客观存在物。这里所说的"物物者"，指浮游于万物之祖的得道之人，也就是形而上之道。

物，作动词用时指的是错杂，《齐物论》篇的物化，正是这种含义，指的是错杂于变化之中，也就是顺应客观的变化。《齐物论》是借"庄周梦蝶"故事来说明什么是物化，《大宗师》篇也有一段关于梦的论述：

> 且汝梦为鸟而厉乎天，梦为鱼而没于渊。不识今之言者，其觉者乎？其梦者乎？造适不及笑，献笑不及排。安排而去化，乃入于寥天一。

这里所说的"梦为鸟"、"梦为鱼"，和"庄周梦蝶"属于同一类型的梦象。既然庄周梦为蝴蝶被称为物化，那么，梦为鸟、梦为鱼当然也是物化。庄子主张对于梦与觉不加区别，顺其所梦，也就是"安排而去化"，即安于客观形势推排而顺应变化，这就是物化。由此看来，《齐物论》所说的物化，不是单纯指事物的变化，也不是专指事物之间的变形相禅，而是指安于客观形势推演，顺应所发生的变化。物化的物，作为动词使用，而不是名词。古今学者用"化之在物"、"物我界限消解"来解释《齐物论》的物化，虽然大意得之，有时甚至触及到了问题的实质，如宣颖所说的"归于化而已"。但是，对于物化之"物"，都作为名词看待，其阐释虽不乏天才的猜测和感悟，但文字训诂未能落到实处，无法从词的结构上得到合理的解释。

物化一词的上述含义还见于《庄子·天道》篇，文中写道："其生也天行，其死也物化。"古人对这两句话所作的解释，多数得其大意。成玄英疏曰："故其生也同天道之四时，其死也混万物之变化也。"[①]

---

① 郭庆藩：《庄子集释》，中华书局 2004 年版，第 464 页。

林希逸则认为:"天行,行乎天理之自然也;物化,随万物而化也。"①
这种解释大意不差,但成氏疏是添"混"字以足意,林氏是添"随"字以
成说,都把物当作名词看待。其实《天道》所说"物化"之物,本身就是
混、随之义,并不是充当名词,指代具体事物。陈鼓应先生对这两句话
所作的翻译,和上面所引古人的训解大同小异:"他存在时便顺自然而
行,他死亡时便和外界融合。"②他还是用物我融合来解释物化,物仍然
被视为名词。对于《天道》篇的这两句话,古人也有采取意义上的阐释
而得其精要者。褚伯秀《南华真经义海纂微》引林疑独之语:"其生也
天行,适来,时也;其死也物化,适去,顺也。"③林疑独是用《庄子·养
生主》中的话来以庄解庄,对生死的天行物化之论阐释得很准确。

三、《庄子》对"物化"的两种对立表达

物化一词还见于《庄子·达生》:"工倕旋而盖规矩,指与物化而
不以心稽,故其灵台一而不桎。"这里提到的"指与物化",指和物都
是名词。指,谓工倕的手指。物,指工倕画圆画方位置上的对象。指
和物,分别指行动主体和其加工的对象。古今学者对这段话的解释,
多得其本义。成玄英疏曰:"手随物化,因物施巧,不稽留也。"④林希
逸的解释则更加到位:

> 指,手指也。指与物化,犹山谷论书法曰:"手不知笔,笔不知
> 手"是也。手与物两忘而略不留心,即所谓官知止、神欲行也。⑤

---

① 林希逸撰、周启成校注:《庄子鬳斋口义校注》,中华书局 1997 年版,第 212 页。
② 陈鼓应:《庄子今注今译》,中华书局 1983 年版,第 344 页。
③ 胡道静、陈莲笙、陈耀庭:《道藏要集选刊》(二),上海古籍出版社 1995 年版,第 481 页。
④ 郭庆藩:《庄子集释》,中华书局 2004 年版,第 662 页。
⑤ 林希逸撰、周启成校注:《庄子鬳斋口义校注》,中华书局 1997 年版,第 297 页。

林氏援引黄庭坚论书法之语解释"指与物化",突出在具体操作过程中的物我两忘,并用《养生主》篇庖丁的话语加以印证,道出了文中"指与物化"的真实含义。

褚伯秀《南华真经义海纂微》引吕惠卿《庄子义》,对于《达生》篇的"指与物化"作了如下解释:"指与物化之相得,若化之自然,不待心之稽考而后合乎方圆也。"①吕惠卿的解释对于指与物之间自然相协的关系予以强调,后来为清人林云铭的《庄子因》所继承。

《达生》篇出现的"指与物化而不以心稽",是道家所向往的理想境界,"与物化"一词用于表达正面意义。可是,在《庄子·天地》篇,物化又作为表达负面意义的词语出现:

> 尧问于许由曰:"啮缺可以配天乎?吾藉王倪以要之。"许由曰:"殆哉,圾乎天下!啮缺之为人也,聪明睿知,给数以敏,其性过人,而又乃以人受天。彼审乎禁过,而不知过之所由生。与之配天乎?彼且乘人而无天,方且本身而异形,方且尊知而火驰,方且为绪使,方且为物絯,方且四顾而物应,方且应众宜,方且与物化而未始有恒,夫何足以配天乎?……"

这则寓言中,尧希望通过王倪邀请啮缺出山,向许由咨询。然而许由对啮缺持否定态度,指出他致命的弱点是依恃人为而摒弃自然,崇尚智巧,急功近利,将会为琐事所役使,为外物所束缚。"方且与物化而未始有恒",是对前面话语的概括总结,也是对啮缺未来走向的总体预测。对此,古今学者的解释大多得其本义。郭象注道:"将遂使后世与物相逐,而不能自得于内。"②把"与物化"释为"与物相逐",

---

① 胡道静、陈莲笙、陈耀庭:《道藏要集选刊》(二),上海古籍出版社 1995 年版,第 561 页。
② 郭庆藩:《庄子集释》,中华书局 2004 年版,第 418 页。

大意近之。褚伯秀进一步释为"与物化则逐物有迁"①,突出"有迁",和本义比较切合。林希逸的解释更为深入:

> 为物所汩而失其自然之常者,非能定而应也,故曰与物化而未始有恒。化,为事物所变动。恒,常也。未始有常,无定也。②

"与物化",指"为事物所变动",即《庄子·缮性》所称:"丧己于物,失性于俗者,谓之倒置之民。"亦即《庄子·徐无鬼》篇所说的:"驰形者,潜之万物,终身不反。"《天地》篇提到的"与物化"是负面词语,指的是主体沉陷于客体中不能自拔,人的自然天性被外界事物所异化,出现扭曲、变异。

《达生》和《天地》都提到"与物化",前者是"指与物化",后者是人与物化,但所表达的意义却大相径庭,前者是理想境界,后者则是被否定的生存状态。那么这两种"与物化"的根本区别究竟是什么呢? 这要放到原文的具体语境中加以考察。《达生》篇提到"指与物化"的具体段落如下:

> 工倕旋而盖规矩,指与物化而不以心稽,故其灵台一而不桎。忘足,屦之适也;忘要,带之适也;知忘是非,心之适也;不内变,不外从,事会之适也。始乎适而未尝不适者,忘适之适也。

这里反复强调的是忘和适。所谓忘,就是感觉不到自身的存在,也感觉不到客体对象的存在,处于无意识状态。所谓适,指作为主体的人和客观外物处于极其协调默契的状态,甚至浑然一体,不辨彼此。忘和适互为因果,因适而忘,因忘而适。

《天地》出现的人"与物化"情况则与此相反,其中批评齧缺嗜欲充盈,急功近利,为琐事所役使,被外物所束缚,不断遭受困扰,人作

① 胡道静、陈莲笙、陈耀庭:《道藏要集选刊》(二),上海古籍出版社1995年版,第456页。
② 林希逸撰、周启成校注:《庄子鬳斋口义校注》,中华书局1997年版,第191页。

为行动主体与客观外界的关系不是协调默契,而是极其紧张。齧缺作为迷失自我的形象出现,是受制于物的典型,因此,许由对齧缺持否定态度。

《天地》、《达生》二篇都是在"物化"前面冠以"与"字,或是"指与物化",或是人"与物化",主体的人和客观的物通过"与"字相连接,表示的是主体和客体的关系,物是名词,采用的是常见意义。只是由于主体"与物化"的方式、状态不同,出现两种相反的情况,"与物化"有时表示正面意义,有时则表示负面意义。

四、"物化"的三种心灵境界

物化一词在《庄子》书中具有复杂的内涵,无法用某种意义一以贯之。但是,各篇所有提到物化的段落,都围绕主体与客体、人的现实存在与运动变化的关系展开论述,表现的主旨相对集中。由此可见,《庄子》作为先秦道家的经典之作,通过对物化的阐释,在作品中形成了相对稳定的哲学理念,进而创造出不尽相同却又彼此相联系的艺术境界。概括而言,主要包括以下三种类型:

(一)"乘物以游心"

对儒家倡导的礼乐文明进行批判,高唱顺应自然法则的颂歌,是《庄子》一书的立论基点。"乘物以游心"一语见于《人间世》,仲尼对即将出使齐国的叶公子高提出建议,曰:"且夫乘物以游心,托不得已以养中,至矣。"所谓"乘物以游心",就是与物推移,顺应事物的自然之性而不去干预它,即上文所言"物化"的一种意蕴。人要做到这一点,就必须摒弃拒斥和对立的态度,与外部客观世界及其各种变化协调一致,这是道家修道的途径。心随物化的理念,是《庄子》反对人为约束自然本性,追求精神自由的表现形式,在《庄子》其他篇中也经常见到,如《逍遥游》的"游于无何有之乡"、《德充符》的"游心于德之和"、《应帝王》的"游心于淡"、《田子方》篇老聃所讲的"游心于物之初"、《则阳》篇戴晋人主张的"游心于无穷",均与《人间世》的"乘物以游心"异语同声。《庄子》所提倡的这种自由之境,实质上是一种人格的修养境界,即"要培养一个开放的心灵,使人从封闭的心灵中超拔出来,从自我中心的格局中超拔出来。"①《老子》有"上善若水"之语,《庄子》这种"与物委蛇"、周流不滞的自由之境,充分体现出水性般的婉转之韵和灵动之美。并且,《庄子》不仅赋予这种理念以灵动之美,还创造出众多闪耀着灵光特色的人物和事象,如《逍遥游》中的藐姑射神人,《养生主》中解牛如神的庖丁,《达生》篇操舟的津人、承蜩的痀偻者、善于游水的吕梁丈人、削木为鐻的梓庆,《列御寇》中善射的伯昏无人等等,就连《齐物论》中发出天籁之音的大风,也成为灵动之美的化身。心与物游,其中的物不仅仅指外物,也包括人自身。《大宗师》篇对人的形貌展开了讨论,文中写道:"特犯人之形而犹喜之,若人之形者,万化而未始有极也,其为乐可胜计邪!"人形貌的变化有的由年龄增长而引发,有的生于疾病,将伴随人的终生。形貌的变化可以使人越来越美,也可能出现畸形缺陷。但在庄子看来,人对本身形貌的任何变化都要欣然接受,坦然对待,因为这是自然造化的恩赐。由此,庄子把人的整个生命历程视为审美观照对象,通过形貌变化所带来的愉悦,歌颂自然造化的伟大。《庄子》书中出现一系列病者、残者怡然自得的画面,都蕴涵着顺应变化的理念,即《养生主》篇所说的"安时处顺"。这种委运乘化的理念,是一种自由之境,也是一种乐观精神,从而使《庄子》的许多篇章闪耀着生命的光芒,显示出旷达超脱的胸怀。

(二)"外化内不化"

任何事物都具有两面性,人如果一味地顺应外界变化而丧失独立的个性,甚至随波逐流、趋时媚俗,同样是违背自然的法则,就如同

---

① 陈鼓应:《老庄新论》,上海古籍出版社 1992 年版,第 231 页。

《天地》篇许由所批判的龁缺,丧己于物。于是《庄子》又提出"外化内不化"的理念。

"外化内不化"之语见于《庄子·知北游》,仲尼在回答颜渊什么是"游",也即"无有所将,无有所迎"的意蕴时说道:

> 古之人,外化内不化;今之人,内化外不化。与物化者,一不化者也。安化安不化,安与之相靡,必与之莫多。

其实,颜渊之所以发问,正是因为看破了物化理念的两面性和实践的难度,孔子便以古人与时人为例,通过对比,道出变化的内外之别,进而推崇古人的"外化内不化",否定时人的"内化外不化"。对此,宋人林希逸做过透辟的解说:

> 无将无迎,即无心于物者也。应物而不累于物,则为外化。因感而应,不动其心,则为内不化。……以我之内不化者而外应乎物,所过者化而无将迎,则化亦不知,不化亦不知,故曰与物化者,一不化者也,安化安不化。一不化者,无心之心也。①

这段话对于"外化"和"内不化"作了明确的界定:"外化"就是与物推移,应物而不为物所累;"内不化"即心力恒定,不为外物所动;所谓"一不化者"、"必与之莫多",就是林氏所说的"无心之心",即脱去主观的自觉意识。然而,人并不是风吹叶动的被动之物,而是有思想、有感情的生命体,这种"外化内不化"的状态并非人人都能达到,而是一种人格修养的极境。陈鼓应先生认为,这是培养一种"隔离的智慧",以便使人摆脱现实世界的种种束缚②。按照马克思的人性分析,人具有二重性,作为社会的人,必须外应于物,融入社会群体;作为自然之人,又拥有自身的天性,于是要避免来自社会文明的不可避免的外在约束,做法只有一个:无动于心,泰然处之。这是《庄子》

---

① 林希逸撰、周启成校注:《庄子鬳斋口义校注》,中华书局 1997 年版,第 347页。

② 陈鼓应:《老庄新论》,上海古籍出版社 1992 年版,第 231 页。

解决这对矛盾的药方,关键在于无心,即去掉自觉意识,达到一种无意识的状态。其实,这种"外化内不化"的理念,就是《德充符》篇所谓的"才全":

> 死生、存亡、穷达、贫富、贤与不肖、毁誉、饥渴、寒暑,是事之变,命之行也。日夜相代乎前,而知不能规乎其始者也。故不足于滑和,不可入于灵府。使之和豫,通而不失于兑,使日夜无郤,而与物为春,是接而生时于心者也。是之谓才全。

所谓"才全",强调了人的心灵不应受外界的干扰,无论外界做何改变,内心都当如煦日春风,保持平和宁静的状态。这与《人间世》所倡导的"形莫若就,心莫若和;就不欲入,和不欲出"是一个问题的两个方面,前者由被动角度分析"内不化",后者从主动角度阐述"内不化",实际都强调了"外化内不化",论述的是外宇宙和人的内宇宙的关系。外宇宙是大宇宙,它的存在变化人无法预测和改变,并会对人的内宇宙、小宇宙造成影响。但人的内宇宙不要和外宇宙产生对立,只有与之相通共融,建立起温暖如春的和谐关系,才能使内宇宙永葆愉悦,这正是《庄子》生命哲学的最佳境界。

这种生命境界,其实是一种修养功夫。所谓"无心",并非真正的意识丧失,而是深刻思考后的返璞归真,是"心如明镜"后的"大智若愚"。外化,与本质的改变秋毫无涉,而是表现形式的游刃有余;内不化,是实质精神的恒常如一,有如山的稳重不迁。这与儒家所说的"恒心"有着某种相似之处,差异在于《庄子》坚持的法则是顺应自然天性。这种"外化内不化"的境界,是《庄子》之道的精髓,闪烁着道家艺术人生的理想光辉。

(三)人不伤物,物不伤人

作为生命哲学,《庄子》维护的是生命的尊严,"人不伤物、物不伤人"是其物化理念的终极目标。为充分展现这一美妙的人生境界,《庄子》构想出一个神话般的图景:"之人也,物莫之伤,大浸稽天而不溺,大旱金石流土山焦而不热。"此人是《逍遥游》中吸风饮露、云游四海之外的藐姑射山神人,他不为外物所伤,凝聚神功,即可使万物不疵疠,年谷丰登。这是《庄子》塑造的得道神人形象,淖约动人,飘然若仙,令人神往。他与《齐物论》中的至人、《大宗师》中的真人、《应帝王》中的圣人同质而异名,称颂的都是物我共融、互不伤害的和谐情景。

对上述令人遐想的神境,人们不禁要问:《庄子》之道真的如此神妙吗? 对此,《知北游》写道:"圣人处物而不伤物,不伤物者,物亦不能伤也。唯无所伤者,为能与人相将。"这是从物我关系的角度立论,强调物我相安共存,彼此不相伤害,而重点在于人不要为物所伤。《秋水》篇则道破天机:

> 知道必达于理,达于理者必明于权,明于权者不以物害己。至德者,火弗能热,水弗能溺,寒暑弗能害,禽兽弗能贼。非谓其薄之也,言察乎安危,宁于祸福,谨于去就,莫之能害也。

这段话如同为《庄子》"物莫之伤"的经典性命题作解释。原来,得道者并非具有超常神功,而是经过"知道"、"达理"、"明权"、"察危"、"宁祸"、"谨行"等一系列的行为修炼,进入通达大道、心如止水的平静状态。所谓"物莫之伤",主要是指精神力量,强调的是人要超越现实物质层面的局限,上升到精神自由之境。

那么,人的精神怎样才能不被物所伤呢?《达生》篇从"守气"角度,指出形体无伤的关键是神气内定。《知北游》则认为:

> 山林与,皋壤与,使我欣欣然而乐与! 乐未毕也,哀又继之。哀乐之来,吾不能御,其去弗能止。悲夫,世人直为物逆旅耳!

说明外物之所以对人造成伤害,就在于人心易感物而动,触景生情,哀乐相生,结果使心灵成为外物的旅舍,不堪重负。而人心之所以感物生情,在于自然天性的缺损,要弥补这种天性缺憾,必须虚己无心。如《外物》所说:"胞有重阆,心有天游。室无空虚,则妇姑勃谿。心无天游,则六凿相攘。大林丘山之善于人也,亦神者不胜。"这是以实与虚来衡量心灵状态的优劣。心灵虚旷则逍遥自在,心灵狭窄则出现困扰。宣颖在解释末尾两句话时写道:

> 妙论至论。夫心有天游则方寸之内逍遥无际,何假清旷之处而后哉!今见丘林之旷喜者,由平日胸次逼窄,神明不胜故也。二句罕譬而喻,康乐诸公当深自负惭。①

山水之乐是古代文人的雅性高致所在,连孔子也欣赏"浴乎沂,风乎舞雩"的春游之乐②,把它看作是人心的享受。而在《知北游》和《外物》看来,山水之乐对人而言不是享受,而是折磨,是人心为外物所扰。其根源在于人失去真如本性,内心躁动,为外物所摇撼。按照这种观点去衡量徜徉于山水之间而自得其乐的江左名士,自然会把他们看作是可悲之人。林希逸也有和宣颖类似的解说:

> 凡人游于山林皋壤之间,其始也必乐,既乐则必有所感,感则哀矣,《兰亭记》中正用此意。因物而乐,因物而哀,去来于我,皆不自由。则我之此心,是哀乐之旅舍也。此言自无主人公,为物所动也。③

林氏所说的主人公,用的是禅宗术语,指真如本性。因物而乐,因物而哀,显示的是对外物的依赖,是为外物所伤。道家所崇尚的物化境界,则是不因物而乐,也不是因物而哀,而是内心不为外物所动,在虚静平和中应物,在委运乘化中逍遥,从而产生的是不假外求的自足性的欢乐。其实,上述《天地》篇许由与尧的对话,还要更深一层理解,许由批评齧缺只是表面现象,实质上他在批评尧打算藉王倪要齧缺的想法。在许由与尧的对话语境中,把对尧的批评含蓄表达出来,不

---

① 宣颖:《南华经解》,清同治五年(1865)吴坤修皖城藩署刻本,第531页。
② 杨伯峻:《论语译注》,中华书局2000年版,第119页。
③ 林希逸撰、周启成校注:《庄子鬳斋口义校注》,中华书局1997年版,第348页。

直接刺伤对方,恰恰是"人不伤物"的做法,使被批评者从心理上容易接受,是"物不伤人"的体现,这种谈话技巧,正是"人不伤物,物不伤人"的绝妙证明。

第三节　逍遥与自由境界

《庄子》一书与屈原等人创作的《楚辞》,是上古时代楚文学的精华和代表,都反映出楚文化的某些属性。其中逍遥一词,在《庄子》和屈原的辞作中均多次出现,但是,由于二者赋予逍遥的具体内涵并不相同,逍遥境界表现出明显的异态特征,从而使同受楚文化影响的《庄子》和《楚辞》,又展现出丰富的个性色彩。

一、逍遥:《庄子》的自由之境

《庄子》开篇就将逍遥作为人生第一境界高高抛出,意在通过语言渲染来强化自己主张的魅力,但对逍遥的阐释,全部采用寓言的方式让人去体悟,只在篇末借助庄子与惠子的一段对话暗点出玄机。惠施为驳斥庄子的观点,讲了樗树"大而无用"的故事。针对惠子的讽刺,庄子答道:

> 今子有大树,患其无用,何不树之于无何有之乡,广莫之野,彷徨乎无为其侧,逍遥乎寝卧其下。不夭斤斧,物无害者,无所可用,安所困苦哉!

这段话的涵义极为深刻,看似论树,实际在谈逍遥。庄子认为,惠子受到"有用无用"之辩的困扰,不能从观念中解脱,就是不逍遥。"树之于无何有之乡,广莫之野"、"不夭斤斧,物无害者,无所可用",讲的是樗树的逍遥,而人"彷徨乎无为其侧,逍遥乎寝卧其下",则是人的逍遥。这种逍遥,是人生的闲适、精神的解脱,是一种无忧无虑、自由自在的生存状态。而"无何有之乡"也成为《庄子》逍遥境界的代称。

　　"无何有之乡"是庄子向往的理想境,《庄子》书中反复提到它。《应帝王》篇假托无名人之口说道："予方将与造物者为人,厌,则又乘夫莽眇之鸟,以出六极之外,而游无何有之乡,以处圹埌之野。"天根向无名人询问治理天下之道,遭到无名人的批评。无名人是体悟道性者,他所说的"游于无何有之乡",是把那里作为自己的归宿和家园,这与《逍遥游》篇末传达的宗旨是一致。《列御寇》篇对至人的描述也是如此："彼至人者,归精神乎无始,而甘冥乎无何有之乡。"同样是把"无何有之乡"作为精神家园。所以,《庄子》书中出现的逍遥境界,指的都是没有任何干扰的人生理想和精神归宿。

　　不过,关于《庄子》中逍遥的涵义,历来争议颇多。早期向秀、郭象的解释是："然物之芸芸,同资有待。得其所待,然后逍遥。"这里,向、郭二人强调的是逍遥的条件性、相对性,即逍遥要以"得其所待"为前提。东晋僧人支道林则称："物物而不物于物,则遥然不我得。玄感不为,不疾则速,则逍然靡不适。此所以为逍遥也。"①这是侧重逍遥的绝对性,认为逍然即无待,有待则无法逍遥。尽管向秀、郭象和支道林对逍遥的具体理解都带有片面性,但是在把逍遥视为生存的最佳状态,是最自由的生存方式,这一点上,三位庄学爱好者倒是一致的。

　　要真正理解《庄子》的逍遥境界,必须回到它的具体语境。《庄子》的内篇、外篇、杂篇反复提到逍遥,并对其具体内涵作了多角度的剖析。

　　《大宗师》篇假托孔子之口说道：

　　　　彼方且与造物者为人,而游乎天地之一气。彼以生为附赘县疣,以死为决疠溃痈,夫若然者,又恶知死生之先后之所在!

―――――――――

　　①　郭庆藩:《庄子集释》,中华书局 2004 年版,第 1 页。

假于异物,托于同体;忘其肝胆,遗其耳目;反复终始,不知端倪;
芒然彷徨乎尘垢之外,逍遥乎无为之业。

这段话将彷徨与逍遥对举,将逍遥与无为连文,透出三者蕴涵的相关性。彷徨,是茫无目标地来回走动,即道家所推崇的无为。文中所说的无为,就是超越人的乐生恶死本能,不再以生死为念,而是顺应自然造化的安排。进入这种境界,就能安时处顺,就是与自然造化同体,从而自由逍遥,无所虑念。也就是说,逍遥的关键是无为,貌似彷徨行走之态,不再有自觉意识,不再有欲望和既定的追求目标。

《达生》篇也有与《大宗师》相类似的话语:

子独不闻夫至人之自行邪?忘其肝胆,遗其耳目,芒然彷徨
乎尘垢之外,逍遥乎无事之业,是谓为而不恃,长而不宰。

将逍遥与"无事之业"相联系,还是强调忘掉自身感受,排除外界的刺激,超脱于好恶之外。所谓的"无事之业",也就是自然而然、无意而为,这是进入逍遥之境的秘诀。

《天运》篇描述古之至人:"假道于仁,托宿于义,以游逍遥之虚,食于苟简之田,立于不贷之圃。逍遥,无为也。"明确强调逍遥就是无为,即行仁义而不标榜仁义,游虚处实,处实居虚,以虚实的辩证关系说明超越仁义才称得上是至人,才能逍遥。这里还是把逍遥作为人生的理想归宿。

《庄子·让王》篇再次提到逍遥,是借隐士之口善卷道出:

余立于宇宙之中,冬日衣皮毛,夏日衣葛絺;春耕种,形足以
劳动;秋收敛,身足以休食;日出而作,日入而息,逍遥于天地之
间而心意自得。吾何以天下为哉!

善卷是传说时代的隐士,舜要把天下让给善卷,遭到他的拒绝,对舜作了上述表白。最后"去而入山,莫知其处。"善卷甘愿一生做隐士,过着自由自在的生活,处于逍遥的状态。他把这种逍遥的生存状态作为自己人生归宿,不为外物所动,守护着自己的精神家园。

　　综上所述,《庄子》书中所展示的逍遥境界,其内涵是一以贯之的,没有因为内篇、外篇、杂篇之别而出现差异。逍遥境界是庄子学派的最高人生理想。《庄子》一书从多个角度对逍遥境界加以展示,把它描写成人类宜居的精神家园,呼唤人们向这里回归。

　　逍遥是人类的梦想。人之所以不能逍遥,是因为生命本身内受形体束缚,外为环境拘限。庄子之所以想象出一个"无何有之乡,广漠之野",就是希望为人类营构一处栖身的外部环境。"无何有之乡"远离世俗社会,是边缘之地,没有是非纷争的困扰,是安宁之域,自身安全不受任何威胁,生命完全放松自如。当然,这方小小的净土只是人类诗意栖居的渴望,《庄子》的逍遥境界,只是一种人生理想,只能在精神世界实现。"无何有之乡"也只是一种寓言,是《庄子》以有形阐述无形的一种言说方式。

二、逍遥意蕴的变奏:《楚辞》中的逍遥

　　《楚辞》中逍遥一词出现数十次,有时候它生成一种艺术境界。对此,姜亮夫先生有如下论述:

> 逍遥,《楚辞》九十餘见,多与相羊、浮游、容与等联用。……,大体皆在无可奈何之情况下,以游戏而自适之意,故多与聊字相结合。……,其意义略有消极成分。其不与聊字相结合者,则意义或有积极成分。①

姜先生从总体上把《楚辞》中的逍遥境界概括为游戏自适,然后又根据该词前面是否冠有聊字,将其意蕴分为消极和积极两种类型,这种划分和论述富有启示意义。沿着姜先生辨析逍遥境界的思路对《楚辞》进行梳理,还会发现《楚辞》中的逍遥与《庄子》的逍遥存在明显差异。

---

① 姜亮夫:《楚辞通故》(四),云南人民出版社 1999 年版,第 426 页。

屈原作品中出现逍遥的篇目可分为两类，一类是抒发怀才不遇的苦闷的作品，《离骚》和《九章》属于此类；另一类是用于祭祀神灵的《九歌》。在这两类作品中，逍遥境界各有自己较为固定的内涵和样态，二者之间不相一致。

《离骚》是屈原的代表作，其中有关逍遥的表述如下：

> 朝发轫于苍梧兮，夕余至乎县圃。欲少留此灵琐兮，日忽忽其将暮。吾令羲和弭节兮，望崦嵫而勿迫。路曼曼其修远兮，吾将上下而求索。饮余马于咸池兮，总余辔乎扶桑。折若木以拂日兮，聊逍遥以相羊。

这是抒情主人公首次远游。他朝发南楚的苍梧山，傍晚到达位于昆仑神境之上的神地悬圃，劳顿一天，本想在神灵宫门稍作歇息，却因夜幕的无情降临而被迫离开。路途漫漫，抒情主人公又开始上下求索。这里的逍遥，是他饮马咸池，系辔扶桑，折木拂日，徘徊不前，找不到前进方向的写照。对此，王逸注曰："逍遥，相羊，皆游也。"①朱熹《集注》所作的解释与王逸相同，逍遥指的是游，即上下求索，描绘出抒情主人公找不到自己的人生归宿的迷茫状态。

《离骚》还写道："欲远集而无所止兮，聊浮游以逍遥。及少康之未家兮，留有虞之二姚。"这里叙述了抒情主人公求女的心路历程，宓妃傲慢无礼，瑶台有娀氏的佚女又已有求婚者。无奈之下，只好"聊浮游以逍遥"，转求有虞氏之二姚。浮游、逍遥，指的都是游走。此时的抒情主人公依然没有找到自己的归宿，逍遥是他继续寻找归宿的行为方式。由此可见，《离骚》中出现的逍遥境界，指的是精神家园的缺失，抒情主人公的彷徨、困惑，与无忧无虑、自由自在的状态有迥然之别。

《九章》是《离骚》的姊妹篇，其中出现的逍遥境界，和《离骚》一

---

① 洪兴祖：《楚辞补注》，中华书局 2006 年版，第 28 页。

脉相承,内涵大体一致,但感情色彩稍有变化。《九章·悲回风》有如下一段:

> 惟佳人之独怀兮,折若椒以自处。曾歔欷之嗟嗟兮,独隐伏而思虑。涕泣交而凄凄兮,思不眠以至曙。终长夜之曼曼兮,掩此哀而不去。寤从容以周流兮,聊逍遥以自恃。伤太息之愍怜兮,气於邑而不可止。

抒情主人公在痛苦的煎熬中渡过了一个不眠之夜,他长吁深叹,涕泪交加、无法抑制内心的悲伤。天亮之后,便起来徘徊行走,希望以此自释,但悲伤依旧挥之不去。诗中的从容、周流、逍遥是同义词,指的都是徘徊、彷徨。对于"聊逍遥以自恃",王逸注:"且徐游戏,内自娱也。"①释逍遥为游戏、自恃为自娱,违背诗的本义,没有道出逍遥状态的真实情况。这里的逍遥,从行为方式看,是茫然游走之态,但内心却属无奈之举,从而展示出人生理想无法实现的苦闷,灵魂找不到归宿的悲伤,是人生的一种压抑状态。

《哀郢》中也有关于逍遥的表述:

> 发郢都而去闾兮,怊荒忽其焉极? 楫齐扬以容与兮,哀见君而不再得。望长楸而太息兮,涕淫淫其若霰。过夏首而西浮兮,顾龙门而不见。心婵媛而伤怀兮,眇不知其所蹠。顺风波以从流兮,焉洋洋而为客。凌阳侯之氾滥兮,忽翱翔之焉薄? 心絓结而不解兮,思蹇产而不释。将运舟而下浮兮,上洞庭而下江。去终古之所居兮,今逍遥而来东。

这是诗人自述被迫离开郢都时的失落感受。他反复追问,离开家园自己要去哪里? 船要驶向何方? 诗人借行客角色,抒发了自己心无所系的彷徨之苦。所谓逍遥,实质是离开故园的空虚、前途未卜的茫然以及流荡异乡的漂泊,是生命无根的紧张状态。

---

① 洪兴祖:《楚辞补注》,中华书局 2006 年版,第 157 页。

从《离骚》到《九章》,其中出现的逍遥境界在内涵上前后相承,都围绕人生理想和归宿这个核心问题展开抒情。《离骚》中的逍遥境界,表现抒情主人公对人生理想和归宿的上下求索,是在寻找自己的精神家园。而《九章》的逍遥境界,抒发的是被迫离开物质家园的痛苦之情,是对未来人生道路的迷惘,以及人生理想破灭、无所归依的极度悲伤。总之,寻找人生归宿而始终没有归宿,追求人生理想却最终理想破灭,是《离骚》、《九章》逍遥境界的基本内涵,抒发的是有家难归、无家可归的悲哀。

《离骚》、《九章》所确立的这种逍遥境界,在其他楚辞作品中依然可以见到,《远游》有如下段落:

> 恐天时之代序兮,耀灵晔而西征。微霜降而下沦兮,悼芳草之先零。聊仿佯而逍遥兮,永历年而无成!谁可与玩斯遗芳兮?长乡风而舒情。高阳邈以远兮,余将焉所程?

抒情主人公前往西方远游求仙,时值秋天,草木凋零,求仙没有结果,主人公陷入迷惘,不知何去何从。对于其中的"聊仿佯而逍遥",王逸注:"聊且戏荡,而观听也。"[1]所作的解说和对《悲回风》逍遥的解释一样,背离了原诗的本义。这里的逍遥与仿佯连用,展示的是抒情主人公因求仙失败而出现的困惑,是寻找人生归宿过程中产生的精神迷茫,和《离骚》求女远游过程中出现的逍遥境界很相似。

再看宋玉的《九辩》:

> 惟其纷糅而将落兮,恨其失时而无当。揽骒辔而下节兮,聊逍遥以相佯。岁忽忽而遒尽兮,恐余寿之弗将。悼余生之不时兮,逢此世之俇攘。

诗人抒发的是怀才不遇、生不逢时的悲哀,同样以秋天的景象为背景,作者本身也充满人生晚秋的苍凉感。其中的"揽骒辔而下节兮,

---

① 洪兴祖:《楚辞补注》,中华书局 2006 年版,第 165 页。

聊逍遥以相佯",指放慢车辆行进的速度,揽辔按节徐行。相佯、逍遥,都是徘徊不前之象。这里呈现的逍遥境界,同样是反映找不到人生归宿的苦闷和迷茫,诗人是以流落在外的游子角色出现。

东汉王逸《九思·遭厄》的结尾一段写道:

> 志阕绝兮安如,哀所求兮不耦。攀天阶兮下视,见鄢郢兮旧宇。意逍遥兮欲归,众秽盛兮杳杳。思哽饐兮诘诎,涕流澜兮如雨。

其中"意逍遥",谓内心犹豫迷茫。抒情主人公先是遨游天界,迷路而不知所往,攀着天梯向下审视,看到楚国的故园,有心回归,却发现污秽之气猖獗,于是哽咽了。这里出现的逍遥,展示的是企盼回归故土却又心存顾忌的矛盾心态,诗的主角依然是游荡在外的浪人。

从《远游》、《九辨》到《九思》,其中的逍遥意蕴,都是沿袭了《离骚》、《九章》所奠定的原型,展示的是在追寻人生归宿过程中所遭遇的挫折,以及复杂矛盾的心理状态。作品的主人公或是找不到精神家园,或者是有家难归,扮演的都是飘游流浪的角色。

《九歌》是屈原在楚地民歌的基础上加工而成的祭神乐歌,是他的另一类代表作,其中的逍遥之旨,与前面所述不大相同,凸显的是人生短暂的闲适状态。这种蕴含主要见于《九歌》的《湘君》、《湘夫人》。

《湘君》章末写道:

> 捐余玦兮江中,遗余佩兮澧浦。采芳洲兮杜若,将以遗兮下女。时不可兮再得,聊逍遥兮容与。

《湘夫人》的结尾与之相似:

> 捐余袂兮江中,遗余褋兮澧浦。搴汀洲兮杜若,将以遗兮远者。时不可兮骤得,聊逍遥兮容与。

男女神灵即将见面,彼此都要把礼物赠送给对方。男神准备赠给女神的是玉佩和香花,女神即将送给男神的是自己穿的衣服和采撷的鲜花。两位神灵有着相同的想法："时不可兮再得，聊逍遥兮容与。"《湘夫人》中的"骤"与《湘君》中的"再"相近，段玉裁《说文解字注》曰：骤，在古代为屡字，即多次。意思是天时难得，机不可失，短暂的相聚要倍加珍惜。"聊逍遥兮容与"，容与，在屈原作品中反复出现。《九章·哀郢》有："楫齐扬以容与兮，哀见君而不得。"王逸注："言己去乘船，士卒齐举楫櫂，低佪容与，咸有还意。自伤卒去，而不得再事于君也。"①王逸的解说道出了诗句的原义，虽然没有对容与作进一步的诠释，但其基本意义是清晰的，指的是停留不前。《九章·涉江》写道："乘舲船余上沅兮，齐吴榜以击汰。船容与而不进兮，淹回水而凝滞。"这几句诗中，和容与属于同类的词语还有不进、凝滞，容与的含义更加明确，指的是停留。《湘君》《湘夫人》的尾句都是"聊逍遥兮容与"，逍遥、容与，指的都是停留、驻止。神灵相会的时光是短暂而快乐的，虽然只是驻留，也要尽情享受。逍遥，在这里确切的含义指暂时驻留。对于两位神灵而言，这种逍遥状态是惬意的、快活的，但同时又是短暂的。他们都在相聚中找到了自己的归宿，但这种归宿却不是终极的。

《湘君》《湘夫人》所出现的逍遥境界具有微妙的性质，既不同于《离骚》《九章》，又有别于《庄子》。这种特殊的逍遥境界，在汉代楚辞作品中也可见到。王褒《九怀·思忠》写道：

　　登华盖兮乘阳，聊逍遥兮播光。抽库娄兮酌醴，援瓟瓜兮接粮。毕休息兮远逝，发玉轫兮西行。

抒情主人公在幻想中遨游天界，华盖、库娄、瓟瓜，都是星辰名称。主人公在想象中登上位于紫薇宫的华盖星宿，利用它的亮度，向下界放射光芒。乘阳，谓利用亮度。然而又把库娄星作为酌取甜酒的器具，用瓟瓜星盛放食物。在经历这番休息享受之后，又出发向西远行。

---

① 洪兴祖：《楚辞补注》，中华书局 2006 年版，第 133 页。

诗中所说的"聊逍遥兮播光",其中的逍遥,还是指在适意的环境中暂时驻留,和《九歌》中的逍遥境界属于同一类型。

王逸《九思·守志》开始一段如下:

> 陟玉峦兮逍遥,览高冈兮峣峣。桂树列兮纷敷,吐紫华兮布条。实孔鸾兮所居,今其集兮惟鸦。乌鹊惊兮哑哑,余顾瞻兮怊怊。彼日月兮闇昧,障覆天兮祲氛。伊我后兮不聪,焉陈诚兮效忠。摅羽翮兮超俗,游陶遨兮养神。乘六蛟兮蜿蝉,遂驰骋兮升云。

抒情主人公想象自己登上高山,见到的是伟岸的山峰和繁茂美丽的草木。这里本来是孔雀、鸾凤栖息的地方,如今却被猫头鹰这类恶鸟占据,令其他飞禽恐惧惊惶。诗人以此象征朝廷的黑白颠倒,昏暗不明,自己根本无法向君主表达忠诚。在这种情况下,只好远走高飞,用以保全自己,于是在幻想中乘龙升空。篇首所出现的"陟玉峦兮逍遥",是登山之后在顶部的停留,逍遥,谓驻止。然而抒情主人公在山顶驻留的时间是有限的,经过一番考量之后便离开那里。《九思·守志》出现的逍遥境界也是临时驻留的场景,它与王褒《九怀·思忠》的逍遥境界一样,采用的都是居高临下的视角,是在高处短暂停留的样态。

《庄子·天运》篇称:"仁义,先王之蘧庐也,止可一宿不可久处,觐而多责。"《九歌》及《九怀》、《九思》中的逍遥境界与此相似,它像驿站旅馆,出现的是临时驻留的物类事象,而不是永远定居的状态,人的最终归宿并没有解决。

三、逍遥内涵的渊源:与《诗经》的关联

逍遥作为一种人生境界出现在文学作品中,并不是始于《庄子》和《楚辞》,而是具有更久远的历史。姜亮夫先生指出:"逍遥一词为先秦常语,亦见于《诗》、《礼》、庄周之书,而《诗经》为尤多。如《郑

风·清人》、《桧风·羔裘》、《礼·檀弓》、《庄子·让王》,其义皆自适为主。"①循着姜先生提供的线索进行纵向梳理,可以勾勒出逍遥境界由《诗经》到《庄子》再到《楚辞》的演变轨迹。

《诗经》中逍遥二字首见于《郑风·清人》,该诗前两章写道:

> 清人在彭,驷介旁旁。二矛重英,河上乎翱翔。
>
> 清人在消,驷介镳镳。二矛重乔,河上乎逍遥。

首章的翱翔与次章的逍遥含义相同,都是叙述军旅生活的状况。翱翔,又见于《齐风·载驰》:"鲁道有荡,齐子翱翔。""鲁道有荡,齐子遨游。"翱翔即遨游,《郑风·清人》逍遥与翱翔对举,是轻松自在地遨游之象。

关于《郑风·清人》的创作背景,《左传·闵公二年》有如下记载:

> 郑人恶高克,使帅师次于河上,久而弗召。师溃而归,高克奔陈。郑人为之赋《清人》。②

郑国君主对高克很厌恶,就派他率兵驻守在黄河沿岸,逾期而不换防,不许他回到京城。高克所率领的部队并未作战,经常在黄河沿岸遨游,处于闲散状态。他所率的部队成员来自郑国清邑,故以《清人》为诗的题目。诗中所描绘的军队逍遥状态,是对郑国君臣不和以及对高克部队作练兵姿态却不真正作战的讽刺。

《诗经》中逍遥的这一含义还见于《桧风·羔裘》,该诗开头两句分别如下:

> 羔裘逍遥,狐裘以朝。岂不尔思?劳心忉忉。
>
> 羔裘翱翔,狐裘在堂。岂不尔思?我心忧伤。

诗中羔裘和狐裘是当时贵族的两种重要服装。羔裘,即羔羊皮制成

---

① 姜亮夫:《楚辞通故》(四),云南人民出版社 1999 年版,第 426 页。

② 杨伯峻:《春秋左传注》,中华书局 2000 年版,第 268 页。

的裘衣,闲暇时穿。《召南·羔羊》写道:"羔羊之皮,素丝五紽。退食自公,委蛇委蛇。"贵族成员身穿羔裘,出席公家宴会之后歪歪斜斜地返回,是一副酒足饭饱之象。羔裘是休闲服,而狐裘则是在履行公务等正式场合所穿的服装。因此,《桧风·羔裘》把羔裘和狐裘对举,身穿羔裘是逍遥、翱翔,进行浏览休闲;身穿狐裘则是"以朝"、"在堂",要在朝廷处理公务。由《桧风·羔裘》全诗的幽怨格调可以分析出,该诗是借服装起兴,抒发了贵族成员"身在江海而心存魏阙"的矛盾心态。不过诗中出现的逍遥境界,却是人生的休闲状态,即没有公务缠身的幽闲生活。

《小雅·白驹》首章也提到逍遥:"皎皎白驹,食我场苗。絷之维之,以永今朝。所谓伊人,于焉逍遥?"这是一首留客诗。客人是一位乘着白马所驾车辆的贵族,好客的主人把驾车的白马拴住,目的是把客人留住。马拴住了,主人就在这里逍遥。所谓逍遥,指的是休闲娱乐。诗中还写道:"尔公尔侯,逸豫无期。慎尔优游,勉而遁思。"这位客人是地位很高的公侯,有资格享受充足的闲暇之乐。诗中所说的逸豫、优游,指的就是逍遥。

综上所述,《诗经》中出现的逍遥之境,表现了人生的闲暇适意,是人生的自由状态。营造的是轻松氛围。紧张和闲暇是人生活的两种基本状态,逍遥就是人生闲暇状态的写照,确实如姜亮夫先生所言,它所表现的是人生的"自适"。

《诗经》中逍遥的这种内涵,为《庄子》所继承,这种悠闲自在,与道家所追求的人生解脱相默契。《庄子》书中的逍遥境界,其基本内涵与《诗经》相关作品一脉相承,同时,又对《诗经》的逍遥境界有所改造和提升。

第一,《诗经》中的逍遥境界,只是人生的一个侧面,一个具体时段,而不是人生的全部,不是永久的生存状态。《庄子》书中的逍遥境界,被设置成人生的最终归宿,是永久的精神家园,它应该是人生的全部,并且在时间上与人的整个自由生命相伴随。和《诗经》相比,《庄子》中的逍遥境界具有终极性、至上性和绝对性。

第二,《诗经》中的逍遥境界,展示的是现实存在的人生状态,这种逍遥境界轻松、自由,但并没有完全超越现实,没有脱离具体的社会存在。《庄子》中的逍遥境界,是虚幻的、超现实的、审美的,它不存在于现实社会。所谓的"无何有之乡、广漠之野",只是一种比喻,只能出现在幻想之中,所以《诗经》中的逍遥境界,表现出更多的伦理属性,而《庄子》的逍遥境界,则具有形而上的哲学特质。

第三,《诗经》中的逍遥,展示的是人的动态的生存方式,指的是翱翔、遨游,行动主体往往处于游走状态。《庄子》书中的逍遥,它的动态属性被弱化,向着静态转变,所谓的"逍遥乎寝卧其下",所谓的"甘冥乎无何有之乡",寝卧、冥,都是人的休息状态。虽然《庄子》中的逍遥尚未完全销解动态属性,但已经注入许多静态成分,而静,正是道家的重要理念。

《楚辞》中的两种逍遥意蕴,都可以在《诗经》中找到源迹。

《楚辞》中逍遥境界的第一种类型,无论是展现对人生归宿的寻觅,以及在此过程中出现的困扰、迷惘,还是抒发人生理想破灭的抑郁与悲哀,抒情主人公往往以离开家园的游子角色出现。逍遥的这种形态,表现的不是人生的自适,而是人生的苦难。就此而论,它与《庄子》的逍遥境界,虽然在表面形态上有些许相似,但本质上是完全相悖的。与《诗经》相比,它是对《诗经》逍遥境界基本内涵的颠覆。不过,《楚辞》这一逍遥境界中的某些因素,仍然可以从《诗经》中找到原型,主要有以下几方面:

第一,《诗经》逍遥境界的行动主体,以动态的方式出现。《楚辞》这种类型的逍遥境界同样如此,抒情主人公或是上下求索,或是烦躁不安,涕泣交流。和《诗经》逍遥境界相比,《楚辞》抒情主人公行动的力度更大,动感更强。

第二,《诗经》逍遥境界的主角,多数处于游走状态,他们不是在家庭安居,在朝廷休息,而是行走在途中。《郑风·清人》中的部队成员是在戍守地遨游,《桧风·羔裘》的主角是在路上漫步。至于《小雅·白驹》中的主角,则是"於焉嘉客",以行客身份出现。这样看来,楚辞逍遥境界的抒情主人公或是上下求索,或是有家难归、或是无家可归,始终作为游子出现,和《诗经》逍遥境界的行为主体存在着关联。二者共同之处在于都不是依傍于最终归宿,并且往往是游离于物质家园之外。

第三,《诗经》中的翱翔往往作为逍遥的同义语使用,《楚辞》中此种类型的逍遥境界尽管在基本内涵是对《诗经》进行颠覆,但是,逍遥、翱翔依然作为同义语出现。《九章·哀郢》先是追问"忽翱翔之焉薄",后面又称"今逍遥而来东",翱翔、逍遥,都是指被流放而远行,因为是乘船而行,这个词用得很贴切,道出了船浮于水上的行进状态。逍遥、翱翔是沿用《诗经》之词,但并未师其义,而是把它们变成表现人生苦难的词语,所表达的不是人生的轻松,而是心情的沉重。

《楚辞》第二种类型的逍遥境界,其中的抒情主人公在某处作短暂停留,逍遥指这种暂驻的行为状态。《诗经》逍遥境界的行为主体,有的也是充当这类角色。《郑风·清人》中的部队成员是在黄河岸边暂驻,《小雅·白驹》中的贵族是旅途中在好客之家作短暂停留。《楚辞》这种类型的逍遥境界,其主角的行为状态与《诗经》相通,情感体验也大体一致,都是处在欢乐、愉悦之中。《楚辞》这种类型的逍遥境界,对于《诗经》逍遥境界的基本内涵没有颠覆,而是继承和保存下来,不过,出现的物类事象有所变化。

总之,《庄子》和《楚辞》中的逍遥境界,既可以从《诗经》那里找到源头,同时,又对《诗经》的逍遥境界作了改造和补充。它们与《诗经》逍遥境界的复杂关联,需要进行条分缕析的梳理和多方面对比才能凸显出来。

小　结

旁礴在《庄子》中指的是广泛覆盖、兼容并包的意思,这种涵义在全书中一以贯之,"旁礴万物以为一"是《庄子》著名的理念,即包容万象、万物一体。《庄子》书中的藐姑射神人、北海若、大公调是这一理念的形象化人物,书中还描绘出与这一理念相符合的三种雄奇的人生境界,即广远、至德和超越生死。

物化是《庄子》一书的独创,但其涵义比较复杂,主要包括三种意义:一是指与物推移,委运乘化,物是动词,指错杂、参与;二是指人与其加工对象融为一体,进入物我不分的境界;三是指人被外物所化,丧己于物。前两类是道家的理想境界,第三种类型是道家所否定的。和物化相关的理念也有三种:一种是"乘物以游心",顺应自然;二是"外化内不化";三是"人不伤物,物不伤人"。道家的物化理念,体现的是对生命本身的尊重,追求的是应物而不为外物所动,是不假外求,自足性的欢乐。

逍遥在《庄子》中作为理想的生存状态和人生的最终归宿出现,其内涵在全书中一以贯之,具有相对的稳定性。但《庄子》中的逍遥指精神的绝对自由,与楚辞中表达寻觅人生归宿,因理想破灭而悲伤或临时驻留的愉悦状态的逍遥,有明显差异。《庄子》的逍遥境界,是对《诗经》的继承,进而又作了改造和提升。楚辞中表示愉悦的逍遥意蕴,与《诗经》一脉相通,而表达寻觅和悲伤状态的意蕴,则是对《诗经》逍遥境界的颠覆。

《庄子》术语统计表(表 13)

内　篇	术　语	外　篇	术　语
逍遥游	扶摇、旁礴、逍遥	缮　性	天行、物化、同帝、纯素之道
齐物论	耦、天籁、天钧、天倪、两行、天府、葆光、明、吊诡、物化、无竟、成心、卮言	秋　水	大方、反衍、谢施、无方
养生主	缘督、神、情、介	至　乐	至乐、幾
人间世	师心、无门无毒、樊、散焉者、形就心和、宅	达　生	纯气、委蛇
大宗师	登假、朝彻、见独、浸假、假于异物、逍遥、寥天、且宅、坐忘	山　木	物物、大方、幾
应帝王	朝彻、杜德机、天壤、善者机、太冲莫胜、衡气机、未始出吾宗、委蛇	田子方	般礴
骈　拇	蒿目	知北游	委形、委和、委顺、委蜕、委托、委属、天弢、天袠
马　蹄	至德之世、介倪	徐无鬼	幾、大一、明、目、均、方、信、定
胠　箧	天钧	则　阳	假衣于春、物化、丘里之言、假、所假而行、大方
在　宥	在宥、尸居、物化、无方		
天　地	泰初	外　物	胞、重阆
天　运	天乐、天行、物化、无假、	寓　言	卮言、天倪、耆艾、化
天　道	委蛇、天乐、天门	天　下	火不热,多方

征引文献

1.孔颖达:《毛诗正义》,中华书局 1980 年影印《十三经注疏》本。

2.王先谦:《诗三家义集疏》,中华书局 1987 年版。

3.贾公彦:《周礼注疏》,中华书局 1980 年影印《十三经注疏》本。

4.姜兆锡:《周礼辑义》,清雍正九年(1731)寅青楼刻本。

5.孔颖达:《春秋左传正义》,中华书局 1980 年影印《十三经注疏》本。

6.王聘珍:《大戴礼记解诂》,中华书局 2008 年版。

7.许维遹:《韩诗外传集解》,中华书局 2005 年版。

8.王文锦:《礼记释解》,中华书局 2001 年版。

9.陈戍国点校:《周礼·仪礼·礼记》,岳麓书社 2006 年版。

10.杨伯峻:《论语译注》,中华书局 2006 年版。

11.杨伯峻:《春秋左传注》,中华书局 2000 年版。

12.承载:《春秋穀梁传译注》,上海古籍出版社 2006 年版。

13.司马迁:《史记》,中华书局 1998 年版。

14.班固:《汉书》,中华书局 1997 年版。

15.范晔:《后汉书》,中华书局 1965 年版。

16.《国语》,上海古籍出版社 1998 年版。

17.范祥雍:《战国策笺证》,上海古籍出版社 2006 年版。

18.张澍:《世本稡集补注》,中华书局 2008 年《世本八种》本。

19.宋衷注、秦嘉谟等辑:《世本八种》,中华书局 2008 年版。

20.郦道元著、陈桥驿校证:《水经注校证》,中华书局 2007 年版。

21.郦道元著、王先谦校:《合校水经注》,中华书局 2009 年版。

22.钱穆:《古史地理论丛》,三联书店 2005 年版。

23.谭其骧主编:《中国历史地图册》,中国地图出版社 1982 年版。

24.宋兆麟:《中国原始社会史》,文物出版社 1983 年版。

25.袁珂:《山海经校注》,巴蜀书社 1996 年版。

26.袁珂:《中国古代神话》,华夏出版社 2004 年版。

27.丁山:《中国古代宗教与神话考》,上海文艺出版社 1985 年版。

28.陈梦家:《殷墟卜辞综述》,中华书局 1992 年版。

29.王国维:《观堂集林》,中华书局 1959 年版。

30.陈梦家:《商代的神话与巫术》,《燕京学报》,1936 年第 12 期。

31.徐中舒:《西周史论述》(下),《四川大学学报》,1979 年第 4 期。

32.何光岳:《蒲姑的来源及南迁》,《益阳师专学报》,1994 年第 4 期。

33.郑宗泽:《蒲姑国的族属》,《民族研究》,2004 年第 6 期。

34.唐嘉弘:《东夷及其历史地位》,《史学月刊》,1989 年第 4 期。

35.冯达甫:《老子译注》,上海古籍出版社 1991 年版。

36.孙诒让:《墨子閒诂》,中华书局 2004 年版。

37.吕惠卿著、汤君集校:《庄子义集校》,中华书局 2009 年版。

38.林希逸撰、周启成校注:《庄子鬳斋口义校注》,中华书局 1997 年版。

39.林云铭:《庄子因》,光绪庚辰(1880)白云精舍重刊本。

40.王元泽:《南华真经新传》,明正统《道藏》本。

41.王夫之:《庄子解》,中华书局 1981 年版。

42.王夫之:《老子衍·庄子通·庄子解》,中华书局 2009 年版。

43.宣颖:《南华经解》,上海古籍出版社 1995—2004 年影印本,《续修四库全书》,第 957 册。

44.宣颖:《南华经解》,清同治五年(1865)吴坤修皖城藩署刻本。

45.宣颖撰、曹础基校点:《南华经解》,广东人民出版社 2008 年版。

46.刘凤苞:《南华雪心编》,清光绪二十三年(1897)晚香堂版。

47.俞樾:《庄子人名考》,《俞楼杂纂》,清光绪二十五年《春在堂全书》本。

48.郭庆藩:《庄子集释》,中华书局 2004 年版。

49.陈鼓应:《庄子今注今译》,中华书局 1983 年版。

50.陈鼓应:《老庄新论》,上海古籍出版社 1992 年版。

51.钟泰:《庄子发微》,上海古籍出版社 2002 年版。

52.陆永品:《庄子通释》,中国社会科学出版社 2006 年版。

53.曹础基:《庄子浅注》,中华书局 2002 年版。

54.方勇:《庄子诠评》,巴蜀书社 1998 年版。

55.崔大华:《庄学研究》,人民出版社 1992 年版。

56.贾学鸿:《〈庄子〉"旁礴万物以为一"理念及其文学显现》,《山东师范大学学报》(人文社会科学版),2006 年第 2 期。

57.朱海雷:《尸子译注》,上海古籍出版社 2007 年版。

58.梁启雄:《荀子简释》,中华书局 1983 年版。

59.梁海明:《韩非子译注》,山西古籍出版社 2001 年版。

60.姜涛:《管子新注》,齐鲁书社 2006 年版。

61.王利器:《文子疏义》,中华书局 2000 年版。

62.严北溟、严捷:《列子译注》,上海古籍出版社 2006 年版。

63.吕不韦著、陈奇猷校注:《吕氏春秋新校释》,上海古籍出版社 2002 年版。

64.刘安等编、高诱注:《淮南子》,上海古籍出版社 1989 年版。

65.刘文典:《淮南鸿烈集解》,中华书局 1997 年版。

66.向宗鲁:《说苑校证》,中华书局 2000 年版。

67.石光瑛:《新序校释》,中华书局 2009 年版。

68.王明:《抱朴子内篇校释》,中华书局 2007 年版。

69.胡道静、陈莲笙、陈耀庭选辑:《道藏要集选刊》第二册,上海古籍出版社 1995 年版。

70.胡道静、陈莲笙、陈耀庭选辑:《道藏要集选刊》第五册,上海古籍出版社 1995 年版。

71.胡道静、陈莲笙、陈耀庭选辑:《道藏要集选刊》第六册,上海古籍出版社 1995 年版。

72.章太炎:《章太炎全集》(五),上海人民出版社 1985 年版。

73.钱穆:《先秦诸子系年》,商务印书馆 2005 年版。

74.杨向奎:《再论老子》,《史学史研究》,1990 年第 3 期。

75.牟宗三:《中国哲学十九讲》,台北:学生书局 1983 年版。

76.张世英:《哲学导论·导言》,北京大学出版社 2002 年版。

77.洪兴祖:《楚辞补注》,中华书局 2006 年版。

78.吴仁杰:《离骚草木疏》,北京图书馆出版社 2004 年版。

79.姜亮夫:《楚辞通故》(四),云南人民出版社 1999 年版。

80.孙作云:《〈天问〉研究》,河南大学出版社 2008 年版。

81.周秉高:《楚辞原物》,内蒙古大学出版社 2008 年版。

82.闻一多:《伏羲考》,上海古籍出版社 2006 年版。

83.干宝:《搜神记》,中华书局 1979 年版。

84.萧统编、李善注:《文选》,岳麓书社 2002 年版。

85.钱谦益:《牧斋初学记》,四部丛刊本初编集部。

86.姚鼐、王先谦选编:《正续古文辞类纂》,浙江古籍出版社 1998 年版。

87.许慎撰、徐铉校定:《说文解字》,中华书局 1963 年版。

88.许慎撰、段玉裁注:《说文解字注》,浙江古籍出版社 1999 年版。

89.尹黎云:《汉字字源系统研究》,中国人民大学出版,1998 年版。

90.赵诚编著:《甲骨文简明词典》,中华书局 2009 年版。

91.华夫:《中国古代名物大典》,济南出版社 1997 年版。

92.黎千驹:《当代语言学者论治学》,华中师范大学出版社 2011 年版。

93.汉典网:http://www.zdic.net.

附:《庄子》名物总览

内　篇

《逍遥游》

人物:彭祖、宋荣子、列子、尧、许由、肩吾、连叔、接舆、王倪、齧缺、许由、被衣、藐姑射神人

地名:藐姑射山、冥海、北冥、南冥、天池

诸侯国:宋、越

动物:鲲、鹏、斥鴳、学鸠、蜩

植物:大樗、大瓠、大树

自然现象:气、息、云气

术语:扶摇、飞龙、旁礴、逍遥

《齐物论》

人物:南伯子綦、颜成子游、容成氏、昭氏、王倪、齧缺、瞿鹊子、长梧子

神名:罔两、景

诸侯国:宗、脍、胥敖

动物:蝍蛆、乌鸯、蝶、乌狗

自然现象:气、风

术语：耦、天籁、天钧、天倪、两行、天府、葆光、明、吊诡、物化、无
竟、成心、卮言

《养生主》

人物：庖丁、公文轩、右师、秦佚

动物：泽雉

自然现象：气、天

术语：缘督、神、情、介

数字：十九

《人间世》

人物：卫君、孔子、颜回、桀、纣、关龙逄、比干、尧、禹、舜、伏羲、几
蘧、叶公子高、颜阖、卫灵公、蘧伯玉、匠石、南伯子綦、宋荆
氏、支离疏、接舆

地名：曲辕

国名：卫、齐、楚、鲁

动物：螳螂、虎、马、牛之白额、豚之亢鼻

植物：栎社树、散木、柤梨橘柚、商丘大木、山木

自然现象：气、阴阳

术语：灾人、师心、无门无毒、散焉者、养中、命、形就心和、相物、
樊、宅

《德充符》

人物：王骀、常季、孔子、申徒嘉、郑子产、伯昏无人、叔山无止、哀
骀它、支离无脤、瓮㼜大瘿、鲁哀公

动物：屯子

植物：梧

自然现象:止水

数字:十九

《大宗师》

人名:畸人、狐不偕、务光、伯夷、叔齐、箕子、胥馀、纪他、申徒狄、
伏戏氏、狶韦氏、维斗、日月、堪坏、冯夷、肩吾、黄帝、颛顼、
禺强、西王母、彭祖、有虞、五伯、傅说、武丁、南伯子葵、女
偶、卜梁倚、副墨之子、洛诵之孙、瞻明、聂许、需役、於讴、
玄冥、参寥、疑始、子舆、子犁、子来、子祀、子桑雿、孟子反、
子琴张、孟孙才、瞽者、无庄、据梁

物名:觚、镆铘、炉捶、藩(樊)

自然现象:息、天(多义)

术语:真知、登假、额颎、命、朝彻、见独、浸假、假于异物、逍遥、寥
天、旦宅、坐忘

数字:三日、五日、九日(修道)

《应帝王》

人物:齧缺、王倪、蒲衣子、有虞氏、大氏、肩吾、狂接舆、日中始、
天根、阳子居、老聃、季咸、壶子、列子、南海之帝、北海之
帝、中央之帝(混沌)

地名:无何有之乡、圹垠之野、神丘、蓼水、殷阳、南海、北海、中
央、混沌

动物:蚊、鸟、鼷鼠、莽眇之鸟、虎豹、猿狙、鲵桓

术语:不迎不将、地文、杜德机、天壤、善者机、太冲莫胜、衡气机、
未始出吾宗、与之委蛇

外　篇

《骈　拇》

人物：离朱、师旷、曾史、有虞氏、伯夷、臧氏、穀氏、盗跖、俞儿

地名：首阳（河东蒲板县）、东陵

动物：凫胫、鹤胫、性、

物名：钩绳规矩、繹索膠膝（工匠）

术语：蒿目

《马　蹄》

人物：伯乐、陶者、匠人、赫胥氏

动物：马

物名：牺樽、珪璋

术语：至德之世、介倪

《胠　箧》

物名：弓弩毕弋

术语：至德之世、天钩

《在　宥》

人物：尧、桀、盗跖、曾史、广成子、黄帝、佞人

地名：空同山、无极之野、无穷之门、九州、六合

植物：扶摇之枝

动物：龙

物名：渊、廉、钅斤锯、绳墨、椎凿、桎梏、桁杨接槢、桎梏凿枘、嗃矢

自然现象神：云将、鸿蒙

术语：在宥、尸居、寒热、物化、天地之友、无方

《天　地》

人物：王德之人、黄帝、离朱、尧、许由、齧缺、被衣、华封人、伯成子高、禹、老聃、蒋闾葂、季徹（马叙伦说是《则阳》是的季真）、鲁君、子贡（游楚反晋）、汉阴丈人、混沌氏、门无鬼、赤张满稽、武王、老子、横目之民、风波之民、四方之民

地名：赤水、昆仑、东海

动物：螳螂、百年之木、牺樽、鸠鸮、虎豹

自然现象神：象罔、谆芒、大壑、苑风、言其风

术语：帝乡、泰初

物名：玄珠、皮弁鹬冠

《天　道》

人物：孔子、老子、尧、舜、士成绮、桓公、轮扁

术语：天乐、天行、物化、无假

滋味：徐则甘、疾则苦

《天　运》

人物：巫咸、商大宰荡、北门成、黄帝、孔子、颜渊、师金、三皇五帝、西施、老聃、天之戮民

国名：有炎氏

地名：郢、沛、冥山、南方、北方

音乐：咸池、折杨、皇荂

物名：舟车、水陆、桔槔

植物：粗梨橘柚、刍狗、槁梧

动物:猿狙、鱼、鸟、鹄、龙、厉蛊之尾、鲜规之兽

自然现象:阴阳、放风而动

术语:委蛇、怠、天乐、天之戮民、天门

《刻　意》

人物:山谷之士、枯槁赴渊之士、游学之士、朝廷之士、江海之士、
　　　导引之士、彭祖

物名:水、干越之剑

术语:天行、物化、同帝、纯素之道(色彩文化)

《缮　性》

人物:燧人氏、伏羲、神农、黄帝、唐虞、蔽蒙之民、倒置之民

物名:轩冕

术语:混芒、至德之世

《秋　水》

人物:公孙龙、魏牟、伯夷、仲尼、尧舜、汤武、白公、曲士、纂夫、义
　　　之徒

神名:河伯、北海若、夔

动物:埳井之蛙、夏虫、骐骥骅骝、狸狌、鸱鸺、蚿、蛇、蚊虻、商蚷、
　　　鹓鶵、鯈鱼、神龟

地名:濮水、濠梁

自然现象:风、天

术语:大方、辞爱趣舍、反衍、谢施、无方

《至　乐》

人物:黄帝、子胥、庄子、支离疏、滑介叔、鲁侯、列子

地名：冥伯之丘、昆仑之虚

动物：鸟

物名：骷髅、褚、緷

音乐：九韶、咸池

术语：至乐、幾

《达　生》

人物：列子、关尹、醉者、颜渊、仲尼、疴偻丈人、操舟津人、田之开、周威公、祝肾、桓公、纪渻子、吕梁丈人、梓庆、工垂、扁庆、孙休、颜阖、东野稷、祝宗人、张毅

动物：蜩、羊，豹、马、鼠、鹍、彘

物名：镆干、飘瓦

术语：幾、纯气、物、委蛇

《山　木》

人物：市南宜僚、鲁侯、尧、北公奢、卫灵公、大公任、孔子、子桑雽、假人、林回、虞人、阳子。羿、蓬蒙

动物：丰狐文豹、东海意怠鸟、鹍鹏、腾猿、异鹊

植物：大木、直木、槁木、柟梓豫樟、柘棘枳枸

物名：虚舟、甘井

地名：南越、无人之野、建德之国、大漠之国、广漠之野

滋味：君子之交淡若水，小人之交甘若醴

术语：物物、大方、幾

《田子方》

人物：田子方、魏文侯、东郭顺子、温伯雪子、老聃、百里奚、有虞氏、宋元君、臧丈人、文王、列御寇、伯昏无人、肩吾、孙叔

敖、楚王、凡君

植物:槁木之枝

动物:马、醯鸡

物名:水

术语:中国之同、般礴

《知北游》

人物:知、无为谓、黄帝、大人、齧缺、被衣、禹、丞、老聃、东郭顺子、老龙吉、泰清、无为、无穷、无始

地名:北游玄水、隐弅之丘、白水之南、狐阕、昆仑、无何有之宫

术语:气、委形、委和、委顺、委蜕、委托、委属、天弢、天帙、无迎无将

杂　篇

《庚桑楚》

人物:庚桑楚、南荣趎、尸祝

地名:畏垒之山

《徐无鬼》

人物:徐无鬼、魏武侯、越之流人、南伯子綦、颜成子、仲尼、市南宜僚、齧缺、许由

地名:具茨之山、襄城、大隗、方位

音乐:调瑟

国名:楚、齐

物名:天下马、水、河、目

滋味:羊羶

自然现象:风

术语:幾、姦、相狗、相马、相面、大一、大明、大目、大均、大方、大信、大定

《则 阳》

人物:则阳(彭阳)、王果、公阅休、冉相氏、容成氏、魏莹、田侯牟、公孙衍、季子、华子、戴晋人、市南宜僚、大公调、季真、接子、蘧伯玉、狶韦

国名:蜗角之国

地名:蚁丘

数字:十仞

音乐:吹筦、吹剑

术语:假衣于春、物化、内热、丘里之言、假、所假而行、大方

《外 物》

人物:龙逢、比干、箕子、恶来、桀纣、伍员、孝己、曾参、任公子、庄周与监河侯、老莱子、宋元君、余且、狶韦氏、申徒狄、辜人

地名:演门、豯水

物名:珠、爵、荃、蹄

动物:神龟、鹈鹕。鱼、兔

五行:金木水火土

数字:七十二

术语:流遁之志、决绝之行、胞有重阆

《寓 言》

人物:孔子、蘧伯玉、曾子、东郭子綦、颜成子游、阳子居、老聃

地名：沛

动物：乌雀蚊虻

神名：罔两、景

术语：卮言、耆艾、化

《让　王》

人物：尧、许由、子州支父、舜、子州支伯、善卷、石户之农、大王亶父、越人王子搜、子华子、颜阖、列子、郑子阳、屠羊说、司马子綦、原宪、子贡、曾子、颜回、中山牟（魏牟）、瞻子、孔子、舜、北人无择、田子方、汤、卞随、务光、伊尹、伯夷、叔齐

物名：随侯之珠、环堵之室

地名：颍阳、丘首、首阳山

音乐：商颂

《盗　跖》

人物：盗跖、柳下季、子张、满苟得、无足、知和

《说　剑》

人物：赵文王、庄子

物名：天下剑（赵文化）

《渔　父》

人物：渔父、孔子及弟子

地名：缁帷（黑林名）、杏坛

《列御寇》

人物：列御寇、伯昏瞀人、郑人缓、朱评谩、屠龙、支离益、曹商、鲁

哀公、颜阖、正考父

动物：牺牛

数字：三、九、十车、九重之渊

《天　下》

人物：墨翟、宋钘、伊文、彭蒙、田骈、慎到、老聃、关尹、庄子、惠施

术语：闻其风而乐之、火不热，多方

音乐：咸池、大章、大韶、大夏、大濩、辟雍、武

数字：七、五、三、二

《庄子》涉及的诸侯国：

楚、齐、鲁、郑、宋、卫、魏、赵、韩、吴越、晋、秦

后　记

　　人生之路有时候也像"摸石头过河"，顺机缘而动。

　　中学时因为偏爱数理化，大学进了理工专业，而后为安顿敏感的心灵，又花近10年时间，拚着性命考取了全日制的古代文学硕士，并把离现代最为藐远的先秦文学作为主攻方向。博士期间，在导师方勇先生的引领下，又"啃"起了《庄子》这部号称"古来最难读"的书；毕业谋职，却因幸遇"为艺术而生"的邓杰先生，便有了"风云际会"，成为最具现代性的新闻与传媒学院的一员。来到扬州大学第二年，《〈庄子〉名物考证及其意蕴的文学阐释》幸运地获得"国家社科基金青年项目"8万元的资助，这便是本部著作的萌芽。

　　福兮？祸兮？这是老子最先考虑的问题，我用真实的人生做了验证。

　　由理工专业转入人文学科，拖延了我学术发展的进程，却训练了严密的逻辑思辨能力；因为脱产6年，我作了10年的讲师，却获得机会聆听北京大学博士生的答辩、步入北京师范大学的学术会场、进入中国人民大学的课堂、坐到华东师范大学文史楼的教室，亲睹了诸多同行前辈的风采，敬听众多学术名师的咳唾之音。这让我眼界大开，坚定了"为学术"的人生信念！8万元的国家级资助，对于毕业不久的年轻老师来说，无疑是莫大的幸事。然而，刚刚正式走上教学岗位，同时承担《古代文学》、《现代汉语》、《新闻编辑学》、《优秀新闻作品鉴赏》、《报纸电子编辑》五门课的教学任务，外加本科生班主任工作,这 8 万元如何消受啊! 为了完成项目,领导批准了我到复旦大学作博士后的申请。因此,才有了《〈庄子〉名物研究》这部书的问世。另外,本书的出版,还获得了扬州大学出版基金一等资助。我真诚地感谢扬州大学,感谢领导和老师们对我的厚爱!

说起在复旦大学的博士后研究,更是永远值得纪念的经历。

复旦大学中文系对博士后的要求极其严苛! 研究人员要通过入站申请、开题、中期、出站四次答辩,每次都要接受 10 位不同专业方向的专家审察、提问,用导师徐志啸先生的话说,叫"过堂"。在此过程中,联系导师与学生一起接受检验。此外,还必须发表规定数量和级别的学术论文,方可出站。其间如果通不过,可延缓一次。若再次申请延缓,必须获得博士后面上资助,否则到期不能完成,予以退站。

本以为带项目入站会很顺利,没想到开题时就受到刘钊、吴金华等专家的质疑。他们认为此题目难度大,两年内即便能够完成,也难以保证质量,因此建议改题。如果改题目,那我的国家项目怎么完成? 我只能选择坚持作这个题目,结果中期考核一审便被否定。接下来,我做了两手准备,一是努力完善报告,准备中期二审;二是申请博士后面上资助,争取延长时间。徐志啸先生曾义正词严地"命令"我说:"你必须拿到博士后面上资助!"结果,我经过两次申请,终于不负先生重望,拿到二等资助。

记得中期审核被"毙"之后,我到福建漳州参加楚辞会议。会务组织大家去永定"客家土楼"考察民俗风情,我却无心游玩,忙着赶回应对博士后报告的中期二审。在厦门转乘火车那一晚,我在陌生的宾馆周围的街区走到深夜,苦苦思考我的报告框架。看到路边乘凉、聊天的居民,好生悠闲,我心头却如同压了一块大石头! 答辩前三天,我住在复旦大学招待所,忙得真是昏天黑地,出去吃饭才发现外面已下过雨。心中暗自感叹,幸亏身体还能撑住!

人的潜能是逼出来的! 针对每位专家提出的问题,都必须在下一次见面时给予回应。文字学专家刘钊先生曾推介给我一本书,当我对该书的内容提出不同看法时,却意外获得通过。这时我才恍然醒悟,先生的指点是反向的,目的是检验我的判断力。吴金华先生是词汇学专家,他的每一次质问,给我压力,同时也让我思考,并通过阅读寻找解决方法。然后,短短几年却已恍然隔世,吴先生已经永远离开了! 愿先生安息!

博士后顺利出站、国家项目以优秀成绩结项、我的第二部专著问世,要感谢复旦各位专家的批评指正! 感谢我的联系导师徐志啸先生对我的敦促和鼓励! 感谢新闻与传媒学院邓杰院长、冯锐院长和同事们的大力支持! 感谢人民出版社孙兴民编审的鼎力相助!

最后,还要特别感谢我家先生! 我们时常餐桌变书桌,边吃饭边面对面探讨学术问题。他对我的激励、引领和帮助,难以估量! 还有我的儿子桓名,当年像甩不掉的"大葫芦",如今已经远走大洋彼岸,到美国求学,留给我的则是思念与牵挂……

人生苦乐各几何?

只见庄翁卮言多。

待到冰融生息起,

且看春花笑婀娜!

2016 年惊蛰于扬州

责任编辑:孙兴民　冯　瑶
装帧设计:汪　阳
责任校对:张　彦

图书在版编目(CIP)数据

《庄子》名物研究/贾学鸿 著. —北京:人民出版社,2016.5
ISBN 978‑7‑01‑015735‑1

Ⅰ.①庄…　Ⅱ.①贾…　Ⅲ.①道家思想-研究②《庄子》—研究
Ⅳ.①B223.55②B235.65

中国版本图书馆 CIP 数据核字(2015)第 319943 号

《庄子》名物研究

ZHUANGZI MINGWU YANJIU

贾学鸿　著

人民出版社 出版发行
(100706　北京市东城区隆福寺街 99 号)

廊坊市蓝菱印刷有限公司印刷　新华书店经销

2016 年 5 月第 1 版　2016 年 5 月北京第 1 次印刷
开本:880 毫米×1230 毫米 1/32　印张:12.375
字数:310 千字

ISBN 978‑7‑01‑015735‑1　定价:38.00 元

邮购地址 100706　北京市东城区隆福寺街 99 号
人民东方图书销售中心　电话 (010)65250042　65289539